한국, 과거를 딛고 미래를 보자

한국, 과거를 딛고 미래를 보자

2007년 3월 26일 초판 1쇄 인쇄
2007년 3월 30일 초판 1쇄 발행

지은이 | 남덕우
펴낸곳 | 삼성경제연구소
펴낸이 | 정구현
출판등록 | 제03-00975호
등록일자 | 1991년 10월 12일
주　　소 | 서울시 용산구 한강로 2가 191 국제센터빌딩 7, 8층
　　　　　전화 3780-8153, 8370, 8372(기획), 3780-8084(마케팅)
　　　　　팩스 3780-8152
　　　　　http://www.seri.org　　seribook@seri.org

ISBN | 978-89-7633-333-9　03320

- 저자와의 협의에 의해 인지는 붙이지 않습니다.
- 가격은 뒤표지에 있습니다.
- 잘못된 책은 바꾸어 드립니다.

삼성경제연구소 도서정보는 이렇게도 보실 수 있습니다.
인터넷 홈페이지에서 → SERI 북 → SERI가 만든 책

한국,

지금까지 경제인의 입장에서 우리 경제가 당면한 주요 문제와 대책에 관하여 이야기했는데, 문제 해결 여부는 결국 행정부와 국회의 정치력에 달려 있다는 것을 잘 알고 있다. 그런데 불행하게도 지금 우리나라는 이념 갈등, 정치적 혼란, 사회적 분열이라는 중병을 앓고 있다. 정치인들은 국민적 통합을 강조하지만 국민들이 지향하는 공동의 가치와 목표가 없으면 국민적 통합은 불가능하다. 우리 헌법은 자유민주주의와 시장경제의 원칙을 명시하고 있는데 국가이념이 흔들리고 있다. 그러나 그렇다고 사회적 통합과 안정, 그리고 경제발전을 약속하는 대안이 가지런히 서 있는 것도 아니다. 자유민주와 시장경제의 이념으로 사회를 통합하고, 국회에서 제정한 법률을 엄격히 시행하여 사회 기강을 바로잡아야 하고, 오늘의 경제 난제를 해결하는 데에는 정치 지도자의 지도력이 절대적으로 필요하다.

과거를 딛고 미래를 보자

남덕우 지음

삼성경제연구소

❖

사람들이 저마다 보다 낫게 살고자 하는, 보편적이고 중단 없고
한결같은 노력―그것은 개인의 부유뿐만 아니라 사회와 국가의 부유를 이끌어내는
기본 원리이다―은 정부의 무절제와 행정의 엄청난 과오에도 불구하고,
개선으로 이끄는 자연적 과정을 유지하기에 충분한 강력한 힘을 언제나 발휘한다.
그것은 우리가 동물의 생명 원리를 모르지만 그로 인해 질병뿐만 아니라
의사의 엉터리 처방에도 불구하고 언제나 건강과 활력을
회복할 수 있는 것과 마찬가지다.

• 아담 스미스 •

머리말

1997년에 《국제화 시대의 한국경제-芝巖文集》을 출간한 이후, 신문기고, 강연 등을 통하여 100여 개의 한글 및 영문 원고가 쌓였다. 이제는 고령으로 더 이상 글을 쓰거나 강연을 하기가 힘들 것 같아 마지막으로 그 원고들을 정리 편집하여 제2의 문집을 내기로 했다.

20세기 말에 외환위기의 엄청난 시련을 딛고 일어선 한국 경제는 21세기에 들어와서 다양한 세계화의 도전에 직면했을 뿐 아니라 정치·사회 면에서 후진성을 극복하지 못하여 국민들이 적지 않은 혼란을 겪고 있다. 정부에서 오랫동안 경제 문제와 씨름했던 공인으로서 이러한 현실을 보고만 있을 수 없어 시사 문제가 있을 때마다 신문 기고와 강연 요청에 응하게 되었다.

고전 음악곡에서 같은 테마가 되풀이되는 것처럼 나는 그동안 모든 논문에서 자유민주주의와 자유시장경제의 테마를 노래했다. 각 주제별로 같은 테마에 대한 변주처럼 그때그때의 상황에 대해서 주장하는 목소리의 높낮이가 다르기는 하나 우리나라의 정치·경제 문제의 동태가 반영되어 있어 후일 한국 경제사를 연구하는 사람들에게 다소의 참고가 되지 않을까 여겨진다.

제1장은 1997~1998년의 외환위기의 원인과 대책을 논의했는데 다시 읽어보니 당시의 격동의 드라마에 감회가 깊다. 필자는 IMF 체제하의 구조조정 방법과 그 효과에 대하여 다소 비판적인 견해를 갖고 있었다. 세계은행과 IFC(International Finance Corporation, 국제금융공사)에 가서 행한 연설에서도 그러한 견해를 제시했는데 의외로 호의적인 반응을 얻을 수 있었다.

　제2장은 외환위기의 수습과 함께 세계화 시대에 대응하는 국가 운영상의 문제들과 한국 경제가 어떻게 나아갈 것인가에 대한 고민이 담겨 있다.

　제3장은 IMF 이후 21세기의 문턱에서 직면한 경제난에 대하여 문제점과 처방을 제시하고 있다.

　제4장은 동북아 지역협력과 한국의 역할에 관한 것이다. 중국의 비약적인 경제발전에 따라 우리의 전통적 제조업, 특히 중소기업의 업종들이 경쟁력을 잃어가고 있는데 그러면 21세기에 우리가 살아갈 수 있는 새로운 길이 무엇일까? 이에 대한 대답은 지식기반산업을 일으키고 서비스 산업을 개발하는 것인데, 이 점에 관련하여 동북아로 눈을 돌릴 필요가 있다는 것이 필자의 생각이다. 중국, 일본, 한국, 시베리아로 구성

되는 동북아 경제권이 세계 경제에서 차지하는 역할이 날로 증가하는데 한국은 그 지정학적 이점을 활용하여 동북아의 물류중심지로 발전할 수 있다는 견지에서 국내의 동료들과 함께 물류중심지 개발 운동을 전개했고, 싱가포르, 암스테르담, 로테르담, 앙트와프, 함부르크를 돌아보고 온 다음 삼성경제연구소를 통하여 《동북아로 눈을 돌리자》라는 소책자를 발간했다. 한편, 뜻을 같이하는 동료들과 함께 김대중 대통령을 예방하여 물류중심지 개발을 건의하기도 했다. 그 후 제주도가 특별 자치구, 부산, 광양 인천이 경제 자유구역으로 지정되는 단계에 이른 것은 매우 다행한 일이다. 한편 필자는 동북아의 경제발전과 안보협력을 위해 두 개의 제안을 해오고 있다. 하나는 동북아 후진지역의 인프라 개발을 촉진하기 위하여 '동북아개발은행'을 설립하자는 것이고 다른 하나는 동북아의 다자간 안보협의체로 NASO(Northeast Asia Security Organization)를 설립하자는 것이다.

제5장은 남북 관계와 한미 관계에 대한 생각을 담았다. 북핵 문제를 둘러싸고 한미 관계에 금이 가고 있는 현실에 자극되어 "한미 관계와 동북아 안보"라는 장문의 글을 새로이 썼다.

지금 우리 사회는 극심한 이념적 갈등과 사회적 분열을 겪고 있다. 정치인들은 국민통합을 강조하고 있지만 정작 국민통합을 이끌어낼 수 있는 정신적 구심점을 회복하는 데에는 손을 놓고 있다. 그렇다면 과연 대한민국 사회의 통합을 이끌 정신적 구심점은 어디에서 찾을 것인가? 그것은 결국 헌법에 규정된 국가이념, 즉 자유민주주의와 시장경제의 이념일 수밖에 없다. 그런데도 불구하고 지금의 정치 지도자들은 이 점을 소홀히 여기고 올바른 중심을 잡지 못한 채 민주화 과정에서 분출된 다양한 욕구 앞에 우왕좌왕하고 있다. 이것이 바로 오늘의 위기 상황을 초래한 근본 원인이다. 남북이 서로 다른 체제와 이념으로 대치하고 있는 한 이념의 대립과 갈등은 불가피하다. 그러하기에 국가이념에 입각한 확고한 원칙이 더욱 필요하다. 현재의 대북정책은 국민의 통합에 기초한 확고한 원칙 없이 추진되고 있으며, 그에 따라 이념 갈등이 더욱 격화되고 안보외교 면에서도 고립을 자초하고 있다고 할 수 있다. 제5장과 제6장은 서로 관련된 두 가지 문제를 다루고 있다.

우리의 근대사는 개화, 근대화, 선진화의 과정으로 요약된다. 세계 최빈국의 하나였던 한국이 이제 세계 12~13위의 산업 국가로 우뚝 섰으며 이를 바탕으로 정치적 민주주의를 실현하였다. 물론 이러한 과정에서 우리는 좌절과 고통을 경험하기도 했다. 그러나 분명한 것은 여기서 멈춘다면 더 깊은 회한의 눈물을 흘리게 될 것이라는 사실이다. 이제 과거는 역사가에 맡겨두고, 우리는 오직 선진화의 한 길로 질주해야 한다. 이것이 바로 제6장에서 맺은 결론이다.

이 책을 만드는 데에 크게 도와주신 분들이 있다. 산학협동재단 전 사무총장 정원익 씨가 원고의 정리와 편집을 도와주셨고, 나의 비서 허아신 여사는 컴퓨터 작업은 물론 모든 진행 업무를 맡아주었다. 이 두 분의 도움이 없었더라면 이 책이 제때에 나오지 못했을 것이다. 두 분에게 충심으로 감사를 드린다. 동시에 항상 나의 건강을 지켜주고 도와주는 아내가 있었기에 지금도 일을 할 수 있다는 것을 고맙게 생각한다. 끝으로 이 책의 출간을 쾌락해주신 삼성경제연구소 정구현 소장께도 감사를 드리고 싶다.

2007년 3월
남덕우

목차

머리말 6

제1장 외환위기의 원인과 대책

01　IMF를 기피할 때가 아니다　15
02　IMF 사태의 원인과 대책　19
03　금융과 신용사회　60
04　위기의 동태　63
05　금융 대책 : 신뢰회복이 급선무다　71
06　경제개혁의 목적과 방법　76
07　구조조정의 병리학　91
08　기업갱생공사를 설립하라　101
09　IMF 체제 2년을 평가한다　111
10　아시아 금융위기와 국제 협력　128

제2장 세계화의 도전과 경제 운영

01　세계화 시대의 정부의 역할　145
02　세계화 시대의 경제 운영　161
03　정보화와 기업 경영　173
04　한국의 미래를 열어가는 리더십　189
05　한국 경제에 대한 도전과 우리의 선택　202
06　FTA : 멕시코의 경험을 어떻게 볼 것인가　217

제3장 우리 경제, 무엇이 문제인가

01	오늘의 난국 – 무엇이 문제인가	225
02	한국 경제, 어디로 갈 것인가	230
03	대담 : 세계적 불황, 중국의 약진, 우리는 어떻게 할 것인가	242
04	부동산 투기를 없애는 근본 대책 : 부동산거래소를 만들자	254
05	시장경제의 4대 원칙	258
06	대담 : 소득 2만 달러를 향하여	261
07	대담 : 경제위기 – 남덕우 전 총리에게 듣는다	267
08	원화 디노미네이션 서둘러야	274
09	한국 경제의 기본 과제와 경기 대책	277

제4장 동북아로 눈을 돌리자

01	동북아로 눈을 돌리자	293
02	동북아와 한국 경제	298
03	한국을 동북아 물류중심지로	303
04	동북아 물류중심지 추진 과제	309
05	동북아 물류센터 개발전략(요약)	319
06	왜 동북아개발은행이 필요한가?	327
07	동북아 물류중심지 건설과 경제자유구역	364

제5장 남북 관계와 한미 관계

01 북, 개혁·개방 주저 말라	373
02 '주적'을 생각한다	376
03 남북 관계를 생각한다	379
04 햇볕정책의 교훈	393
05 '균형자'보다 다자간 안보협의체가 필요하다	399
06 한미 관계와 동북아 안보	402
07 한미연합사 해체의 의미	432

제6장 국가를 생각한다

01 국가이념을 강조하는 것이 소모적인가?	437
02 국가이념과 정당의 정체성	440
03 국민통합과 국가이념	443
04 시장경제의 이론과 실제	457
05 중국의 이념적 갈등과 민주화 운동	476
06 근대화의 발자취와 선진화의 길	497
07 박정희 대통령은 신이 아니다	510
08 박정희 대통령과 나	515

• 영문 논문 목록 527

1장

외환위기의 원인과 대책

- IMF를 기피할 때가 아니다

- IMF 사태의 원인과 대책

- 금융과 신용사회

- 위기의 동태

- 금융 대책, 신뢰 회복이 급선무다

- 경제개혁의 목적과 방법

- 구조조정의 병리학

- 기업갱생공사를 설립하라

- IMF 체제 2년을 평가한다

- 아시아 금융위기와 국제 협력

:: 지암芝巖 남덕우의 경제칼럼

IMF를 기피할 때가 아니다

1997년 11월 21일, 《한국경제신문》 기고

정부가 강도 높은 금융안정화 대책을 발표하였다. 부실채권정리기금의 확대, 부실 종금사의 외화거래 업무의 정지, 금융기관의 통폐합, 환율 변동폭의 확대, 은행 재무상태의 투명화, 정부·한국은행 및 기업의 중장기 채권 발행에 의한 외자조달의 극대화 등이 그 주요 골자다. 때늦은 감이 있으나 필요한 정책 제시라고 생각된다. 하지만 중요한 것은 정책의 성패 여부이다. 이는 정책 집행의 속도와 방법, 그리고 수반되는 부작용의 처리에 달려 있다. 특히 현재로서는 신속한 외화조달 능력이 정책 성패의 관건이다.

정부가 발표한 금융안정화 대책의 내용을 살펴보면, 먼저 환율의 변동폭을 상하 10%까지 확대한 것은 환율 결정을 거의 시장에 맡긴다는 것을 의미한다. 이것은 환율을 안정시킬 수 있는 궁극의 방법이다. 그러나 외화조달이 늦어지면 환율은 상승세를 지속하고, 환차손 확대, 주가 하락, 물가 상승의 압력이 커질 것이니 조속한 외화조달이 급선무다. 외화조달을 극대화하기 위하여 한국은행의 외화 환매채 발행, 정부의 외화 채권 발행, 현금차관의 확대, 연지급수입(usance) 범위의 확대, 항공기 구입의 리스 전환 등 모든 방법을 동원하는 반면, IMF의 구제금융은 최후까지 피한다고 한다. 그러나 IMF의 구제금융과 기타 금융에 일장일단이 있는 것은 사실이지만 지금은 IMF 구제금융을 기피할 때가 아니라고 생각한다. 아마도 두 가지 모두 필요하게 될 것이다.

우리는 1960~1970년대에 IMF의 이른바 대기성 차관을 약정하기 위해 해마다 재정안정계획을 협약하였고, 그 협약의 구속을 받아온 경험이 있다. 돌이켜보면 그러한 재정안정계획의 구속이 있었기에 그나마도 우리 정부가 거시정책의 안정적 테두리를 포기하지 않을 수 있었다고 필자는 믿는다. 1974년에 영국도 IMF의 구제금융을 받은 일이 있거니와, 원래 IMF는 일종의 세계 중앙은행으로서 회원국이 통화위기에 처했을 때 지원하는 것을 주요 기능으로 하고 있다. 그런 만큼 우리는 회원국으로서 IMF를 활용할 권리가 있는 것이다. 하물며 오늘의 사태가 우리만의 문제가 아니라 동남아 국가들의 통화위기에서 영향받고 있는 것도 사실이고, 그 원인을 캐고 보면 국제 단기자본의 투기적 이동을 적절히 다스릴 수 없는 현 국제통화체제의 결함에도 원인이 있는 만큼 우리는 IMF에게 당당히 할 말도 있다.

정부는 IMF의 구제금융에 여러 가지 구속 조건이 붙기 때문에 기피한다고 하나, 그 조건이란 어차피 우리가 자신을 위해 해야 할 구조개혁의 과제들을 포함하게 될 것이다. 우리는 정치적 리더십의 부재로 자력으로 구조개혁을 수행하지 못한 결과 오늘의 위기를 맞이하게 된 것이다. 그런데 IMF의 구속 때문에 구제금융을 기피한다고 하면 국제사회는 우리가 필요한 구조개혁을 회피한다고 볼 수도 있고, 그로 인하여 우리에 대한 신인도가 더욱 떨어질 가능성도 없지 않다. 결국 이번 국회에서 금융개혁 법안이 부결된 데에서 보았듯이 우리의 정치적 리더십 부재가 문제이다. 차라리 IMF 협약에 구속되면 정치인들의 각성과 행동을 끌어내기가 좀더 쉬워지지 않을까 한다. 물론 국제 금융기관이 우리에게 비현실적이고 무리한 요구를 내놓을 수도 있다. 그러나 그것을 조정하고 협상하는 것이 정부의 임무다. 두 국가 간의 자본 협력에도 유형 무형의 대가가 따를 수 있는 것이니 차라리 알려진 기준에 따라 국제 금융기관과 거래하는 것이 보다 떳떳한 면도 있다.

   정부 당국자는, 우리가 구조조정을 해왔고 또 하고 있으니 IMF의 구제금융을 받기 위하여 구속당할 필요가 없다고 한다. 그러나 구조조정을 제대로 해왔으면 왜 이런 사태가 발생했냐고 반문한다면 무어라고 답변할 것인가? 정부의 언행 불일치가 국제사회에서 신용을 잃어왔다는 사실을 상기할 필요가 있다.

   또 한 가지 생각할 문제가 있다. 앞으로 정부가 약속한 조치들을 실행하자면 통화 팽창과 환차손 확대로 인한 물가 상승, 금융기관 통폐합에 따르는 금융 불안, 금융 위축, 노사분규 등 엄청난 동요가 있을 것이다. 이렇게 되면 외국 투자자들의 한국 경제에 대한 물안삼이 고소뇌어 투자를 기피하고 오늘의 사태를 재연할 우려가 있다. 하지만 IMF와 연계되어 있으면 이 기관은 우리가 조정 과정에서 겪는 진통을 몸소 이해하게 되고, 필요한 정책 권고와 함께 대외적으로 한국의 구조조정 실적과 경제 전반에 대한 개관적(概觀的) 평가를 대변해줄 것이다. 국제 금융계는 우리의 말은 믿지 않지만, IMF의 말은 믿으려 한다. 또한 투자자들이 IMF의 평가를 참조하는 것이 국제 금융계의 관행이다. IMF로부터의 공적 차입은 금리 면에서도 유리할 뿐 아니라 한국 경제에 대한 신뢰를 회복하는 데에도 도움이 된다는 것을 필자는 경험을 통해 알고 있다.

요컨대 IMF에 가지 않고 문제를 해결할 자신이 있으면 그것도 좋다. 필자도 그것이 보다 신속하다면 그렇게 되기를 바란다. 그러나 만일에 대비해서 제2선으로 IMF와 긴밀한 연락과 협력을 추진할 것을 권한다.

이번 사태에서 얻은 교훈은 적어도 두 가지다. 첫째는 위기가 닥쳐오기 전에 사전 시정책을 신속히 시행해야 한다는 것이고, 둘째는 구조개혁에는 반드시 부분적 파탄이 있게 마련이니 그에 대비하여 비상대책을 강구해두고 문제가 발생하면 속전속결로 처리해야 한다는 것이다. 만약 기아(起亞) 사태를 그렇게 오래 끌지 않았더라면 오늘의 위기를 모면할 수 있지 않았나 생각한다.

끝으로 부언할 것은 정부가 발표한 금융의 구조개혁은 시작에 불과하고 기업의 구조개혁이 병행될 때에 비로소 유종의 미를 거둘 수 있다는 것이다. 과다한 차입 경영, 이윤을 무시한 외형주의, 분식결산, 경영 상태의 불투명, 과잉투자 등은 이제 국제사회에서 용납되지 않는다. 이번의 위기를 전화위복으로 돌리기 위하여 대기업들도 적극적으로 경영개혁에 힘써야 한다. 국민들도 구조개혁 없이 이 나라 경제가 재생할 길이 없다는 것을 인식하고 과도기의 진통을 나눌 각오를 해야 할 것이다.

IMF 사태의 원인과 대책

《IMF 사태의 원인과 교훈》(삼성경제연구소, 1998)에 수록된 〈위기의 한국경제 : 그 원인과 대책〉 중에서 중복을 피하기 위하여 일부분을 삭제함

금융 파탄의 원인

우리 금융에 구조적 취약점이 많다는 것은 익히 알고 있지만, 왜 갑자기 파국까지 맞게 되었는지 이해할 수 없다는 사람이 많다. 이 의문에 대하여는 여러 가지 설명이 있을 수 있겠으나, 필자가 보기에 직접적인 원인은 해외에서 과다하게 차입한 단기 투기자본을 장기 시설투자와 증권투자에 투입한 결과 유동성 부족에 직면하게 되었기 때문이다. 그러나 그렇게 된 이면에는 우리 경제의 구조적 결함이 내재되어 있었다. 즉, 정부와 국민이 민주화의 진통 속에서 개방화·정보화의 세계적 추세에 대응하는 산업 및 금융의 구조조정을 게을리 하여 국제수지 악화를 예방하지 못했다. 그러던 중 동남아 국가들의 외환위기를 계기로 우리 경제의 취약점이 표면화되면서 국제 금융사회에서 신뢰를 잃어 외환위기를 피할 수 없게 된 것이다. 이 점을 좀 더 자세히 살펴보자.

민주화의 과정에서

우리는 1987년의 이른바 6·29 선언을 기점으로 민주화 시대로 접어들었다. 물론 이것은 지난 30여 년의 눈부신 경제 발전의 터전 위에 이룩한 자랑스러운 정치적 발전이었다.

그러나 우리가 민주화의 진통을 겪고 있을 때 국제 경제환경은 나날이 변화하여 세계화의 추세는 우리의 무역과 자본시장의 개방을 요구하고 있었고, 이에 대응하자면 우리 경제의 전면적 구조개편이 불가피했다. 특히 국제 경쟁력을 약화하는 요인으로 이른바 4고(고임금, 고금리, 고지가, 고물가) 3저(저기술, 저능률, 저부가가치)의 구조적 약점을 극복하지 못하면 한국 경제는 살아남기 힘들다는 것이 식자들의 일반적 인식이었다.

그러나 불행하게도 민주화의 양상은 외국 사람이 평한 대로 '술에 취한 운전자'의 모습을 방불케 했다. 격렬한 노사분규로 임금이 급상승하였고, 우리의 경제 실력(생산성)이 지탱할 수 없는 보수 수준이 일반화되었다. 부동산 투기는 지가(地價) 상승을 부채질하여 일확천금한 졸부들을 양산하는가 하면, 집단 이기주의가 교통·항만 등의 공공시설 확장의 발목을 잡고 있었다. 산업과 기업의 국제 경쟁력은 약화하는데 기업들은 새로운 진로를 찾지 못해 방황하고 있었고, 환율마저 고평가(저환율) 상태를 지속하여 수출을 더욱 불리하게 만들었다. 이러한 우리 경제의 취약점은 1990년 이후 만성적 국제수지 적자로 집약되었고, 1996년에는 사상 최대의 경상적자(237억 달러)를 기록하였다.

그럼에도 불구하고 '문민정부'는 세계화의 구호를 내세웠으나 그에 대응하는 구체적 시책을 일관적으로 추진하지 못했다. 오히려 구 중앙청 건물 철거, 외인 아파트 철거, OECD 가입, 월드컵 유치, ASEM 유치 등으로 한국의 '위상'이 높아짐을 자랑하였고, 경제가 침체하여 여론이 악화되면 경제 각료를 경질하는 것으로 국면 전환을 꾀하였다. 김영삼 정부 5년 동안에 경제 부총리가 일곱 번이나 바뀌었으니 행정이 항상 불안정한 상태에서 정책 추진력이 약화된 것은 당연한 결과라 할 것이다.

한편 문민정부가 들어서면서 정략적 차원의 부정부패 청산이 정치 일정으로 등장하였고, 그 과정에서 두 전직 대통령이 영어(囹圄)의 몸이 되는가 하면, 한보(韓寶) 그룹의 부도를 계기로 정경유착의 연결 고리가 백일하에 드러나 은행장, 국회의원 등 공직자와 재벌 총수들이 줄줄이 법정에 서고 현직 대통령의 아들마저 형무소에 수감되었다. 국민들의 실망은 고사하고 국제 금융계에 비친 한국의 이미지가 어떠했는지는 상상조차 하기 싫다.

이러한 정치적 변화는 경제에 영향을 미치지 않을 수 없다. 먼저 정치 드라마의 충격으로, 금융기관장들의 태도가 달라졌다. 이제는 잘못하면 철창신세를 지게 된다는 것을 실감한 금융기관장들은, 불황 국면에서 기업들이 가뜩이나 자금난에 허덕이고 있는 때에 여신 업무를 조이기 시작하였다. 그 때문에 금융력이 비교적 약한 중소기업과 기업집단들이 먼저 부도를 냈고, 드디어 기아 그룹이 그 뒤를 따르게 된다.

이러한 사태를 앞에 놓고 정부 당국자는 딜레마에 직면하였다. 즉, 민간기업 부도 사태에 정부가 개입할 일이 아니라는 자율화의 이상론과 대량 실업과 금융기관 파탄을 예방하기 위하여 어떤 조치를 취해야 한다는 현실론이 엇갈린 상태에서 결단과 처리가 늦어져서 불안 상태가 장기화되었다. 그 때문에 경제 분위기가 급속도로 악화되는 한편 외국 채권자들의 한국에 대한 신뢰가 더욱 흔들리기 시작하였다. 이상과 현실이 교착하는 과도기에 정부의 일처리가 얼마나 어려운 것인가를 말해 주는 대목이다.

개방화의 과정에서

1990년대 초부터 상품시장 개방과 함께 자본시장 개방을 요구하는 외국의 압력이 점점 더해갔다. 식자들은 자본시장을 개방하자면 그에 앞서 국내시장을 먼저 자유화하고, 부실채권을 정리하여 금융산업의 경쟁력을 높이고, 국내금리와 국제금리 사이의 격차를 좁혀놓아야지, 그렇지 않으면 외국의 단기 투기자본이 일시에 유입하여 환율을 왜곡하고 통화 증발과 인플레 압력으로 작용하다가 국내외에 무슨 일이 일어나면 일시에 외국으로 빠져나가 1995년 멕시코 금융위기와 같은 사태를 초래할 수 있다고 경고하였다.[1]

그러나 금융의 구조조정은 지지부진하였다. 그러다가 외압에 못 이겨 1990년대 초부터 외환거래를 단계적으로 개방하기 시작하였다. 그러자 한국의 고금리에 현혹된 외국 투자자들이 해외에서 6~7%의 저금리로 조달한 자금을 한국에 가지고 와서 원화로 환전하여 12~13%의 고금리로 운용하면 환율이 안정되어 있는 한, 곱절 장사가 된다는 묘미를 맛보게 되었다. 그래서 그들은 한국이 자본시장을 더욱 개방해야 한다고 본국 정부를 통해 한국 정부에 압력을 가하기 시작했다. 한편 외국 투자자들은 우리의 주가가 일반적으로 저평가되어 있다고 생각하여 주식시장에서 많은 주식을 매입하였다. 이러한 분위기 속에서 1991년 이전에는 미미했던 외국인 증권투자가 1991~1996년 사이에 갑자기 610억 달러나 늘어났다.[2]

---

[1] 필자의 《국제화 시대의 한국 경제》(삼성경제연구소, 1997년) 중 〈개방화 시대의 경제정책〉, pp. 125~128 참조.
[2] 《IMF 신 기준에 의한 개편 국제수지 통계 해설》(한국은행, 1998년 5월), p. 42. 이 신 기준 이전의 외국 증권 투자액은 420억 달러로 되어 있다.

뿐만 아니라 자율화, 개방화의 바람을 타고 은행, 종금사와 대기업들은 외국의 저리 단기자본을 차입하는 데에 열을 올렸다. 그리고 그것을 국내외 장기투자에 투입하는가 하면, 해외 투자에 경험이 없는 종금사들은 높은 기대 수익률에 현혹되어 인도네시아 혹은 러시아의 부실 채권을 사들였다.

그럼에도 불구하고 정부는 만성적 국제수지 적자나 단기자본 유입을 크게 걱정하지 않았다. 단기자본 유입을 반영하여 환율(달러의 원화가격)은 안정적 추세를 보였다.[3] 정부는 환율 결정은 시장 기능에 맡겨야 한다는 시각 때문에 개입을 꺼렸고, 세계화 시대에는 국제수지의 국경적 의미가 달라진다고 하여 국제수지 적자를 걱정하는 필자를 구시대적 발상이라고 비웃는 당국자도 있었다.

해외자본 유입에 따른 통화 증발과 인플레 압력을 상쇄하기 위하여 정부와 한국은행은 불태화(不胎化) 정책, 즉 유입한 외화를 외국으로 다시 내보내는 정책을 시도하였다. 예컨대 해외여행자들의 환전 한도를 5,000달러에서 1만 달러로 상향 조정하는가 하면, 외환보유고 일부(40억 달러)를 은행을 통해 종금사에 예탁하여 그들이 해외 증권에 투자하는 길을 텄다.

이와 같이 정부는 개방화, 자율화의 추세에 안주(安住)하여 단기자본 도입과 그 용도를 방관해오다가 외환위기가 터진 후에야 비로소 금융기관 및 기업의 해외차입 실태를 조사하기 시작하였다. 조사 결과 단기 부채가 무려 800억 달러에 달한다고 하니 그 사실을 모르고 지내오던 사람들은

---

[3] 경상수지 적자가 지속되던 1991~1996년 환율은 11%가 상승하였으나 그중 9%는 1996년 한 해에 이루어졌고 그 전에는 미상승 또는 하락하는 추세를 보였다. 《경제통계연보 1997년》(한국은행), p. 232.

아연(啞然)할 수밖에 없었다. 결국 정부 당국자들은 개방화, 자율화는 외채 관리 및 금융감독의 부재 내지 소홀을 의미한다고 착각했던 것이다.

동남아 금융위기와 신뢰의 붕괴

한편 태국, 인도네시아 등 동남아 제국(諸國)들이 외환위기에 봉착하고 그것이 홍콩, 싱가포르에까지 파급되는가 하면 일본에서도 잇따른 은행 파탄이 일어나자 서방의 투자자들은 과연 한국이 예외가 될 수 있느냐고 의심하기 시작하였다.

정보화 시대에는 국내에서 일어나는 일들이 순식간에 세계 금융시장에 전파된다. 국제수지 악화로 1996년에 환율이 상승세로 돌아서자 외국 투자자들은 투자 수익의 환차손을 생각하지 않을 수 없게 되었고, 앞에서 언급한 정치 드라마와 정경유착과 금융 비리로 한국 금융의 치부가 드러나자 한국에 대하여 여러 가지 의문을 품게 되었다.

- 국제수지가 만성적으로 적자이고 금융기관과 기업들이 해외 단기차입에 열중했는데 과연 대외지급에 문제는 없을까?
- 대기업들의 차입에 의한 자동차, 제철, 석유 화학 등에 대한 중복 투자가 과연 경쟁력이 있는 것일까?
- 기업집단들이 잇따라 도산하는데 한국 금융기관들의 부실채권은 얼마나 될까?
- 재벌들이 정치권에 바친 수백억 원의 비자금은 재무제표의 어디에 숨겨져 있을까?
- 한국 금융기관이나 기업의 분식결산과 재무제표는 믿을 수 있을까?
- 현 정부에게 지금의 위기를 관리할 능력이 있을까?

드디어 외국 채권자들은 한국으로부터 자금을 회수하기 시작하였다. 그들이 주식을 투매하자 주가가 폭락하고, 일시에 자금을 회수하니 환율이 폭등하고, 드디어 외환 보유고는 바닥이 났다. 금융 파탄이 온 것이다.

이상을 종합하건대 민주화 과정에서 고임금·고보수·고지가·과소비 현상이 미만(彌滿)하였는데, 정부는 위상과 1만 달러 소득(1인당)을 자랑하며 국민들의 해이(解弛)를 바로잡지 못했고, 기업들과 금융기관은 해외 금융의 냉혹함을 모르고 단기차입으로 무모한 업무 확장에 열중하였다. 그러나 모든 것은 거품에 불과했고, 거품은 꺼지게 마련이었다.

요컨대 우리는 민주화에 슬기롭지 못했고, 국제화·정보화에 적절히 대응하지 못했다고 할 수밖에는 없다. 그런데 지난 10여 년 동안 정치, 정부, 국민이 다같이 잘못한 일을 불과 몇 개월 재직한 경제부총리에게 그 파탄을 예방하지 못했다 하여 형사책임을 묻는다 하니, 개명(開明)한 어느 나라에서 이러한 예를 볼 수 있단 말인가!

IMF 거시정책의 공과

1997년 12월 3일, 드디어 우리 정부는 IMF로부터 긴급 구제금융 580억 3,500만 달러를 차입하는 약정서에 서명하였다. 그리고 그 대가로 우리 경제의 운영은 IMF 체제로 넘어갔다. IMF는 한국에 대하여 IMF의 전형적 거시정책 처방을 적용하여 대외 자금거래를 정상화하고, 외환보유고를 축적하고, 인플레이션 압력을 견제하기 위하여 환율의 무제한 유동화, 파격적 고금리 정책, 그리고 금융 및 재정긴축을 강행하였다. 이러한 거시정책 운영과 함께 일련의 구조조정 정책을 요구하였는데, 그 주요 내용은 금융기관과 기업의 자본을 충실화하고, 경영을 시장원리에 맞추고 투명하게 하는 동시에, 정부의 금융감독 기능을 강화하는 것이다.

그동안 IMF가 주선한 580억 달러의 차관 중에서 금년(1998년) 4월 말까지 한국에 입금된 액수는 240억 달러에 불과하다. IMF와 그의 차관단은 한국 정부가 IMF와 약정한 정책 사항을 이행하는 것을 보아가며 부분적으로 돈을 내주겠다고 한다. 한편 IMF의 지원으로 금년 3월에 31개국의 123개 금융기관으로부터 단기채무의 기한 갱신 또는 연장 동의를 받은 바 있고, 정부는 지난 4월에 뉴욕 시장에서 외환평형기금채권을 팔아 40억 달러의 장기자금을 조달하기도 했다. 뿐만 아니라 금년 초부터 수입이 격감하여 국제수지 흑자 누계가 150억 달러 이상이 되어 외환보유고 증가에 크게 기여하였다. 외환사정이 호전되는 상황을 지켜보면 다음과 같다.

- 환율은 1996년 말의 840원에서 한때(1997년 12월 23일) 1,962원까지 폭등하였다가 지금은 1,300원대로 내려왔다.
- 외환보유고는 1997년 말에 불과 80억 달러로 바닥을 드러냈으나 금년 3월 말에는 300억 달러 수준으로 회복되었다.
- IMF가 정의하는 한국의 외채(External liabilities)는 금년 4월 말 현재 1,552억 달러로 잠정 집계되었는데, 이것은 종래의 세계은행 정의의 외채보다 약 300억 달러가 더 많은 금액이다. 그러나 질적 측면에서 외채 총액 중에서 단기부채가 차지하는 비율은 1997년 말의 63.5%에서 4월 말에는 27%까지 내려왔다.
- 금리는 한때 콜금리가 40%를 초과하였으나 지금은 22%까지 내려왔고 회사채 금리도 29%에서 18%선까지 내려왔다.

이와 같이 외환 수지, 환율, 금리 등의 금융 변수는 상대적 안정을 회복하고 있는데, 반면에 실물경제는 심한 후퇴를 보이고 있다.

- 산업생산은 금년 들어 계속 감소 추세를 보였다. 1월에 11%가 감소하였고 3월에도 2%가 감소하였다.
- 급격한 환율 상승에도 불구하고 수출이 그다지 늘지 않고 있다.
- 소비자 물가지수 상승률은 1997년 말 4.5%에서 금년 3월 말에는 9.0%로 높아졌다.
- 작년 12월 이후 금년 5월 말 현재 1만 5,000개 이상의 기업이 부도를 냈고, 정상기업의 조업률도 60% 이하로 떨어져 있다.
- 실업자가 150만 명 혹은 6.5%의 실업률을 보이며 앞으로 계속 늘어날 전망이다.
- 주가는 1996년 평균 833원에서 지금은 340원대로 하락하였다.
- IMF와 정부는 금년도 GDP 성장률을 당초의 2~3%에서 마이너스 1~2%로 하향 조정하였는데, 민간연구소들은 마이너스 3%를 전망하고 있다.

이상과 같은 실물경제 면의 위기 현상은, 불황 국면과 때를 같이한 고환율, 고금리, 신용수축, 통화긴축 등의 IMF 거시정책의 결과인데, 그것은 앞에서 살펴본 정도의 구제금융과 그에 의한 외환사정 호전의 대가로서는 너무나 큰 것이 아니냐 하는 의문을 가지게 된다. 정작 큰 대가를 치러야 할 금융과 기업 부문의 구조조정은 이제부터인데 말이다.

하기야 그 대가는 교정(矯正)적 의미를 갖는다고 볼 수도 있다. 즉, 지금의 혹독한 시련을 겪음으로써 경제의 거품이 거두어지고, 금융기관과 기업들은 지금까지의 잘못된 경영방식을 반성하여 자구노력을 기울이지 않을 수 없게 되었고, 정부 또한 미루어오던 구조개혁 정책을 이제는 추진하지 않을 수 없게 되었으니 모두가 IMF의 약효라고 볼 수 있다. 그러나 그렇더라도 좀더 차분하게 사태를 수습할 수는 없었을까 하는 의

문을 가지게 된다. 이 점에 관하여는 나중에 재론하기로 하고 우선은 이제부터 본격화하는 금융과 기업 부문의 구조조정 문제를 보기로 하자.

금융 부문의 근본 문제

우리 금융 시스템의 근본 문제는 (1) 금융기관의 자주성 상실, (2) 책임경영 체제의 부재, (3) 정부 감독의 부실 등 세 가지로 요약될 수 있다.

자주성 상실 ● 무릇 금융의 사회적 기능은 경제단위로부터 예금을 받아들여 그것을 각 용도에 합리적으로 배분하여 경제 발전과 국민생활 향상에 이바지하는 것이다. 그런데 우리 금융은 독자적으로 그러한 기능을 수행해오지 못했다. 이것은 이른바 '관치금융'의 구습에서 유래한 것이라 하겠는데, 1990년대 초 이래 정부가 금융의 자율화를 추진해온 지금에도 사정은 달라지지 않고 있다. 그 이유는 금융의 큰 부분이 기업집단과 밀착해 있기 때문이다.

이러한 유착 관계는 금융의 자원배분과 위험관리 방식에 여실히 나타나 있다. 예컨대 금융기관들은 재벌의 재무상태를 정확히 파악하기 위하여 연결재무제표를 요구해본 일이 없다. 중복투자라는 여론이 있어도 그 투자 사업의 경제적 타당성을 검토해본 일이 없다. 대기업이 해외에서 그토록 많은 현지금융을 해도 그 상환 능력을 평가해본 일이 없다. 차입금으로 본업과 관계없는 사업에 투자하거나 문어발식으로 사업을 다각화해도 은행은 방관할 따름이었다. 재벌 총수의 말 한 마디로 대형 투자가 결정되고, 정치권에 수백억 원의 돈을 바쳐도 은행은 아무 말 없이 융자를 내주었다. 자금의 용도나 경제적 타당성은 아랑곳없이 다만 기업집단의 상호 지급보증을 받아두면 된다고 생각하는 금융기관은 선진국 어디에서도 찾아볼 수 없는 기형(畸形)이다. 한마디로, 동원된 금융자금의 합리적 배분이라는 금융 본래의 사명을 완전히 포기하고 만 것이다.

책임경영 체제의 부재 ● 주식회사에는 주주가 있고 그를 대표하는 이사회가 있어서 회사의 경영방침을 결정하고, 집행부의 경영을 평가하고, 감사를 통하여 재무상태를 검증하는 책임을 진다. 그런데 우리 금융기관이나 기업에는 이사회의 기능이 죽어 있다. 이사회와 관계없이 정부나 재벌 총수의 말 한 마디로 기업의 의사가 결정되고, 그들은 결과에 대하여 아무런 법적 책임도 지지 않는다. 금융기관에는 부장 위에 이사가 있는데 주주를 대표하는 이사와 혼동되고 있는 실정이다. 미국식으로 말한다면 그것은 집행부의 부행장(vice president)에 해당하는 것이고, 주주를 대표하는 이사는 따로 있어야 한다. 이사회의 기능이 유명무실하다면 책임경영은 바랄 수 없다. 즉, 방만한 경영과 위험관리의 소홀로 부실채권과 손실이 누적되고 재무상태의 투명성이 없어도 그를 시정하는 내부 장치가 없고 책임을 지는 사람도 없다.

감독의 부실 ● 금융이 이렇게 된 것을 관치금융 탓이라고 하지만 관치금융하에서도 은행에 대한 엄정한 감독 기능이 있고 기업집단을 다스리는 적절한 정책이 시행되어왔다면 금융이 지금처럼 타락하지는 않았을 것이다. 일찍이 박정희 정권 시대에는 재벌의 부실경영과 금융의 부실채권을 문제시하여 각종 시정조치를 취하였고 청와대 내에 부실기업 정리반을 운영한 일도 있다. 이러한 시정조치의 대표적인 예가 1974년 대통령 특별 지시에 따른 이른바 5·29 조치인데, 그 내용은 현재 IMF가 정부에게 요구하고 있는 시정조치와 매우 흡사하다.[4] 그러나 이러한 획기적인 시정조치는 일관적으로 시행되지 못했고, 박 정권 이후 흐지부지되고 말았다. 그 주요 이유는 재계의 거센 반발이 있는 동시에 경제사정이나 정치적 분위기가 달라지면 정부는 기본 정책의 당위성을 잃어버리거나 포기하는 경향이 있었기 때문이다.

그 후 금융기관에 대한 감독 기능도 크게 해이해졌다. 은행, 보험, 증권 분야의 3대 감독원이 있으나 앞에서 예시한 문제들을 거론하거나 사전적 시정 조치를 취한 예가 거의 없었고, 종금사는 재경원이 직접 감독하는 것으로 되어 있으나 몇몇 공무원으로는 30여 개나 되는 종금사의 실태조차 파악하기 어려운 상태였다. 그리고 감독기관이 항상 정치적 영향하에 있었으니 엄정한 감독을 하려고 해도 할 수도 없었을 것이다.

부실금융의 경제적 효과 ● 금융의 구조적 결함은 우리 경제에 여러 가지 부정적 영향을 끼쳐왔다. 기업집단으로의 대출 편중, 기업집단의 과다 차입과 방만 투자, 문어발식 다각경영, 중소기업 및 중소기업형 산업의 위축, 재무구조 악화와 부실기업의 만연 등이 그것인데, 모두 금융기관의 방대한 부실채권 누적으로 귀결되었다. 재경부 발표에 의하면 금융기관의 협의의 부실채권은 금년 3월 말 현재로 68조 원(작년 GDP의 16%)에 달하였고, 광의의 부실채권(3개월 이상 6개월 미만 연체여신으로서 담보가 있는 여신 등을 포함)은 118조 원(작년 GDP의 28%)에 달한다 한다. 그리고 앞으로 협

---

4 그 주요 내용은 다음과 같다. (1) 기업집단의 경영상태를 투명화하기 위하여 연결재무제표의 작성과 외부 감사를 의무화했고, (2) 기업 경영의 투명화를 위하여 기업집단의 여신, 외자 도입, 자금 운용, 납세 등에 관한 정보를 수집하고 이를 신속히 처리하기 위하여 국세청과 금융감독원의 컴퓨터(EDPS)를 대폭 강화하기로 했다. (3) 다음에 기업의 구조조정을 촉진하기 위하여 재무구조가 열악한 기업집단에 대하여는 지급보증, 기업의 신설, 매입, 소유나 주식투자, 비업무용 부동산의 취득을 금지하는 한편, 3년 내에 재무구조를 개선할 수 있는 계획서를 은행감독원에게 제출케 하고 그 계획을 이행하지 못할 때에는 모든 정책금융을 중지한다는 것이었다.

의의 부실채권은 100조 원에 이를 것이라 한다.

한 가지 부언할 것은 우리나라에서는 고금리가 항상 문제되어왔는데 그 원인 중의 하나는 부실기업과 부실채권이 많기 때문이다. 대기업 혹은 특정 업체의 부실상태가 끝없이 지속되기 때문에 그 연명에 필요한 자금 수요가 막대하다. 그것은 결국 건전기업에 갈 자금의 몫을 잠식할 뿐 아니라 금리 수준을 구조적으로 높게 만든다. 금융기관의 방만 경영과 부실채권 손실은 궁극적으로 대출금리에 전가되지 않을 수 없는 것이다.

금융 부문 개혁의 기본 과제

금융개혁 관련법의 문제점 ● 우리 금융의 근본 문제가 이러한즉, 금융개혁의 초점을 어디에 두어야 하는지는 자명하다. 그것은 금융의 자주성과 책임경영 체제를 확립하고 금융감독을 강화하는 것이다. 그런데 지난 연말 국회에서 통과된 13개의 법률 개정안을 보면 그것만으로 우리 금융의 근본문제를 해결할 수 있을지 의문이다. 중앙은행의 독립성이 강화되고 통합 금융감독원의 설립을 보게 된 것은 그런대로 큰 개선이라 하겠는데, 그 내용을 자세히 들여다보면 문제의 핵심을 간과했나 하는 느낌을 준다.

예컨대 한국은행의 독립성을 강화한다 했지만, 외환관리법에 의하여 외환과 환율은 여전히 재경부 소관으로 남아 있다. 금리와 환율을 연계하여 운용하지 않을 수 없는 것이 오늘의 현실인데 한국은행의 금리 정책과 정부의 환율 정책을 양립시키는 것은 시대착오적이라 할 수 있다. 그밖에 타성과 고정관념에 사로잡혀 개혁이 미진한 점이 적지 않다.

금융의 소유구조를 어떻게 할 것인지도 분명치 않다. 정부는 국내 재벌의 은행 주식 보유한도(4%)를 계속 유지하되 외국인과의 합작일 경우에는 1개 은행에 한하여 외국인 지분과 동일한 지분을 가질 수 있게 하고 감독당국의 승인을 받도록 하고 있다. 당국자가 고심한 흔적이 보이는데 그렇게 복잡한 세부적 규제보다는 외국인, 내국인 할 것 없이 가급적 산업자본과 금융업을 분리하는 방향으로 문제를 풀어가야 한다. 국내 기업집단의 경우에는 종래와는 달리 연결재무제표상의 자본-부채 비율을 따져 그것이 불량하면 재벌이건 아니건 직접·간접으로 지배적 주주가 될 수 없게 하는 것이 바람직하다. 그리고 이 원칙은 종금사와 같은 제2금융권에도 적용되어야 한다. 끝으로 행정당국의 허가 사항의 재량 범위를 최소화하여 행정의 투명성을 제고할 필요가 있다.

　금융감독에 관해서도 재고할 점이 있다. 앞으로 금융기관이 잘못하면 사전 시정조치, 영업정지, 폐쇄 등의 조치를 가차 없이 취해야 되는데 그러자면 감독원이 정치적으로 중립적인 위치에 있어야 한다. 그래서 감독원을 감사원과 같은 헌법기관으로 만들든가 아니면 무자본 특수법인으로 입법화하는 것이 바람직하다고 필자는 주장해왔다. 그런데 새로이 제정된 "금융감독기구의 설치 등에 관한 법률"에 의하면 금융감독원 자체는 무자본 특수법인으로 되어 있으나 금융감독위원회는 국무총리 소속으로 이원화되어 있다. 사견으로는 금융감독위원회를 금융감독원 내부에 두고 두 기관을 단일 무자본 특수법인으로 하는 것이 정치적 중립성을 보장한다는 견지에서 합당하지 않나 생각한다.

　한편 감독기구가 부실 금융기관의 폐쇄를 건의하면 재경부 장관은 공청회를 거쳐 그 가부를 결정하는 것으로 되어 있는데, 이러고서야 어떻게 정치적으로 중립적인 위치에서 엄정한 감독을 할 수 있을지 의문이다. 차라리 폐쇄 요건을 법으로 명시하고 그에 해당되면 특별한 사유(전쟁, 금융공황 등)가 없는 한 즉각 폐쇄해야 금융의 기강이 설 것이다.

특히 우리나라에서는 문화적 구습 때문에 권력층 내지 공직자의 사적 청탁으로 금융 경영진의 판단을 흐리게 하는 경우가 많다. 이런 점에 비추어 금융감독원법에 정부의 인사 간섭을 법적으로 배제하고 공직자의 융자에 관한 간섭이나 사적 청탁을 처벌하는 규정을 둘 필요가 있다. 우리의 실정으로 보아 이러한 규정 없이 금융의 독립은 기대하기 어렵다.

주주 이사회의 활성화 ● 한편 금융기관의 책임경영 체제를 확립하자면 주주 이사회의 기능을 활성화해야 한다. 경영의 궁극적인 책임을 주주 이사회가 지도록 하고 엄정한 감사 기능을 위하여 재무제표의 투명성과 공인회계사의 공신력을 높이는 제도 개선이 병행되어야 한다. 정부가 사외 이사회의 영입을 제도화하고 소액 주주들의 누적투표제도를 도입한 것은 이사회의 기능 활성화를 위한 것인데 앞으로는 주주가 경영책임(유한책임이지만)을 지는 실례를 보여주어야 이사회의 태도가 달라질 것이다.

금융계의 각성 ● 무엇보다도 금융기관 자신이 이 기회에 철저한 자기개혁을 단행해야 한다. 담보 위주의 금융방식에서 탈피하여 신용조사, 대출심사 능력을 강화해야 하고 비수익 점포를 정리하고 잉여 인원을 감축하는 등 국제 경쟁에서 살아남기 위한 경영혁신을 이룩해야 한다. 그리고 금융 본래의 기능과 사명을 다하기 위하여 모든 부당한 외부 간섭을 거부하고 자주성을 견지하는 자세를 보여야 한다. 이 기회에 구제하기 어려운 부실 금융기관은 퇴출 혹은 합병이 불가피하다.

부실채권 정리와 자본 증자 ● 금융개혁의 당면 과제는 부실채권을 조속히 정리하고 금융기관의 자본비율을 충실화하여 국제 금융시장이 신뢰하는 건전성을 회복하는 일이다. 금융기관이 이 두 가지 문제를 조속히 해결하지 못하면 지금과 같은 대출 기피와 자금경색이 계속되어 기업의 흑자 도산이 속출하고 금융기관의 부실채권이 더욱 늘어나는 악순환을 계속하게 될 것이다.

정부 통계에 의하면[5], 작년 12월부터 금년 4월 말까지 상업어음 대출은 매달 줄어들어 누계로 약 6조 원이 감소하였고, 신탁 대출 및 보험 대출도 금년 1/4분기에 약 3조 원이 감소하였으니 기업의 자금난이 얼마나 심각한지 짐작하고도 남는다. 이러한 자금난에 고금리가 겹쳐서 같은 기간에 1만 6,425개의 기업이 부도를 냈다. 물론 이 기회에 어차피 도태되어야 할 한계 기업들이 정리된 것도 사실이지만, 이른바 '흑자 도산'이 늘어나고 있는 것이 문제다.

그런데 부실채권을 정리하려면 담보물 혹은 기업을 팔아넘겨야 하는데 이 시기에 그것들을 사려는 투자자가 거의 없다.

둘째로 부실채권을 정리하고 나면 금융기관에는 엄청난 매각손이 발생하고 그로 인하여 자본을 대부분 까먹게 된다. 금융기관이 건전성을 유지하자면 자본증자가 필수인데, 증권시세가 바닥을 헤매는 이 시기에 은행 주식을 사려는 사람이 많지 않다. 외국은행에 은행을 팔아넘기려 해도 지금의 부실상태를 그대로 두고서는 찾아오는 외국은행이 많지 않을 것이다. 결국 가급적 원매자 혹은 출자자를 구하되 안 팔리는 부실채권과 주식을 일시적으로라도 정부가 사주지 않으면 금융의 구조조정 작업을 매듭지을 수 없는 실정이다.

---

5 1998년 5월 19일, 재경부 자료 〈중소기업 자금난 해소 대책〉.

외국에서도 금융파탄이 발생하면 어쩔 수 없이 민간금융에 정부자금을 투입하는 것이 상례였다. 미국도 그랬고, 멕시코도 그랬고, 최근에는 일본도 금융 구조개혁을 위하여 추가적으로 30조 엔(약 300조 원)의 공적자금을 투입한다고 한다. 결국 재정자금으로 (1) 금융기관의 부실채권은 매수하고, (2) 그로 인한 자본 잠식을 보충하기 위하여 증자 지원을 하고, (3) 파산은행의 예금을 대불(代拂)하는 조치를 취하지 않을 수 없는 것이다. 불행한 일이지만 보다 큰 불행을 막기 위하여 국민들은 이를 감수할 수밖에 없다.

그래서 지난 5월 20일 정부는 금융기관의 구조조정을 촉진할 목적으로 이미 국회의 발행 동의를 얻은 14조 원에 추가하여 약 50조 원의 채권 발행 계획을 발표하였다. 부실채권 매입에 25조 원, 증자 지원에 16조 원, 퇴출은행 예금 대불에 9조 원이 필요하다는 것이다.

그런데 정부의 계획에는 몇 가지 문제가 있는 것 같다. 먼저 25조 원의 부실채권은 금융기관이 자체적으로 매각 정리하는 것으로 되어 있는데 과연 그것이 가능할까? 또 금융기관 자력에 의한 증자를 20조 원 정도로 보고 있는데 이것 또한 가능할지 의문이다. 참고로 이 증자 액수는 현 상장주식 평가액의 20~26%에 해당하는 수치다. 한편 재벌기업의 자본-부채비율을 200%까지 낮추려면 약 40조 원의 증자가 필요한데 은행과 기업부문의 증자소요를 합쳐 60조 원의 증자를 실현하자면 현 상장주식 평가액의 60~80%에 해당하는 주식 발행이 증권시장에서 소화되어야 한다. 이것은 도저히 불가능한 일이다. 자본증가에는 유상증자, 후순위채권 발행, 외국인에 대한 지분 매각 등의 방법이 있는데, 외국인 투자에서 돌파구를 찾을 수밖에 없다. 그러나 세 가지 방법을 다 동원하더라도 정부가 기약한 대로 1~2년 내에 상기(上記) 목적을 달성할 수 있을지 의문이다.

한편, 부실채권을 말끔히 정리하지 못하고 자본 충실화가 늦어지면, 지금과 같은 금융기관의 불안정과 자금경색이 계속될 것이다. 그러므로 재정 부담이 커지는 한이 있더라도 차제에 발본적 대책을 세울 필요가 있다. 지금 우리가 경계해야 할 일은 해결에 난관이 있다고 하여 고식적(姑息的) 혹은 호도적(糊塗的)인 대책을 세울 때가 아니라는 것이다. 문제 하나하나에 대하여 끊고 맺고 끝장을 보는 결단이 필요하지 않은가 한다.

부실 금융기관의 처리 부실 ● 금융기관을 어떻게 정리하느냐 하는 것은 매우 어려운 문제다. 정부의 기본 방침은 부실 금융기관을 합병 또는 퇴출시키고 살아남은 은행들에 대하여는 부실채권 정리와 자본증자를 지원한다는 것인데, 아직 구체적 프로그램은 제시되지 않고 있다. 몇 가지 생각나는 점을 말한다면 다음과 같다.

첫째로 금융과 산업 사이의 유착관계가 지금의 사태를 초래한 구조적 결함이었던 만큼 산업자본과 금융 분리의 원칙을 지킬 필요가 있다. 대기업이 금융업을 겸영(兼營)할 수 있게 한다는 소리가 들리는데, 이것은 과거의 쓰라린 경험을 무시한 견해라 할 것이다. 겸영을 시키더라도 동일인 대출한도를 엄격히 규제하면 되지 않느냐고 반문하는데, 과거에 그러한 규제가 없어서 금융과의 유착이 이루어졌던 것이 아니다. 은행에 주인이 없어서 은행이 잘못되었으니 재벌에게라도 은행을 맡기는 것이 옳지 않나 하는 견해도 있다. 그러나 재벌 소유의 종금사들이 망한 것은 주인이 없어서였나? 미국, 영국, 오스트레일리아, 뉴질랜드 등 시장원리를 중시하는 나라에서는 산업과 금융이 분리되어 있는 것이 공통적 현상이다. 세계화·정보화 시대에는 실질적으로 산업과 금융을 분리하기 어렵게 된다는 견해도 있으나, 아직 결론을 내릴 단계는 아니라고 생각한다.

둘째로 금융의 현대화를 위해서는 외국 금융기관과의 합작이 가장 바람직하다. 그러나 외국 투자자들은 먼저 부실은행의 구조조정을 요구하고 있고 무엇보다도 노조와 노동법을 걸림돌로 여기고 있다. 필자가 만난 미국은행연합회 회장의 말로는 미국에는 노조가 있는 은행이 하나도 없다고 한다. 그는 어떻게 '화이트칼라'들이 노조를 결성하게 되었느냐고 오히려 반문하면서, 노조만이 종업원의 복지를 보장하는 방법이라는 생각은 버려야 한다고 말했다. 하여튼 이 점은 금융계와 정부가 함께 해결해야 할 문제다.

셋째로 은행을 서로 합치는 것만이 최선의 방법이냐 하는 것이다. 하기야 차제에 부실한 군소은행은 합쳐야 한다. 그러나 큰 은행을 합치면 과도적 혼란이 심할 것이고 한국의 문화적 토양에서는 합병 후에 파벌적 내분이 계속되지 않을까 걱정이다. 차라리 외국은행과 내국인이 합작하는 지주회사를 세우고 그 산하에 부실은행을 흡수한 다음 제각기 거듭나게 하는 것이 어떨까 한다. 예컨대 지주회사가 각 은행의 새로운 경영진(외국인 포함)을 지휘 감독하고, 점포 정리·인원 정리 등은 지주회사가 조정하여 통괄하면 될 것이다. 이렇게 하면 복수 은행이 하나가 되지 않더라도 보다 평온하고 간편하게 각자가 재생의 길을 걸을 수 있게 될 것이다. 신문 보도에 의하면 김우중 회장이 내외 합작의 선도은행 설립의 개념을 제시하였는데, 그것을 여기에서 말하는 지주회사의 개념으로 발전시키는 것이 어떨까 하는 생각을 한다. 재벌들이 외국은행과 공동으로 출자를 하되 재벌들은 경영권을 갖지 않고 후일에 주식을 판다니까 그렇다면 재벌이 은행 소유를 목적으로 하는 것은 아닌 것 같다. 재벌이 무슨 돈이 있어서 거액의 출자를 할 수 있느냐 하는 의문이 생기는데 만약 그것이 어려우면 우선 정부나 한국은행이 출자하는 방법도 생각해볼 필요가 있다. 합병에 따르는 번잡과 엄청난 혼란을 생각한다면 위의 방식이 훨씬 손쉽고 조속한 시일 내에 금융을 정상화하는 지름길이 될 수 있을 것이다.

기업부문 개혁의 기본 과제

기업집단의 문제점 ● 금융기관의 부실경영과 기업의 부실경영은 동전의 양면과 같은 것이니 기업 경영의 혁신 없이 금융의 정상화를 바랄 수 없다. 특히 우리나라 기업집단은 그동안 이 나라 경제 발전에 지대한 공헌을 한 것이 사실이지만 구태의연한 경영방식에 대하여 내외로부터 비판을 받아왔다. 이미 앞에서 금융 면에 반영된 문제점들을 예시하였거니와 그밖에도 다음과 같은 문제점들이 지적되어왔다.

- 자본금에 대하여 차입금이 너무나 많다.
- 분식결산이 유행하고 재무제표를 믿을 수 없다.
- 이윤보다 외형(총매출액)과 위세 확장에 중점을 둔다.
- 총수를 정점으로 하는 수직적 의사결정체제에서 임직원의 창의성과 자율에 의한 효율적 경영이 저해되고 있다.
- 재벌 총수는 의사결정을 독점하고 있음에도 불구하고 법적으로는 아무런 책임을 지지 않는다.
- 투자의 경제적 타당성 검증보다는 재벌 총수의 개인적 판단이 우선하는 경우가 많다.
- 정치·사회적 영향력을 추구하여 손익을 무시하고 본업과 관계없는 사업

을 확산한다.
- 일부 부실기업의 손실을 다른 사업의 이윤으로 보전(補塡)하기 위하여 사업을 무원칙하게 다각화한다. 따라서 집단 내에는 언제나 부실기업이 존재한다.
- 정치권에 비자금을 공급하여 정치적·사회적 물의(物議)를 일으킨다.

재벌에 대한 시정조치 ● 지금까지 알려진 재벌 대책으로는 상호지급보증의 금지, 연결재무제표의 공개 및 외부 감사의 의무화, 집단 내 부실기업의 정리 등이 있다. 정부는 재벌의 자발적 구조조정이 가시화되지 않고 있다고 불평하고 재벌은 정부가 무리한 계획을 밀어붙이려 한다고 반발하고 있다. 그러나 시간이 걸리겠지만 일단 금융정상화가 제대로 이루어지고 엄정한 금융감독 기능이 일상화된다면 앞에서 말한 조치만으로도 재벌의 모습은 크게 달라지지 않을 수 없다. 따라서 금융의 기강 확립과 엄정한 금융감독이 기업 구조조정의 전제조건이 된다. 만약 금융이 정상화된다면 앞으로는 이러한 모습으로 전개될 것이다.

- 기업의 업적은 외형이나 사회적 위세가 아니라 이윤이라는 단일 지표로 평가될 것이고 기업의 건전성은 자본-부채비율로 평가될 것이다.
- 기업집단의 경우에는 결합재무제표상의 순이윤과 통합 자본-부채비율이 경영평가의 기초가 될 것이다.
- 재무제표는 공신력 있는 공인회계사의 외부 감사를 받게 되고 그것이 금융기관의 융자 결정의 기초 자료가 될 것이다.
- 경영과 재무 상태의 투명성이 없으면 국내외에서 융자받기가 어렵게 될 것이다.

- 상호지급보증을 법적으로 금지한 이상 재벌이 부실기업을 무작정 끌고 갈 수 없을 것이다. 집단 내의 부실기업은 금융기관에서 부실채권으로 분류되어 융자의 제한을 받거나 한국자산관리공사로 넘어가게 될 것이다.
- 은행은 연결재무제표를 보고 통합 자본-부채비율이 너무 낮으면 본업과 관련이 적은 기업을 정리할 것을 요구할 것이고 요구에 응하지 않으면 대출을 중단하게 될 것이다. 그것은 시장경제 원리에 따른 은행의 당연한 권한 행사이고 정부의 간섭과는 차원을 달리한다.
- 결과적으로 집단 내에는 주력 기업과 관련이 있는 계열기업들만이 남게 되고 문어발식 경영에 제동이 걸릴 것이다.
- 재벌기업 안에는 주주를 대표하는 이사회와 경영진을 대표하는 임원회가 확연히 구분되고 그 법적 책임을 명확히 할 것이다. 주주도 아닌 임원들이 재무부서에 도장을 맡겨두고 금융기관으로부터 융자를 받을 때마다 보증을 서게 되는 관행도 없어질 것이다.

부실기업 정리의 모델 ● 지금 정부는 재벌에 대하여 부실기업을 빨리 정리하라고 촉구하고 있다. 그러나 재벌이 일부 자산이나 기업을 매각하려 해도 국내에서는 살 만한 기업이나 투자자가 없고, 외국인에게 팔려고 해도 그 교섭에 적지 않은 시일이 걸린다. 기업을 팔자니 사는 사람이 없고, 가지고 있자니 금융기관과 정부로부터 냉대받고 사회의 지탄까지 받게 되니 당혹해하는 기업주나 재벌이 있을 것이다. 이 문제를 원만히 해결하는 방법은 없는 것일까? 한 가지 생각할 수 있는 방법은 도덕적 해이(moral hazard)의 문제를 회피하기 위하여 부실기업주의 책임을 묻고 기업 회생책을 강구하는 것이다. 하나의 모델을 제시하면 아래와 같다.

1 먼저 금융계, 정부, 세계은행 또는 외국 금융기관이 출자하는, 가칭 '기업갱생공사(企業更生公社)'라는 지주회사를 설립한다. 한국자산관리공사를 확대 개편할 수도 있다.

2 금융기관은 미리 정한 기준에 따라 구제불능이라고 판단되는 기업에 대하여는 대출을 중단하고 그 기업은 청산절차로 들어간다. 기업해체에 따르는 심한 고통이 따르겠지만 별 수가 없다. 끊을 것은 단호히 끊어야 한다.

3 금융기관이 회생이 가능하다고 판단하는 기업은 기업주가 기업을 자체 처분하든가 아니면 갱생공사에 매도토록 종용한다. 금융기관은 어차피 대출을 계속할 수 없으니 기업주는 기업 매도 외에는 다른 대안이 없을 것이다.

4 갱생공사와 부실기업은 부실기업의 자산부채를 투명화하고 그를 시가로 평가하여 매매가격을 결정한다. 만약 순부채가 자본금과 동일하면 감자조치를 취하고, 극단적인 경우에는 무상매매도 있을 수 있다(순부채가 자본금을 크게 초과하면 두 번째 항에 해당한다).

5 갱생공사는 지주회사로서 매입한 부실기업의 경영자를 선임하여 구조개선을 추진하도록 한다. 종래의 경영진은 기업 부실화의 책임을 지고 모두 물러난다. 다만 예외는 있을 수 있다.

6 채권 금융기관은 인수기업에 대한 채권의 일부 혹은 전부를 출자로 전환한다. 경우에 따라서는 구조조정의 실적을 감안하여 협조융자도 할 수 있다. 주식 소유 비율에 불구하고 금융기관은 갱생공사와 의사결정권을 공유한다.

7 부실기업의 새로운 경영진은 보다 안정된 재무 상태에서 기업 경영을 개선하고(대외합작 포함) 경영이 정상화되면 금융기관은 증권시장에서 주식을 매각하여 채권을 회수한다. 그리고 새로운 자본주와 경영 주체가

기업을 인수 경영하게 된다.

이 모델을 적용하면 도덕적 해이의 문제를 회피하고 기업을 살릴 수 있다. 최근에 은행들이 동아건설에 협조융자를 한 것에 대하여 비판의 소리가 높았다. 그러나 만약 위의 모델에 따른다면 동아건설 집단 중 부실기업을 기업갱생공사에 팔아넘기고, 금융기관이 채권 일부를 출자로 전환하여 공사가 경영권을 장악한 다음, 주주와 경영주와 경영진을 교체하고 나서 협조융자가 이루어졌을 것이다. 그랬다면 도덕적 해이를 범한 무원칙한 조치라는 내외의 비판을 면할 수 있었을 것이다. 매사를 공정하고 투명하게 처리하지 못하면 구조조정에 성공할 수 없다.

이 모델에서는 재벌이건 아니건 금융기관이 부실기업으로 판정하면 그 등급에 따라 청산 절차를 밟거나 아니면 기업갱생공사에 매도되어 채권은행 또는 갱생공사가 대주주가 될 것이니 그 기업은 이미 재벌의 손을 떠나게 된다. 그러므로 더 이상 재벌의 무성의 혹은 부작위(不作爲)를 시비할 필요가 없다. 그 후 부실기업이 정상화되는 데에는 시간이 걸리겠지만 그것은 이미 재벌과는 별개의 문제다. 수술할 환자를 수술하지 않기 때문에 병세를 놓고 말이 많은 것이지 수술을 하고 나면 사람들은 회복을 기다리게 될 것이다.

기업갱생공사에 외국기관의 참여를 바라는 이유는 정치적 영향을 배제하고 공정하고 엄격하게 업무를 처리하기 위해서다. 앞으로 부실기업 정리에 정치적 영향이나 비리가 개입한다면 기업 구조조정은 성공할 수 없을 것이다.

금융기관·기업·감독기관의 삼각관계 ● 만약 지금의 구조조정이 제대로 이루어진다면 금융기관, 기업, 감독기관 사이의 삼각관계가 어떻게 달라질까? 하나의 이상형(理想形)을 그려본다.

가령 어떤 기업이 정당한 사유 없이 대출금을 기한 내에 갚지 못한다 하자. 은행은 지체 없이 부도처리할 것이다. 최근에 정부가 도입한 부도유예나 상법상의 화의 같은 미봉책은 사라져야 한다. 그것은 금융 기강을 문란케 하고 사태수습을 지연시키는 것에 불과하기 때문이다.

만약 금융기관이 어떠한 외부의 간섭이나 압력 때문에 이 기업에게 융자를 계속했다고 하자. 그러면 그 은행의 BIS의 자본비율(건전성 기준)이 악화한다(자본비율의 분모가 되는 대출금은 위험도에 따라 분류되고 연체기업에 대한 대출은 가중치가 크기 때문에 분모 전체의 값을 크게 만들어 자본비율을 낮게 만든다). 은행은 틀림없이 금융감독원으로부터 지적을 받게 될 것이다. 감독원은 누구의 압력으로 은행이 그러한 융자 결정을 했는지 구체적으로 따질 필요도 없다. 다만 재무제표에 나타난 결함을 지적하면 되는 것이다. 금융기관은 자본금을 늘리든가 아니면 다른 위험자산을 감축하지 않을 수 없게 된다. 만약 금융기관이 시정 지시를 이행하지 않거나 사실을 은폐하고 BIS 기준을 조작한 것이 드러나면 감독원은 영업정지와 같은 준엄한 제재조치를 취하게 된다.

이것이 세상에 알려지면 해당 은행에 예금자가 몰려오고 예금뢰취(預金雷取) 현상이 일어난다. 정부는 예금자보호법에 따라 일정 금액 이하의 소액 예금자는 보호하지만 나머지는 보호하지 않는다. 그 이유는 정부의 자금 부담도 문제려니와 그래야 거액 예금자가 항상 거래은행을 감시하게 된다고 보기 때문이다. 즉, 거액 예금자는 거래은행의 건전성에 의심이 가면 언제라도 예금을 다른 금융기관으로 옮기게 될 것이다. 그렇게 되면 그 은행은 존립이 위태롭게 되고 당해 금융기관의 이사회는 경영진에 대하여 부실대출에 대한 책임을 묻지 않을 수 없게 될 것이다.

이러한 메커니즘이 작용하는 한 금융기관의 경영진은 외부 압력 때문에 부실대출을 하기 어렵게 되고, 항상 융자에 조심 또 조심을 하고 자본충실화와 지불 준비에 만전을 기하게 될 것이다. 참고로 홍콩의 은행들은 예금유치 전략으로 "언제든지 예금을 내드리는 은행"이라는 역선전을 한다고 한다. 자기 은행의 안정성을 강조하기 위해서다.

이상은 미국과 같은 선진국의 금융체제의 모델이다. 이러한 모델에서는 은행 감독을 위해 복잡한 규제가 필요하지 않다. 다만 몇 가지 경영지표를 감시하고 결함이 보이면 가차 없이 조치를 취하면 된다. 참고로 미국에서는 1982~1992년 1,429개의 크고 작은 은행들이 감독기관으로부터 영업허가 취소 처분을 받은 바 있다.

이 점에 관련하여 미국의 저명한 금융학자 카우프만(Kaufmann) 교수는 흥미로운 보고를 하고 있다.[6] 즉 미국에서는 감독 규제가 많았던 때에 오히려 은행 파탄 건수가 많았다는 것이다. 그 이유는, 예금자들은 정부가 규제와 감시를 하고 있으니 별일 없을 것이라고 방심하고, 은행들은 정부가 하라는 대로 했으니 별일 없을 것이라고 생각하여 자구 노력을 게을리 했기 때문이라고 한다.

위와 같은 감독원리를 철저히 실행에 옮긴 것이 1996년 뉴질랜드의 금융개혁이다. 뉴질랜드는 중앙은행의 은행감사제도 자체를 폐지했다. 그 대신 3개월마다 은행 재무상태를 공시케 하고, 그 문서에 사실과 다름이 없음을 보장한다는 은행장의 서약과 서명을 하게 했다. 만약 허위 사실이 발견되면 은행장은 법적 처벌을 받게 된다.

---

[6] George Kaufmann(1997), "Banking Reform : The Ways and How-tos", EWC/KDI Conference on Restructuring National Economy, Honolulu Hawaii.

이상은 금융기관 감독이 어떠한 것인지를 말해주는 것이다. 그것이 실현되려면 금융의 자주성과 금융감독원의 정치적 중립이 전제되어야 한다. 그래서 필자는 이 점을 강조하는 것이다. 그리고 이 조건만 충족된다면 부실기업과 재벌 문제도 대부분 해결될 수 있을 것이다.

IMF 체제의 문제점

지금까지 한국의 금융파탄이 제기하는 문제들을 개관하였는데 그러고 보니 IMF에 대해서도 할 말이 있다. 결론부터 말하자면, IMF는 동남아 국가들과 한국의 경험을 거울 삼아 앞으로 금융위기를 예방하기 위하여, 그리고 일단 한 나라에 금융위기가 발생하면 그를 신속히 수습하기 위하여 어떻게 개입하는 것이 최선의 방법인지 깊이 연구해야 할 것 같다.

한국적 위기의 정체 ● 먼저 한국의 외환위기의 정체가 무엇이냐 하는 것부터 돌이켜볼 필요가 있다. 앞서 밝힌 바와 같이, 한국의 외환위기에는 구조적 요인이 바탕에 깔려 있으나 직접적 요인은 단기자본의 과다 차입으로 인한 유동성 부족에 있었다. 그리고 구조적 요인으로 말하면 어느 나라를 막론하고 종류와 정도의 차이는 있을망정 구조적 문제를 지니고 있지 않은 나라는 거의 없다. 따라서 구조조정은 항시적인 정책 과제다. 우리의 경우에도 구조조정의 필요성과 방향에 관해 광범한 인식과 합의가 형성되어 있었고, 정부의 시책이 없었던 것도 아니다. 외환위기 발생 이전에 이미 13개의 금융개혁 법안이 국회에 상정되어 있었다는 것이 그러한 사실을 입증해준다. 다만 필요한 구조조정이 기득권자들의 저항과 위정자들의 무능으로 신속히 이루어지지 못했던 것이다. 한국의 실물경제 면의 거시적 기본지표(fundamentals)가 나쁘지 않고 다만 유동성 부족이 문제라면 유동성을 주입하는 것이 가장 긴요한 응급 대책이 된다. 만약 IMF 개입 직후 한국 정부가 약 300~500억 달러 정도의 긴급자금을 조달하여 임의로 사용할 수 있었다면 아마도 위기의 양상이 크게 달라졌을지도 모른다. 즉, 환율과 금리를 그토록 폭등시켜 기업을 도산시키고 부실채권을 양산할 필요도 적었을 것이고, 그로 인하여 구조조정을 더욱 어렵게 만들지도 않았을 것이다. 또한 IMF는 다른 방법으로 한국 정부에 대해 구조조정을 요구하는 압력을 가할 수도 있었다. 예컨대 IMF와 약정한 사항을 이행하지 않으면 구제금융 금리를 상향조정한다든가 그밖에 다른 방법도 있었을 것이다.

IMF 자금력의 한계 ● 그러나 한국은 그러한 자금을 일시에 조달할 수 없었다. IMF는 한국을 위하여 580억 달러의 구제금융을 주선했지만 자기자금 210억 달러를 제외한 나머지는 몇몇 국제 금융기관과 G7 국가들로부터 긁어모아야 했다.[7] 그리고 그것은 무조건 내주는 것이 아니라 공여자의 사정에 따라, 그리고 한국 정부가 IMF와 협정한 사항을 이행하는 속도에 따라 단계적으로 내주는 자금이었다.

IMF가 금융위기에 처한 나라의 자금 소요를 모두 충족할 수는 없으며 구제금융도 다만 민간자본의 환류를 유인하는 보조수단에 불과하다는 사실을 모르는 바 아니다. 그러나 IMF가 제공하는 구조금융의 크기와 지원 속도에 따라 민간자본 유치의 긴급도가 달라지고, 따라서 그를 위한 환율 및 금리 정책의 내용이 달라질 수 있다고 필자는 생각한다. 하지만 한국의 경우 IMF는 자신의 구제금융 규모와 지원 속도에 한계가

---

[7] IMF 구제금융 공여자별 내용은 다음과 같다. IMF 210억 달러 ; IBRD 100억 달러 ; ADB 40 달러 ; 일본 100억 달러 ; 미국 50억 달러 ; 기타 선진국 80.35억 달러.

있다는 것을 알기 때문에 민간자본을 한국으로 환류(環流)시키는 것이 급선무라고 판단했을 것이다. 그래서 IMF는 개입 즉시 환율을 완전 유동화하는 동시에 한국은행의 환매채 금리를 일시에 40%선까지 올려 초고금리 시대를 불러왔다.

사실상 IMF의 가용자금은 지금의 국제 금융의 규모에 비해 너무나 적다. 세계화된 국제 금융시장에서는 매일 1조 달러 이상의 단기 투기자본이 거래된다고 한다. 국제통화 시스템의 안정성을 위하여 이러한 국제 단기자본의 이동을 감시하고 규제하는 것은 국제통화체제를 관리하는 IMF의 기능이 아닐 수 없다. 앞으로도 아시아 제국에서 발생한 금융위기가 다른 나라에서 발생하지 않는다는 보장은 없다. 그런데 지금의 IMF는 자본 이동을 감시하는 장치와 조기경보체제를 갖추지 못하고 있을 뿐만 아니라 위기 발생시에 신속히 대처할 만한 유동성을 지니고 있지 않다. 따라서 IMF가 쓸 수 있는 주요 무기는 고환율·고금리 정책일 수밖에 없는 것이다. 필자는 이것이 IMF 체제의 문제점 중 하나라고 생각한다.

그러한 의미에서 IMF가 1997년 9월에 900억 달러 상당의 회원국 출자 쿼터를 늘리기로 한 것은 당연한 조치라 할 것이다. 그러나 미국의회는 미국 출연분(180억 달러)을 아직 승인하지 않고 있다. 공화당 의원들의 반대 이유는 IMF 긴급구조는 회원국의 도덕적 해이를 수반하여 시장원리에 반하고, 자국 납세자들에게 부담을 줄 이유가 없다는 것이다. 그러나 이것은 금융세계화의 진전에 따라 싫든 좋든 IMF가 세계중앙은행의 기능을 닮아갈 수밖에 없다는 사실을 무시한 의견이라 하지 않을 수 없다.

고금리 정책의 허실 ● IMF가 파격적 고금리 정책을 고집하는 이유는 널리 알려져 있다. 즉, 한국이 자력으로 외자조달을 극대화하려면 먼저 환율을 높여 국내 외환시장에서 외환 공급 증가를 유도하는 동시에, 금리를 파격적으로 높여 금리차를 노리는 외국 자본의 유입을 유도해야 한다. 아울러, 국내에서 외환보유의 금리비용을 높임으로써 외환 매각을 촉진하고 국내 저축을 늘려 재정 안정에 기여케 하자는 것이다.

물론 IMF의 분석은 이해할 수 있다. 그러나 외환위기 초기에 고금리가 외환 공급 증가를 유도하는 데에는 한계가 있다. 금리가 파격적으로 높다 하더라도 이런 때에는 금리보다 위험을 중시하는 것이 투자자들의 심리다. 외환위기 발생 이전에도 한국의 금리는 이미 국제금리보다 2배나 높았다. 그것을 3배로 높인다고 해서 외국 투자자들의 불안심리를 극복하기는 어려운 반면, 국내 금융기관과 기업들은 일대 혼란과 위기에 봉착하게 된다. 이러한 위기 상황은 외국 투자자들을 더욱 불안케 하고 고금리의 이점을 도외시하게 만든다. 이때에는 충분한 유동성을 확보하여 외국 투자자들이 언제라도 원하면 자금을 회수해갈 수 있다고 믿게 하는 것 외에는 별도리가 없는 것이다. 그래서 IMF의 긴급구조가 필요한 것인데 IMF는 그에 대응하기에 충분한 유동성을 가지고 있지 않다는 데에 문제가 있다.

물론 필자는 고금리의 긍정적 효과를 부인하지 않는다. 그러나 그 역효과도 경시할 수 없다. 연 20~30%의 금리를 부담하면서 살아남을 기업은 많지 않다. 일반적으로 자기자본비율이 낮은 개도국의 경우에는 특히 그러하다. 뿐만 아니라 외채를 지고 있는 다수 기업들은 원리금의 환차손과 금리 부담이 이중으로 몰아닥치니 제아무리 건실한 기업이라도 일시에 부실기업으로 전락하지 않을 수 없는 것이다. 따라서 고금리 정책은 단기에 그쳐야 한다. 그렇지 않으면 기업 부도가 속출하고, 부실채권이 증가하여 금융기관의 구조조정이 매우 어렵게 된다.

한편 고금리가 저축 증가에 기여한다고 하지만, 실제 은행들의 금리 경쟁이 기존 예금의 금리 인상과 예금의 구좌 이동을 유발했을 뿐 저축 증대에 기여하였는지는 의문이다. 참고로 금융기관 총예금은 1997년 말의 198조 원에서 금년 3월 말에는 195조 원으로 줄어들었다.

뿐만 아니라 고금리 정책은 사회적으로 어려운 문제를 제기한다. 민노총(民勞總)이 지난 5월 말 파업을 감행했는데, 그것은 매우 유감스러운 일이지만 그들의 주장에도 일리 있는 대목이 있다. 즉, IMF 한파 속에서 가진 자들은 고금리의 혜택으로 오히려 더 잘살게 되고, 임금 삭감·정리해고 등으로 노동자에게만 구조조정 부담이 강요되고 있다는 것이다. 이에 대하여는 할 말이 없다.

BIS 기준 8% ● 고금리 외에 또 한 가지 문제의 숫자가 있다. 금융기관 구조조정의 중심 과제는 BIS의 자본–여신비율(감독 규정상으로는 위험가중자산 대비 자기자본비율) 8%를 충족하는 것이다. 이것 때문에 금융기관이 대출을 기피하고 부실기업을 양산하고 있다는 것은 앞에서 본 바와 같다. 뿐만 아니라 중요 고객의 위험자산은 줄이지 않고 다만 총자산 규모를 축소함으로써 명목상으로 자본비율을 높이려 하기 때문에 무고한 중소기업이 희생되는 경우가 많다. 이에 대하여는 감독당국의 적절한 대비책이 필요하지만 무리하게 8% 기준을 강요하면 재무제표 분식(扮飾)의 유혹은 더욱 커진다는 것도 고려할 필요가 있다.

원래 BIS 자본비율은 1988년 G12 중앙은행 총재회의에서 합의된 일종의 정치적 숫자이고 거기에 어떠한 절대적인 근거가 있는 것은 아니다. 그렇다면 BIS 기준 충족의 시한을 짧게 하여 금융기관, 기업 그리고 정부의 재정부담을 너무 크게 할 필요는 없지 않은가 한다. 1980년대 미국의 금융개혁 경험을 보더라도 은행의 자기자본비율이 1990년의 6.4%에서 1995년의 8.0%에 이르는 데에 5년의 시간이 경과했다는 것을 참고할 필요가 있다.[8]

결론적으로 IMF는 융자조건의 이행을 보장하고 도덕적 해이를 방지하는 방법을 선택하되 긴급구조 자금의 규모와 집행 속도를 높이는 동시에 거시정책과 구조조정 정책 간의 조화를 도모하는 방향으로 개입방식을 개선할 필요가 있다고 생각한다.

IMF의 당면 과제 ● 금년 4월에 개최된 IMF 잠정위원회(Interim Committee of the IMF)에서는 아시아 금융위기에 자극되어 집행부가 제출한 여러 가지 업무개선 방안을 채택하였다. 예컨대 1995년 멕시코 외환위기 후에 개발한 '자료공개특별기준(Special Data Dissemination Standard)'을 보완하여 단기자본의 이동 추적과 조기경보체제를 만들겠다고 한다. IMF 집행부의 의견은 국제수지상의 경상계정을 다루는 것이 WTO라면 자본계정을 다루는 것은 IMF의 기능이 되어야 한다고 주장하고 있다. IMF의 유동성 부족을 보충하기 위하여 금년 1월 총회에서 의결된 자본 증자와 신차입협정(New Arrangements to Borrow)의 집행을 촉구하기도 했다.

한편으로는 '금융 투명성 및 건전관행에 관한 장전(章典, Code of Good Practices on Fiscal Transparency)'을 채택하였다. 그러나 투명성은 채무자에게만 요구할 것이 아니라 채권자에게도 똑같이 요구해야 한다고 생각한다. 단기투기자본의 이동에는 각종 불건전한 요소가 포함되어 있다고 생각되기 때문이다.

---

8 한국은행 조사 제1부, 〈주요국의 금융개혁 사례와 시사점〉, 1997년 9월, p. 14.

IMF가 개도국의 자본 자유화에 있어서 단계적 접근이 필요하다고 인정한 점은 특기할 만한 일이다. 자본 자유화에 앞서 먼저 국내 금융시장을 자율화하고, 국제 금융시장과의 거래 경험을 쌓으면서 현대 금융기법에 친숙해지고 국내금리와 국제금리의 격차를 줄이는 단계가 필요하다는 것은 한국의 경험만 보더라도 명백하다. 그런데 이 점을 무시하고 국내 구조조정을 게을리 한 한국이나 조급하게 자본 자유화를 요구한 선진국은 다같이 반성할 필요가 있다.

　그러나 아직 IMF 잠정위원회에서 언급되지 않은 중요한 문제가 있다. 그것은 변동환율제의 맹점에 관한 것이다. 원래 변동환율제는 회원국의 경상수지를 조절하는 시장 메커니즘을 상정한 것이었다. 즉, 한 나라의 경상수지가 악화하면 외환 수요 증가, 환율 상승, 수출 증가, 수입 감소, 경상수지 균형화라는 자동적 조절 기능을 기대했던 것이다. 그러나 지금의 금융시장에서 환율은 각국 경상수지의 변동을 반영하는 것이 아니라 금리차를 노리는 단기자본 이동을 반영하는 면이 훨씬 더 우세하다. 그래서 우리나라에서 1990년 이후 국제경상수지의 만성적 적자에도 불구하고 단기자본 유입 때문에 환율이 안정되는 왜곡 현상을 보였고 나른 나라의 사정도 마찬가지다.

　그렇다면 회원국 간의 경상수지를 조절하는 메커니즘이 없어지거나 약화되어도 좋은 것인가? 이것이 지금 국제통화체제가 직면한 근본문제인데 IMF는 아직 이에 대해 만족할 만한 대답을 내놓지 못하고 있다. 세계화 시대의 국제통화체제를 어떻게 재건해야 할 것인지 참으로 엄청난 문제가 해답을 기다리고 있는 것이다.

정부개혁

지금 금융계 및 기업계가 지니고 있는 문제가 그들만의 책임이 아닌 것은 물론이다. 그들은 정부가 만들어놓은 기업환경 속에서 나름대로 최선을 다했다고 말할 것이다. 따라서 금융기관과 기업의 구조개혁과 함께 정부개혁이 있어야 한다. 그동안 정부는 행정개혁위원회를 설치하여 정부조직을 개편하였고 규제 완화 작업을 계속해왔다. 그러나 결과에는 문제가 남아 있는 것 같다.

정부조직 개편의 문제점 ● 구조개혁에 성공하자면 먼저 능률적인 행정조직을 가지고 있어야 한다. 그러나 개편된 정부조직에는 처음부터 문제가 있어 보인다.

한 가지 예로 예산 기능이 청와대, 재경부, 예산청의 세 구조로 분화되었는데, 이에 대해 앞으로 여러 가지 문제가 제기될 것이다. 예컨대 청와대 내에 공식기구인 기획예산위원회가 있어서 거기서 예산 편성 방침이 결정된다 하는데, 동 위원회 위원장은 국무위원이 아니므로 국회에 나가 발언할 수 없다. 따라서 재경부 장관이 위원회와 사전 협의를 거쳤다는 구실하에 대신 답변해야 하는데, 이것은 정치적으로 반론에 부딪힐 소지가 있다.

사견으로는 예산 기능은 재경부로 일원화하고, 그 대신 금융에 관한 업무는 대부분 한국은행으로 이양하는 것이 개혁 목적에 부합되는 개편이었다고 생각된다. 그렇게 하더라도 대통령은 얼마든지 재경부의 재정 운용을 지휘할 수 있고 행정을 보다 간편하게 할 수 있다. 물론 예산 기능 삼분화는 현 대통령이 선택한 것이 아니라 국회 심의과정에서 정치적 흥정의 결과로서 그렇게 된 것인데, 이것은 정치권의 개혁 비전이나 목적의식을 의심케 하는 대목이다.

　개혁에는 주도세력과 주도기관이 필요하다. 개혁의 중심체가 있어야 각 부처의 이해관계를 조정하여 유기적 개혁 프로그램을 편성할 수 있고, 그를 집행하는 과정에서 일어나는 문제를 신속히 보완할 수가 있다. 그런데 지난번 정부조직 개편에서는 각 부처의 경제정책을 조정하는 메커니즘이 빠져버렸거나 혹은 분명치 않은 것 같다.[9] 청와대, 기획예산위원회, 국무총리실의 국무조정위원회 등이 있는데, 어느 쪽이 조정업무를 맡는 것인지 분명치 않은 것이다. 대통령이 정책조정위원회를 직접 주재하고 있는데, 그것은 정책 결정을 신속화하는 장점이 있는 반면에 사전 검토가 충분치 않으면 독단 혹은 속단에 빠질 우려가 있다. 대통령이 단안을 내리기 전에 각 부처의 의견과 문제점을 조정·정리해주는 하부기관이 필요치 않은가 한다.

　이 점과 관련하여 재경원의 해체를 다시 한 번 돌이켜볼 필요가 있다. 재경원을 해체한 것은 외환위기를 예방하지 못한 실책과 관련이 있는 것 같다. 그러나 정작 잘못은 종전에 경제기획원과 재무부를 합친 데에 있었다고 생각된다. 두 부처를 합친 결과 재경원은 금융업무에 매몰되어 경제 전반의 동태를 파악하여 정책을 기획·조정하는 본래의 기능을 상실했던 것이다.

　어쨌든 개혁 업무를 통괄 조정하는 강력한 기능이 필요한데, 그것은 현업 행정을 맡지 않고 국회에 나가 답변할 수 있는 기관이 되도록 하는 것이 바람직하다. 물론 각 부처 장관이 개혁 업무 중 자기 부처 소관 사항에 대하여 국회 질의에 답변하고 책임을 진다고 하지만, 정작 중요한

---

[9] 재계에서는 자기들의 문제를 협의하기 위하여 누구를 만나야 하는지 알 수 없다고 한다.

경제 운용 전반에 관한 사항이나 정책 조정에 대한 책임은 개별 부서장에게 물을 수 없다. 내각책임제하에서는 국무총리가 그 기능을 담당하는데 지금의 총리는 그러한 위치에 있지 않다. 실권 없는 총리가 대통령의 방탄 역할을 하는 것이 우리 헌정의 전통인데 내각책임제를 주장하는 총리서리가 과연 무엇을 생각하고 있는지 궁금할 따름이다. 하여튼 개혁추진의 중심체를 두지 않는 한 대통령의 리더십이 실효를 거두기는 힘들 것이다.

정책 모니터링 시스템 ● 행정개혁과 관련하여 필자는 가칭 PMS(Policy Monitoring System, 정책 모니터링 시스템)를 제안한 일이 있다. 즉, 일체의 경제 법령과 규칙의 각 조문을 정책 목적별로 분류하는 컴퓨터 프로그램을 개발하라는 것이다. 그러면 예컨대 공장 부지 매수에 관련된 각 부처의 규제사항을 총체적으로 파악할 수 있고 그것을 놓고 규제 완화의 범위를 논할 수 있을 뿐더러 기업과 관계자들에게 유용한 정보를 제공할 수 있게 된다. PMS를 개발하면 우리나라 경제정책의 전모를 체계적으로 파악할 수 있고 개혁의 내용과 범위를 결정할 수 있을 것이다. 이 작업을 하나 또는 복수의 연구소에 위임할 수도 있으나 각 부처가 법령, 시행령, 부령 규칙들을 변경했을 때에는 반드시 그것을 연구소에 통보하는 것을 의무화해야 한다. 지금 경제단체와 정부 당국자들은 다같이 규제 완화를 강조하고 있지만 그 실규제의 내용을 확실히 파악하지는 못하고 있는 것 같다.

뉴질랜드의 개혁 성공 사례 ● 정부개혁이 어떠한 것인가에 관하여 필자가 여러 말을 하는 것보다 차라리 1984년에 시작한 뉴질랜드의 개혁 경험을 소개하는 것이 좋을 것 같다. 가장 모범적인 경제개혁으로 알려진 뉴질랜드의 구조개혁 주요 내용을 요약하면 다음과 같다.[10]

- 정부가 아니면 할 수 없는 일을 제외하고 모든 사업을 민영화한다는 원칙하에 1987~1995년에 21개의 국영기업 및 정부자산이 주로 외국자본에 매각되었다. 단, 소비자보호 등의 국가 목적을 위한 간섭의 여지를 남기기 위하여 정부가 민영화된 기업의 주식 1주(key share라 한다)를 보유하기로 했다. 그리고 국영이 불가피한 기업에는 철저한 상업주의를 도입하였다.
- 시장원리와 경쟁원리를 최대한 존중한다는 견지에서 환율·금리 결정을 시장에 일임하고 외환관리도 실질적으로 철폐하였다. 그리고 1987년에 제정된 "상업법"에 의하여 규제의 요건을 명시하고 이에 해당되지 않는 규제는 모두 철폐하였다. 비근한 예로 택시업의 인허가도 철폐하였다.
- 국내에 투자한 외국기업과 내국기업 사이의 차별을 철폐했다.
- 중앙은행은 물가안정을 유일한 목표로 하고 정부와 물가안정 목표를 계약하되 그를 위한 정책 수행에는 행정부가 전혀 간섭하지 않는다.
- 기업 의욕을 자극한다는 견지에서 소득세의 최고 세율을 66%에서 33%로 인하하고 법인세의 최고 세율도 48%에서 33%로 인하하였다.
- 재정을 균형화하기 위하여 상기 세율을 인하하는 동시에 물품-서비스세(GST, 일종의 부가가치세)의 세율을 당초 10%에서 12.5%로 인상하여 세수의 증대를 도모하였다. 한편 국민연금, 실업보험금, 과부보험금도 하향 조정하였다.

---

[10] 뉴질랜드 개혁의 가장 평이한 설명은 일본의 《뉴질랜드 행혁(行革) 이야기》(1996, PHP연구소)에서 볼 수 있다.

- 노동시장의 유연성을 확보한다는 방침하에, 고용계약법에 의하여 노동조건을 중앙에서 교섭·결정하던 종래의 제도(산별노조) 대신에 개별 회사 차원에서 결정될 수 있는 제도(기업노조)로 재편하였다. 생산기여도에 따라 임금이 결정되고 인원 감축도 간단하며 파트타임 고용을 장려했다. 노조가입 근로자 수는 1991년의 70만 명에서 1995년에는 37만 명으로 감소하였고 노동조합 수도 1989년의 168개에서 1993년에는 67개로 감소했다.
- 농업을 비롯한 모든 산업에 대한 정부 보조와 특혜를 철폐했다.
- 중앙정부 관서를 38개로 통폐합하고 공무원 수를 88만 8,000명에서 34만 5,000명(39%)으로 감축했다. 운수성의 경우는 4,500명에서 60여 명으로 감축했다. 해직 공무원에 대하여는 1년치의 봉급을 지급했다.
- 사무차관은 장관과의 5년 계약으로 정부 내 혹은 각계에서 공채하기로 했다.
- 공무원 연금제도를 폐지하고 민간보험회사의 연금 상품을 사도록 했다.
- 교육제도를 개혁하여 공공학교의 운영권을 개별 학교에 이양했다.

이상과 같은 혁명적 개혁으로 뉴질랜드는 세계에서 가장 규제가 적은 나라로 변신하였고, 그 결과 1980년대 종반부터 경영효율과 생산성 향상이 나타나기 시작하였다. 수출산업이 활기를 띠게 되었으며, 경기는 1992년 이후 회복세로 돌아서서 현재까지 2~6%의 성장률을 유지하고 있다. 재정은 1995년 이후 흑자기조로 돌아섰고 1996년에는 사상 최대 규모의 감세 조치를 단행하였다. 개혁과정에서 실업률이 한때 12%까지 올라가서 큰 사회 문제가 되기도 하였으나 1995년에는 6%로 감소하였고, 이것은 OECD 내에서 4~5번째로 낮은 실업률이다.

무엇보다도 중요한 것은 뉴질랜드 국민들의 생활의 질이 크게 개선되었다는 것이다. 예컨대 개혁 이전에는 전화를 가설하자면 7주가 걸렸는데 지금은 하루면 충분하고, 우편배달이 1주일에서 2일로 단축되었고, 전화료·항공료·택시 요금도 인하되었다. 이제는 일요일에 상점을 닫아야 하는 규제도 없어져서 시민들과 관광객들이 편익을 누리게 되었다.

물론 개혁의 고통도 적지 않았다. 대량 실업이 가장 심각한 문제였고, 환율을 자유화하자 외국자본의 대량 유입으로 뉴질랜드 달러가 평가 절상됨에 따라 수출이 타격을 받고, 1991년에는 불황을 격화하기도 했다. 또한 국민들의 불안감과 기득권 세력의 반발 때문에 집권 정당이 의석을 크게 잃기도 했다.

그러나 주목할 일은 여당과 야당의 정권 교체가 있었음에도 불구하고 경제개혁을 일관적으로 추진하였다는 사실이다. 먼저 개혁을 시작한 것은 1984년에 집권한 노동당인데, 개혁 한파로 인기가 떨어져서 1990년 선거에서 국민당에게 패배했다. 그러나 국민당 정부는 노동당 정부의 개혁 정책을 계승하여 인기 없는 정책을 계속 밀고 나갔다. 그러한 국민당도 1993년 11월 총선에서는 과반수보다 겨우 1식이 많은 신승(辛勝)을 거두게 되었으니 개혁이 정치적으로 얼마나 어려운 것인가를 실감케 한다. 국민당 제임스 볼거(James Bolger) 수상은 뉴질랜드의 경제개혁에 대하여 다음과 같이 말하였다.

"개혁에는 강한 저항이 있다. 그러나 모두가 찬성할 때를 기다리다가는 그 기회를 놓치고 만다. 개혁에 성공한 것은 정부가 명확한 목표를 내걸고 무엇을 하고자 하는가를 국민 앞에 명백히 제시하고 자신을 가지고 개혁을 단행했기 때문이다."《뉴질랜드 행혁 이야기》중에서)

실로 우리 지도자들에게 들려주고 싶은 말이다. 정치권은 여·야를 초월하여 개혁에 동참한 뉴질랜드의 모범을 배워야 한다.

결 론

이제 결론을 맺자. 우리는 아픔을 참고 이 기회에 전반적 경제개혁을 이룩해야 한다. 우리가 만약 이처럼 모진 시련을 겪으면서 개혁다운 개혁을 하지 못하면 천추의 한을 남기게 될 것이다. IMF 주도의 금융개혁은 그런대로 획기적인 것이다. 그러나 개혁의 범위와 내용을 IMF에만 맡길 것이 아니라 우리가 주체적으로 필요한 개혁을 수행해야 한다. 개혁에 있어서 필자가 특히 강조하고 싶은 점은 다음과 같은 것이다.

- 금융의 근본 문제를 해결하지 않는 한, 경제개혁이 효과를 거두거나 지속될 수가 없다. 금융개혁은 금융의 자주성 회복, 책임경영 체제의 확립, 엄정한 감독 기능을 3대 지주로 한다.
- 개혁은 시장원리를 존중하고 활용해야 성공할 수 있다.
- 모든 개혁은 민주적·합법적으로 이루어져야 하고 직감적 사회 정서에 좌우되어서는 안 된다.
- 외국 기업의 진입을 두려워하지 말고 그들과 공생하고 경쟁할 각오를 해야 한다.
- 개혁과정에서 무고한 기업이 희생되지 않도록 안전망(Safety Net)을 마련하는 것은 IMF와 정부의 책임이다.
- 21세기 한국의 미래를 개척하자면 동북아의 중심국가로서 주변국가는 물론 세계 도처로부터 성장 요인을 끌어당기는 국내 체제를 만들어나가야 한다. 그것은 자유롭고 공정하고 사업하기 좋고 살기 좋은 나라를 만

드는 것이다. 그것이 바로 개혁의 목적이다.

우리는 비록 민주화·개방화 과정에서 넘어지고 말았으나, 역사적 시각에서 보면 그것은 변화의 과도적 진통이라 볼 수 있다. 그러한 의미에서 지금 우리가 겪고 있는 고난은 발전적인 것이다. 예컨대 민주화에 따르는 정치적 드라마는 한국이 어차피 겪어야 할 정치 발전의 과정이었고 그 긍정적 효과가 없는 것은 아니다. 그것을 계기로 하여 선거법, 정당법, 정치자금법이 개정되어 지난 대선(大選)은 비교적 돈이 적게 들고 큰 말썽 없이 끝날 수 있었으며, 사상 처음으로 정권이 평화적으로 여당에서 야당으로 넘어간 것도 정치발전상 매우 뜻 깊은 일이라 할 것이다.

한편 경제 면에서는 지금의 경제적 고난도 전화위복이 될 수 있다. 왜냐하면 지금 추진하고 있는 개혁은 잘만 하면 보다 자유롭고 청정하고 공정경쟁이 지배하는 새로운 경제 질서를 가져올 수 있기 때문이다.

지난날 한때 한국의 경제 발전이 개도국의 성공사례로서 세계의 각광을 받은 일이 있다. 이번에는 아시아 발전국가 중에서 가장 빨리 민주화, 국제화에 성공한 나라로서 또다시 세계의 각광을 받는 날이 올 수 있게 해야 하고 또 할 수 있다고 필자는 믿는다. 제2의 도약을 위해 우리 모두 다시 한 번 뛰어보자!

금융과 신용사회

《한은소식》(한국은행 간), 1998년 5월호

우리 사회를 흔히 불신사회라 한다. 세상에 믿을 것이 없다는 것이다. 국민은 정치와 정부를 믿지 못하고, 학생은 스승을 믿지 못하고, 소비자는 생산자와 상인을 믿지 못하고, 아랫사람은 윗사람을 믿으려 하지 않는다. 외세가 싫다는 사람도 국산을 못 믿어 외제를 산다. 신용은 금융의 대명사인데, 금융기관은 IMF 한파 속에서 기업을 믿지 못해 대출을 기피하고 그 때문에 수많은 기업들이 부도를 내고 신용질서가 붕괴되었다.

왜 이 나라가 불신사회가 되었을까? 여러 가지 원인이 있겠지만 금융과도 깊은 관련이 있다. 신용이 금융의 생명인데 금융에서 신용과 정직이 존중되지 않으면 다른 분야도 물들게 마련이다. 그도 그럴 것이 우리의 경제생활은 기업에 의존하고 기업은 금융에 의존하므로, 금융에서 정직과 신용이 중시되지 않는다면 기업 경영은 물론 상부구조인 사회생활 전체가 부정직과 불신에 물들지 않을 수 없는 것이다.

미국의 어느 유명한 기업가의 일화가 생각난다. 그는 원래 무척 가난한 청년이었다. 하지만 기업으로 성공하겠다는 대망을 품고 회사에 취직하여 정성껏 일을 하고 얼마 안 되는 월급을 쪼개 열심히 저축을 했다. 그리고 그 예금을 밑천으로 1만 달러의 융자를 받았다. 하지만 그는 그 1만 달러를 한 푼도 쓰지 않고 장롱 속에 넣어두었다가 상환기한이 되자 이자를 보태 은행에 상환했다. 그리고 얼마 후에 또다시 1만 달러를 융자받고 이번에도 한 푼도 쓰지 않고 상환일에 맞춰 빚을 갚았다. 이러기를 십여 차례 반복하자 은행은 그의 신용을 믿지 않을 수 없게 되었다. 그러자 그는 이제 독립할 때가 왔다고 생각하여 사업 계획을 세우고 은행에 가서 이번에는 거액의 융자를 신청했다. 은행은 그의 사업 계획이 그럴듯하고 언제나 빌려간 돈을 제때에 갚는 신용에 감복하여 그의 융자 신청을 받아들였다. 그는 그 자금으로 사업을 일으켜 마침내 크게 성공하였는데, 지금도 그는 신용이 최대의 자산이라고 말한다.

이 기업가의 행동은 다소 책략적인 데가 있지만, 미국의 금융이 얼마나 신용을 중시했기에 그러한 책략을 썼겠나 하는 생각도 들었다. 금융이 제대로 된 사회에서는 은행에서 융자를 받는 것 자체가 신용을 의미한다. 그래서 융자(loan)와 신용(credit)은 동의어가 된 것이다. 은행이 담보가 아니라 사람을 믿고 융자를 해주는 반면, 은행 돈을 갚지 않거나 세금을 탈세한 사람은 '요주의 인물'로 기록(black list)되고 일생 동안 불명예의 꼬리표가 붙어다닌다. 이러한 사회에서는 정직과 신용이 생존의 조건이 되고, 바로 그것이 사회 전체의 기강과 도덕성을 떠받치는 것이다.

그런데 우리 사회의 실상은 어떠한가? 은행은 사람을 믿고 융자해주기보다는 담보와 '빽'을 믿고 융자를 해준다. 그러므로 신용만으로 금융기관에서 돈을 빌릴 수 있는 기업은 희귀한 반면, 담보가 있고 '빽'이 있는 사람이나 기업은 신용이나 자금 용도와 관계없이 천문학적 액수의 융자를 받을 수 있다.

프랑스, 미국 같은 나라에서는 부동산 담보를 취득하는 일이 거의 없고 차주(借主)의 신용과 경영의 건실성이 최우선의 융자 기준이 된다. 필자는 한때 우리 금융의 고질(痼疾)을 교정하기 위해 부동산 담보 취득을 법적으로 제한하면 어떨까 하는 생각을 해본 일이 있다. 그러면 은행들은 어쩔 수 없이 신용조사와 위험관리에 신경을 쓰게 되고 현대적 금융기법을 배우게 되지 않을까 생각했던 것이다. 그러나 지금은 그럴 필요도 없다. 쓸 만한 부동산은 모두 은행 담보로 들어가 있고 남아 있는 부동산은 많지 않아, 어차피 앞으로 담보 대출에는 한계가 있을 것이다.

신용은 고객만의 문제가 아니다. 은행 스스로가 신용위기에 빠져 있다. 정경유착에 휘말리고 방만 경영과 재무제표 분식을 일삼아오다가 국제 금융계의 신뢰를 잃고 만 것이다. 금융의 부정직과 기업의 부정직이 결탁하고, 그것이 사회 전반으로 파급되어 오늘의 불신사회를 만들어내는 데에 한몫을 했다면 지나친 망언일까? 여하튼 신용 타락과 부실경영이 우리 금융의 구조적 약점이고, 오늘의 금융파탄을 자초한 원인의 하나이다.

이제 IMF 압력하에 금융의 구조개혁이 진행 중이다. 금융의 기강을 바로잡고 건전성을 회복하기 위한 경제 차원의 시도지만, 한편으로 정직이 지배하는 신용사회를 재건하기 위해서도 필요 불가결한 개혁이라고 생각된다. 그러므로 금융 구조개혁은 옳게 이루어져야 하고 또 반드시 성공해야 한다.

위기의 동태(動態)

1998년 4월 10일, 기획예산위원회 연설 원고

외환위기는 일단 넘겼으니 금융기관의 구조조정 조치를 금년(1998년) 9월 말까지 끝마치고, 재벌의 구조조정을 연말까지 끝마치는 한편, IMF와 합의한 대로 재정적자를 GDP의 4%까지 확대하고, 한국은행이 통화 공급을 다소 늘리면 경제가 다소 호전될 것이라는 것이 관변의 전망, 아니 소망인 것 같다.

외환위기, 금융위기에서 경제위기로

요즘 국내외 정세는 예측을 불허하는 상태이다. 우리는 외환위기에서 출발하여 금융위기로 치달았고, 이제는 경제위기에 직면하게 되었다. 그런데 세계 경제 또한 전반적인 침체 국면으로 접어들어 우리의 앞날을 더욱 어둡게 하고 있다. 아마도 18세기 산업혁명 이후 약 70년의 주기로 되풀이된 대불황 국면을 맞이하게 된 것이 아닌가 한다.

한편 국내 사정을 보면 혼란과 침체의 터널에서 빠져나오고 있다는 증후는 찾아보기 어렵다. 금리가 외환위기 이전의 수준으로 접근하고 있다고 하나 기업들이 직면한 금융비용(이자율, 보증료, 감정료 등)은 아직도 20%선에 머물고, 담보가 없는 중소기업은 그나마도 은행 대출에서 거의 외면당하고 있다. 콜금리가 한 자릿수로 내려왔지만, 그것은 은행이 들어오는 자금을 기업에 대출하기보다는 좀더 위험도가 낮은 투자신탁회사에 맡기고 투자신탁회사들은 그것을 대부분 콜론으로 운용하기 때문이다. 기업 대출에는 자신이 없어 하루살이 돈놀이에 치중하는 투신사(投信社)들은 거액 자금의 예입을 아예 거절하는 사태까지 벌어지고 있다고 한다.

한편 재벌에 대한 여신 편중을 시정하는 것이 개혁의 목적이런만 부실은행 대출, 회사채 발행, 투신사의 단기여신 등은 5대 재벌로 집중되고 있는가 하면, 정부는 재벌에 대한 융자한도를 설정하여 그들의 목을 조이고 있다. 지금의 상태가 지속되면 금리는 더욱 내려갈 것이다. 그러나 그러한 금리 인하가 무슨 의미를 갖는가가 문제다.

외평채의 기현상

지금 기묘한 현상이 벌어지고 있다. 외국에서 발행한 외평채(外平債 : 정부의 '외국환 평형기금'이 외화조달을 위해 뉴욕에서 발행하는 정부공채)의 수익률보다 국내금리가 오히려 더 낮다는 의외의 현상이 나타나고 있는 것이다. 외평채의 발행금리는 고정되어 있다. 그런데 외평채는 발행 이후 금융시장에서 자유롭게 매매되고 팔리는 값에 따라 이윤이 달라진다. 가령 연 8%의 금리로 발행한 100달러 채권이 시장에서 50달러에 매매되면 이윤은 16%로 상승하는 것이다. 지금 뉴욕에서 외평채의 가격이 형편없이 떨어지고, 이율은 발행 당시보다 약 7~8%가 더 높아졌다는 보도가 있었다.

왜 외평채의 가격이 떨어지는가? 외국 투자자들의 한국에 대한 신인도가 떨어졌기 때문이다. 정부가 노동시장의 유연성을 확보하겠다고 공언했지만 현대 노사분쟁 사태의 결말은 그와 달랐다. 재벌의 빅딜(big deal)을 소리 높여 외쳤지만 그 논리와 결말은 불투명하다. 말썽 많던 기아 사태도 아직 끝장을 보지 못하고 있다. 그런가 하면 정부의 정책 의도에 관해 정부 내의 누구에게 물어보아야 분명한 대답을 들을 수 있는지 알 수 없다고 말하는 사람이 많다. 세계은행이 한국 정부의 구조개혁 방법에 실망하여 구조조정 금융을 꺼린다는 소문도 있다. 정부와 IMF는 1998년의 GDP 하락을 마이너스 1~2% 정도로 전망하다가 마이너스 4%로 수정하더니 이제는 마이너스 6%의 전망치를 내놓고 있다. 이러한 일련의 악재에 불안감을 느낀 외국 투자자들이 외평채에서 손을 떼기로 한 것이다. 닥쳐오는 원리금 상환을 비롯하여 이런 일 저런 일을 생각하면 환율이 다시 뛰지 않을까 걱정이다.

지금 외국인이 내다 파는 외평채를 국내에서 한국인들이 사고 있다. 국내에서 외평채를 사면, 첫째로 안전하고, 둘째로 은행 담보로 최상이고, 셋째로 세금이 면제되고, 넷째로 자금 출처도 조사하지 않는다 하고, 다섯째로 만기가 되면 정부가 달러로 갚을 것이니 환율이 올라가면 환차익도 생길 것이다. 개인은 물론 금융기관이나 투신사들이 외평채를 사 모으는 것은 당연하다. 그러나 외평채를 외국인에게서 살 때에는 달러를 주고 사야 한다. 외평채가 국내에서 팔리게 된다면 누군가가 그 대가로 달러를 지불했다는 것이고, 그것은 직접·간접으로 채권 만기 이전에 외환이 유출된다는 것이다. 이것은 외환보유고를 늘리기 위한 외평채 발행의 당초 목적을 무색케 한다. 그렇다고 국내에서라도 외평채를 사지 않으면 국제 가격은 더욱 떨어지고 외환은 계속 유출될 것이다. 하기야 가격이 바닥까지 떨어진 다음에 외평채를 전부 사들이면 국가적으로 상환 부담을 줄이는 결과가 되겠지만 지금의 형편으로는 그렇게 할 수도 없다.

금융기관이 선호하는 것은 비단 외평채만이 아니다. 위험성 자산(대출채권)을 무위험 자산(정부증권 등)으로 바꾸어놓으면 BIS 자본비율이 올라가기 때문에 은행은 기업 대출을 줄이고 정부증권을 사려고 한다. 그래서 한국은행이 기업의 자금경색을 완화하기 위하여 금융기관에 자금을 추가로 공급해도 자금이 되돌아온다고 한다. 왜냐하면 그 자금으로 한국은행에 팔았던 무위험 유가증권을 다시 사오면 자본비율이 개선되기 때문이다. 그래서인지 한국은행의 통화 발행고는 올해 1월 이후 매월 전년 동기 대비 7~9%의 감소를 보이고 있다.

악조정의 현주소

앞에서 말한 일련의 역리 현상들을 경제학에서는 악조정(maladjustment) 현상이라고 한다. 그러면 이러한 현상은 어디에서 오는 것인가? 그것은 구조개혁이 요구하는 과도적 현상인가, 아니면 정부와 IMF의 무리한 정책에서 오는 것인가. 필자가 보기에는 전자의 이유가 없는 것은 아니나 후자의 이유가 더 큰 것이 아닌가 한다. 먼저 외환위기 초기에 시행한 금리 인상이 지나쳤고, 둘째로 금융기관에 BIS 자본비율 8%를 불과 2년 내에 실현하라고 요구한 것부터가 무리였다.

외환위기를 수습하기 위하여 고금리가 필요하다는 것은 이해한다. 그러나 지나칠 필요는 없었다. 고금리의 정도와 기간이 너무 길었기 때문에 수많은 기업들이 파산하거나 폐업했다. 어차피 도태되어야 할 부실 기업이 파산하는 것은 시장경제의 생리로 돌리면 되겠지만 괜찮은 기업마저 대량으로 죽이는 금리는 외환위기를 고려하더라도 적정하다고 할 수 없다. "양약도 지나치면 독이 된다"는 것을 IMF에 말할 필요가 있다. 뒤늦게 금리는 내림세를 보이고 있다. 너무나 많은 기업이 쓰러진 연후에 내리고 있는 것이다. 기업이 계속 망하면 금리는 더 내려갈 수 있다.

다음으로 BIS 자본비율이 문제이다. 이미 몇 달 전의 일이지만 KDI는 우리 은행들이 8% 자본비율을 달성하자면 어느 정도의 자본증자가 필요한지를 추정한 일이 있다. 당시의 추정에 의하면 현존 부실채권을 정리하고 나면 금융기관은 50조 원 이상의 막대한 매각손실을 보게 되는데 대손 충당 적립금 15조 원을 충당한 후 자본비율 미달 부분을 보충하자면 39조 원의 증자가 필요하다고 했다(지금은 금액이 더 불어났을 것이다). 이 중 정부가 계획한 대로 16조 원을 지원(우량은행이 퇴출 금융기관을 인수하는 대가로)한다 해도 나머지 23조 원은 금융기관이 자력으로 주식을 공모해야 한다. 그러나 이 공모액은 현 상장주식 총 평가액의 40~50%에 해당하는 수치인데 지금의 주식시장 형편으로는 2~3년 내에 그만한 주식을 소화할 가망은 전혀 없다. 주식을 외국 투자자에게 팔 수도 있지만 아직까지는 한국외환은행 외에는 매각한 실적이 없다.

결국 은행이 할 수 있는 일은 앞에서 본 것처럼 최대한 대출을 회수하고 무위험 자산을 늘리는 길밖에는 없는 것이다. 그러나 대출 기피는 자금경색을 격화하고 부실기업을 양산하여 자본비율 개선에 도움이 되지 않는 반면에 실물경제는 불황의 심연으로 빠져들게 한다. 참고로 미국에서도 자본-부채비율(leverage ratio, BIS 비율과는 약간 다르다)이 약 6%(1980년대 중반)에서 8%(1990년대 중반)에 도달하는 데에 약 10년의 세월이 걸렸다는 사실을 인지할 필요가 있다. 뿐만 아니라 일본도 우선 4%를 1차 기준으로 삼고 있지 않은가? BIS 비율 8%가 너무 높다고 해서 하는 말이 아니다. 한국의 금융풍토를 생각하면 10%의 기준도 낮다고 할 수 있다. 그러나 그것은 좀 더 장기에 걸쳐 연차적으로 접근할 과제이지 불과 2년 후인 2000년 3월까지 실현하라고 요구하는 것은 무리가 아닌가 한다.

금융 정상화가 최우선 과제

어쨌든 우리 경제는 중대한 위기에 처해 있다. 아무리 생각해도 정부가 총체적 개혁이라 하여 모든 문제를 일거에 해결할 수 있다고 생각하는 데에 문제가 있는 것 같다. 물론 모든 문제를 일거에 해결할 수만 있다면 얼마나 좋겠는가. 그러나 정부의 위기관리 능력에는 한계가 있다. 경제·정치·사회 전체를 흔들어놓고 수습하지 못한다면 그에 따르는 혼란은 걷잡을 수 없을 것이다.

한 동료의 말이 그럴듯하다. 여러 의사가 한 환자를 놓고 제각기 자기 분야의 완벽한 수술 방법을 제시했다. 그러나 의사들이 자신들의 완벽한 처방에 따라 환자의 신체 각부를 동시에 수술하다가 환자는 죽고 말았다. 현재 우리의 경제를 보면 각 분야마다 수술이 필요치 않은 곳이 없고 그에 대한 처방도 개별적으로는 훌륭하다. 그러나 모든 수술을 한꺼번에 하다가 경제가 죽을까 걱정이다.

필자는 당초부터 금융개혁에 최우선순위를 두고 정부의 역량을 집중하라고 역설해왔다. 왜냐하면 금융은 경제의 혈맥이므로, 수술하여 검은 피를 빼고 나면 다른 병도 보다 쉽게 치유할 수 있다고 생각하기 때문이다. 먼저 새로운 감독 기준과 방법을 설정하는 일부터 시작해야 한다. 그리고 그 기준에 따라 은행들이 업무 방법을 고치지 않을 수 없게 해야 한다. 어떤 기업이 만성적 경영부실인데도 대출을 계속하면 은행도 망할 수밖에 없게 만드는, 그러한 감독 기준과 방법을 확립하는 것이다.

만약 금융기관이 감독 기준이 무리라고 판단되면 단계적으로 기준에 접근시키되 기준 달성은 반드시 보장되도록 엄격해야 한다. 국제기준이 제아무리 좋더라도 병약자에게 뛰라고 할 수는 없지 않은가. 기준은 실정에 맞게 정하되 엄정을 기하면 된다. 엄정하게 감독하자면 감독기구의 정치적 중립이 보장될 필요가 있다. 그래서 필자는 기회 있을 때마다 이 점을 강조해왔던 것이다.

금융기관이 확고한 위치에 서게 되면 기업은 정부의 간섭 없이도 스스로 새로운 금융질서에 적응하지 않을 수 없게 될 것이다. 그런데 지금의 실정을 보면, 널리 알려진 부실기업들에 대하여 대출이 중단되었거나 도산하였다는 소식은 들은 일이 없고, 정치적 또는 사회적으로 힘없는 기업들만이 정리의 대상이 되고 있다. 어디엔가 구조개혁의 허점이 있는 것 같다. 금융 부실과 기업 부실은 표리(表裏)의 관계에 있으므로 기업의 구조개혁 없이 금융의 정상화를 기대할 수 없는 것은 사실이지만, 여기에도 논리적 전후관계는 있는 법이다. 금융감독 기준과 질서가 아직 확립되지 않고 금융의 기업에 대한 대응이 애매한데 정부가 금융과 기업의 문제를 동시에 파헤쳐놓고 이래라저래라 하는 데에서 필요 이상의 혼란이 따르고 있는 것 같다.

부실과 건실을 격리시켜야

구조개혁에 따르는 금융 혼란을 최소로 하자면 건강한 자와 병든 자를 격리시켜야 한다고 필자는 주장해왔다. 즉 부실채권, 부실기업을 은행으로부터 완전히 격리시켜야 살아남은 은행들이 새로운 자세로 금융의 정상 기능을 회복할 수 있을 것이다. 한국자산관리공사(예전의 성업공사)가 채권을 발행하여 금융기관의 부실채권을 매수한다 하지만, 아직도 반

이상이 금융기관에 남게 된다. 재정부담 때문에 어찌할 수 없는 일이라 할 수 있으나 비상대책을 세워 일거에 해결하지 않으면 금융 기능을 되살릴 길이 없는 것이다.

부실기업 정리도 아직 궤도에 오르지 않았다. 필자는 국제 금융기관이 참여하는 일종의 지주회사를 세워 부실기업을 집중하여 정리하는 방안을 제시한 적이 있다. 지금의 상태는 응급환자와 일반 환자가 뒤섞여 혼란에 빠진 병원을 연상케 한다. 격리된 부실채권이나 부실기업을 정리하는 데는 시간이 걸릴 것이고 걸려도 좋다. 그러나 은행 업무의 정상화가 늦어지면 경제 손실은 걷잡을 수 없이 커질 것이다.

정부는 경기 후퇴가 심각해지자 이제는 거시정책의 초점을 경기회복에 두고 재정 적자를 확대하고, 금융을 완화하고 금리 인하를 유도하며 소비 내구재에 대한 물품세를 30% 인하한다는 대책을 발표하였다. 17조 원의 재정 적자를 가급적 사회자본 확충과 환경 개선에 투입하기 바란다. 그러나 금융이 조속히 정상화되지 않고서는 경기회복을 기대하기 어렵다. 제아무리 문제가 어렵고 복잡하다 하더라도 구조조정의 논리적 순서에 따라 착실하게 문제를 해결해나갔으면 하는 것이다.

금융 대책:
신뢰 회복이 급선무다

1997년 12월, 한국무역협회 강연 원고

불신의 위기

지금 우리는 세 가지 위기에 직면해 있다. 구조적 위기, 리더십의 위기, 불신의 위기가 그것인데, 가장 심각한 것이 불신의 위기다. 사람들은 마치 IMF가 우리에게 일대 재난을 가져온 것처럼 말한다. 그러나 재난을 불러온 것은 우리 자신이지 결코 IMF가 아니다. IMF는 궁지에 빠진 우리 경제를 구출하려 할 뿐인데, 근거도 없이 국제기관을 백안시하고, 정부와의 합의사항이 무엇인지 알아보지도 않고 재협상을 해야 한다고 떠들어댄다. 가뜩이나 국제사회의 신뢰가 없어 달러 값이 폭등하는 판에 불난 집에 기름을 뿌리는 것과 같은 짓이다. 외국 언론들은 한결같이 우리 정부와 정치권에 대한 불신이 사태를 악화시키고 있다고 말하고 있다. 그러나 사태가 너무나 긴급하니, 우선 응급대책을 생각하지 않을 수 없다. 황급히 사견을 말해본다.

예금 뢰 취

대통령이 예금지급보증을 약속했는데도 문을 닫은 종금사에 예금자가 몰려들고 있다. 지금은 예금자들이 정부를 믿어야 한다. 한편으로 정부도 공약을 한 이상 한국은행 자금을 투입해서라도 무제한 예금을 내주어야 한다. 그러고 나서 은행들이 종금사에서 인출된 예금의 유치 경쟁을 하면 대부분의 예금은 금융기관으로 되돌아올 것이고 은행은 자금경색을 덜 수 있을 것이다. 한국은행의 개입으로 발생한 통화증발은 추후에 처리할 수 있는 문제다. 지금 무엇보다 중요한 것은 정부의 공신력을 유지하는 것이다.

환율 급등

환율 폭등도 불신에서 오는 것이다. IMF는 자금을 한꺼번에 주지 않고 우리 정부가 공약을 이행하는 상태를 보아가며 조금씩 주겠다는 입장이다. 외국 정부나 국제 금융기관은 IMF의 태도를 살피고 있으며, 우리의 대통령 선거 결과를 기다리고 있는 것 같다. 이것은 결국 우리 정부와 정치권에 대한 불신 때문이다. 그러나 IMF가 충분한 자금을 일시에 투입하지 않고서는 지금의 투기적 환율 상승의 대세를 꺾을 수 없다. 하지만 일단 꺾고 나면 환율은 내림세로 돌아설 것이므로 IMF는 이러한 현실을 이해하고 사태가 악화되기 전에 신속한 조치를 취해야 한다.

연쇄부도

은행들은 종금사와 정부를 믿지 못해 돈줄을 끊고, 한편으로는 BIS 기준을 충족시키기 위하여 자금 회수에 열을 올리고 있다. 그러나 무리하게 자금을 회수하면 부실채권만 늘어나고 자본비율은 개선되지 않는다.

IMF 협정에도 연차 계획으로 개선하라고 권고한 것으로 알고 있는데 무리하게 위험채권을 축소할 필요는 없다. 대외 공신력 유지를 위해 부득이하다면 정부와 IMF가 연차적 개선을 공식화할 필요가 있다.

지금 당장 해결해야 할 문제는 연쇄부도 사태를 막는 일이다. 정부가 추가적으로 부실 종금사에 영업정지를 명하고 어음할인 업무를 일반은행으로 확대한 것은 잘한 일이다. 한 걸음 더 나아가 일정한 기준을 정해 은행이 종금사로부터 매입한 40조 원의 어음결제를 금융단 협정으로 일시 유예하는 조치를 취할 필요가 있다. 금융기관은 어차피 회수하기 어려운 채권이니 그 상환을 연기해주면 우선 기업이 한숨을 돌릴 수 있고, 그러는 동안 다음 조치를 준비할 수 있을 것이다.

다음 조치가 무엇이냐 하면, 구조조정의 여파로 자금난에 봉착한 기업의 단기자금을 장기자금으로 대환해주는 것이다. 한 가지 방법으로 세계은행이 주겠다는 100억 달러의 구조조정 차관을 활용할 수 있다. 세계은행은 과거에 멕시코 및 칠레에 이러한 차관을 제공한 일이 있는데 그 운영 방법을 예시하면(어디까지나 예시다) 대략 다음과 같다.

먼저 금융기관은 여신 총액을 세 등급으로 분류한다. 예컨대 A는 정상채권, B는 정부가 12월 3일(1997년) 발표한 28조 원의 부실채권에 포함되지는 않지만 그 후 금융경색으로 자금난을 겪고 있거나 부도에 직면한 기업, C는 정부가 발표한 28조 원에 포함된 부실채권 등이다. 분류하는 목적은 지원 범위를 결정하기 위해서인데 가용 재원, 정책 목적에 따라 결정할 문제이나 주로 B에 속하는 기업, 특히 수출형 중소기업이 대상이 되어야 한다.

다음에 세계은행은 한국자산관리공사 혹은 유사한 기관에 예컨대 100억 달러(약 10조 원)의 장기저리(10년 이상)의 구조조정 차관을 융자한다. 한국자산관리공사(또는 유사한 기관)는 이 돈으로 자금난에 빠진 기업에게 장기대부를 하여 은행 또는 종금사의 단기채무를 갚게 한다. 기업은 장기대부를 받아 매년 조금씩 적립해나가거나 부불(賦拂, 여러 번으로 나누어 지불함)로 상환할 수 있게 한다. 상환시의 환차손은 기업이 부담해야 하나 금리를 낮게 하여 차손(差損)의 부담을 덜게 할 수 있다. 한국자산관리공사는 기업이 적립한 상환자금으로 세계은행에 대한 부채를 갚아나간다. 이렇게 하면 외화가 들어오고 위험채권이 정리되어 은행의 자본비율이 올라가고 기업은 경영위기에서 탈출한다. 이 방법을 시행할 때 주의할 점은 대상기업의 선정에 부정이 개입될 소지가 없도록 하고 A급의 정상적 기업과의 형평을 고려하는 것이다.

　세계은행에서 이러한 차관을 얻자면 IMF의 경우와 마찬가지로 여러 가지 조건이 붙을 것이다. 그러나 어차피 우리에게 필요한 구조조정이라면 마다할 이유가 없다. 만약 정부가 세계은행과 타결을 보게 된다면 대환 절차가 끝날 때까지 해당 기업의 부채상환을 유예하는 조치를 취할 수 있다. 물론 세계은행 자금만으로는 부족할 것이므로 정부는 채권을 발행하여 구제의 범위를 넓힐 수도 있고 필요하면 단독으로 할 수도 있을 것이다. 우리나라 기업금융의 근본문제는 단기자금으로 설비투자를 해왔다는 점인데 구제 불능의 기업은 빨리 청산하되 살려야 할 기업은 적극적으로 살려나가야 필요한 구조조정이 원활히 진행되고 경제 회생을 촉진하게 될 것이다.

정부·정치권의 불신을 해소하자면

　무엇보다 시급한 일은 정부와 정치권의 공신력을 회복하는 일이다. 한 가지 방법은, IMF의 요구사항뿐만 아니라 우리가 주체적으로 해야 할 구조조정의 내용을 조목조목 열거하고 그 실행계획을 내외에 천명하는 것이다. 그리고 대통령 당선자는 당선 즉시 김영삼 대통령과 면담 후 이 계획을 원칙적으로 수용할 것임을 선언해야 한다.

이 계획의 실천에는 수많은 입법이 필요한데, 각 개별 법을 상임위원회별로 따로 심의하면 시간이 너무 걸린다. 하지만 우리에게는 시간이 없다. 차라리 정부는 관계 법률의 개정 사항을 가칭 "구조조정임시조치법"이라는 단일 법안에 망라하여 국회에 제출하고 국회는 각 상임위원회를 대표하는 특별위원회를 구성하여 단시일 내에 이 법을 심의 통과시켜야 한다. 지금부터 그 작업에 들어갔으면 한다.

김영삼 대통령이 약속한 대로 대선 당선자와 협의하여 반드시 국회에서 이 법이 통과되도록 해야 한다. 그러면 개혁 작업의 대부분이 일거에 끝나게 되고 기업과 국민들은 확연히 앞을 내다볼 수 있게 될 뿐 아니라 국제사회는 정부와 정치권의 굳은 의지를 인정하게 될 것이다. 남은 문제는 법 시행에 따르는 부작용인데, 그때는 국제 금융기관에 당당히 협조를 요청할 수 있을 것이다. 이러한 조치를 취하지 않고 당선자가 외국을 방문해보았자 냉대밖에 받을 것이 없다.

요컨대 국내외의 불신을 어떻게 가라앉히느냐 하는 것이 지금 우리가 당면한 문제인데 7일 후에 새로운 지도자가 선출되면 사태가 좀 달라지지 않을까 희망을 걸어본다. 그러나 때와 장소에 따라 말을 바꾸고, 약속을 지키지 않고 거짓말을 하는 후보들이 과연 이 신뢰의 위기를 극복할 수 있을지 의문이다. 대선에서 누가 당선될지 모르나, 누구든 온갖 인기 없는 정책을 강력히 밀고 나가, 말보다는 나중에 나타날 결과로서 그 정당성과 지도력을 과시하는 신념의 지도자가 나왔으면 하는 바람이다.

경제개혁의 목적과 방법

1998년 11월 6일, '국제로터리 3650 지구대회'에서의 연설문

낙관의 함정

지금 위기 국면에 처한 한국 경제는 새로운 고비를 맞이하고 있다. 한편으로는 IMF 체제하에서 일단 외환위기를 수습하였고, 구조조정도 비교적 잘 진행되고 있어서 내년 하반기부터 회복 국면으로 돌아설 것이라는 국제 금융계의 낙관적인 전망이 나오고 있다. 국내적으로도 이자율과 어음 부도율이 금융파탄 이전 수준으로 돌아왔고, 제조업의 가동률도 높아지고 수출도 증가세를 보이고 있으며 외국 투자자들도 몰려오고 있다는 보도도 있었다. 또한 IMF도 정책 간섭에서 일보 후퇴하여 정부의 정책 재량 범위가 넓어졌다고 한다. 모두가 반가운 소식들이다.

그러나 이럴 때일수록 낙관의 함정에 빠지기 쉽다. 이러한 낙관적 분위기 속에서 사람들이 개혁의 목적과 과제를 저버리고 마치 우리의 개혁이 유종의 미를 거두고 있는 것처럼 착각한다면 개혁을 위한 노력이 크게 빗나갈 수도 있다. 사실상 구조개혁의 중심과제는 아직 미해결로 남아 있고 국제수지도 낙관할 수 없다. 필자는 10월 초(1998년)에 IMF-

IBRD 연차 총회 때 개최한 한 세미나에 참석하고 돌아왔는데[1], 그곳에서 만난 외국인들은 한결같이 한국의 구조조정의 취약점을 지적하고 있었다. 특히 한국의 구조개혁 성공 여부는 재벌의 구조조정 여하에 달려 있다는 것이 그들의 공통 의견이었다.

지난 주말(1998년 10월 말) KBS의 〈경제개혁, 어디까지 왔나〉라는 제목의 심야 토론이 방영되었다. 거기에서도 재벌개혁이 토론의 초점이었고 상반되는 의견이 날카롭게 대립했다. 필자의 생각에는, 상반되는 의견의 간격을 좁히자면 아무래도 문제의 원점으로 돌아가 지금의 총체적 개혁의 이념과 목적이 무엇인지를 재확인할 필요가 있을 듯하다. 목적이 뚜렷하면 해결 방법의 공약수가 쉽게 도출될 수 있지 않을까? 그러한 관점에서 경제개혁의 지도원리와 목적에 관한 필자의 생각을 다시 한 번 정리하고 그것이 재벌개혁에 주는 시사점을 도출해보고자 한다.

개혁의 비전

금융과 기업 구조개혁의 근본 목적이 금융·기업·정부 간의 삼각관계를 재정립함으로써 새로운 경제질서를 창출하는 데에 있다는 사실에 이선을 달 사람은 없을 것이다. 그러면 우리가 지향하는 경제질서는 어떠한 것일까? 이 점과 관련하여 스위스 IMD(International Management Development Institute)의 장-피에르 레만(Jean-Piere Lehmann) 교수의 논문을 간략히 소개할 필요가 있다.[2] 레만 교수에 의하면 여러 나라에서 볼 수 있는 정부, 금

---

[1] IFC 연설문은 영문논문집 중 "Korea's Financial Crisis and Policy Challenges", at the IFC Participant's Meeting, Washington DC, May 5, 1998 참조.

[2] Jean-Piere Lehmann, "Government-Business Interface in the Age of Globalization", EWC/KDI Conference on Restructuring the National Economy, held in East-West Center, Honolulu, August 7-8, 1997.

융, 기업의 삼각관계를 세 가지 모델로 분류할 수 있다고 한다.

첫째는 관리형(혹은 통제형) 정부인데, 정부가 금융 및 민간 경제 활동에 광범하게 간섭하고 기업의 국가적 챔피언을 길러내기 위하여 각종 특혜와 보호정책을 구사하고, 공공부문의 비중이 크며, 정경유착과 부패가 심한 것이 특징이다. 프랑스, 이탈리아, 중국 그리고 1990년 이전의 한국이 이 모델에 속한다.

둘째는 코치형 정부인데, 정부와 기업의 협력하에 보조 및 보호정책을 펴나가고 정부 주도의 경쟁 질서를 유지하며, 산업과 금융이 유착 상태에 있고 관리형 정부보다는 덜하지만 정경유착과 부패가 상존하는 것이 특징이다. 독일과 일본, 1990년 이후의 한국이 이에 속한다.

셋째는 레프리형 정부인데, 정부의 간섭을 최소화하고 중립적인 위치에서 공정경쟁 질서를 수호하고 위법자를 처벌하며, 금융은 산업으로부터 독립해 있고, 정경유착이나 부정부패가 적은 것이 특징이다. 미국, 영국, 오스트레일리아, 뉴질랜드, 홍콩 등 주로 앵글로색슨(anglo-saxon) 문화권의 나라가 이에 속한다.

레만 교수의 분석에 의문점이 없는 것은 아니나, 지금 세계적 조류가 시장경제와 레프리형 정부의 방향으로 흐르고 있다는 것은 의심의 여지가 없다. 사회주의의 계획경제체제가 붕괴했고, 지금도 다수의 좌파 정권들이 있기는 하나 시장경제의 중요성을 부인하는 정권은 북한과 쿠바를 제외하고는 찾아볼 수가 없다. WTO 체제하의 무역·투자·자본 거래의 개방, EU의 형성과 화폐적 통합, OECD의 부패방지 협약 등에서 보듯이 개방적 시장경제를 지향하는 것이 오늘날의 일반적 추세다. 이제 국가 목표는 19세기의 영토 확장도 아니요, 20세기의 경제적 패권도 아니다. 21세기에는 세계 도처에서 경제성장 요인을 끌어당기는 매력적인 나라를 만드는 것이 국가 목표가 된다고 할 수 있다.

이러한 시대적 조류 앞에서 지난날 이 나라의 경제개발을 이끌었던 정부 간섭주의와 산업보호정책, 광범한 정부 규제, 정경유착, 공공부문의 비대 등을 특징으로 하는 구체제를 청산하고 시장원리와 공정경쟁이 지배하고 산업과 금융이 서로 독립적인 기능을 수행하며 부정부패가 적고, 모든 경영이 투명하고 공개적이며 책임경영이 지배하는 새로운 경제질서를 창출하자는 것이 오늘날 개혁의 근본 목적이라는 데에 반대할 사람은 많지 않을 것이다. 물론 우리에게 요구되고 있는 개혁은 정부, 금융, 기업, 노사 관계 등 경제생활의 모든 분야를 포괄하는 총체적 개혁이지만 그중에서도 정부, 금융, 기업의 관계를 재정립하는 것이 개혁의 중심과제가 된다. 그런데 이 점에 관하여는 다른 논문에서 상세히 설명하고 있으므로 여기에서는 생략하기로 한다.[3]

구조적인 결함을 지닌 채로 한국이 21세기 세계화 시대에서 지속적 경제 발전을 이룩하기를 기대한다는 것은 그야말로 쓰레기통에서 장미꽃이 피어나기를 기대하는 것과 같다. 간혹 지금의 사태를 선진국 금융자본의 침략이니 다국적기업의 산업적 책략의 양상이니 하고 말하기도 하지만, 남을 탓하기 전에 우리가 자신을 위해 과연 이대로 갈 수 있는 것인지 반성해야 한다.

그러면 경제개혁을 이끄는 지도원리는 무엇인가?

정부 – 감시와 조정의 원리

첫째로 정부의 역할에 관하여는 민간 경제활동에 대한 광범한 간섭과

---

3 별고 〈IMF 사태의 원인과 대책〉 참조.

규제를 완화하고 민간 활동의 감시자와 조정자의 역할을 맡아야 한다는 것이 시장경제의 원리다. 그러나 각종 규제 완화를 소리 높여 합창해왔음에도 그 실적이 지지부진한 것을 보면 관계자들이 개혁의 원리와 목적에 대한 투철한 인식이 없기 때문이라고밖에 할 수 없다.

기업 - 자율과 책임의 원리

정부의 역할이 감시와 조정으로 후퇴한다는 것은 민간기업의 자율의 범위가 넓어지고 자기 책임이 막중해진다는 것을 의미한다. 요즘 '도덕적 해이'라는 말이 유행하고 있다. 기업이 정부나 제도에 기댈 수 있으면 그것을 믿고 무책임한 경영으로 흐르기 쉽다는 뜻이다. 가장 좋은 예를 금융에서 볼 수 있다. 은행이 망하면 다수 예금자가 피해를 보게 되므로 정부는 예금보험제도를 두어 예금자를 보호한다. 그러나 이 제도가 있음으로 해서 은행은 예금 부도를 덜 걱정하게 되고 의식적 혹은 무의식적으로 방만 경영으로 흐르게 된다는 것이 미국 학자들의 연구 결과에 나타나 있다. 그래서 선진국에서는 사회정책상 소액 예금자는 보호하되 고액 예금자는 보호하지 않는다. 고액 예금자 자신이 은행을 감시하게 만들어 은행이 도덕적 해이에 빠지는 것을 예방하고자 하는 것이다.

또 하나의 예로 대기업이나 대은행이 무너지면 경제에 미치는 영향이 크기 때문에 정부는 어쩔 수 없이 지원의 손을 뻗치게 되는데, 이것이 관례화되면 대기업이나 은행은 문제가 있을 때마다 갖은 방법으로 권력의 비호를 얻고자 하고 무책임 경영을 계속하게 된다는 것이다. 이것이 이른바 "너무 커서 망하게 할 수 없다(大馬不死, Too big to fail)"라는 명제의 비리인데, 이러한 예는 우리나라에서 수없이 보아왔다.

그래서 이러한 도덕적 해이의 폐단을 제거하고 민간기업의 자기 책임을 강조하는 체제로 전환해야 기업의 효율이 개선되고 사회적 형평을 이룰 수 있다는 것이 오늘의 일반적 인식이다. 요즘 IMF를 폐지해야 한다는 주장마저 나오고 있는데, 그 주요 논거는 어떤 나라가 외환위기에 봉착하면 IMF가 구제금융을 공여하기 때문에 채권자들은 그것을 믿고 해외 투자의 위험관리를 소홀히 하고 채무국도 그에 기대려 하는 도덕적 해이 때문이라는 것이다.

시장규제와 공적규제의 원리

가령 도덕적 해이의 위험이 있는 일체의 제도를 제거한다고 가정하면 기업은 오로지 시장규율(market discipline)의 지배를 받게 된다. 제아무리 강대한 기업이라 할지라도 시장의 신뢰를 얻지 못하면 존립할 수가 없다. 만약 은행이 부실경영으로 지불 불능의 위험이 있다고 보여지면 예금자들은 예금을 다른 은행으로 옮길 것이니 그 은행은 파탄을 면치 못하게 되어 무언의 제재를 받게 되는 것이다.

그러나 시장의 규율에 의하여 기업이 파탄하면 그 피해는 당사자에게만 국한되지 않고 사회 전체에 파급되는 경우가 있으므로 정부는 사전 예방책을 강구하지 않을 수 없다. 그래서 정부는 한정된 목적과 범위 내에서 은행과 기업을 감시하고 감독 규칙을 위배하는 자에게는 징계조치를 취하게 된다.

그러나 여기서 주의할 것은 규제의 범위와 방법은 기업의 도덕적 해이를 견제하고 시장의 규제를 보완하는 선에서 그쳐야 한다는 것이다. 만약 공적규제의 당위성을 빙자하여 은행이나 기업에 무원칙한 간섭을 자행하면 시장의 자율규제가 없어지고 관치금융으로 되돌아가게 된다.

사실상 민간기업의 도덕적 해이도 문제지만 정부의 반대 방향의 도덕적 해이가 더 큰 문제다. 정부는 다양하고 복잡한 규제를 일삼으면서 그것이 국가 이익에 합치한다고 착각하는 경우가 많다. 독점규제의 견지에서 가격통제가 불가피한 경우도 있지만 시장 실세와 역행하는 가격통제 때문에 공급 증가가 억제되고, 각종 비리가 끼어들고, 산업의 발달이 저해되어 결국은 소비자의 불이익이 되는 예가 적지 않다. 여기에는 정치권이나 언론의 책임도 없지 않다. 무슨 문제가 발생하면 정부의 무책임을 질타하니 정부는 무엇인가 대책을 내놓아야 하고, 그러자니 소수의 잘못을 다스리기 위하여 선의의 대다수를 묶는 규제를 일삼게 된다. 결국 언론이나 정치권이나 공무원이나 시장경제의 자율원리에 대한 깊은 이해와 신뢰가 없다는 것이 문제다. 어쨌든 이 기회에 많은 규제들이 철폐되어야 한다. 그러나 기업이나 은행이 시장규제와 공적규제에서 완전히 벗어나야 한다는 의미는 아니다. 현대국가에서 위생, 안전, 환경보존 등을 위하여 규제가 많아지는 것은 어쩔 수 없다. 다만 규제의 방법이 투명하고 시장의 규율을 활용하고 보완하는 방향이 되어야 한다는 것이 일반적 원칙이다.

금융감독의 원리

종전에는 정부가 기업의 투자 활동에 직접 간섭하는 예가 많았지만, 이제는 정부가 불공정 경쟁 행위를 다스리는 외에는 기업 활동에 직접 간섭하는 일은 없어져야 한다. 은행도 하나의 기업이기는 하나 경제의 동맥인 돈의 흐름과 자원배분을 관장하는 특수한 기업이기 때문에 그 건전성이 매우 중요하고 그를 보장하기 위하여 정부의 감독이 불가피하다. 그래서 정부는 금융기관 감독을 통하여 간접적으로 기업의 자금 운용에 영향을 미치게 된다. 그러나 자금 운용을 떠나 다른 기업 활동에 간섭하는 일은 금융감독의 범위와 목적이 될 수 없다. 미국에서는 감독 규제가 많았던 때에 오히려 은행 파탄 건수가 많았다. 그 이유는 예금자들은 정부가 규제와 감시를 하고 있으니 별일 없을 것이라고 방심하고, 은행들은 정부가 하라는 대로 했으니 별일 없을 것이라고 생각하여 자구노력을 게을리 했기 때문이라는 것이다. 역시 여기에도 도덕적 해이의 문제가 있는 것이다.

제한적 감독 원리를 철저히 실행에 옮긴 것이 1996년 뉴질랜드의 금융개혁이다. 뉴질랜드는 중앙은행의 은행감사제도 자체를 폐지하고 그 대신 3개월마다 은행 재무상태를 공시케 하고 그 문서에는 은행장이 사실과 다름이 없음을 보장한다는 서약과 서명을 하게 했다. 만약 허위 사실이 발견되면 은행장은 법적 처벌을 받게 된다.

이것은 금융감독의 원리가 어떠한 것인지를 말해주는 것인데 이 원리가 실현되려면 금융의 자주성과 금융감독원의 정치적 중립이 전제되어야 한다. 그러나 지금 우리의 감독체제가 그러한 요건을 갖추고 있다고는 볼 수 없다. 최소한 감사원과 같은 법적 지위와 외부의 부당한 간섭을 배제하는 법적 규정이 있어야 할 것이다.

투명·공시·책임의 원리

시장의 감시와 공적 감시 기능이 작동하려면 기업과 금융기관의 업무 투명성과 경영상태의 공시가 필수적이다. 국제 기준에 맞는 회계 기준이나 정직한 감사제도가 없는 나라에서는 분식결산이 유행하고, 시장의 정확한 감시 기능이 불가능하다. 그리고 경영자가 주주에 대하여 책임을 지는 경영체제도 확립될 수 없다. 투명성(transparency), 공시(disclosure), 책임경영(accountability to shareholders)이 시장경제하의 기업 경영의 3대 원칙이라는 것을 기업들은 확실히 인식할 필요가 있다.

새로운 삼각관계

이상의 원리에 입각하여 경제개혁을 성공적으로 완수한다면 정부, 금융, 기업 간의 삼각관계는 어떻게 달라질까? 먼저 정부는 금융기관의 건전성을 추구하기 위하여 은행 업무를 감독하고 감독 기준에 위배될 때에는 가차 없이 제재를 하며 경우에 따라서는 영업 정지 또는 폐쇄 조치를 취할 것이다. 감독이 없더라도 금융기관이 부실경영을 계속하면 결국에는 시장의 제재를 받겠지만, 그를 사전에 예방하기 위하여 보완적으로 감독을 하는 것이다.

은행이 시장이나 금융감독의 제재를 받지 않으려면 대출의 위험관리를 소홀히 할 수 없다. 만약 부실채권이 발생했을 때에는 중소기업이든 재벌기업이든 그 기업에게 구조조정을 요구해야 하고, 경우에 따라서는 대출을 중단하고 부실채권 정리에 들어가야 한다. 만약 은행이 재벌기업이라 하여 예외로 취급한다면 어디까지나 자기 책임하에 해야 할 것이고, 그것이 재무제표에 나타나 사회의 신뢰를 잃거나 감독기구의 제재를 받게 되어도 스스로 감수해야 한다.

이 단순한 금융원리가 전혀 무시되어왔다는 것이 우리 금융 문제의 출발점이다. 그런데 금융기관이 과연 현실적으로 재벌을 다스릴 힘이 있느냐고 반문하는 사람이 많다. 물론 지금은 그러한 힘이 없다. 그러나 금융기관이 그러한 힘을 가질 수 있도록 제도와 관행을 바꾸어나가는 것이 개혁의 목적이고, 이 목적을 실현하지 못하면 금융개혁의 의미가 없다. 그래서 금융기관이 제구실을 할 수 있도록 만드는 것이 기업 구조개혁의 첫걸음이라고 필자는 역설해왔던 것이다.

이상과 같은 새로운 삼각관계에 대하여 몇 가지 의문이 있을 수 있다. 기업의 투자 활동에는 언제나 위험이 따르게 마련이고 제아무리 유망한 사업이라 할지라도 처음부터 수지 맞는 사업은 많지 않은데, 만약 새로운 금융체제하에서 금융기관들이 안정성에만 집착하여 투자사업을 외면하면 이 나라의 경제성장이 어떻게 되겠느냐 하는 것이다. 1960년대에 금융기관들이 고식적으로 유흥업이나 유통업에 대출을 집중하고 경제개발에 필요한 장기투자를 기피했기 때문에 금융 국유화의 빌미를 제공했던 것도 사실이다. 그러나 선진국의 경험과 우리의 발전단계를 고려하면 크게 걱정할 일은 아니다. 원래 금융은 위험관리로 먹고 사는 산업이고, 위험성에 비하여 기대 이윤이 크면 투자신탁(Mutual Fund), 주식과 사채 모집 등의 직접금융이 대형 투자를 수용하게 될 것이다. 다만 우리에게는 아직 그러한 직접금융과 그 기법이 개발되어 있지 않다는 데에 문제가 있다. 그래서 자본시장의 현대화가 금융개혁의 주요 과제가 된다.

그러나 이러한 의문점에 비추어 정부에 대하여 두 가지 건의를 하고 싶다. 먼저 금융 감독기관이 어떤 사업이 초기에 적자를 냈다고 하여 부실기업으로 단정하거나 단기적 현상에 집착하는 근시안적 혹은 미시적 간섭을 해서는 안 된다는 것이다. 그렇게 되면 금융기관은 통찰력과 경륜을 발휘할 수 없고, 앞서 염려한 대로 개발적 투자사업이 위축될 수밖에 없을 것이다. 감독기관은 자산 위험도에 따라 자본 충실화를 요구하면 되는 것이지 개별적 융자에 간섭해서는 안 된다. 사실상 투자사업의 단기적 수익성과 장기적 수익성을 판단하는 것은 쉬운 일이 아니므로, 기업과 금융기관의 선의의 판단에 맡길 수밖에 없다.

둘째로 새로운 삼각관계하에서도 정부가 산업정책을 포기할 필요는 없다. 위험성이 높되 국가전략상 필요한 산업이라고 판단될 경우, 정부 은행을 통해 특혜나 도덕적 해이를 회피하면서 그에 합당한 장기융자 제도를 강구할 수 있는 일이다. 그러한 의미에서 산업은행과 같은 국책은행은 그 업무 방법을 개선하되 존속할 이유는 있다고 본다.

이상에서 경제개혁의 지도 원리를 요약하였거니와 그동안 정부는 대체로 이러한 원리에 따라 많은 조치를 취해왔다. 그러나 모든 조치가 과연 문제 해결을 보장하는 것인지에 대하여는 의문의 여지가 있다. 몇 가지 예를 든다면, 노동시장의 신축성을 제고하기 위해 노동법을 개정하였지만 과연 그것이 기업의 구조조정을 원활하게 할 만큼 신축적이냐 하는 것이다. 또한 종합적 금융 감독기구가 신설되었지만 과연 그것이 정치적 중립을 지키면서 엄정한 감독을 수행할 수 있을지도 의문이다. 경영 감시를 위해 사외이사제를 도입했지만 기업주가 임명한 사외이사가 과연 주주와 사회의 이익을 수호하는 데에 이바지할 수 있을지 역시 의문이다. 파산절차를 간소화하기 위하여 파산법을 개정했지만 재개정이 불가피한 상태다. 정부의 기구개혁이 있었지만 그것이 개선보다 개악이었다는 평가가 지배적이다. 이러한 예들은 개혁 목적에 합당한 방법 선택에 문제가 있었다는 것을 의미한다. 그러므로 다시 한 번 개혁의 목적을 재인식하고 이미 취한 개혁조치들을 계속 보완해나가야 할 것이다. 그리고 지금과 같은 과도기에는 정부의 강력한 지도력이 불가결하다.

재벌 구조조정에 던지는 시사

이상의 논의가 지금 가장 문제가 되고 있는 5대 재벌의 구조조정에 어떠한 시사를 던져주는 것일까? 먼저 지금까지 일련의 개혁조치, 예컨대 상호지급보증의 금지, 연결재무제표의 작성, 외부 감사의 의무화(불완전하지만), 사외이사의 임명, 소액주주의 대표권 확대 등의 조치가 있었는데, 그것만으로도 재벌의 모습은 크게 달라지지 않을 수 없을 것이다. 앞으로 기업은 다음과 같이 변하게 될 것이다.

- 기업의 업적은 외형이나 사회적 위세가 아니라 이윤이라는 단일 지표로 평가될 것이고, 기업의 건전성은 자본-부채비율로 평가될 것이다.
- 기업집단의 경우에는 결합재무제표상의 순이윤과 통합 자본-부채비율이 경영평가의 기초가 될 것이다.
- 재무제표는 공신력 있는 공인회계사의 외부 감사를 받게 되고, 그것이 금융기관의 융자 결정의 기초 자료가 될 것이다.
- 경영과 재무상태의 투명성이 없으면 국내외에서 융자받기가 어렵게 될 것이다.
- 상호지급보증과 상호출자(순환출자도 포함되어야 한다)를 법적으로 금지한 이상 재벌이 부실기업을 무작정 끌고 갈 수도 없을 것이다. 집단 내의 부실기업은 금융기관에서 부실채권으로 분류되어 융자의 제한을 받거나 한국자산관리공사로 넘어갈 것이다.
- 은행은 통합재무제표를 보고 통합 자본-부채비율이 너무 낮으면 본업과 관련이 적은 기업을 정리할 것을 요구할 것이고 요구에 응하지 않으면 대출을 중단할 것이다. 그것은 시장경제 원리에 따른 은행의 당연한 권한 행사이고 정부의 간섭과는 차원을 달리한다.
- 결과적으로 집단 내에는 주력기업과 관련이 있는 계열기업들만이 남게 되고 문어발식 경영에 제동이 걸릴 것이다.
- 기업 안에는 주주를 대표하는 이사회와 경영진을 대표하는 임원회가 확연히 구분되고 그 법적 책임을 명확히 하게 될 것이다.

심야 토론에서 재벌의 해체를 주장하는 논자도 있었으나, 재벌은 이상과 같은 변모를 통하여 어차피 해체 과정을 밟게 될 것이니 크게 걱정할 일이 아니다. 선진국의 경험을 보더라도 공정거래법과 상속을 통하여 자연 해체의 길을 걸어왔다. 성급하게 경제체제에 일대 충격을 주는 재벌 해체 방법을 선택할 일이 아니다. 앞에서 보았듯이 새로운 삼각관계를 확실하게 정립하는 것이 재벌문제 해결의 필수조건이다.

과도적 난제

그러나 재벌의 장래가 그렇다 하더라도, 당장 재벌의 구조조정을 어떻게 하느냐가 긴급한 과제다. 5대 재벌의 경제적 비중이 워낙 크기 때문에 문제 해결이 쉽지 않다. 들리는 바에 의하면, 5대 재벌의 재무상태에 대한 심사 분석이 진행되고 있다고 한다. 감독당국은 은행으로 하여금 5대 재벌에 대하여 10월까지 주거래 은행에 재무구조 개선계획을 제출케 하고, 11월에 은행들이 그를 심사 평가하여 연말까지 구조조정 절차를 일단 끝맺을 계획이라고 한다. 정부는 세계은행 기술원조 차관으로 기업문제의 전문가들로 구성되는 고문단을 채용하여 각 은행에 배치하고 심사 평가를 돕고 있는데, 200여 개 이상의 5대 재벌 기업을 불과 한 달 만에 분석 평가할 수 있을지 의문이다. 그 결과에 대해 정부가 무슨 조치를 취할지도 아직은 알 수 없다.

우리가 이미 알고 있는 바로는, 정부가 재벌들이 산하기업을 처분하여 주력기업의 자기 자본에 대한 부채비율을 현 400% 이상에서 200%로 낮추는 동시에 문제의 사업들을 서로 교환하는 이른바 빅딜을 요구하고 있다. 반면에 재계는 부채비율을 낮추려면 자산이나 기업을 매각하든가 자본 증자를 해야 하는데, 일부 사업을 팔려야 국내에서는 팔 수가 없고 국외 투자자에게 파는 데에는 시간이 걸리며 지금의 증권시장에서 신주를 발행한다는 것도 거의 불가능한 일이니, 정부는 이러한 현실을 감안해야 한다고 맞서고 있다.

해결 방법으로 자산매각, 외국 투자 유치, 기업매각, 부채 기한 연장 혹은 대출금의 출자 전환 등의 조치를 생각할 수 있는데, 어떠한 방법을 선택하든 다음의 두 가지 조건을 고려해야 한다.

첫째는 뿔 고치려다 소 죽이는 꼴이 되어서는 안 된다는 것이다. 다시 말하면 구조조정의 경제적 대가를 최소화하는 해결책이 모색되어야 하고, 그를 위하여는 졸속보다 착실한 성과가 중요하다 할 것이다. 그러한 견지에서 재벌기업의 부채비율을 내년 6월까지 200%로 낮추라는 것은 비현실적인 요구가 아닌가 한다. 욕속부달(欲速不達, 일을 빨리 하려고 하면 도리어 이루지 못함)이라는 말처럼, 현실을 무시한 정책은 성공하기 어렵다.

둘째로 어떠한 방법을 택하든 도덕적 해이와 특혜 시비를 극소화하는 방법이 모색되어야 한다. 어떠한 경우에도 막대한 재정부담이 불가피한데, 국민의 이해를 구하자면 투명한 명분이 있어야 한다. 그러한 방법의 하나로 필자는 가칭 '기업갱생공사' 설립을 제안한 일이 있으나 그것은 이미 시기를 놓친 것 같다.

빅딜에 관하여는 앞에서 말한 지도 원리로 보아 일방적으로 사업 교환을 강요할 필요는 없다고 본다. 정부가 자율과 금융과 감독의 원리를 관철하여 기업 스스로가 해결책을 찾도록 하는 것이 바람직하다. 과거의 경험을 보더라도 한때 시비가 많았던 투자사업이 후일에 가서 경쟁력을 발휘한 예가 없지 않다(일례로 제철, 반도체). 그리고 경쟁력이 있는 사업도 경기변동에 따라 불황을 겪는 것이 기업의 운명이다. 투자의 동태적 타당성을 판단하는 것은 매우 어려운 일이고, 정부의 판단이 언제나 옳다는 보장은 없다. 그것은 기업에게 맡길 일이다.

　재벌 문제는 그 성질상 금융기관, 재벌, 정부 사이의 충분한 의사소통을 거쳐 종국에는 정부가 결단을 내릴 수밖에 없는 문제다. 사안이 어렵다 하여 당국자들이 이런 일 저런 일을 생각하여 책임을 회피하고 차일피일 국면을 호도한다면 사태는 점점 악화될 것이다.

맺 음 말

지금은 사태가 다소 호전되었다 하여 개혁의 속도를 늦출 때가 아니다. 부실채권과 부실기업의 정리 및 은행의 자본 충실화가 실현되지 않으면 금융경색은 계속될 것이다. 우리는 이미 개혁의 이름으로 막대한 희생을 감수하였다. 그런데 만약 지금의 시점에서 필요한 개혁을 하지 못하고 경제의 파탄만 감수한다면 천추의 한을 남길 것이다. 반면에 우리가 만난(萬難)을 무릅쓰고 제대로 된 개혁에 성공한다면 한국은 21세기에 기필코 제2의 도약을 할 수 있을 것이다. 지금의 경제적 고난에 값할 만한 경제개혁을 기필코 실현할 수 있도록 정부, 금융계, 재계 및 노조가 다같이 협력하고 노력해야 할 시기다.

구조조정의 병리학

2000년 7월 5일, 서울회현로타리클럽 강연 원고

두 가지 전염성 환자

지금 우리 경제는 두 부류의 전염성 환자를 가지고 있다. 하나는 부실기업이고, 다른 하나는 부실 금융기관이다. 원래 금융기관은 기업의 위생관리를 맡아보는 기관인데, 그 역할을 제대로 하지 못하여 기업도 병들고 자신도 중병을 앓게 되었다. 개인환자 중에 무의무탁한 외톨 환자가 있고 가족이 있는 환자가 있듯이, 기업환자 중에는 단독 환자도 있고 기업집단의 구성원인 경우도 있다. 지금 후자가 치료의 중심과제로 되어 있는 만큼 이것을 염두에 두고 이야기하고자 한다.

  은행과 기업 가운데 어느 한쪽이 병들면 다른 한쪽도 병들게 마련이고, 또 병이 무고한 기업과 은행으로 전염되기도 한다. 두 환자의 보호자 혹은 소유주는 주주 및 경영자다. 주치의는 재경부와 금융감독원인데, 요즘의 의약분쟁처럼 영역 다툼이 없지 않은 것 같다. 또한 주치의를 훈수하고 비판하는 전문의(economist)도 적지 않고 필자도 그중 한 사람이다.

진단 자료

먼저 환자의 병태를 판단하자면 환자의 건강에 관한 검진 자료가 있어야 한다. 경제의 전문의들은 은행과 기업의 부실상태를 판단하기 위하여 기업의 재무제표를 검사한다. 그런데 우리나라 기업의 재무제표는 국제기준에 맞지 않을 뿐더러 그나마도 믿을 수 없다는 데에 문제가 있다. 우리의 재무제표는 손익계산서와 대차대조표가 근간을 이루고 있는데, 미국에서는 그에 더하여 현금흐름표(Statement of cash flow)가 중요한 역할을 한다. 그것을 보지 않고서는 기업이 은행차입을 비롯한 각종 부채를 제때에 갚을 수 있는지 판단할 수 없기 때문이다. 자산의 평가 방법에도 큰 차이가 있다. 뿐만 아니라 환자의 숨김 없는 정보 제공이 중요한데, 대개 병자는 자기의 치부를 가급적 감추려 한다. 그 때문에 부실기업과 은행의 투명성이 문제가 되고, 그것이 구조조정에 필수적인 기업 매매를 가로막는 3대 요인 중의 하나가 되고 있다(다른 요인은 손실 분담과 노사 분규다). 정부는 재벌기업들에 금년(2000년) 6월 말까지 결합재무제표를 제출하라고 요구하는 동시에 미국의 회계제도와 회계감사제도를 도입하는 시책을 추진해왔다. 그러나 명확한 회계 기준과 공인회계사들의 정직하고 책임감 있는 감사 관행이 확립되기까지는 상당한 시일이 걸릴 것이다. 그때까지 주치의는 정확한 자료와 정보 없이 환자를 다룰 수밖에 없는 형편이니 오진과 의료사고가 발생할 만도 하다.

건강 기준

환자에 관한 자료가 있더라도 건강상태를 판단하는 기준이 없으면 환자를 진단할 수가 없다. 같은 질병이라도 체질에 따라 증상이 달리 나타나기 때문에 그에 대한 처방이 같을 수는 없다. 특히 미국 사람과 우리나라 사람을 똑같이 대하는 것은 어불성설이다. 우리 주치의는 IMF의 권고에 따라 기업의 건강기준을 부채비율 200% 이하, 은행은 자본비율 8% 이하로 설정하고 단시일 내에 이 기준을 충족하도록 독려해왔다. 물론 이것은 미국의 기준이다. 그러나 신토불이(身土不二)라는 말이 있듯이, 한국 사람의 건강 기준이 미국 사람의 그것과 꼭 같을 수는 없다. 설사 같더라도 그를 치유하는 약의 처방에는 큰 차이가 있다. 비근한 예로 '인데랄(Inderal)'이라는 심장병 약은 한국 사람에게는 미국 사람 복용량의 반 정도가 적당하고 그 이상을 복용하면 부작용이 심하다고 우리 의사들은 경고한다. 마찬가지로 한국의 금융 풍토 및 기업 풍토가 미국과 크게 다르다는 것은 말할 필요도 없다. 한국에서는 직접금융이 미달 상태에 있기 때문에 기업들은 은행 대출에 의존할 수밖에 없었고, 은행들은 오래된 관치금융하의 습성으로 방만한 대출을 일삼고 평균 500% 내외의 부채비율을 예사로 여겨왔다. 그런데 갑자기 부채비율을 업종과 관계없이 획일적으로, 그리고 단시일 내에 200%까지 낮추고 자본비율도 8% 이하로 설정하라니 많은 부작용이 발생하지 않을 수 없다.

은행의 자본비율 8%라는 기준도 절대적 근거가 있는 것은 아니다. 그것은 1988년 미국과 영국의 금융전략에서 비롯된 정치적 숫자에 불과하다. 이 비율을 단시일 내에 충족하라고 요구했을 때 당시의 은행들로서는 대출을 회수하는 외의 다른 방법을 찾을 수 없었다. 그 결과 극심한 금융경색이 일어나고 그 때문에 부실기업뿐만 아니라 건강이 양호한 기업들까지 부도의 비운을 맞게 되었다. 은행의 자본비율 8%, 기업의 부채비율 200%가 한국의 외환위기를 금융위기로, 다시 경제위기로 치닫게 한 마(魔)의 숫자라는 견해도 있다. 요컨대 환자의 체질을 무시한 처방이 환자의 체력을 더욱 약화시켰다는 것이다.

불치(不治)와 가치(可治)

의사는 환자를 놓고 치유가 가능한 환자인지 또는 구제할 수 없는 환자인지를 판단하고 그에 따라 처치 방법을 달리한다. 의사는 죽어가는 환자 당사자뿐 아니라 그 가족과 친척들의 고통을 가급적 덜어주는 배려를 하지 않을 수 없고, 환자 가족들의 애원에 못 이겨 얼마간의 생명을 연장하는 조치를 취하는 경우도 있다. 그러나 사후적으로 보면 시간과 치료비의 낭비에 불과하다. 구조조정의 경우에도 어차피 살릴 수 없는 기업이라면 이해관계자들의 반대가 있더라도 과감히 퇴출(退出)시켜야 하고, 도산 관련 법적 절차의 미비점을 보완하여 퇴출을 쉽게 하는 것이 정부가 할 일이라고 전문의들은 주장한다. 그러나 말은 쉽지만 현실은 간단치 않다. 정치적·사회적 반대 때문에 정부의 주치의들이 가망 없는 기업을 연명시키는 것은 일반 의사의 경우와 일맥상통하는 실정이다.

환자와 전염

의사가 수많은 환자를 동시에 다루다 보면 한쪽 환자에 눈을 팔다가 다른 쪽 환자를 보지 못하는 경우가 있다. 구조조정에도 이와 같은 현상이 나타난다. 은행권의 구조조정에 정신이 없다 보니 시중자금이 투신사로 대거 이동하여 부실의 씨가 되고 있는 것을 보지 못했다. 이제 투신의 부실을 방치할 수 없어 그 쪽으로 치료의 눈을 돌리니, 이번에는 투신자금이 은행으로 몰려가고 투신사의 사채 발행이 고갈되어 신용경색이 일어나면서 건전기업들이 비명을 지르고 있다. 사전에 병의 전염과정을 면밀히 검토하여 예방조치를 취했어야 했다.

병원이 없다

병의 전염을 예방하려면 우선 환자를 격리시켜야 한다. 그러자면 환자를 병원에 입원시켜야 하는데, 그래야 의사의 감시와 전문적 치료도 받을 수 있다. 병자를 입원시키는 것은 환자의 가족을 위해서도 절대로 필요하다. 만약 환자를 집에 두고 온 가족이 그에 매달려 있다면 그 집은 생업을 돌볼 겨를이 없고 경제적으로 어려운 처지에 빠지게 될 것이다. 차라리 환자를 병원에 맡겨두고, 건강한 사람들은 생업 유지에 배전(倍前)의 노력을 기울여야 살아갈 수 있다. 입원비와 치료비 걱정으로 가족들이 고민에 빠질 수도 있다. 그러한 경우에 집이라도 팔아서 문제를 해결할 결심은 하지 않고 걱정만 하면 더욱 일이 손에 잡히지 않을 것이다. 차라리 단념할 것은 깨끗이 단념하고, 당면한 문제의 매듭을 짓고, 심기일전(心機一轉)하여 활로를 찾는 것이 가족이 사는 길이다.

구조조정의 경우도 마찬가지다. 그런데 병든 은행과 기업의 중환자를 격리시킬 병원이 없다. 한국자산관리공사가 있다지만 이 기관은 죽어가거나 병든 환자의 유산을 정리하는 기관이지 환자 자체를 수용해서 치료할 능력은 없다. 정부는 IBRD의 권고에 따라 부실기업을 매수하여 치료하든가 제3자에게 팔아넘겨 돈을 버는 민간회사인 기업구조조정전문회사(Corporate Restructuring Vehicle, CRV)의 설립을 유도해왔다. 그러나 지금까지 출현한 회사는 많지 않고 그 규모도 크지가 않다. 이러한 민간 회사들이 많이 나타나서 제구실을 하게 되려면 상당한 시일이 걸릴 것이다. 그렇다면 구조조정을 1~2년 내에 끝내겠다고 작정한 정부의 시간 개념부터 문제가 된다. 뿐만 아니라 이 회사들에 중소기업을 다룰 능력은 있겠지만 재벌 소유의 대기업을 다룰 능력은 기대하기 힘들 것이다.

이러한 견지에서 필자는 일찍이 정부, 한국은행, 금융단, 국제금융기관이 공동 출자하는 지주회사, 가칭 '기업갱생공사'를 세우라고 제안한 일이 있는데 그 내용은 다른 논문에서 상세히 볼 수 있다.[1]

병원이 없기 때문에 …

환자를 치료하는 병원이 없기 때문에 다음과 같은 문제가 서로 꼬여서 나타나는 것 같다.

1 부실기업을 격리시키지 않고 환자기업과 은행이 서로 얽혀 있기 때문에 은행은 그에 매달려 은행의 살길을 강구하기 어렵고 부실기업은 확실한 대책이 서지 않는 가운데 병세가 점점 악화된다. 그리고 그와 관련된 다른 기업들도 감염 증세를 보이게 된다. 병자를 집에 두고, 가족들이 생업을 포기하고 우왕좌왕하는 경우와 같다.

2 문제의 매듭이 지어지지 않기 때문에 은행들은 장래를 내다볼 수도 없고 계획을 세울 수도 없다. 어차피 피할 수 없는 손실이라면 과감히 그 일을 매듭 짓고 다른 데로 눈을 돌려야 활로가 트일 것이다. 환자가 집이라도 팔아서 입원비를 마련할 결심이 서면 오히려 마음이 편안해지는 것과 같은 이치다.

3 부실기업의 주주, 채권은행, 정부 사이의 손실 분담에 관한 룰(rule)이 확립되어 있지 않다. 서로 손실 부담을 남에게 떠넘기려는 각축 속에서 기업의 매각과 처분이 늦어지고, 그러는 사이 은행과 기업의 부실 상태는 더욱 심화된다. 이것이 부실기업 처리를 가로막는 3대 요인의 하나다. 환자의 형제들이 치료비 부담을 놓고 서로 미루다가 시급한 수술의 기

---

[1] 같은 장 〈기업갱생공사를 설립하라〉 참조.

회를 놓치는 경우와 같다.

4 채권 은행이 부실기업을 치료하기 위하여 대출금을 출자로 전환하면 경영의 책임을 지게 된다. 필자의 경험에 의하면 은행에 부실기업의 관리를 맡겨 성공한 예가 없다. 은행은 채권 회수와 자금관리에만 신경을 쓰고, 위험부담을 무릅쓰고 창의적이고 역동적인 경영을 할 능력이 없기 때문이다. 요컨대 환자에게 환자의 관리를 맡기는 것과 같은 것이다.

5 병원에 입원시키면 환자에 대한 필요 조치는 일단 끝났다고 볼 수 있다. 다음에는 치료의 결과를 기다리면 되는 것이다. 그런데 구조조정의 경우에는 환자에 대한 조치가 어디에서 끝나는 것인지 알 수가 없다. 따라서 사람들은 구조조정에 대한 신뢰가 없고 조치 결과를 기다리려 하지도 않고 그저 구조조정이 늦어지고 있다고 야단들이다. 실은 환자의 치료기간이 문제가 아니라 환자가 확실한 치료 프로토콜(Protocols, 절차)에 들어가 있느냐가 문제다.

임상요법과 자연요법

의사는 환자에게 건강수칙을 마련해주고 치료에 협조해줄 것을 요구한다. 그 수칙과 치료법은 대중요법에 중점을 둘 수도 있고 자연요법에 중점을 둘 수도 있다. 대중요법(對症療法)은 수시로 환자의 증상을 살펴 치료방법을 조정하는 요법이고, 자연요법은 신체의 자연 치유력에 의존하는 요법이다. 정부는 그동안 여러 가지 개혁 입법을 도입하여 은행과 기업의 건강수칙을 마련해주었고 그 성과도 적지 않았다. 그러나 정부의 주치의들은 말로는 정부의 간섭을 삼가고 시장경제의 자연 치유력에 의존한다고 하면서도 주위의 독촉에 밀려 수시로 나타나는 병상(病狀)에 따라 단편적 규제를 강구하는 대중요법을 쓰고 있다. 급한 대로 규제에 의존할 수밖에 없는 경우도 있겠지만, 그러한 경우에도 시장경제의 기능을 살리려는 열의를 보여야 한다. 비근한 예로 공적자금 투입으로 정부가 은행의 대주주가 되었지만, 경영과 인사에 간섭하지 않겠다고 선언하고 민간 주주들에게 일임하는 아량을 보일 수도 있는 일이다. 개혁에는 그러한 솔선수범과 지도력이 중요하다. 지금은 의학에 있어서나 경제학에 있어서나 대증요법보다 자연요법이 강조되는 시기가 아니겠는가.

드러난 문제점

이상에서 보아온 구조조정의 병리학적 검토에서 다음과 같은 문제점이 드러난다.

1 정확하고 믿을 수 있는 진단자료 없이 환자를 다루어왔다. 회계제도의 개혁 및 공인회계사의 재훈련이 시급하다.
2 환자의 건강 기준이 의문시된다. IMF가 정한 은행 자본비율 8%, 기업의 부채비율 200%에 지나치게 얽매일 필요는 없다.
3 불치(不治)와 가치(可治)의 구분이 불분명하고 무원칙하게 불치를 연명시키는 예가 적지 않았다. 부실기업의 과감한 퇴출이 요구되는 까닭이다.
4 환자를 수용하는 병원이 없기 때문에 재택(在宅) 치료에서 오는 폐단이 많다. 부실기업과 부실은행이 서로 엉켜서 서로가 부실의 원인이 되고 결과가 되어 치료를 어렵게 하고, 부실이 건실한 기업에 전염되기도 한다. 부실기업의 은행관리는 환자에게 환자의 관리를 맡기는 것과 같다.
5 주치의가 자연요법(시장경제)보다 대증요법(규제)에 치중하는 경향이 있다. '자유화를 위한 규제'라면 자유화를 향한 지도적 열의를 보여주어

야 한다.

6 구조조정의 논리적 순서와 소요시간을 무시한 성급한 동시 공격이 구조조정을 더욱 복잡하고 어렵게 만든 것 같다.

7 구조조정의 프로토콜이 확립되지 않은 상태에서 환자에 대한 조치가 어디에서 끝나는지 알 수가 없고, 따라서 문제 해결의 매듭이 지어지지 않는다.

구조조정의 실적과 시사점

한 민간연구소가 제시한 통계에 의하면, 1998년 이후 워크아웃 등 기업 구조조정 추진과정에서 47조 원의 금융기관 신규 부실이 발생하였고, 1998년 7월 이후 워크아웃 대상으로 선정된 102개 업체 중 경영이 정상화되어 조기 졸업한 기업은 2개사(한창화학, 한국컴퓨터)에 불과하다고 한다. 대우 관련 12개사의 처리도 답보 상태에 있다. 이제 막 제2차 금융구조조정이 시작되었는데 또다시 금융경색이 나타나고 있다. 과거에 경험한 바와 같이 '금융기관 부실 증가·신용 위축·자금경색 확산·부도 증가·금융기관 부실 증가의 악순환'이 재연되지 않을까 우려하는 소리가 높다. 이러한 현상들은 앞에서 본 문제들과 무관하지 않다. 문제의 초점은 어떻게 하면 건실(健實)에서 부실(不實)을 도려내고 구조조정과 부실 사이의 악순환을 단절하느냐 하는 것이다.

환자가 병원에 모여 있으면 나머지는 건강 사회라 볼 수 있다. 그러나 환자와 건강한 사람이 뒤섞여 있으면 사회 전체가 병들어 있는 것처럼 보일 것이다. 환자를 병원에 입원시키면 필요한 조치는 일단 끝난 것이고, 치료기간을 놓고 왈가왈부할 필요는 없다. 치료기간이 문제가 아니라 실은 치료의 프로토콜, 즉 환자를 다루는 방법과 과정이 문제다. 하지만 병원 직원들은 정부 주치의들의 치료 방법에 반대하여 총파업을 계획하고 있고, 국내외의 여론은 구조조정의 앞날을 낙관할 수 없다고 야단들이다. 결국 부실을 종합적·체계적으로 다루는 메커니즘이 확실하게 서 있지 않다는 데에 근본 문제가 있는 것 같다. 지금이라도 보다 장기적 안목으로 시장 기능을 통해 기업 및 금융 구조조정이 지속적으로 추진될 수 있도록 현존 프로토콜을 (입법을 포함해서) 재정비할 필요가 있지 않나 생각한다.

기업갱생공사를 설립하라

2006년 6월의 〈기업갱생공사에 관한 메모〉와 11월 10일의
〈대기업의 구조조정, 이런 방식도 있다〉를 통합한 원고

구조조정의 난점

대우와 동아건설이 법정관리를 신청하였다. 그 실현 여부는 법원의 결정에 달려 있고, 만약 신청이 기각되면 두 기업은 파산 절차에 들어갈 수밖에 없다. 법원은 경제에 주는 영향을 고려하여 신속한 결정을 하려 하겠지만 그래도 상당한 시일(적어도 수개월)이 걸릴 것이다. 그러는 동안 노조가 동요하고 협력업체들이 연쇄적으로 도산하고 해외 판매망이 붕괴하는 등 엄청난 부작용이 발생할 것이다.

만약 법원이 법정관리 신청을 받아들이면, 그것은 기업의 회생을 목적으로 하는 것인데 필요한 절차를 밟는 데에 또한 상당한 시일이 걸린다. 법정관리를 하게 되면 은행의 채권은 물론 협력업체의 채무를 포함한 모든 상거래 채권이 동결된다. 정부는 당초부터 대우를 파산시킬 의사는 없었고 외국회사에 매각해서라도 살리려 했으므로 법원이 법정관리 신청을 받아들이기를 바라고 있는 것 같다.

그렇다면 여기에서 다음과 같은 의문이 제기된다. 구조조정을 통해

대우를 살릴 생각이라면, 대우는 물론 그 협력업체와 근로자들까지 파국으로 몰아넣고 나서 그들을 다시 살리려 하는 구조조정 방식이 과연 옳은 것인가? 정부는 협력업체의 연쇄 도산을 막기 위하여 금융질서의 왜곡을 무릅쓰고 긴급자금을 방출한다고 하는데, 이러한 병 주고 약 주는 식의 불필요한 비용과 고통을 회피하는 방법은 없는 것일까?

주지하는 바와 같이, 부실기업 처리에는 법정관리와 워크아웃의 두 가지 방법이 있다. 그러나 워크아웃의 경우에는 기업의 경영이 은행에서 파견한 자금관리자와 경영자로 이원화되어 기업 가치를 올리는 경영이 거의 불가능하고 도덕적 해이 문제마저 제기되고 있다. 한편 법정관리는 부실기업의 경영권을 박탈하고 일체의 상거래 채권을 동결하는 조치를 취한 다음 최장 10년의 갱생 기간을 두고 기업의 회생을 도모한다. 그러나 법원이 관리인에게 경영을 맡기되 중요한 결정은 법원의 승인을 얻어야 하기 때문에 역동적이고 창의적인 경영의 가능성을 배제하는 단점이 있다. 국정감사 자료에 의하면 법정관리, 화의, 워크아웃 중인 665개 기업 중 경영상태가 호전되는 기업은 63개에 불과하다고 한다.

그러면 이러한 단점들을 보완하는 제3의 방법은 없는 것일까?

기업갱생공사(안)

운영 원리 ● 필자는 부실기업을 처리하는 전담기구로 정부, 중앙은행, 금융단 그리고 가능하다면 세계은행과 같은 국제 금융기관이 출자하는 가칭 '기업갱생공사'를 설립하라고 제안한 일이 있다. 이 회사는 일종의 지주회사라고 볼 수 있는데 그 운용 원리는 대략 다음과 같다.

1 공사는 재무상태가 나쁘지만 되살릴 가치가 있다고 인정되는 기업을 매

수한다. 금융기관은 어차피 대출을 계속할 수 없을 것이니 기업주는 해당 기업을 내외 투자자에게 팔든가, 아니면 공사에게 매도하는 외에는 다른 방법이 없을 것이다.
2 갱생공사 혹은 당사자 금융기관은 부실기업의 자산 부채를 투명화하고, 그를 시가로 평가하여 매매가격을 결정한다. 만약 부채가 자산을 초과하면 초과액은 매도자에 대한 신규 대출로 처리할 수 있다.
3 갱생공사는 지주회사로서 매입한 부실기업의 경영진을 선임하여 구조개선을 추진한다.
4 채권 금융기관은 인수기업에 대한 채권의 일부를 출자로 전환하든가 대출기한을 연장해준다.
5 부실기업의 새로운 경영진은 보다 안정된 재무상태에서 기업경영을 개선한다(대외합작 포함). 경영이 정상화되면 공사 또는 금융기관은 증권시장에서 주식을 매각하여 채권을 회수한다. 그리고 새로운 자본주와 경영주체가 기업을 인수, 운영하게 된다.
6 기업갱생공사의 업무가 끝나서 공사를 해체하게 될 경우, 동 공사의 자산과 채무는 출자 금융기관에 귀속된다.

이 안의 장점 ●

1 부실기업의 영업이 중단되지 않으므로 기업 폐쇄로 인한 실업과 관련 기업의 파탄을 최소화할 수 있다.
2 도덕적 해이의 문제를 회피하고 기업을 살릴 수 있다. 기업은 이미 공적 기관인 갱생공사의 소유로 되었으므로 채권 일부를 출자로 전환한다 하더라도 특혜 시비를 일으킬 이유가 없다.
3 지금 정부와 여론은 재벌의 기업 매각 실적이 거의 없다고 비난하고 있

는 반면, 재벌은 국내에서는 기업을 팔려고 해도 팔 곳이 없지 않느냐고 맞서고 있는데 갱생공사는 이러한 쟁점을 해소할 수 있다. 재벌이 갱생공사에 팔고 싶은 계열기업들을 팔아넘기면 재벌 구조조정의 핵심과제 가운데 하나를 매듭 짓게 되고, 공사는 시간을 두고 그 기업을 경영 또는 처분할 수 있다. 처분 방법에는 자산 매각, 외국인 출자, M&A 등의 방법이 있겠는데 지금과 같이 정부가 재벌에 대하여 처분을 강박하면 재벌기업의 대외교섭력이 약화될 수밖에 없고 외국인은 그 약점을 이용하여 최악의 조건을 제시하려 할 것이다. 재벌의 부실기업을 일단 갱생공사로 넘기면 공사는 시간을 두고 보다 유리한 조건으로 원매자를 찾을 수 있을 것이다.

4 기업갱생공사에 외국기관의 참여를 필요로 하는 이유는, 부실기업 처리 과정에서 일어나는 일체의 외부 압력과 부조리를 차단하고, 업무상의 후환이 없게 하는 동시에, 보다 공정하고 엄격한 업무처리를 할 수 있기 때문이다. 매사를 공정하고 투명하게 처리해야 뒷말이 없다.

5 지금 정부와 IBRD의 구상에 의하면, 다수의 기업구조조정전문회사를 설립하여 금융기관이 대출금을 출자로 전환하여 대주주가 된 기업을 금융기관으로부터 매수하여 이 회사가 운영하든가 처분케 한다고 한다. 순전히 민간 위주로 문제를 해결하려는 착상은 좋으나, 민간회사가 출현하여 제 기능을 발휘하기까지는 상당한 시일이 걸릴 것이고, 그러는 동안 재벌 구조조정을 둘러싼 시비가 끊이지 않고, 금융기관은 미해결의 문제를 안고 정상업무로 돌아가기 힘들 것이다. 차라리 일차적으로 기업갱생공사에 부실기업을 넘겨놓고 그 회사로부터 앞서 말한 민간회사(CRV)가 기업을 매수하는 제2차적 역할을 맡게 하는 것이 좋을 것이다. 요는 하루라도 빨리 부실채권과 부실기업 문제를 매듭 짓고 금융기관이

정상업무로 돌아가서 지금의 신용경색을 푸는 것이 급선무다.

재벌기업 중에는 죽일 필요가 없거나 죽일 수 없는 기업이 있다. 이러한 경우 금융기관은 그 기업에 대한 대출을 출자로 전환할 수밖에 없게 되는데, 출자 전환을 하면 그 기업의 경영권은 금융기관으로 넘어간다. 그런데 은행 관리로 넘어간 기업치고 되살아난 기업이 거의 없다. 은행은 기업 경영의 경험이 없고 채권 확보에만 관심이 있어서 진취적이고 창의적인 경영을 하지 못하기 때문이다. 일례를 들면 제품의 질을 개선하여 경쟁력을 높이자면 추가적인 투자가 필요한데 은행에서 파견한 관리자는 그것을 감행할 만한 경륜과 용기가 없는 것이 보통이다. 고식적인 경영을 지속하면 기업상태는 더욱 나빠지게 마련이다. 부실기업을 기업갱생공사에 맡기면 공사는 외부의 간섭을 받지 않고 매력적인 보수를 제시하여 내외로부터 유능한 기업가를 영입하고 그에게 경영을 맡길 수 있다. 그리고 그의 기업재건계획이 타당하다고 판단되면 지주회사의 이사회(금융기관을 대표하는 이사도 포함되어 있다)는 추가 융자를 결정할 것이다.

법률적 절차 ● 이 제안이 있은 후 정부는 한국자산관리공사를 개편하여 '한국자산관리공사'를 설립했으나 필자의 제안과는 상당한 차이가 있다. 앞으로 부실기업 처리 문제가 재발할 가능성에 대비하여 다시 한 번 보다 구체적으로 법률적 구상을 요약해두기로 한다.

1 먼저 "구조조정에 관한 임시조치법"을 제정한다. 법의 주요 내용은 다음의 설명에서 자명해질 것이다.
2 법에 의하여 가칭 '기업갱생공사'를 설립한다. 한국은행, 예금보험공사

및 모든 금융기관이 출자한다. 가장 바람직하기는 세계은행 산하의 IFC의 출자를 교섭해보는 것이다. 그 이유는 나중에 설명한다. 정부는 출자하지 않으나 공적자금의 관리를 공사에 위탁할 수 있다. 공사는 일종의 지주회사로서, 이사회와 전문 지식을 가진 임원 그리고 총재를 둔다. 이사회는 출자자를 대표하되 대주주는 한국은행이 되도록 한다. 총재는 경험과 학식이 탁월한 국내외의 인사 중에서 이사회가 임명하고 총재는 당연직 이사가 된다. 채권은행(혹은 채권은행단)은 공사에 대하여 부실이 확실하다고 판단되는 대기업(일정 규모 이상의 대기업에 한함)의 실사와 진단을 의뢰한다. 공사는 내외의 공인회계사 및 기업평가기관으로 구성되는 기업평가단을 편성하여 객관적인 실사와 평가를 하고 필요한 구조개선 방안을 건의케 한다.

3 부실기업 관리자는 기업평가에 필요한 자료와 정보를 정확하게 제공할 법적 의무를 진다. 고의에 의한 허위 보고는 벌칙을 적용한다.

4 투명성을 위해 모든 정보는 공개할 것이나 총재의 결정이 있을 때까지 공사나 금융기관 임직원은 직무상 취득한 정보를 사전에 누설할 수 없게 한다. 부실기업이라 할지라도 최종 결정이 날 때까지 풍설로부터 경영을 보호할 필요가 있기 때문이다.

5 채권은행(단)은 부실기업의 경영권자 및 특수 관계인의 소유 주식을 대출담보로 징구(徵求)해둔다.

6 채권은행(단)은 경영진단 결과에 따라 부실기업의 퇴출 또는 회생 여부를 결정한다. 퇴출기업에 대하여는 융자를 정지하고 채권 회수를 위한 담보물건 매각을 한국자산관리공사에 의뢰한다.

7 채권은행(단) 및 정부가 산업정책상 회생이 필요하다고 인정되는 대기업(일정 규모 이상의)에 대하여는 채권은행(단)이 부실기업 경영권자에게 평

가단의 건의에 따라 기업 구조조정 계획을 수립, 집행할 것을 요구하고, 구조조정의 내용과 시한에 관한 협약을 체결한다. 구조조정의 내용에는 경영개선을 위한 인원 감축, 임금 등에 관한 노사 간의 합의, 자산 매각 등 구체적인 사항이 포함되어야 한다.

8 만약 부실기업이 이 요구에 응하지 않거나 또는 구조조정이 약정대로 이행되지 않았을 경우에는 채권은행(단)이 기업갱생공사에 대하여 해당 기업의 관리(공적관리)를 신청한다.

9 공적관리(법정관리 대신에) 신청을 받아들이면 공사는 법에 의하여 다음 중 필요한 조치를 취한다.

(1) 부실기업의 감자

(2) 금융기관에 대한 채무 동결

(3) 대출금의 출자 전환

(4) 부실기업에 새로운 경영진 선임

"기업인은 죽어도 기업은 산다"는 원칙하에 어떠한 경우에도 부실기업의 경영권은 박탈되어야 한다.

10 공사는 국내외에서 유능한 경영자를 물색하고 그의 능력과 성과에 상응하는 보수를 결정하고 인사에 관하여 정부나 채권은행의 간섭을 받지 않는다.

11 새로운 경영진은 채무 동결 또는 출자 전환 등으로 재무가 안정된 상태에서 구조조정을 추진하고 기업가치의 상승을 도모한다.

12 법에 의하여 공적관리로 이관된 기업에 대하여는 일정 기간 파업을 금지하되 단체협상은 인정한다. 구조조정에 필요한 인원 감축에 관하여 일정 기간(예컨대 30일) 내 노사 간의 합의를 도출하지 못할 때에는 공사가 정부의 직권조정을 요청한다. 정부는 양측의 입장을 조정하는 선에

서 해고 조건을 제시하고 이에 불응할 경우에는 노동쟁의를 불법으로 간주하여 위법 처리한다.

13 공사는 구조조정이 진행되는 기업의 매각, 합병 등을 주선하고 이 협상 업무를 외국의 법률회사에 위탁할 수 있다.

14 구조조정의 결과 경영이 개선되어 당해 기업의 주가가 상승하면 금융 기관은 주식을 매도하여 채권 일부를 회수하고 최종적인 결손에 대하 여는 공사가 공적자금을 투입하여 은행의 BIS 비율 악화를 방지한다. 그러나 필요한 경우 공사는 금융기관의 최종 손실이 확정되기 이전에 공적자금 일부를 중도금으로 투입할 수 있다.

15 금융기관은 경영이 개선됨에 따라 공적자금을 상환한다.

16 기업갱생공사의 손익은 궁극적으로 국내 출자자에게 귀속하고 외국 출자자에 대하여는 출자금의 원본 회수 및 이자 지급을 보증하는 방법 을 강구한다.

17 국제 금융기관의 개입이 필요한 이유는 공사의 공신력 및 객관적 업무 수행, 그리고 외부 압력의 배제 등에 도움이 되기 때문이다. 출자가 어 려우면 고문단의 초청도 생각해볼 필요가 있다.

18 부실기업의 처리에는 후유증이 있게 마련이다. 그로부터 공사의 임원 을 보호하지 않으면 그들이 어려운 결정을 기피하려 할 것이고, 반면 외부로부터의 압력 또는 간섭을 차단하지 않으면 객관적인 업무 처리 가 어렵게 될 것이다. 이를 예방하기 위한 법적 규제가 필요하다.

이상과 같이 새로운 기업 구조조정 방식의 골자를 말하였는데, 여기 에는 다음과 같은 장점이 있다.

1 공사는 기업 진단부터 구조조정에 관한 일관된 작업을 하게 되므로 법정관리의 경우에 비하여 의사결정 과정과 시간을 크게 단축할 수 있다.
2 기업의 경영권을 박탈한 이상 그에 대하여 구제조치를 취하더라도 특혜 시비는 일어나지 않을 것이다. 물론 구 경영권자에 대한 부실의 책임 추궁과 은행 손실에 대한 구상권은 소멸되지 않는다.
3 부실기업이 공사로 넘어가는 것은 기업의 경영 유지 및 개선을 전제로 하는 것이므로 생산은 계속되고 계열기업, 거래기업 및 노조의 동요는 최소화된다. 법정관리의 경우에는 협력업체의 채권이 동결되지만 이 경우에는 그럴 필요가 없다.
4 채권단의 합의 및 법원 등의 의사결정 지연으로 부실기업이 더욱 악화하는 폐단을 막을 수 있다. 신속한 결정이야말로 구조조정 비용을 최소화하는 길이다.
5 전문경영인에 의한 역동적·창의적 경영이 가능해진다.
6 장기적 노사 분규로 인한 사태 악화를 법으로 견제할 수 있다.
7 부실기업 처리에 매듭이 지어지고 은행은 정상 업무에 전념할 수 있다.
8 공사의 인수기업 처리에 시간이 걸리더라도 기업가치가 상승하는 한 서두를 필요가 없으므로 여유를 가지고 외국 투자자와 협상할 수 있다.
9 당국자의 신분 보장, 외부 압력에 대한 벌칙 적용 등으로 구조조정의 후환을 예방할 수 있다.

이러한 제도적 장치 없이 기업 구조조정을 했기 때문에 필요 이상의 경제적 손실을 값비싼 대가로 치렀고, 요즘 다시 지난날의 어떤 부실기업 처리가 말썽이 되어 그에 관여한 은행 간부와 고급 공무원들이 검찰의 조사를 받고 있다. 필자는 이러한 사태가 일어날 것을 우려하여 기업갱생공사에 세계은행 혹은 IFC와 같은 외국기관을 참가시키라고 제안했던 것이다. 당시의 세계은행 분위기에서 그것은 불가능한 일은 아니었다.

IMF 체제 2년을 평가한다

1999년 12월 30일, 서울대학교 정치외교학과 동창회 주최 조찬 연설

빠른 회복 국면

1997년 말 외환위기 발생으로 IMF 체제가 시작된 후 2년이 지났는데 지금의 경제지표를 보면 그야말로 괄목할 만한 회복세를 보이고 있다. 금리는 30%에서 9~10%선으로 떨어졌고, 환율은 1,700원대에서 1,200원대로 안정되었으며, 바닥이 났던 외환보유고는 700억 달러 수준을 돌파하였다. 실업률은 7%까지 올랐다가 4%대로 떨어졌고, 경제 성장률도 작년(1998년)의 마이너스 5.8%에서 금년(1999년)에는 약 9%의 고성장이 예견된다고 한다.

이러한 추세에 고무되어 지난 12월 3일 서울에서 개최된 '한국의 경제위기와 구조개혁을 위한 국제포럼'에 참석한 미셸 캉드쉬 IMF 전무이사는 그동안 "IMF가 위기를 맞아 추진했던 정책들이 옳았다는 증거들을 확인할 수 있었다"고 했고, 김대중 대통령도 "금융, 노동, 공공, 기업 등 4대 부문의 개혁을 추진한 결과 1년 반 만에 외환위기에서 탈출하였다"고 선언하였다. 우리는 그동안의 IMF와 정부가 외환위기 극복을 위

해 보여준 노력과 성과를 높이 평가한다. 그러나 캉드쉬의 말과 김 대통령의 선언에 대하여는 약간의 토를 달 필요가 있다. 왜냐하면 정책 담당자에게는 사태의 객관적 인식이 중요하다고 생각되기 때문이다.

IMF의 공과

먼저 IMF의 위기관리 방식이 옳았다고 하는 캉드쉬의 말부터 음미해보자. 작년에 필자는 세계은행에서 연설도 하고 세미나에 참석한 일이 있었다. 그때마다 IMF의 대응을 비판적으로 검토하였고, 지금도 그러한 견해에는 변화가 없다. 필자의 기본 견해는 대략 다음과 같은 것이다.

먼저 필자는 당시 한국 사태의 핵심은 유동성 부족에 있다고 본다. 경제의 기초조건(fundamentals)에는 큰 문제가 없었고, 이것이 태국이나 인도네시아의 사정과 다른 점이다. 물론 외환위기는 한국 경제의 구조적 취약점과 무관하지 않다. 그러나 이 사실은 외환위기 이전에 이미 국제사회에 널리 알려져 있었고, 국내에서도 그를 극복하기 위한 노력이 없지 않았다. IMF 체제 이전에 이미 13개의 금융개혁 법안이 국회에 계류 중이었다는 사실이 그를 말해준다. 다만 문제는 인도네시아, 태국에서 외환위기가 발생하자, 외국 투자자들이 외환위기가 다른 나라로 파급되지 않을까 신경을 쓰게 되었고, 그러한 시각에서 한국의 구조적 취약점을 다시 보게 되어 불안감이 가중되었던 것뿐이다. 어쨌든 주변국에서 외환위기가 발생하면 한국에 투자한 외국 투자자들은 불안해질 수밖에 없다.

고금의 경제사가 말해주듯이 금융위기에는 언제나 심리적 요인이 결정적 역할을 한다. 가령 어떠한 은행의 지불능력이 의문시된다는 풍문이 돌면 예금주들이 은행에 몰려와서 예금 환불을 요구하게 되는데, 이러한 경우 지불 불능에 직면하지 않는 은행은 많지 않을 것이다. 이때에 고객들의 심리적 불안을 진정시키는 길은 오직 하나밖에 없다. 즉, 충분한 유동성을 마련하여 고객들이 원하면 언제라도 돈을 내줄 수 있는 상태를 만드는 외에는 다른 방법이 없는 것이다.

그래서 한국 정부는 긴급히 IMF에 긴급 융자를 요청했다. 이러한 구원 요청은 IMF 회원국의 당연한 권리이고, 바로 그런 목적을 위해 IMF가 존재하는 것이다. 만약 당시 IMF가 즉각적으로 300~400억 달러 정도를 한국에 융자할 수 있었다면 한국은 외환위기를 회피하고 비교적 평온한 가운데 필요한 거시정책의 조정(환율, 금리 조정 등)을 할 수 있었으리라고 필자는 본다.

그러나 IMF는 이러한 즉각적인 대응에 실패했다. 이유는 흔히 세계의 중앙은행으로 지목되는 IMF가 그에 상응하는 자원을 지니고 있지 않았기 때문이다. IMF 당국도 이 점을 인식하고 있어서, 가용자원의 부족을 완화하기 위하여 회원국의 증자계획을 추진하고 있었고, 특히 선진국 회원들에게 협조를 요청하고 있었다. 그러나 미국은 의회의 반대로 180억 달러의 증자 쿼터를 이행하지 못하는 형편이었다. 그러므로 IMF는 자기 자금 이외에 각국 정부와 교섭하여 이곳저곳에서 출연금을 긁어모으는 한편 민간 금융기관에 협조를 호소할 수밖에 없었다. 그러자니 시간이 걸렸고, 동시에 한국 정부와 융자 조건을 협상하는 데에 많은 시간을 소비하였으니, 외환위기에 대한 신속하고 효과적인 대응이 불가능했다.

융자 조건의 핵심은 한국에 대한 외국 투자자들의 신임을 회복하는 데에 두어졌고, 그를 위하여 한국 정부에 IMF의 전가보도(傳家寶刀 : 대대로 집안에 전해지는 보검)인 안정화 시책의 실시를 요구하였다. 즉, 금리와 환율의 완전 유동화, 금융 재정의 긴축, 8%의 BIS 자본비율 기준에 의한 부실 금융기관의 퇴출 등이 그것이다. 그러나 그 결과로 외환위기가 금융위기로 확대되고 금융위기가 마침내 경제위기로 치달았다는 것은 주지의 사실이니 긴 설명이 필요치 않을 것이다.[1]

필자가 보기에는 이러한 한국의 경험은 IMF 헌장 제1조에 명기한 설립 목적을 무색케 하는 것이다. IMF 헌장 제1조에 의하면 회원국이 국제수지 불균형에 봉착했을 때 "자국 경제 및 국제 경제에 악영향을 미칠 파괴적인 조치를 취함이 없이 불균형을 시정할 수 있는 기회를 부여하기 위하여" 일정한 조건하에 일시적으로 자금을 대여하는 것을 목적으로 한다고 명기되어 있다.[2] 그러나 IMF가 과연 한국이 '파괴적 조치'를 회피할 수 있도록 도와주었는지, 아니면 오히려 '파괴적인 조치'를 강요하여 일시적이나마 한국 경제를 파국으로 몰아넣은 건 아닌지는 앞으로 학계에서 논쟁거리가 될 것이다. 어쨌든 현재의 국제통화체제와 IMF는 오늘의 금융시장의 세계화에 적절히 적응할 수 없게 되었고, 전면적 개편이 불가피하다는 것이 우리의 생각이다.

이러한 의미에서 캉드쉬가 그동안 "IMF가 위기를 맞아 추진했던 정책들이 옳았다는 증거들을 확인할 수 있었다"라고 한 말을 무조건 받아들일 수는 없다. 아마도 한국의 경제회복이 지금이 아니라 2년이나 3년 후에 왔더라도 IMF는 같은 말을 했을 것이다. 그들은 긍정적 측면만 보고 그 배후에 깔린 대가를 생각하지 않기 때문이다. 우리가 보기에는 IMF의 거시적 정책 처방은 비현실적이고 필요 이상의 대가를 강요했다

---

[1] 이에 관한 상세한 설명은 《IMF 사태의 원인과 교훈》(삼성경제연구소, 1998년 8월)에 수록된 논문 〈위기의 한국 경제 : 그 원인과 대책〉에서 볼 수 있다.

[2] "to give confidence to members by making the general resources of the Fund temporarily available to them under adequate safeguards thus providing them with opportunity to correct maladjustments in their balance of payments without resorting to measures destructive of national and international prosperity".

고 생각한다.

그러나 거시정책 처방은 그렇다 치더라도 IMF는 다른 의미에서 한국 경제에 큰 공헌을 했다. 왜냐하면 만약 IMF의 개입이 없었더라면 지금과 같은 강도 높은 구조개혁은 있을 수 없었을 것이라고 생각되기 때문이다. 이번만 하더라도 IMF를 불러들일 때, 당시의 대통령 출마자는 자기가 당선되면 IMF의 융자 조건을 재검토하겠다고 선언했다. 그러나 당선이 되자 IMF의 강경한 요구에 따라 금융 및 기업개혁 프로그램을 전적으로 받아들이게 된 것이다.

경제 회복이 구조조정의 결과인가?

지금 우리가 외환위기를 극복한 것은 사실이지만, 그렇다고 지금의 경제 회복이 구조조정의 결과라고 보는 데 대하여는 의문이 있다. 최근에 한국은행이 발표한 3/4분기 GDP 잠정 추계 자료를 분석해볼 필요가 있다. 먼저, 경제지표를 볼 때 우리는 비율의 마술에 오도(誤導)되기 쉽다. 금년의 성장률이 9%에 달한다 하면 굉장한 일처럼 보이지만, 따지고 보면 작년에 5.8%나 감축된 GDP의 크기에서 9%가 성장한 것이다. 따라서 1997~1999년의 GDP 평균 성장률은 2.7% 내외가 될 것이다. 특히 금년 3/4분기의 GDP 성장률 12.3%는 1997년 3/4분기에 비하면 3%가량이 높을 뿐이다.

다음에 지출 면에서 평가한 3/4분기 GDP는 (1) 소비, (2) 고정투자, (3) 재고투자, (4) 순수출(수출-수입)로 구성되는데 삼성경제연구소가 산출한 각 구성 요인의 증가율과 전체 성장률에 대한 기여율은 다음 표와 같다(이 표는 분기별 잠정추계에 불과하므로 개별 수치의 연간 확정치는 알 수 없고, 다만 개략 판단의 자료로는 쓸 수 있다).

1999년 3/4분기 경제성장 지출항목의 증가율과 기여도 (전년 동기 대비, %)

	증가율	기여도	백분율
경제성장률	12.3		100
1. 소비지출	10.3	5.4	43.9
2. 고정투자	6.9	2.0	16.2
3. 재고투자	61.6	5.2	42.2
4. 순수출	6.1	1.0	8.1
(수출)	22.2		
(수입)	32.0		
통계상의 불일치	–	-1.3	-10.4

　이 표를 보면 특이한 현상이 눈에 띈다. 즉, 3/4분기에 재고투자가 61.6%나 증가하여 경제성장률 12.3%의 약 40% 이상을 차지하고 있다. 그러나 재고투자가 61.6%나 증가하였다는 것은 실은 재고투자의 감소 폭이 적어졌다는 의미일 뿐이다. 무슨 말이냐 하면, 가령 -5에서 -10을 빼면 +5가 된다는 의미에서의 증가인 것이다. 같은 이치로 작년 3/4분기에는 재고가 -8.3조 원의 감소를 기록하였는데, 금년 3/4분기에는 -3.2조 원의 감소에 그쳤으므로 5.1조 원이 증가했다는 계산이 된다. 재고투자라 함은 팔다 남은 상품 및 제조과정에 있는 반제품의 합계액의 기간 증가액을 말함인데 외환위기가 발생하자 기업들은 생산을 중단하거나 감축하고 재고를 계속 줄여나갔다. 그러나 소비가 계속되는 한 재고 감소에는 한계가 있고 생산 재개에 따라 감소 폭이 조금씩 줄어들다가 경기가 호전되면 절대적 증가로 돌아서는 것이 경기변동의 일반적 현상이다. 재고 감소 폭이 줄어든 것은 생산 증가를 반영하는 것이긴 하나, 이것은 경기순환에 관련되는 현상이지 구조조정의 효과라고 보긴 어렵다.

　다음에 3/4분기 고성장률의 또 한 가지 특징은 높은 소비 증가율에서 볼 수 있다. 즉 소비지출이 전년 동기 대비 10.3% 증가하였고, 이 요인이 전기 GDP 성장률의 약 43%를 설명한다. 이것은 지난 2년 동안 억눌렸던 소비수요가 반동적으로 폭발한 결과인데, 그 소비형태를 보면 PC, 승용차, 가구, 전자제품 등 내구재 지출 증가세가 두드러진다. 이것은 비교적 저축의 여력이 있는 중산층 이상의 소비행태를 반영하는 것인데 그 이면에는 금리 하락과 작금(昨今)의 사회 풍조가 작용했을 것이다.

다음은 정작 중요한 고정투자의 동향인데, 금리 인하가 기업의 재무상태를 개선하고 투자를 자극했다는 것은 확실하다. 한국은행 자료에 의하면 고정투자는 1/4분기에는 전년 동기 대비 4.3% 감소하였다가, 2/4분기에 4.9%의 증가로 반전하였고, 3/4분기에는 6.9% 증가로 가속화하고 있다. 그러나 투자는 금리뿐만 아니라 다른 요인, 특히 기업의 투자 마인드에 좌우된다. 그런데 구조조정의 진통을 겪고 있는 지금, 기업들의 투자 마인드가 전반적으로 왕성하다고는 보기 어렵다. 그러므로 GDP 성장률에 대한 고정투자의 기여율 추이를 보면 1/4분기의 -1.2%, 2/4분기의 1.5%, 3/4분기의 2.0%에 불과하고, 3/4분기의 고정투자도 전체 성장률의 약 16%밖에 설명하지 못한다. 이것은 고정투자가 아직 충분히 활성화되지 못했다는 것을 의미한다. 설비투자의 내용을 보면 자동차 등의 운수장비 및 기계류 등에 편중되고 있는데 이것은 내수 및 수출 증가를 반영하는 것이다. 반면에 건설투자는 아직도 침체 국면에서 벗어나지 못하고 있다. 뿐만 아니라 구조조정에 따르는 재정수요 팽창 때문에 정부의 시설투자마저 저조한 상태다.

다음에 수출의 동태를 보면 2/4분기에 5.1%의 감소를 보이다가 3/4분기에 22.2%의 반등을 보였는데, 그 내용을 보면 반도체, 컴퓨터, 통신장비 등 중화학공업 제품에 편중되어 있다. 이른바 경쟁력이 없다고 하여 빅딜의 대상이 된 업종들이 수출의 효자 노릇을 하고 있으니 일면 역설적이라 할 수 있다. 수출 증가에 기여한 최대 요인은 일본 엔화 가치의 상승, 미국 경기의 호조 등을 들 수 있고 대만 지진의 영향도 없지 않을 것이다.

수입은 1/4분기에 27%, 2/4분기에 26.9%, 3/4분기에 32%로 급속도로 늘어나고 있는데, 그 내용을 보면 경기회복을 반영하여 원자재, 자본재의 수입이 급증하고 있고 소비재 수입도 대폭 늘어나고 있다. 수출과 수입이 다같이 빠른 속도로 늘어나고 있으나 아직까지 총액으로는 수출 초과를 보이고 있다. 그러나 수입의 증가율이 매우 높다는 것은 경기호전이 계속되면 국제 경상수지가 다시 적자로 반전될 수 있다는 것을 예고하는 것이다. 3/4분기의 순수출(수출-수입)은 GDP 성장률의 8%를 설명하는 데에 그치고 있다.

이상에서 본 바와 같이 최근의 경기회복은 소비 증가, 재고 조정, 일본의 엔고(円高), 미국 경기의 지속적 호조 등에 기인한 경기 순환적 현상이지 구조조정의 기대 효과(효율화 및 경쟁력 강화)를 반영하는 것이라고 볼 수는 없다. 결국 지금의 경제회복의 원동력은 모진 시련에 굴하지 않고 경영상의 난관을 돌파하려는 우리 기업들의 끈질긴 생명력(vitality)에 있다고 보아야 한다. 본시 구조조정은 시행에 시간이 걸리고 그 효과가 나타나는 데에는 더욱 긴 시간을 필요로 한다. 구조조정은 현재 진행 중이고 아직 끝나지도 않았는데 지금 어떤 효과를 기대한다는 것은 성급한 생각이라 할 것이다.

구조조정의 현주소

그러면 우리의 구조조정이 어디까지 왔는지 그 현주소를 알아보기로 하

자. 금융감독원에 따르면 9월 말 현재 국내 17개 일반은행의 부실채권은 19조 원 혹은 총여신의 6.2%에 달한다 한다. 그동안 은행들이 거액 부실여신을 한국자산관리공사에 매각했기 때문에 6월 말에 비하면 약 27%가 감소한 숫자이지만 앞으로 대우 계열 여신 22조 원의 상당 부분을 부실화하면 은행들의 부실채권은 더욱 늘어날 것이다.

또다시 금융감독원 발표에 따르면 18개 일반은행의 6월 말 현재 BIS 비율이 평균 9.84%로 개선되었다 한다. 그러나 그중 8%선에 접근한 은행은 평화은행과 제주은행 두 곳뿐이고, 나머지 13개 은행은 아직도 10~16%권 내에 있다. 한때 -10%와 -14%의 자본 부족 상태를 보였던 서울은행과 제일은행은 공적자금의 투입으로 지금은 10% 이상의 자본 비율을 갖게 되었으나 조속한 정부 소유 주식의 매각이 미해결 과제로 남아 있다.

앞으로 투자신탁회사의 구조조정을 비롯하여 제2금융권의 소유구조가 문제시되고 있는데, 근본적으로 문제를 해결하려 하지 않고 미봉책으로 투신사의 경영을 이리 묶고 저리 묶으면 투신사와 기업은 운신을 못하게 된다. 차라리 근원적으로 문제를 해결하는 조치를 취하고 규제를 단순화하는 것이 바람직한 방향이라 할 것이다.

금융감독에도 문제가 있다. 금융정책과 감독 기능의 구분이 명확치 않은 상태에서 정부는 그때그때의 편의에 따라 간섭을 변호하기도 하고 자율을 빙자하기도 한다. 필자가 보기에는 감독의 기준을 명확히 하고 그 기준에 따라 엄정한 감독을 하되 외부의 어떠한 간섭도 받지 않는 제도적 장치를 만들어야 한다. 요즘 신동아의 구조조정과 관련하여 정치적 의혹이 세상을 들끓게 하고 있는데 과연 앞으로 감독원이 정치적 중립을 지키면서 공평하고 엄정한 감독을 할 수 있을지 의문이다.

뿐만 아니라 지금도 은행장들은 인사청탁, 융자청탁 때문에 몸살을 앓고 있다고 한다. 우선 공직자가 금융기관이나 감독기관에 부당한 청탁이나 압력을 가하는 경우 법적 처벌을 받게 하는 조항을 금융감독 관련 법규에 삽입할 필요가 있지 않은가 한다.

기업부문에 있어서는 지난 11월 17일 한국은행이 발표한 1999년 상반기 기업경영분석 결과를 보면 제조업 부채비율은 작년 말의 303%에서 금년 6월 말에는 247%로 하락하였다. 그러나 아직도 부채비율 200% 이상의 기업이 전체의 55%를 차지하고 있다. 5대 재벌기업에 대하여는 금년 말까지 부채비율을 200%로 낮추는 것으로 되어 있는데, 이것이 집단 내 개별 기업에 적용하는 비율인지, 아니면 재벌의 결합재무제표상의 비율을 말함인지 분명치 않다. 결합재무제표의 제출기한이 2000년 6월까지로 되어 있는 점으로 미루어 보면 전자를 지칭하는 것 같기는 한데 하여튼 선의의 노력으로 달성할 수 있는 목표를 부여함이 좋을 것이다.

다음에 구조개혁에 접근하는 방법에 대하여 몇 마디 하고자 한다. 우리 정부의 관리 능력은 태국이나 인도네시아에 비할 바가 아니다. 대통령의 지도력도 인상적이다. 그러나 개혁의 비전과 목적에 좀 더 투철했으면 하는 느낌을 준다. 비근한 예로 재벌에 대하여 당초에 5개항의 지침을 제시하였다가 추후에 3개항을 추가하여 '5+3'이라는 말이 생겼는데, 추가된 3개항은 제2금융권의 소유구조에 관한 것이다. 그러나 이것은 처음부터 제시했어야 할 기본 과제였다. 필자를 포함한 일부 식자들은 처음부터 금융자본과 산업자본을 분리하는 방향에서 제2금융권의 소유구조도 개혁해야 한다고 주장해왔다. 그러나 정부당국은 그것을 묵살해오다가 재벌 구조조정 과정에서 누수현상이 발견되자 그를 틀어막기 위해 3개항을 추가적으로 제시한 꼴이 되었다. 전면적인 경제개혁을 단행하는 마당에서 처음부터 기본적인 사항을 빠뜨린 것은 개혁의 비전과 목적이 뚜렷하지 않았다는 평을 들을 수 있다.

또 다른 예로 구조조정 조치로 대우 재벌이 해체된 것은 의심의 여지가 없는데 정부는 굳이 재벌 해체를 목적으로 하지 않는다고 말하고 있다. 그러면 재벌 해체는 무엇이고 해체가 아닌 것은 무엇인지 알 수가 없다. 필자가 보기에는 지금까지 실시한 법적·행정적 조치를 확고하게 밀고 나가면 재벌은 어차피 해체의 길을 밟지 않을 수 없을 것이고, 또 마땅히 그렇게 되어야 한다고 생각한다. 그런데 재벌 해체가 목적이 아니라고 말하는 것은 무슨 뜻인가?

다음으로 정부는 성과를 과시하기 위하여 너무 서두르는 감이 있다. 목적을 명시하고 그를 실현하기 위한 제도적 장치를 만들어놓고 실행을 감시하는 체제를 확립하면 기업은 그에 적응하지 않을 수 없을 것이니 정부는 그들의 적응에 필요한 시간과 편의를 제공하는 데에 역점을 두면 된다. 현실을 무시하고 조급하게 기업들을 몰아세우면 그들은 편법으로 규제를 회피하려는 유혹에 빠지게 될 것이다. 예컨대 500% 이상의 부채비율을 불과 2년 안에 200%까지 낮추라고 하니까 순환 출자, 주가 조작 등의 편법을 쓰는 사례가 나타나는 것이다. 퇴로를 열어놓고 적을 공격해야 작전에 성공할 수 있다는 말이 있다. 같은 이치로 은행들에 자본비율을 불과 1~2년 내에 8%로 낮추라 할 때 당시로서는 대출 감축밖에는 별다른 길이 없었다. 그 결과 극도의 금융경색으로 수많은 괜찮은 기업들이 도산의 비운을 맞게 되었다는 것은 주지의 사실이다.

정부에서 일을 해본 사람은 알겠지만 정책 당국자는 이상과 현실 사이를 왔다 갔다 하게 마련이다. 시장원리를 강조하다가 현실적 장벽에 부딪히면 정부 개입을 변호하게 되고, 부실기업을 폐쇄했다가 지방민의

나 정치적 압력에 못 이겨 조업 재개로 돌아서는 경우도 있다. 결국 이러한 현실이 말해주는 교훈은 원리 원칙을 소리 높여 노래하다가 현실과 타협하기보다는 처음부터 현실을 감안한 정책 처방을 쓸 수밖에 없다는 것이다. 그래야 정책에 일관성이 없다는 비난을 면할 수 있고, 시행착오에 따른 낭비를 줄일 수 있다. 정책상의 일관성이 없으면 금융기관과 정부의 부담이 필요 이상으로 늘어나게 마련이다.

외국 인사들은 언필칭 "시장원리에 따라 구조조정을 해야 한다"고 말한다. 그러나 그것이 어떤 의미인지 우리는 잘 이해하지 못한 것 같다. 이해를 돕기 위해 하나의 예를 들기로 한다. 금융기관이 독립해 있고 자주적 경영을 하는 상태에서는 부실기업이 생겼을 때 은행은 조용히 기업주를 불러서 은행의 입장을 설명하고 필요한 구조조정을 하지 않는 한 융자를 계속할 수 없다고 통고할 것이다. 이것은 금융기관이 시장경제에서 살아남기 위한 자위 수단이다. 그러면 기업주는 어쩔 수 없이 부실기업을 처분하거나 혹은 증자를 위하여 백방으로 원매자 또는 출자자를 찾고 교섭을 벌일 것이다.

그런데 어느 날 갑자기 정부가 어떤 기업은 부실기업이고 앞으로 필요한 조치를 취하겠다고 공언한다. 그러면 그 기업은 삽시간에 붕괴하고 말 것이다. 대외적으로 교섭조건이 불리해지거나 교섭이 중단되는가 하면 외국의 판매망이 일시에 붕괴되어 수출의 길이 막히게 된다. 국내적으로는 계열기업들이 동요하여 거래질서가 마비되고 연쇄부도 사태가 일어난다. 이러한 사태에 직면하면 정부는 어쩔 수 없이 금융기관에 계열기업에 대한 융자 확대를 독려하고, 은행들은 또다시 정부 간섭으로 부실대출을 껴안게 된다. 그 결과 금융기관의 BIS 자본비율이 문제가 되면 공적자금의 투입이 불가피하게 된다. 결국 부실기업은 시장의 작용에 의하여 도태되기 이전에 공권력에 의하여 붕괴되고 그 부수적인 비용을 정부가 떠맡는 것이다. 이것이 시장원리를 무시한 구조조정의 양상이라고 외국인들은 보고 있다.

사실상 정부가 나서서 어떤 기업에 부실기업이라는 낙인을 찍고 그것을 내외에 공언하는 예는 선진국에서는 보기 어렵다. 금융기관과 기업이 자신들의 문제를 조용히 해결하고 정부는 기업 매매를 쉽게 하고 파산 절차를 간소화하는 것으로 시장의 작용을 가로막는 제도적 장벽을 제거하는 동시에 금융기관을 엄정하게 감독하는 것이 본래의 기능이다. 그러지 않고 정부가 조급히 서둘러서 시장 질서를 교란하는 행정적 조치를 취하고 그에 따르는 비용을 정부(=국민)가 부담하는가 하면 외국인에게 교섭의 칼자루를 넘겨주어 헐값으로 국부를 유출시키는 것은 정부가 할 일이라 할 수 없다.

이 점에 관련하여 정부가 직접 개입하여 강압적 수단을 쓰지 않는 한 재벌개혁이 불가능하다고 말하는 사람이 있다. 그러나 투명한 제도적 장치를 만들어놓고 시간이 걸리더라도 어김없이 원칙을 관철해나가는 방법과 비교할 때 그러한 방법은 그 자체의 문제를 파생시킬 뿐 아니라 정치적으로 후환을 남길 우려가 있고 개혁의 가치를 손상하는 결과가 될 것이다.

재벌기업이라 하여 모두 죽여야 할 기업은 아니다. 그러므로 어쩔 수 없이 그를 살리기 위하여 은행 융자를 출자로 전환할 수밖에 없는데, 그러면 경영권은 은행으로 넘어간다. 그러나 필자의 경험에 의하면 부실기업을 은행에 맡겨 성공한 예가 없다. 왜냐하면 은행은 채권 확보를 위한 자금관리에만 신경을 쓰지, 기업 소생을 위한 역동적 경영에는 관심도 없고 능력도 없기 때문이다. 그래서 필자는 세계은행, IFC 등이 주주로 참여하는 경영 전문의 지주회사를 만들어 그로 하여금 부실기업 경영을 전담케 하라고 제안했던 것이다. 세계은행, IFC와 같은 외국기관이 참가하면 이 회사는 외부의 간섭을 받지 않고 마음대로 전문 경영인을 초빙하여 창의적인 경영을 하게 할 수 있을 것이다.[3]

경제의 불안 요인

3/4분기의 비약적 성장률에도 불구하고 우리는 몇 가지 불안 요인에 직면해 있다. 그동안 구조개혁을 이룩했다는 노사 관계가 가장 걱정스러운 불안 요인이다. 소비자 물가는 1~11월에 0.8% 상승한 데 비하여 1~9월에 명목 임금은 10.6% 상승하였다. 이러한 추세가 지속되면 또다시 물가 상승과 대외 경쟁력의 약화를 초래하게 될 것이다. 그런데 내년 총선을 앞두고 임금 상승 압력이 가중될 것이고, 노사분규가 또다시 확산될 조짐을 보이고 있다. 지금 노조 퇴임 임원들에 대한 임금 지급 문제를 놓고 노동법 개정 시비가 재연되고 노조가 총파업을 계획하고 있는 실정이다. 한편 금년 2월 8.6%까지 상승했던 실업률은 10월 현재 4.6%로 감소하였다고 하나 상용 근로자 수는 줄고 임시 또는 일용근로자 수가 증가하여 고용의 불안정도가 높아지고 있다.

둘째로 시설투자와 기술개발투자가 2년 동안 저조하였기 때문에 앞으로 지속적 성장력이 약화될 우려가 있다. 시설과 기술 투자는 몇 년이 지나야 생산효과를 발휘하는 것이기 때문이다(이른바 투자의 회임 기간). 참고로 금년 분기별 GDP 성장률을 전년 동기 대비가 아니라 전(前)분기 대비로 비교하면, 1/4분기 4.1%, 2/4분기 3.9%, 3/4분기 3.0%로 둔화하는

---

3 〈기업갱생공사를 설립하라〉에 상세한 설명이 있다.

경향을 보이고 있다. 어쨌든 장래에 대비하는 투자가 없으면 지속적 성장을 기대하기 어렵다.

셋째로 대외경제에 불안 요소가 많다. 지금과 같이 수입 증가율이 수출 증가율을 앞서가면 2년 후에는 또다시 경상수지 적자로 전락할 공산이 크다. 뿐만 아니라 수출 품목이 반도체, 자동차, 전자 제품에 편중되어 있어서(세 품목이 전체 수출의 30% 이상을 차지한다) 동 품목의 수출이 부진하면 전체 수출이 급락할 가능성이 없지 않다. 그럼에도 불구하고 원/달러 환율은 금년 10월 이후 계속 내림세를 보이고 있다. 그 이유는 경상수지 흑자에도 원인이 있겠지만 외국자본의 유입이 또 하나의 요인이다. 그러므로 정부는 앞으로 환율과 금리, 물가, 임금 등의 거시적 변수를 교묘하게 조절해야 하는 매우 어려운 과제에 직면할 것이다.

뿐만 아니라 외국 자본의 유출·유입이 주가를 좌우하고 있는 것도 사실이다. 금년(1998년) 6월 이후 주식시장이 활기를 띠었으나 총거래 대금의 76%를 차지하는 개인 투자자들이 거래한 종목의 주가는 평균 30%가량 상승한 데 반하여 기관 투자자와 외국인들이 매매한 종목들의 주가는 5배 이상 상승하였다. 결국 빈부 격차 확대와 국부의 유출이 있다는 말이 된다. 요컨대 대외경제의 운영 솜씨 여하가 우리 경제 운용의 성패를 좌우하게 될 것이다. 아무래도 내년과 그 다음해가 고비가 될 것 같다.

넷째로 그동안 빈부 격차가 크게 확대되었다는 것도 불안 요인의 하나다. 지금 상위 20%의 소득 계층이 점유하는 소득이 하위 20%의 소득 계층이 점유하는 소득의 5.4배인데 1994년에는 4.5배였다. 소득 격차가 확대되면 형평의 견지에서 문제가 될 뿐 아니라 소비 증가율의 둔화로 경기 후퇴를 가져온다는 견해도 있다.

끝으로 재정 적자 확대, 유가 인상, 임금 상승 등이 물가 불안의 요인이 되고 있다. 특히 농산물 가격 상승이 도시민에게 큰 위협이 되고 있다.

맺음말

요컨대 최근의 경기 회복세가 빠르다 하여 그것이 구조조정의 기대 효과를 나타내는 것이라고 착각해서는 안 된다. 구조조정의 여정은 아직도 멀고 그 효과가 나타나는 것은 더욱 먼 후일에나 기대할 수 있는 일이다. 서둘지 말고 착실하게 그리고 어김없이 구조조정을 추진해야 한다. 경제개혁의 궁극의 목적은 지속적 경제발전을 통하여 국민의 생활수준을 고르게 추켜올릴 수 있는 시스템을 만들어내는 것이다. 그런데 아직은 실업자가 늘어나고 빈부 격차가 심해지는 현상을 보이고 있다. 이 문제가 현저하게 개선되는 날, 경제개혁의 기대 효과가 나타나고 있다고 자랑해도 좋을 것이다.

이제 우리는 21세기의 문턱에 서게 되었는데 개혁에 관련하여 20세기를 회고할 때 감개무량한 바가 없지 않다. 돌이켜보면 우리는 20세기를 줄곧 외세에 시달리고 외세에 의존하면서 살아왔다. 20세기 초 자주 독립을 위한 개화 운동이 있었지만 우리의 힘으로 개혁을 단행하지 못하고 갑오경장의 경우처럼 외국의 압력과 강요에 의해 개혁을 받아들였다. 그런데 오늘날도 우리는 외압에 의한 개혁을 추진하고 있다. 주목할 점은 100년 전 조상들이 내세웠던 개혁의 이념과 지금의 개혁 이념 사이에는 계속성이 있다는 사실이다. 당시 유길준(兪吉濬), 김옥균(金玉均) 등의 개화주의자들은 법치주의·민주주의·자유민주적 경제체제를 개혁의 목표로 내세웠는데, 100년이 지난 오늘날에도 이들 목표는 미완의 과제로 남아 있다.

개혁의 방법에 관해서도 지금과 비슷한 문제의식을 갖고 있었다. 예컨대 유길준(兪吉濬)은 '허명적 개화(虛名的 開化)'와 '실상적 개화(實狀的 開化)'를 구별해야 한다고 주장했다. "허명적 개화는 남의 것을 보고 앞질러 헤아릴 능력도 없이 무조건 이에 따라서 재물을 소비하는 것이고, 실상적 개화는 사물의 이치와 근본을 살펴서 자기 나라의 실정에 합당하도록 하는 것"이라고 그는 말했다.[4]

21세기를 눈앞에 둔 우리는 비단 경제뿐만 아니라 정치, 사회, 교육 등 국민생활 전반에 걸쳐 개혁을 꾀하고 있다. 우리는 역사의 교훈에 따라 자주적·능동적으로 개혁의 목적을 실현해야 하고, 허명적 개혁이 아니라 실상적 개혁으로 우리의 자강(自强)을 도모해나가야 한다.

---

[4] 이기백(1997), 《한국사신론》, 일조각, 서울, pp. 349~366.

아시아 금융위기와 국제 협력

1998년 12월 15일, 일본 도쿄 경제단체연합회 및 주일 한국기업연합회 공동주최 강연 원고. 원제는 〈아시아금융위기와한일 협력〉이었다.

한국 경제 현황

한국은 작년(1997년) 11월 외환위기에 직면하여 IMF의 긴급구조 금융을 받으면서, 그 조건으로 IMF 등의 정책적 지도를 받게 되었다. IMF 주도 하에 환율의 완전 자유화, 고금리 정책, 금융·재정의 긴축정책을 실시한 결과 외환위기는 일단 수습되었지만, 실물경제 면의 침체는 매우 심각한 상태에 있다. 참고로 IMF 체제가 한국 경제에 미친 긍정적 측면을 살펴보자.

- 환율은 1997년 10월 말의 965원에서 한때(1998년 2월) 1,640원까지 폭등하였다가 지금(1998년 12월 1일)은 1,230원선에서 안정적 추세를 보이고 있다.

- IMF 개입 직후 한때 40%까지 올랐던 콜금리는 그 후 29~30%의 고수준을 유지하다가 지금은 7~8%선으로 떨어졌다. 회사채 금리는 작년 10월의 12.4%에서 한때 24.3%까지 올랐다가 지금(1998년 12월 1일)은

9.28%로 떨어졌다.

- 주가지수는 1997년 10월의 584(1984년 1/4=100)에서 지난 9월에 312까지 떨어졌다가 지금(1998년 12월 1일)은 445까지 회복되었다.

- IMF는 자체 자금 210억 달러 외에 세계은행, 아시아개발은행(ADB) 및 일본을 포함한 우방국들의 지원 약속으로 총 580억 달러의 융자 한도를 설정해주었는데, 그중에서 지금까지 인출 사용한 액수는 약 반에 불과하다. 한편 IMF의 지원으로 금년 1월 우방국가들의 은행들이 도합 210억 달러에 달하는 단기채무의 상환기한을 재조정해줌으로써 외환거래 안정화에 큰 도움이 되었다. 국제 경상수지는 작년 말의 81억 달러 적자에서 금년 9월 말 현재 311억 달러의 흑자로 반전했다. 이것은 외환위기 국면에서 소비수요가 격감하고 기업들의 설비투자자 위축된 데에 기인한다.

- 국제수지 개선과 IMF 등으로부터의 자금 차입을 반영하여 외환보유고는 작년 10월의 305억 달러에서 금년 11월 말에는 500억 달러(가용액 464억 달러)로 증가하였다.

- 한국의 대외 채무 구조도 현저히 개선되었다. IMF가 새로 정의한 한국의 대외 채무는 1997년 말의 1,580억 달러에서 금년 9월 말에는 1,535억 달러로 약간 감소하였고, 단기채무의 비중은 1997년의 43%에서 25%로 감소하였다.

이상과 같이 한국의 외환거래는 상대적 안정을 회복하였고, 미국의 유수한 은행들은 한국이 이미 외환위기에서 벗어났다고 공언하고 있다. 한편 IMF는 한국이 자신들의 위기관리 정책이 성공한 대표적 사례라고 널리 선전하고 있다. 그러나 IMF 방식에 따라 금융과 기업의 구조개혁을 추진하는 과정에서 한국의 외환위기는 금융위기로 이어졌고 지금은 총체적인 경제위기에 직면하게 되었다. 위기의 양상을 요약하면 다음과 같다.

- 작년 말 이후 2만 개 이상의 기업들이 도산하였다.
- 약 175만 명 이상의 실업자가 발생하였다.
- 산업생산이 10% 이상 감소하였다.
- 수출마저 금년 5월부터 감소로 돌아섰다.
- 금융기관의 구조조정 과정에서 부실채권(3개월 이상 연체 대출)이 계속 늘어나서 약 140조 원(1997년 GDP의 약 30%)에 이르고 있다.
- 금년의 GDP는 IMF와 정부의 당초 예상에서 크게 빗나가 -6%의 성장률을 기록할 전망이다.

경 제 회 생 의 전 망

한국이 외환위기를 수습하고 금융과 기업의 구조개혁을 완수하자면 앞에서 언급한 경제적 후퇴는 불가피한 것이었다고 할 수도 있다. 하지만 IMF의 정책 처방에도 문제가 있었다고 생각한다. 예컨대 IMF는 파탄 초기에 외자 유출을 억제하고 유입을 촉진하기 위하여 초고금리 정책을 시행했으나, 동남아시아의 외환위기로 인하여 불안감에 사로잡힌 외국 투자자들의 군중심리의 와중에서 그 효과를 발휘하지 못한 반면, 기업에게는 치명적인 타격을 주었다. 뿐만 아니라 정부와 IMF가 금융기관에 대하여 불과 2년 안에 BIS 자본비율 8%를 충족시킬 것을 요구한 결과 금융기관들은 융자금 회수에 전념하게 되었고, 그로 인해 극심한 신용수축이 발생해 경기 냉각의 주된 원인이 되었다.

이리하여 IMF 체제하에 실물경제가 크게 후퇴하였지만, 지금 한국에서는 경기가 하락의 바닥을 치고 회복 국면으로 들어서고 있다는 낙관론이 유행하고 있다. 그 근거로는 투자 기회를 찾지 못해 방황하는 외국의 투기자본(hedge fund)이 다시 한국으로 돌아오고 있고, 국내 금리가 낮아지는 가운데 자동차·선박·반도체의 수출이 다소 늘어나고 있고, 재고 감소를 보충하기 위한 생산 증가가 일어나고 있다는 것 등을 들 수 있다. 그래서 정부는 내년 하반기부터 GDP 성장률이 플러스로 전환하여 연간 성장률은 2% 내외가 될 것이라고 보고 있다. 그러나 필자는 아직 낙관은 이르다고 생각한다. 금융부문과 기업부문의 구조조정이 끝나지 않은 상태에서 양 부문의 정상적 조업을 기대할 수 없고, 시설투자는 작년에 3.5%, 금년 상반기에 25%나 격감하였으니 투자의 회임 기간을 감안한다면 앞으로 수년 동안 성장을 이끌 수 없을 것이라 생각되기 때문이다. 또 대량 실업이 존속하는 한 소비 증가를 기대할 수 없으며, 해외 수요의 침체로 수출도 낙관하기 어려운 상태에 있다. 결국 한국의 경기 회복 속도는 한국의 금융과 기업부문의 구조개혁 속도와 해외 경기의 추이에 달려 있다고 하겠다.

한국의 구조개혁

지금 한국에서는 일본과 마찬가지로 금융 및 기업의 구조개혁이 진행되고 있다. 양국이 지닌 문제의 성격도 비슷하고 또 그를 해결하는 방법에도 비슷한 점이 많다. 기본 과제로서 다음과 같은 것을 들 수 있다.

- 금융기관과 기업의 투명성, 공시성, 책임성 제고
- 엄정한 금융감독 체제와 기준의 정립

- 금융기관 자본비율 개선과 필요한 재정자금 투입
- 능률적이고 효과적인 부실채권과 부실기업의 정리
- 자본주와 채무자 간의 손익 분담과 조속한 귀속을 위한 법적 개선
- 구조개선을 촉진하고 지원하는 법적 조치
- 구조조정 과정에서 발생하는 실업 구제 및 사회안전망의 확충

한국에서는 지금까지 5개의 일반은행, 16개의 종합금융회사, 4개의 리스회사, 2개의 증권회사, 4개의 보험회사, 1개의 투자신탁회사가 각각 면허취소 처분을 받았고, 55개의 대기업 계열회사가 청산단계에 들어갔으며, 2개의 대형은행(서울은행, 제일은행)이 외국의 원매자를 찾고 있다. 한국에 있어서도 일본의 경우와 마찬가지로 금융개혁을 위해 한 해 GDP의 10% 이상(64조 원)의 재정자금이 투입되고 있다. 그동안 금융, 기업, 정부, 노조의 구조조정을 위해 수많은 법률이 개폐되었고, 지금도 많은 법률들이 국회에 계류 중에 있다. 앞으로도 금융기관의 부실채권 정리, 5대 재벌의 구조개혁, 정부기업의 처분, 사회안전망의 확충 등이 주요 개혁 과제로 남아 있다.

동아시아의 위기

한국뿐만 아니라 태국, 인도네시아, 말레이시아 등이 외환위기에 직면해 있고, 일본 또한 금융위기와 장기적 경제침체에서 벗어나지 못하고 있다. 중국은 아직 별일 없다고 하나 국제적인 시각은 반드시 그렇지도 않다. 중국 역시 우리와 유사한, 아니 더 심각한 부실금융과 부실기업의 문제를 안고 있다. 다만 중국 정부가 실사구시(實事求是) 정책으로 사태를 적절히 통제하고 있다고 생각된다.

동아시아 8개국의 역내(域內) 무역은 38.7%(1997)라는 큰 비중을 차지하고 있어서 상호의존 관계가 밀접하므로 역내 일부 국가의 경제위기는 역내의 모든 국가들로 파급되지 않을 수 없다. 일본의 경우를 보더라도 금년 상반기의 역내 수출은 작년 동기 대비 22.5% 감소하였고, 수입도 17.7%나 감소하였다. 한국의 경우에도 금년 9월까지 일본에 대한 수출이 19.7% 감소하였고, 수입은 42.3%나 감소하였다. 한국의 ASEAN에 대한 수출도 28.4% 감소하였다. 작년의 ASEAN 국가들의 수출과 수입도 각각 12.9% 및 15.2%가 감소하였다. 실로 동아시아 국가들은 매우 심각한 경제위기에 처해 있음을 알 수 있다.

　동아시아 지역의 경제위기는 점차 타 지역으로 파급되어 이제는 세계적 불황을 가져올 수 있다는 인식이 높아져가고 있고, 특히 미국은 아시아의 경제적 침체의 영향을 직감하고 있다. 이상과 같은 동아시아 전반의 경제적 위기를 놓고 볼 때 한·일 양국 간의 경제협력 관계가 양국뿐만 아니라 동아시아, 나아가 세계 경제의 회복을 위해 매우 중요하다고 하지 않을 수 없다. 그래서 한·일 경제협력에 있어서 특히 중요하다고 생각되는 사항에 관하여 말씀드리고자 한다.

자본 이동

먼저 한국의 경제위기가 외환위기에서 시작된 만큼, 지금 한국이 일본에게 절실히 바라는 것은 한국에서 철수한 일본 자본을 다시 한국으로 환류하는 것이다. 작년에 태국에서 외환위기가 발생한 이후 일본을 포함한 국제은행은 중국을 제외한 주요 채무국들로부터 대량으로 자금을 회수하기 시작했다. 그중에 한국으로부터의 자금회수가 가장 큰 몫을 차지한다. 즉, 국제결제은행(BIS) 통계에 의하면 1998년 1/4분기에 태국에서 85억 달러, 인도네시아에서 50억 달러를 각각 회수한 반면, 한국으로부터는 163억 달러를 회수하였다. 특히 일본 은행들의 자금회수가 급격하였고 무역금융 감축은 양국 간 무역 위축에 크게 기여하였다.

다행히 일본의 미야자와 대장상은 지난 10월 6일 IMF 연차총회 연설에서 300억 달러의 기금을 설치하여 그중 150억 달러는 중장기금융, 나머지 150억 달러는 단기무역금융으로 아시아 구조조정 국가들을 지원할 계획임을 분명히 하였다. 그리고 일본 수출입은행의 지급보증을 통하여 위기국의 해외자금 조달을 지원하고 이자를 보조하는 제도도 마련하겠다고 언명하였다. 이러한 뉴 미야자와 이니셔티브(New Miyazawa Initiative)는 아시아 국가들의 큰 환영을 받았는데, 지난 11월 16일에는 미·일 정상회담 후의 공동성명을 통하여 이른바 '아시아성장회복계획(Asian Growth and Recovery Program)'을 발표하였다. 그 주요 내용은 미·일 양국과 IBRD, ADB 등의 합작으로 일차적으로 50억 달러를 조달하여 아시아 위기국의 구조개혁을 돕는 동시에 양국의 공적 금융기관을 통하여 무역금융과 민간자본 환류를 지원하겠다는 것이다. 11월 17~18일 쿠알라룸푸르에서 개최된 APEC 정상회의에서도 이와 비슷한 내용의 지원방안이 합의되었는데, 이러한 제안들이 속히 구체화되었으면 한다. 한·일 양국 간의 경제관계가 가장 밀접한 만큼, 일본 정부와 민간은행이 일본 자금이 한국으로 환류하도록 각별한 배려와 조치가 있기를 바라 마지않는다.

무 역 확 대

동아시아 국가들은 무역 의존도가 큰 만큼 각국이 수출과 수입을 확대하지 않고서는 경기회복을 기대하기 어렵다. 미국과 일본의 무역금융지원은 무역 증진에 크게 기여할 것으로 기대되지만, 다른 한편 태국, 말레이시아, 인도네시아, 필리핀 등에서 관세율을 인상하여 무역장벽을 높여가고 있는 것이 마음에 걸린다. 아마도 외환위기에 대응한 조치라고 여겨지지만 역내 무역이 위축되면 외환수지 개선에 도움이 되지 않을 뿐더러 경기침체가 장기화될 우려가 있다. 미·일 양국이 자금지원에 나선 만큼 위기국들은 무역장벽을 높이지 않도록 자제하는 것이 필요하다 하겠다. 앞으로도 역내국들은 APEC을 통하여 무역자유화를 계속 추진하는 것이 각국의 공동 이익이 될 것이고, 그러한 의미에서 중국, 대만, 러시아가 조속히 WTO에 가입하는 것이 바람직한 일이다.

양국의 무역 확대를 위하여는 양국의 관세장벽 및 비관세장벽이 철폐되어야 하겠지만, 당장은 양국의 경기 진작을 위한 총수요 확대 정책이 중요하다 하겠다. 다행히 일본에서는 최근에 24조 엔에 달하는 긴급경제대책을 발표하였고 한국에서도 재정적자를 GDP의 5%까지 허용하는 팽창예산을 편성하였으므로 내년에는 양국의 경기회복과 무역확대 효과가 있을 것으로 기대된다.

산업 협력

한·일 양국의 산업 관계는 종래의 수직적 분업에서 점차 수평적 관계로, 산업 간 분업에서 기업 간 분업으로 이행하는 추세를 보이고 있다. 이미 양국 간의 기업협력은 종래의 OEM 거래, 기술제휴, 직접투자에 더하여 상호 간의 출자 참여나 인수, 판매제휴, 공동개발 등 새로운 기업 간 협력이 확대되고 있다. 몇 가지 예를 들면, 반도체에 있어서 삼성과 NEC 및 도시바, LG와 히다치, 현대와 후지츠 등이 크로스 라이센스(cross license) 계약을 체결했고, 몇 가지 공동개발에 한국이 참여하고 있는 것으로 알고 있다. 전자·정보통신 분야에서는 환경보전과 안전기준의 표준화 사업에 한국 기업이 참가하고 있으며, 조선·중공업·에너지 분야에서는 공동 수주·공동 개발 등의 협력 관계를 흔히 볼 수 있다. 자동차 분야에서는 공동 부품의 상호조달, 공동 개발, 해외 판매망의 공동 구축 등의 현상을 볼 수 있고, 이러한 추세는 세계적 경쟁압력하에서 더욱 촉진될 것으로 보인다.

지금 한국에서 진행되고 있는 구조조정의 결과로서 앞으로 한·일 간의 산업협력이 크게 촉진될 것으로 기대된다. 몇 가지 예를 들면 다음과 같다.

- 한국 산업의 97%(1,148 업종 중 31개 업종을 제외한)는 이미 완전 개방되었다. 나머지 3%는 국가안보, 환경보호 등과 관련된 업종이다.
- 한국의 많은 기업들은 경영 합리화를 위해 기업 매각, 합병, 합작 등을 서두르고 있다. 특히 5대 재벌들은 일본의 자본 참가, 공동 경영 등의 협력 방안을 적극적으로 모색하고 있다.
- 이제 외국인이 지분의 제한 없이 한국에 은행이나 증권회사를 설립할 수 있다.
- 외국인이 주식을 매수하여 기업의 경영권을 장악하는 소위 '적대적 인수'도 허용되고 있다.
- 과실 송금 내지 외환 거래상의 제한도 거의 없어졌다.

이상과 같은 변화는 일본 기업들에 절호의 투자 기회를 제공하고 있다. 한편 일본에서도 대대적인 금융의 구조조정과 자유화가 진행되고 있고, 2001년 4월부터 제2의 빅뱅이 있을 것으로 알고 있다. 이러한 양국의 자유화 조치는 한·일 경제관계에 일대 변화를 가져올 뿐 아니라 동아시아, 나아가 세계 경제에도 중요한 영향을 줄 것으로 예상된다. 지난(1998년) 김대중-오부치 정상회담을 계기로 지금까지 경제협력의 걸림돌이 되어온 정치적·문화적 장벽도 크게 완화될 것이니 아마도 동북아에서 한·일 양국을 주축으로 하는 자유무역지대가 형성될 날도 멀지 않았다고 생각된다.

엔의 국제화

미야자와 대장상은 IMF 총회에서 엔화의 국제화를 추진하겠다고 언명하였다. 추측컨대 엔화를 국제화하면 환율 변동에 따라 일본 금융기관의 BIS 자본 적정 비율이 달라지는 폐단을 제거하고, 일본 금융기관들의 해외 차입, 해외 투자에 따르는 환차손의 불이익을 예방하는 동시에, 내년부터 유럽에서 유로(EURO)가 준비통화로 등장하는 것을 계기로 달러-유로-엔 3극 체제를 형성하고자 하는 의도인 것 같다. 어떤 의미에서 달러의 '독재'를 경험한 아시아 국가들은 엔화가 기축통화의 역할을 담당하는 것을 환영하리라 믿는다. 그러나 동시에 기축통화국의 책임이 막중하다는 것을 지적하지 않을 수 없다. 만약 일본의 거시정책 또는 기타 사정으로 엔화 가치의 변동이 심해지면 준비통화로서의 기능을 유지하기 힘들 것이고 오히려 국제적 통화 불안을 조장할 우려도 있기 때문이다. 그러므로 일본이 우선 해결해야 할 문제는 지금 진행중인 금융개혁을 완수하여 금융의 안정을 회복함과 동시에 동아시아 전체의 경제 성장과 안정을 위해 일본이 어떠한 역할을 할 것인지 분명히 정의할 필요가 있다.

동북아로 눈을 돌려야

이 점과 관련하여 필자는 일본이 동북아시아에서 좀더 적극적으로 지도적 역할을 해야 한다고 주장해왔다. 잘 아는 바와 같이 한국과 북한, 일본, 중국, 대만, 러시아, 몽골이 위치하는 동북아시아는 무한한 경제 발전의 잠재력을 지니고 있다. 시베리아에는 세계 최대의 매장량을 자랑하는 천연가스가 있고 풍부한 산림자원이 있다. 일본이나 한국은 장차 시베리아의 천연가스에 의존하지 않고서는 에너지원을 확보하기 어려운 시기가 올 것이다. 중국에는 풍부한 광물자원과 방대한 시장이 있고, 미구(未久)에 그 경제 규모가 미국을 능가하게 될 것이다. 일본은 막강한 자본력과 기술을 가지고 있고, 한국은 미약하나마 지역 발전에 기여할 수 있는 약간의 요소를 가지고 있다. 반면에 중국에서 파급되는 대기오염을 막지 못하면 일본이나 한국은 살아갈 수 없다.

지난 7월 28일～31일 돗토리(鳥取) 현 니시오(西尾 邑次) 지사의 주선으로 요나고(米子)에서 제8차 동북아경제포럼이 개최되었다. 약 2,000여 명이 참가한 이 회의에서 기조연설을 한 전 나카야마 타로(中山太郞) 외상도 위와 같은 견지에서 동북아시아 지역협력의 중요성을 강조하였다. 그런데 동북아시아 지역협력에 있어서 선결요건이 되는 것은 지역 내의 해운, 육운, 항공, 파이프라인 등의 운송수단과 전화, 전파, 위성통신 등의 통신시설을 확충하고 지역적 네트워크를 구축하는 것이라 하겠다. 그러므로 동북아경제포럼은 일찍부터 교통·통신망의 지역적 협력방안을 집중적으로 논의해왔고, 그 결과로서 문제에 대한 연구와 상호이해가 크게 진전되었다.

그런데 앞에서 말한 사회간접시설을 확충하자면 막대한 자본이 필요한데 그것을 어떻게 조달하느냐가 문제다. 필자는 일찍이 하나의 해결

방안으로 '동북아개발은행'을 창설하자고 제안하였고, 이 제안은 해마다 동북아경제포럼에서 논의되어왔다. 그동안 전 ADB 부총재를 역임한 스탠리 카츠(Stanley Katz) 박사는 동북아개발은행이 필요한 이유와 창설에 필요한 소요자본 조달 방법을 연구하여 포럼에 여러 차례 보고하였는데, 그의 논점에 필자의 생각을 가미하여 설명하면 대략 다음과 같다.

먼저 동북아시아에서 사회간접시설을 개발하자면 막대한 자금이 소요되는데, 현존 IBRD, ADB 혹은 EDB(European Development Bank) 등의 기존 국제 금융기관들로부터 필요한 자금을 조달하는 데에는 한계가 있다. 이들 은행들은 한정된 자원 배분에 있어서 국가 간 형평을 유지해야 하기 때문에 중국과 러시아가 엄청나게 크다고 하여 그들 나라로 편중 융자를 할 수는 없다.

작년 몽골의 울란바토르에서 개최된 제7차 회의에서 스탠리 카츠 박사가 보고한 바에 의하면, 동북아의 사회간접시설 개발에 필요한 소요자금은 최소한으로 잡더라도 연간 75억 달러가 필요한데, 현존 국제 금융기관, 민간투자, 2국 간 원조 등으로 조달될 수 있는 금액은 모두 합해 보았자 25억 달러에 불과하다는 것이다. 그러므로 동북아개발은행을 창설하여 국제 금융시장에서 자금의 흐름을 동북아로 유도해야 한다고 박사는 결론을 내렸다.

각국 정부가 직접투자의 형식으로 민간자금을 유치할 수도 있으나 사회간접시설에 대한 투자는 회임기간이 길고 사회적 수익성이 크지 않으므로 민간자본 유치에는 한계가 있다. 뿐만 아니라 민간자본을 유치한다 하더라도 공적 개발은행의 매개와 지원이 있으면 그것이 한층 용이해질 것이다.

일본의 국제대학 가카스 히로시(嘉數 啓) 교수가 추정한 바에 의하면,

ADB와 버금가는 개발은행을 세운다고 할 때 수권자본은 약 200억 달러(ADB는 약 230억 달러) 정도면 되고 불입자본은 그의 반인 약 100억 달러로 하여 5년 분할 납입으로 할 수도 있다고 하였다. 국가별로 100억 달러의 불입자본을 동북아 역내 국가에 60%, 역외 국가에 40%를 배정하고, 동북아 역내 국가에 배정한 60%의 자본액을 1995년의 1인당 GDP를 기준으로 하여 역내국에 배정한다면, 대략 일본은 22.5억 달러, 중국은 15억 달러, 한국은 7.5억 달러를 차지하게 되고, 나머지 15억 달러는 대만(정치적으로 용납된다면), 러시아, 몽골, 북한 등에 적당히 배분될 수 있을 것이다.

물론 이러한 숫자는 동북아개발은행의 수량적 개념을 얻기 위한 가상적 시산(試算)에 불과하다. 그러나 상기 출자액을 5년 분할로 불입하는 것을 생각한다면 일본, 중국, 한국 등의 소요 부담액이 그다지 크지 않다는 것을 알 수 있다. 역외 국가로는 미국을 비롯하여 동남아 국가 및 서유럽 국가들이 참가하는 것으로 가정했다(가카스 교수의 가상적 계산은 홍콩이 중국으로 반환되기 이전의 상태를 가정하고 있고, 또 그 후 러시아의 사정이 크게 달라졌으므로 각국에 대한 자본 배정액은 필자가 다소 수정했다). 결국 이 정도의 자본금을 지렛대로 하여 그 수십 배의 자금을 동북아로 유인할 수 있다면 그것만으로도 동북아 경제개발에 큰 도움이 될 것이다.

또한 이 점을 떠나서도 동북아개발은행은 지역협력의 매개 역할을 할 수 있다. 지금 APEC 지도상에 NAFTA, ASEAN, CER(호주와 뉴질랜드 사이의 협약) 등의 하위 지역협력체를 색칠하고 나면 유독 동북아만이 공백으로 남게 된다. 이제 정치적 장애를 넘어 동북아 협력체제를 구상해야 할 때가 온 것이다. 그리고 첫걸음으로 동북아개발은행 설립을 생각할 수 있다. 그리하여 이 지역의 금융의 역할이 증대된다면 엔화의 국제화가 한층 더 큰 의미를 가지게 될 것이다.

맺음말

지금 양국은 다같이 금융개혁을 추진하고 있다. 한국의 경제개혁 목적은 지난날 경제개발을 이끌었던 정부 간섭주의와 산업보호정책, 광범한 정부 규제, 정경유착, 공공부문의 비대 등을 특징으로 하는 구체제를 청산하고 (1) 시장원리와 공정 경쟁이 지배하고, (2) 정부는 중립적인 입장에서 감시자와 조정자의 역할을 맡고, (3) 산업과 금융이 서로 독립적인 기능을 수행하며, (4) 금융은 자금의 합리적 배분을 매개하고, (5) 모든 경영에는 투명·공시·책임의 3대 원리가 지배하고, (6) 부정부패가 적은 새로운 경제질서를 창출하는 것이라 할 수 있다. 일본의 구조개혁 목적도 비슷한 것으로 보인다. 다만 일본은 외환 문제가 없고 금리가 낮고 경험이 많기 때문에 한국에 비하여 구조개혁이 비교적 쉬운 일이 아닌가 생각된다. 그러므로 일본이 동병상련(同病相憐)의 입장에서 이웃의 구조개혁을 돕고자 하는 데에 깊은 감명을 받고 있다.

한·일 양국이 필요한 경제개혁에 성공하면 양국의 경제관계는 거의 국경이 없는 관계로 변모해갈 것으로 예상된다. 그리고 양국의 새로운 경제체제와 상호관계는 동북아 인근국(隣近國)은 물론 APEC 국가들에게 지대한 영향을 줄 것으로 기대된다. 그러한 의미에서 한·일 양국은 21세기 동북아 시대를 열어가는 동반자로서 견인차의 역할을 해야 한다고 믿는다.

2장

세계화의 도전과 경제 운영

- 세계화 시대의 정부의 역할
- 세계화 시대의 경제 운영
- 정보화와 기업 경영
- 한국의 미래를 열어가는 리더십
- 한국 경제에 대한 도전과 우리의 선택
- FTA : 멕시코의 경험을 어떻게 볼 것인가

:: 지암芝巖 남덕우의 경제칼럼

세계화 시대의 정부의 역할

1997년 9월 24일, 한림대학교 한림과학원에서 강연

때는 바야흐로 3화(化) 시대라 한다. 즉 정보화, 개방화, 민주화라는 삼중(三重)의 변화 속에서 우리는 그에 적응하기 위하여 적지 않은 진통을 겪고 있다. 지금 사회 어느 구석을 막론하고 변혁이 필요치 않은 곳이 없으나 그중에서도 정치권, 정부, 금융기관 및 기업의 구조개혁이 가장 시급한 과제로 부각되고 있다. 오늘은 그중에서 3화 시대의 정부의 기능을 생각해보기로 한다.

정부의 세 가지 모형

먼저 정부의 경제적 역할이 역사적으로 어떠한 방향으로 변화하고 있는가에 관하여 스위스 IMD의 장-피에르 레만 교수의 논문이 우리의 주목을 끈다.[1] 레만 교수는 정부의 경제적 통치 방식을 세 가지 모델로 분류

---

[1] Jean-Pierre Lehmann, "Government-Business Interface in the Age of Globalisation", EWC/KDI Conference on Restructuring the National Economy, held in East-West Center, Honolulu, August 7-8, 1997.

했다. 첫째는 관리형 정부, 둘째는 코치형 정부, 셋째는 레프리형 정부이다.

첫째의 관리형 정부는 경제적 국가주의(nationalism)와 보호주의를 표방하고 민간경제 활동에 깊이 간섭하며, 국가적 선수 기업을 육성하는 방향으로 시장을 관리한다. 공공부문의 비중이 막강하고, 공공행정·기업 경영에 투명성이 적고, 정경유착과 부정부패가 만연하는 것이 특징이다. 프랑스, 스페인, 이탈리아, 중국, 싱가포르, 인도네시아, 말레이시아, 1986년 이전의 대만, 1990년 이전의 한국 정부가 이에 속한다.

둘째의 코치형 정부는 행정 면에서 기업을 지도하고 각종 지원책과 보조정책을 시행하며, 정부와 기업이 밀접한 협력관계에 있다. 시장관리에 있어서는 조직화된 경쟁과 인적 관계를 중요시하며 금융과 산업이 유착관계에 있다. 공공부문의 비중이 크고 공공행정·기업 경영의 투명성이 적고 부정부패도 적지 않다. 독일, 스칸디나비아 제국, 일본, 태국, 1986년 이후의 대만, 1990년 이후의 한국 등이 이 모델에 속한다.

셋째의 레프리형 혹은 심판자형 정부는 경제에 대하여 비교적 중립적인 위치에서 위법을 감시, 예방하고 징계(懲戒)하는 데에 역점을 둔다. 공정하고 자유로운 시장질서를 떠받들고, 금융기관은 산업으로부터 독립해 있으며 공공부문의 비중이 적다. 공공행정과 기업 경영에 있어서 투명성과 책임 소재가 분명하고 부정부패는 적은 편이다. 미국, 영국, 홍콩, 오스트레일리아, 뉴질랜드 등 주로 앵글로색슨(Anglo-Saxons) 문화권의 나라들이 이 범주에 속한다.

레만이 부언한 대로 개별 국가의 현실이 각 모델에 꼭 부합되는 것은 아니다. 일례로 1990년 이후의 한국은 코치형 국가로 분류되었지만 아직도 민간 경제활동에 대한 정부의 규제가 많고 문민정부하에서도 부정부패로 세상이 들끓고 있다. 그러나 개략적 경향을 기준으로 하면 레만의 정의와 분류는 그런대로 뜻이 있고, 사실상 많은 나라들이 '자율화, 자유화, 규제 완화, 작은 정부' 등의 구호를 내걸고, '시장의 실패'보다 '정부의 실패'를 더 강조하고 있는 것이 오늘의 세계적 추세다. 그러한 만큼 종래의 관리형 혹은 코치형 정부가 점차 레프리형 정부를 지향하고 있다고 볼 수 있다.

정부 기능의 제약

레프리형 정부로 갈 수밖에 없는 이유 중의 하나는 세계화의 진전에 따라 정부 기능이 여러모로 제약을 받고 있기 때문이다. 특히 정보화·세계화에 민주화가 겹친 우리나라에 있어서는 정부의 관리 능력이 큰 도전을 받고 있다. 민주화에 따라 사회가 다원화하고 정부가 시도하는 정책마다 이익집단의 반대에 부딪히고 좀처럼 국민적 합의를 끌어내기 어렵게 되었다.

정부 기능에 대한 제약은 밖으로부터 오기도 한다. 일례로 이제 경제정책의 입안자는 WTO의 규제를 무시할 수 없고 그 밖에 여러 가지 국제적 협약이 정부의 정책적 자유를 구속할 것이다. 이제 정부의 전략적 산업을 위한 직접적 혹은 간접적인 지원정책이나 보호정책은 WTO의 감시를 받게 되었고 모든 정책의 투명화가 요구되고 있다. EU의 회원국들은 경쟁력 강화를 위한 개별적 산업정책을 시행할 수 없게 되었고, 앞으로 EMU(European Monetary Union)에 따라 유럽중앙은행이 설립되면 회원국들은 금융정책의 독립성마저 잃게 된다.

뿐만 아니라 개방화 시대에는 설사 개별 국가가 국내적 목적을 위해 어떤 정책을 시행한다 하더라도 그 효과가 외부로 누출(漏出)되는 경우가 많다. 일례로 경기 부양을 위하여 재정 금융 면의 확대 정책을 쓰면 그것은 곧바로 수입 증가로 연결되어 국내 생산에 미치는 확대 효과가 그만큼 상쇄된다. 또 다른 예로 국내에 다국적기업이 많아지면 산업정책의 수혜자가 누구인지 분명치 않게 된다. 가령 산업정책의 결과로 다국적기업의 주가가 올라가면 외국인 주주들은 좋아하겠지만 해외 생산 확대로 조업률 감축에 직면한 국내 노동자들은 좋아할 까닭이 없다. 그러므로 정부는 산업정책의 효과를 다시 살펴보아야 할 처지에 놓여 있다.

정보통신 기술의 발달에 따라 정부가 통제하기 어려운 분야가 많아지고 있기도 하다. 일례로 인터넷을 통하여 음란물(淫亂物)이 무차별로 전파되지만 정부가 단독으로 그를 통제하기 어렵고, 매스컴을 통하여 정부의 부정부패, 인권유린 등의 보도가 세계적으로 전파될 때 해당 정부가 그것을 통제할 방법은 없다. 결국 그 정부는 폐쇄정책이나 국민 탄압을 강화하든가, 아니면 자기 개혁 혹은 혁명의 길을 택하지 않을 수 없게 될 것이다. 그러한 의미에서 정보화는 독재정권의 몰락과 민주화를 재촉하는 효과를 가질 수 있다. 그런가 하면 범죄조직-마약, 도박, 무기 밀매, 음란물 등-이 위성통신망을 활용하여 국제적으로 연계되어 있는 오늘날에는 개별 국가가 단독으로 그것을 다스릴 수 없게 되었고, 앞으로 국제경찰조직의 출현이 불가피하게 될 것이다. 요컨대 국제화, 세계화는 인간 생활의 거의 모든 분야에서 국민국가 주권의 약화를 불가피하게 만들 것이다.

국가의 목표

국민국가의 주권이 약화하는 추세라면 국가 목표도 달라지지 않을 수 없을 것이다. 돌이켜보면 1870~1940년대의 국가주의는 영토의 확장을 목표로 하였고, 제2차 세계대전 이후 약 반세기 동안의 국가 목표는 경제 혹은 산업적 지배였다고 할 수 있다. 수전 스트레인지(Susan Strange)는 21세기는 세계화 시대이자 '국가 후퇴'의 시기라고 말하는데[2], 그러면 21세기의 국가 목표는 무엇이 될 것인가? 레만에 의하면 새로운 패러다임(paradigm)에 있어서의 국가 목표는 과거와 같은 침략적인(aggressiveness) 것이 아니라 국가의 매력성(attractiveness)을 높이는 일이라 한다.[3] 달리 말하면 다국적기업들은 시장점유율을 높이기 위해 서로 경쟁할 것이고, 정부는 국내로 투자를 비롯한 성장 요인을 유치하기 위하여 매력적인 나라를 만드는 데에 서로 경쟁하게 될 것이라는 것이다. 필자는 21세기의 국가 목표가 '살기 좋은 나라'를 만드는 것이라고 말해왔는데[4], 이 말은 레만의 '매력적인 나라'와 일맥상통하는 개념이다. 살기 좋은 나라는 어떠한 나라일까? 그것은 생활, 지력(智力), 문화, 도덕 수준이 높고 환경이 깨끗하고, 법과 정의가 존중되는 나라라고 할 수 있다.

정부의 역할이 후퇴하는가?

정부의 기능이 여러 가지 제약을 받고, 국민국가의 주권이 약화하며, 21세기의 국가 목표가 침략적인 것이 아니라 매력적 혹은 살기 좋은 나라를 건설하는 것이라면, 그에 상응하여 정부의 권능은 어떻게 달라지는 것일까? 언뜻 보기에는 정부의 역할이 후퇴하고, 흔히 말하는 '강력한

---

[2] Susan Strange(1996), *The Retreat of the State: the Diffusion of Power in the World Economy*, Cambridge University Press, Cambridge, UK.
[3] 레만은, 매력적 국가론을 처음으로 제시한 것은 IMD 내의 그의 동료인 Stephan Garelli이고 그가 매력도를 측정하는 기준을 설정하였다고 말한다. IMD는 *World Competitiveness Yearbook*을 발간하고 있다.
[4] 남덕우(1997), 《국제화 시대의 한국 경제》, 삼성경제연구소, pp. 72~73.

정부'가 과거의 관념이 된 것처럼 보일지도 모른다. 아닌 게 아니라 레만의 논문은 그러한 인상을 준다. 그러나 세계화 시대에도 정부의 적극적 역할이 중요하다고 강조하는 학자도 있다. 예컨대 존 홀리건(John Halligan) 교수는 "세계화의 장기적 효과는 나라, 정책 분야, 정책의 종류 그리고 계층에 따라 달라지므로 세계화의 개념을 지나치게 일반화하는 것은 피해야 한다"고 했고, "세계화가 반드시 국가의 역할을 절대적으로 축소시킨다는 것을 의미하지 않으며 양자는 공존하고 상호이익의 관계가 될 수 있다"[5]고 말하고 있다.

아마도 여기에서 강력한 정부의 '강력'이란 말의 의미를 밝혀둘 필요가 있을 것 같다. 우리 사회에서는 '강력한 정부'라 하면 과거의 군사 정권을 연상케 된다. 그러나 여기서 말하는 '강력'이란 그런 뜻이 아니라 '민주적이고 작은 정부'도 강력할 수 있다는 의미의 '강력'이다. 우리 속담에는 "작은 고추가 맵다"는 말이 있는데 작은 정부라 할지라도 법을 엄정히 시행하여 사회의 기강을 바로 잡고 국가 목표를 효과적으로 추구할 수 있는 것이다. 독재정치가 겉으로는 강력해 보이지만 진정한 의미에서는 민주정치만큼 강하지 못하다는 것은 우리나라를 포함한 각국의 역사가 증명해준다.

필자 또한 지금이야말로 강력한 정부가 필요한 때라고 믿고 있다. 달리 말하면 정부의 역할이 약화되는 것이 아니라 달라질 뿐이라는 것이다. 그 단적인 이유로 매력적인 나라를 만드는 것 자체가 강력한 정부의 기능 없이는 실현되기 어렵다는 점을 들 수 있다. 다시 말하면 관리형

---

[5] John Halligan, "Role and Structure of Government in the Age of Globalization", a paper presented at the EWC/KDI Seminar on Restructuring the National Economy, East West Center, Honolulu, 7~8 August, 1997.

혹은 코치형 정부에서 레프리형 정부로 이행하자면 그것 자체가 강력한 정부를 필요로 하는 것이다. 주지하는 바와 같이 영국은 1950년대 이후 이른바 '영국병'을 앓고 있었고 그 때문에 경제가 오랫동안 침체상태에 빠져 있었다. 그러나 지금은 세계에서 가장 경쟁력이 높고 매력적인 투자 환경을 지닌 나라로 지목되고 있고 경제도 활기를 되찾고 있다. 이것은 우연한 변화가 아니라 '대처리즘'이라는 강력한 정부의 리더십이 있었기 때문에 가능했다는 것이 일반적인 견해이다.

자율화에 관한 몇 가지 오해

요즈음 자율화 혹은 자유화가 강조되는데 규제 완화라는 말에 오해가 있는 것 같다. 자유로운 시장을 창출하자면 새로운 규제가 필요하다는 것을 이해해야 한다. 게임을 공정히 하자면 그를 위한 새로운 규제, 그리고 규제를 실시하기 위한 시스템이 필요하다. 사람들은 흔히 규제는 자유의 반대라고 생각하고 자유시장을 실현하자면 규제 철폐가 필요하다고 말한다. 물론 철폐해야 할 규제가 많은 것은 사실이나, 다른 한편 규제가 있어야 비로소 자유로운 시장이 확보되는 것이고, 그렇지 않으면 대기업이 지배하는 독점 혹은 과점시장이 되어버린다는 것도 인정해야 한다. 달리 말하면 건전한 자유시장을 만들 수 있는 기본 조건은 게임 규칙을 엄정히 집행할 수 있는 강력한 국가의 존재이다.

규제의 의미를 오해하는 데에서 막연히 자율화, 자유화가 기업 경영을 쉽게 만든다고 착각하는 경향도 있는 것 같다. 물론 자율화가 기업 경영 능률의 향상을 가져오는 것은 사실이다. 그러나 그것은 냉엄한 시장규율과 정부의 엄정한 심판자의 역할이 있을 때에만 가능하다. 앞에서 본 바와 같이 레프리형 정부는 무엇보다도 불법의 예방과 응징을 집행하는 책무를 중시하는 정부이다.

　금융기관의 예를 들어 이 점을 좀더 구체적으로 설명해보자. 선진국에서는 금융기관의 안정성을 확보하기 위하여 우리나라와는 비교가 되지 않을 정도로 엄격하게 감독하고 있고, 경우에 따라서는 영업정지 명령을 불사하기도 한다. 그러나 은행이 문을 닫으면 다수의 예금자가 피해를 보게 되므로 그에 대비하여 소액 예금자를 보호하는 예금보험제도를 두고 있다(우리나라에도 같은 제도가 있다). 여기에서 주목할 점은 소액 예금자는 보호하지만 고액 예금자는 보호하지 않는다는 것이다. 그에 필요한 자금 부담이 문제되는 것도 사실이지만 고액 예금자를 보호하면 그들 스스로가 은행 감시를 소홀히 한다는 시각이 깔려 있다는 것에 유의할 필요가 있다. 즉, 고액 예금자들을 보호하지 않으면 그들은 항상 은행을 감시하고 은행 신용이 위험하다고 생각하면 예금을 다른 은행으로 빼돌리게 될 것이다. 은행이 이러한 사태에 직면하면 큰일이므로 은행은 항상 적정 자본비율을 유지하는 데에 최선을 다하지 않을 수 없게 되고 이것이 은행의 건전성을 보장하는 안전판 역할을 한다고 보는 것이다. 미국의 저명한 금융학자 카우프만(Kaufman) 교수는 은행감독의 요체는 예금자 스스로가 하도록 하고 정부는 그를 보강하는 차원에서 감독 방법을 강구해야 그 효과가 크다고 말하고 있다.[6] 정치는 민심을 따라야 하고 정부의 규제와 감독은 시장원리를 따라야 한다는 경험적 교훈이라 하겠는데, 미국에는 정부의 엄격한 규율과 감독이 있는 반면에 은행의 인사, 예산, 기타 경영에는 일체 간섭하지 않는다. 그러한 의미에서 미국은행은 한편으로 고도의 자율을 누리는 반면에 다른 한편 시

---

6 George G. Kaufman, "Banking Refform : the Whys and How Tos", EWC/KDI Seminar on Restructuring the National Economy, held in East-West Center, Honolulu, 7-8 August, 1997.

장의 압력과 정부 감독하에서 언제나 전전긍긍하고 있는 것도 사실이다. 요컨대 자율화가 반드시 은행 경영을 수월하게 만드는 것이 아니라는 것을 이해할 필요가 있다.

우리 정부는 강력한 정부인가?

지금의 문민정부가 과연 강력한 정부이냐 하는 데에는 이견(異見)이 있는 것 같다. 생각해보면 문민정부에게 강력한 측면이 없었던 것은 아니다. 사정의 칼날을 뽑아 두 전직 대통령의 행적에 대하여 법적 심판과 제재를 가하였고, 군의 '숙정'을 단행했는가 하면, 사회 각계의 부정부패를 과감히 척결하는 모습을 보여주었다.

그럼에도 불구하고 지금의 정부를 강력한 정부로 보지 않는 이유는 무엇일까? 통치권자의 지도력이 어디에서 오는가를 생각해보면 이 질문에 대한 대답이 나올 것 같다. 먼저 민주주의 국가에서 통치력을 발휘하자면 국민 대다수의 신뢰와 지지를 얻고 또 유지해야 한다는 것은 두말할 필요도 없다. 그런데 거기에는 몇 가지 조건이 있다.

첫째로 법의 적용이 엄격할 뿐 아니라 공평해야 한다는 것이다. 그런데 우리에게는 '표적 수사'니 '응징 수사'니 또는 '수사에 성역이 있다'느니 하는 말들이 유행한다. 이러한 말들의 진부(眞否)는 알 수 없으나, 그러한 일반적 인식이 통치자에 대한 신뢰와 통치력을 약화시키는 것은 사실이다.

둘째로 통치자는 도덕성에 있어서 국민의 의심을 받지 않아야 한다. 지난날의 비위(非違)를 심판하는 통치자가 자신도 심판의 대상으로 지목된다면 그것은 법 집행의 공평성 이전에 도덕성의 문제를 제기한다. 자고로 말로 도덕성을 내세우는 정치가는 자가당착에 빠지기 쉽고 그것으로 자신의 무능을 가리려 하는 경향이 있다. 어쨌든 도덕성에 중대한 흠이 있는 통치자는 국민의 신뢰를 잃고 지도력을 발휘하기 어렵게 될 것이다.

셋째로 통치자는 국민 대다수가 공감하는 뚜렷한 경륜과 그것을 실현하고자 하는 뜨거운 열의와 추진력이 있어야 한다. 그리고 추진력은 정부조직을 효과적으로 운용하는 데에서 생겨난다. 정책에 관한 식견이나 열의도 없이 그때그때의 매스컴의 논조나 정치적 편의에 따라 빈번히 내각을 개조하면 행정에 안정성이 없어져 강력한 정책추진력을 기대할 수 없게 된다. 경륜이란 결국 우선순위에 관한 것인데, 국가가 해결해야 할 문제는 너무나 많고 모든 것을 일시에 해결할 수는 없기 때문이다. 통치자는 국민 대다수가 가장 간절히 요구하는 문제부터 해결해나가야 한다.

사실상 이 세 번째 조건이야말로 통치력을 좌우하는 결정적 요건이라 할 수 있다. 왜냐하면 첫째와 둘째의 요건은 중요하기는 하나 상대적인 것이고, 동서고금의 모든 성공적 지도자가 이들 요건을 모두 갖추고 있었다고 보기 어렵기 때문이다. 뿐만 아니라 그것들은 민생과 직결되어 있지도 않다. 클린턴 대통령은 끊임 없는 여성 스캔들에 휘말리면서도 그의 경제정책과 경제의 호전 때문에 재선에 성공하였고, 박정희 대통령은 국방과 경제발전에 전념하는 그의 경륜이 국민의 공감을 얻었기에 첫째와 둘째 요건상의 하자(瑕疵)에도 불구하고 강력한 지도력을 발휘할 수 있었다. 그러므로 첫째, 둘째의 요건보다 셋째의 요건이 더 결정적인 것이고, 셋째의 요건이 충족되지 않으면 첫째와 둘째 요건의 결함을 상쇄할 수 없을 뿐 아니라 오히려 두 가지 결함이 더욱 부각되고 과장되는 경향이 있는 것 같다. 지금의 사태가 바로 그런 것이 아닌가 한다.

끝으로 의회정치에서는 정당정치의 기반이 없으면 대통령이 지도력을 발휘할 수 없다. 집권당이 대다수 의석을 차지하지 못하면 행정부의 정책이 국회를 통과할 수 없기 때문이다. 그런데 우리나라에서는 정당이 어떠한 정책 이념으로 결속되어 있기보다는 공천, 지연, 인간 관계 등 비정책적 요인에 따라 이합집산(離合集散)하고, 공천권, 사정, 세무사찰과 같은 비민주적 수단에 의존하지 않고서는 당내 통솔이 어려운 실정이다. 최근에 집권당의 당내 민주주의가 실현되는가 싶었는데, 그 결과는 당내의 무절제한 분열과 혼란뿐이었다. 다시금 우리 정치의 후진성을 목격하고 쓸쓸한 마음을 금할 수 없다. 그러나 집권자가 앞에서 말한 세 가지 요건을 굳건히 갖추고 있다면 정치적 기반을 확보하는 일은 훨씬 쉬워질 수 있을 것이다.

국민적 바탕

통치력은 통치자뿐만 아니라 국민적 바탕에 의존하는 것도 사실이다. 국민적 바탕이란 과거로부터 물려받은 관행과 의식구조를 말한다. 따지고 보면 우리나라에서 사회생활을 어렵게 만드는 근본 이유는 매사에 법과 원칙이 지켜지지 않는 데에 있다고 할 수 있다. 선거법이 있지만 법대로 선거를 치르는 의원은 거의 없다고 한다. 헌법에는 국무총리가 각부 장관의 임명을 대통령에게 제청하는 것으로 되어 있으나, 실지로 그렇게 한 일은 거의 없다. 주식회사의 의사결정은 주주를 대표하는 이사회가 행하는 것이 원칙이지만, 우리의 경우에는 주주를 대표하는 이사와 집행부의 업무를 관리하는 임원이 혼동되어 있고 책임의 한계도 불분명하다. 은행장은 주주총회 또는 주주를 대표하는 이사회에서 선출하는 것이 원칙인데, 주주들이 은행장을 옳게 선출할 만한 양식(良識)이 없다고 하여 정부 지시로 은행장추천위원회를 두고 있는 것도 변태이다. 공인회계사 제도가 있기는 하나 기업이나 금융기관의 재무 상태를 사실대로 보고하는 회계사는 거의 없다. 은행이나 재벌을 감독하는 법률이 있지만 실효를 거둘 만큼 집행이 엄격하지도 않고 정부의 재량에 좌우되는 경우가 많다. 이외에도 예를 들자면 한이 없는데, 이와 같은 원칙과 행동의 괴리(乖離)가 우리 문화에 깊숙이 자리 잡고 있는 것이다.

우리나라에 규제가 많은 것도 따지고 보면 원칙을 무시하거나 법을 제대로 운용하지 않는 것과 관련이 있다. 즉, 정부가 제정한 법을 제대로 시행하지 않기 때문에 문제가 해결되지 않는 것인데, 또 다른 법을 만들어 그것을 '보완'하려 하기 때문에 규제가 많아지는 것이다. 토지 관련법에서 그 대표적인 예를 볼 수 있다. 원래 토지 투기를 방지하기 위하여(다른 목적도 있지만) 양도소득세를 도입하였는데, 그것이 실효를 거두자면 먼저 양도차익을 사실대로 파악하는 기능이 있어야 한다. 그러나 지방자치단체는 주로 정치적 이유 때문에 과세 목표(과표(課標)라 한다)가 되는 땅값을 시가(時價)에 비하여 지나치게 낮게 평가한다. 때문에 양도차익의 대부분을 국고로 환수할 수 없게 되고, 민간업자가 볼 때에는 투기는 언제나 수지맞는 장사가 된다. 그런데 정부는 토지 투기가 시정되지 않는다 하여 종합토지세, 개발이득세 등 새로운 세법을 입법화했다. 새로운 세법의 모순이 명백해지자 정부는 법을 시행하기도 전에 개정안을 국회에 제출하는 추태를 보였는데 결국 이 개정안에 대하여는 지금도 시비가 많다.

이와 같이 법을 원칙대로 시행하지도 않고, 문제가 생기면 다른 법이나 규제로 '보완'하려 하는 데에서 규제가 중첩되고, 그 결과 우리는 법과 원칙이 무시되는 무질서 속에서 살고 있는 것이다. 이제 이러한 구습을 청산하고 모든 일을 원칙과 법대로 처리하는 관행을 확립해야 한다. 이것이 모든 개혁의 출발점이며 강력한 민주정부를 가질 수 있는 기본 조건이라고 하지 않을 수 없다.

개방화와 정부의 역할

개방화·자유화 시대의 정부의 역할을 이해하자면 개방화·자유화의 의미와 한계부터 똑똑히 알아둘 필요가 있다. 필자는 줄곧 개방과 자유화를 주장해왔다. 그 이유는 그것이 우리 경제의 손익 계산에서 플러스가 된다고 생각하기 때문이다. 그러나 그 대가와 문제점을 무시하는 것은 아니다.

이 점을 구체적으로 설명하기 위하여 금융개방을 예로 들어보자. 일본은 내년(1998년) 4월부터 외환거래를 완전 자유화하기로 되어 있다. 외환거래를 자유화하면 국내 거주자가 은행에 예금을 하려 할 때 자국은행에 할 수도 있고 외국 은행에 할 수도 있고 엔화로 할 수도 있고 달러로 할 수도 있다. 외국 여행에 필요한 환전이나 해외 송금에 제한도 없다. 국내에 외국 은행들이 들어와서 외국 화폐 혹은 엔화 표시의 각종 금융상품을 팔 수 있다. 내국인은 외국의 증권을 사고, 팔고, 외국 보험에 가입할 수도 있다. 그렇게 되면 일본인들의 자산 보유상태가 엄청나게 달라지고 외국 은행에 고객을 빼앗기는 국내의 일부 은행들은 존폐(存廢)의 기로에 서게 될 것이다. 외국 투기자본이 국내외 금리와 환율 변동에 따라 빈번히 드나들고 외환 관리가 한층 더 복잡해질 것이다.

일본이 이러한 엄청난 변화를 예견하면서 외환거래의 완전 자유화를 결심한 데에는 그럴 만한 이유가 있다. 첫째는 세계화 추세하에서 외국의 개방 압력이 가중되는 가운데 그에 응하지 않으면 동경 금융시장의 국제적 지위가 떨어지고 국민경제에 손실을 가져온다는 것, 둘째는 엄청난 외화 자산(외환보유고 포함)을 보유하고 있기 때문에 개방 후에도 외환관리에 별문제가 없다는 것, 그리고 셋째로 자유화 과정에서 문제가 파생하면 정부의 '행정지도' 혹은 '비공식규제'로 대처할 수 있다는 자신감 등이다. 세 번째의 '행정지도' 혹은 '비공식규제'는 완전 자유화가 아니라 하여 외국인의 비판을 받고 있지만, 일본은 이 전통적인 '비법'을 버리려 하지 않을 것이다. 만약 버린다면 일본 경제는 큰 혼란에 빠질 것이다.

우리 정부도 외환거래 자유화를 추진하고 있고 또 추진해야 한다. 서방 선진국들의 개방 압력도 만만치 않다. 그러나 우리는 과연 개방의 전제 조건이 존재하는가를 냉정히 판단할 필요가 있다. 우리에게는 일본과 같은 순외화자산의 축적도 없다. 일본과 달리 우리에게는 안보·정치·경제 면에서 불안 요소가 많다. 가령 지금의 상태에서 외환거래를 완전 자유화한다면 어떻게 될까? 아마도 안보상의 불안, 정치의 불투명 그리고 실명제를 회피하기 위하여 외환 유출이 유입을 크게 앞서게 되면 일시에 외환 관리가 어렵게 될 것이다. 이렇게 되면 정부 통제가 불가피하게 될 것이니 그럴 바에야 차라리 자본 자유화의 일정을 늦추고 우선 국내 금융산업의 자율화와 구조조정에 전력을 기울이는 것이 옳다. 그것이 오히려 대외적으로 정직한 태도이고, 우리가 구조조정에 성의를 보인다면 국제사회도 우리를 신뢰하게 될 것이다. 하기야 구조조정을 촉진하자면 개방화의 압력이 필요한 것도 사실이다. 그러므로 금융개방 속도는 대내적 구조조정을 촉진할 수 있을 정도로 빨라야 하되 심한 부작용을 피할 수 있을 정도로 점진적일 수밖에 없을 것이다. 요컨대 외국 압력에 굴하지 말고 우리의 현실을 직시하는 견지에서 치밀한 행동 계획을 수립하고, 때로는 기득권 세력의 반대를 물리치면서 단계적으로 우리의 시스템을 고쳐나가야 할 것이다.

경제 회생을 위한 정부의 역할

세계화 시대의 정부는 결코 힘없는 정부를 의미하지 않는다. 오히려 강력하고 능률적인 정부를 필요로 한다. 특히 지금의 경제 침체를 극복하기 위하여 정부가 해야 할 일은 너무나 많다. 그중에서 필수 불가결하다고 생각되는 것만을 가려내도 아래와 같이 적지 않다. 지금 상세히 설명할 수는 없으나 설명이 없더라도 너무나 잘 알려진 문제들이다.

먼저 재정수지, 통화량, 금리, 환율을 적정선으로 유지하여 물가, 국제수지, 경제성장률 사이의 균형을 도모하자면 종래의 단편적 대증요법식의 거시정책 운영 방식에서 탈피해야 한다. 그를 위하여 선진국과 같이 명실상부한 독립성을 가지는 중앙은행을 창출할 필요가 있다(이 점에 관련하여 정부가 마련한 한국은행 개혁안은 미비점이 많은 것 같다). 정부는 금융기관, 기업들의 구조조정을 촉진하기 위하여 불필요한 규제를 완화 내지 철폐하는 동시에 금융기관의 효율화와 안정성을 확보하기 위하여 엄격한 경영기준과 감독시스템을 마련해야 한다. 그리고 대내적 개방과 자율화가 대외적 개방의 전제 조건임을 명심해야 한다.

국내 투자환경을 개선하기 위하여 사회간접시설을 대폭 확충하고 공해 없는 환경을 만들어나가야 한다. 침체와 좌절에 빠져 있는 중소기업을 소재, 부품 등 기술집약적 산업으로 발전시켜야 한다. 과학기술과 인적자원 개발(근로자의 교육 훈련 포함) 시스템을 보다 명확히 정립해야 한다. 세계화 시대에 적응하는 국민의 의식 개혁과 지식집약형 산업사회를 지향하는 교육제도를 창출해야 한다. 지가(地價) 안정을 위한 토지정책을 재정립해야 한다. 노동의 이동이 가능한 노사제도를 창출하는 한편 실업자의 재교육 및 최저생활보장책을 강구해야 한다.

맺음말

힘없는 정부가 앞서 언급했던 벅찬 과제들을 해결할 수는 없는 일이다. 탁월한 통치자가 영도하는 강력한 정부만이 그 일을 해낼 수 있다. 세계은행 문서는 다음과 같이 쓰고 있다. "세계화는 힘없고 일관성 없게 다스려지는 나라에게는 일대 위협이 될 것이다. … 지금 모든 나라가 직면한 도전은 정부가 별 볼일 없는 존재로 위축되지도 않고, 그렇다고 시장을 지배하지도 않는 것이다."[7] 결국 힘 있는 레프리형 정부를 두고 하는 말이다.

제언하거니와 강력한 정부는 강력한 지도자를 전제로 한다. 앞에서 본 바와 같이 강력한 지도자란 스스로 법과 원칙을 수호하고 도덕성에 큰 하자가 없고 무엇보다도 국가의 우선 과제에 도전하는 경륜을 펴나갈 수 있어야 하며, 그를 위하여 의회주의의 정치기반을 확보할 수 있는 지도자를 말한다. 오는 12월 대통령 선거에서 이와 같은 기준에 가까운 지도자가 당선되기를 바랄 뿐이다.

---

[7] World Bank (1997), "World Development Report" : The State in a Changing World.

세계화 시대의 경제 운영

정부의 역할

정보화, 세계화의 추세에 따라 정부의 역할이 달라지고 있다. 특히 경제 운영에서 정부의 기능은 여러 가지 제약을 받게 되었다. 무엇보다 정보화, 세계화에 민주화가 겹친 우리나라에서는 정부의 관리 능력이 큰 도전을 받고 있다. 민주화된 다원사회에서는 정부가 시도하는 정책마다 이익집단의 반대에 부딪히고 좀처럼 국민적 합의를 끌어내기 어렵게 된다. 최근의 노동법을 둘러싼 정치권, 노동계, 기업계, 정부 사이의 대립과 갈등을 보면 앞으로 정부가 경제를 어떻게 이끌어갈지 걱정이다. 이번의 노동법 파동에서 얻은 교훈은, 정부가 정책적 결정을 내리기 전에 국회와 식자 간의 충분한 토론을 거쳐 국민들이 문제점을 충분히 이해할 수 있도록 하는 한편 정책 변경의 당위성을 적극적으로 홍보하여 여론의 수렴을 유도해야 한다는 것이다. 이것은 매우 지루하고 비능률적인 과정이지만 민주사회에서는 그밖에 다른 도리가 없다.

정부 기능에 대한 제약은 밖으로부터 오기도 한다. 일례로 이제 경제

정책의 입안자는 WTO의 규제를 무시할 수 없고 그밖에 여러 가지 국제적 협약이 정부의 정책적 자유를 구속할 것이다.

뿐만 아니라 개방화 시대에는 어떤 정책을 집행하면 그 효과가 외부로 누출되는 경우가 많다. 예컨대 경기부양을 위하여 재정·금융 면의 확대 정책을 쓰는 것은 국내의 생산과 고용을 늘리는 것을 목적으로 하는 것인데, 이것이 곧바로 수입 증가로 연결되어 국내 생산에 미치는 확대 효과가 그만큼 상쇄된다. 옛날에도 그랬지만 개방화 시대에는 더욱 그러할 것이다.

한편 정부의 규제정책은 국민경제상의 손익계산에서 마이너스가 되는 경우가 많아진다. 그래서 지금 우리가 경제 각 면에서 정부의 규제 완화를 촉구하는 것이다. 규제 완화에 관하여 재계와 정부 사이에 시비가 많다. 정부는 시장 기능으로 해결할 수 없는 문제를 해결하기 위하여 규제가 필요하다고 하고, 재계는 무원칙한 규제 때문에 경제 활동이 저해되고 경제의 효율이 떨어지고 있다고 비판한다. 양쪽의 주장은 다같이 일리가 있다. 문제는 규제의 원칙과 기준이 무엇이냐 하는 것이다.

정부와 재계는 먼저 규제의 원칙과 기준을 설정하는 작업부터 해야 한다. 필자의 사견으로는, 규제의 적부(適否)를 판단하는 데에는 적어도 다음의 다섯 가지 사항이 고려되어야 한다. 즉, 규제 내용과 방법이 (1) 시장의 메커니즘에 의한 자원 배분을 왜곡하고 경쟁을 제한하고 있지 않은가? (2) 이른바 '시장실패'로 사익과 공익이 충돌하고 있는가? 있다면 시장 친화적인 방법으로 해결할 수는 없는가? (3) 부정부패를 유발할 소지가 있는가? (4) 소수의 잘못을 다스리기 위하여 대다수를 통제하는 것은 아닌가? (5) 규제의 실효성이 있는가? 하는 것이다. 그밖에 위생, 안전, 공해, 환경 등에 관한 규제의 필요성에는 이론의 여지가 없다. 다만 규제의 방법과 투명성이 문제가 될 것이다.

정부의 역할이 여러모로 제한을 받고, 그 정책의 효능이 의문시되고, 각종 규제를 해제해야 한다면, 도대체 정부가 앞으로 해야 할 일은 무엇인가? 할 일은 여전히 많고, 하기는 더 어려워진다. 이제 정부는 경제에 대한 간섭이나 규제를 최대한 떨어버리고 거시정책의 건실한 테두리를 유지하면서 경제의 기본 문제 해결을 가로막는 정치적·사회적 장애를 돌파하는 데에 전력을 기울여야 할 것이다. 이것은 단순히 행정적인 일이 아니라 각종 이해집단과 접촉하고, 국민을 설득하고, 정당과 싸우고 협상하여, 국회의 입법으로 이끌어가는 정치적 활동이라 할 것이다. 앞으로의 장관은 행정가에 그치지 않고 항시 언론과 정당과 국회와 접촉하여 자기의 정책을 관철하는 정치가의 수완을 보여야 할 것이다.

거시정책의 개혁

정부가 해야 할 일의 하나가 거시정책의 안정적 테두리를 유지하는 것이라 하였는데, 우리나라 거시정책 운영방식은 과거의 통치체제에서 오는 고유의 특징을 지니고 있다. 즉, 종합성과 일관성이 없는 대증요법 중심의 운영방식인 것이다. 가령 물가 상승이 매스컴에 부각되면 대통령은 수석비서관이나 관계 장관을 불러 물가를 안정시키라고 지시하는가 하면 업계에서 불황과 자금난을 호소하면 지원대책을 세우라고 지시한다. 매스컴이 국제수지 적자를 크게 떠들면 대통령이 장관회의도 아닌 수석비서관 회의를 주재하여 대책을 세우라고 지시하는 광경이 으레 텔레비전에 비치곤 한다.[1] 대통령은 경제 전문가가 아니기 때문에 전반적 경제 운영이 어떻게 돌아가고 있는지를 파악하지 못한 채, 또 그 지시가 무엇을 의미하는지도 모르는 채, 다만 대통령이 관심을 가지고 있다는 것을 국민에게 보이기 위해 지시를 하는 것이다.

　관료 세계에서는 어떤 문제에 대하여 여론이 시끄러울 때 대통령의 지시가 있으면 무엇인가 해야지 안 할 도리는 없다. 장관들은 무엇인가 처방을 내놓아야 하기 때문에 궁리 끝에 무엇을 '강화'하고 '척결'하고 '불허'하고 '동결'한다는 식의 강성 어법을 사용하는 단편적 대중요법을 내놓게 된다. 예컨대 '물가안정을 위해 공공요금의 인상을 일체 불허한다', '경기진작을 위해 특별자금을 방출한다', '수출증대를 위해 선수금을 늘린다', '국제수지 방어를 위해 여행자의 환전 한도를 감액한다'는 등이 그것이다.

　그러나 대부분의 문제들이 거시정책의 안정적 테두리가 지켜지지 않는 데에서 발생하는데, 문제가 있을 때마다 단편적 대중요법을 쓰면 거시정책의 틀은 점점 더 왜곡되고 거기에서 또 다른 문제가 발생하게 마련이다. 예컨대 통화량을 과다하게 늘리면 물가가 상승하고 국제수지가 악화한다는 것은 상식이다. 물가의 상승이 표면화되면 공공요금부터 통제하는 것이 우리의 관례인데, 비현실적 공공요금이 장기화되면 택시 잡기가 어려워지고, 의료서비스가 개선되지 않고, 지하철의 확장이 늦어진다. 그리고 공공요금 동결로 공기업이 부실화되면 이제는 구제금융을 주선해야 하는 또 다른 대중요법이 필요케 된다. 그러다가 어느 날 대통령의 결단을 얻어 요금 현실화가 단행되면 물가에 집중적 충격을 주게 된다. 한편 그러는 동안 통화량은 억제 목표를 초과하게 되고 통화당국은 새삼 긴축을 들고 나오고, 결국 가격통제는 물가 상승을 일시적

---

1 대통령이 수석비서관 회의를 주재하는 광경이 TV에 공개된 것은 문민정부가 보여준 새로운 관례다. 원래 대통령은 수석비서관 회의가 아니라 장관 회의를 주재하는 것으로 인식되어왔다.

으로 뒤로 미루는 것에 불과한데, 이러한 부작용의 폐해는 국민에게 돌아가고, 기업은 항상 불확실성에 시달리게 되는 것이다.

지난 30년 동안 이 나라의 특수한 통치체제에서 이와 같은 방식의 경제 운영이 계속되어왔다. 그에 대하여 필자 자신도 책임을 면할 수 없지만, 문민정부에서도 사정은 달라지지 않고 있다. 그리고 매스컴이나 국민들도 그것을 당연한 것으로 받아들이고 있다. 그러나 우리는 언제까지 이러한 후진적 경제 운영 방식을 계속할 것인가? 우리도 이제는 선진국과 같이 정부는 경제 운영의 기본적 틀을 지키는 데에 최선을 다하고, 나머지는 가급적 시장 기능과 자율에 맡기도록 해야 하지 않겠는가? 물론 대통령은 경제가 위기에 처해 있을 때에는 과감하게 필요한 조치를 취해야 한다. 그러나 평상시에는 시장 기능이 해결할 수 없는 문제, 다시 말하면 경제발전을 가로막는 정치적·사회적 장벽을 돌파하는 일에 역점을 두어야 한다.

중앙은행이 할 일

그러면 대중요법 중심의 후진적 거시정책 운영에서 벗어나는 길은 무엇인가? 그것은 선진국에서처럼, 누가 무어라 해도 거시정책의 건전한 기본 틀을 고집하는 제도적 장치를 만들어두는 것이다. 그러면 기본적 틀이란 무엇인가? 국민경제의 운영에서 해결해야 할 문제는 많다. 그러나 모든 문제 해결에 공통적으로 요구되는 기본 조건은 통화가치, 즉 물가의 안정이다. 물론 물가에는 여러 가지 복잡한 요인들(임금, 에너지 가격, 간접세, 농사 작황 등을 포함한)이 작용한다. 그러나 그중에서 가장 기본적인 요인은 통화량, 재정수지, 금리, 환율과 같은 화폐적 변수라는 것은 주지의 사실이다. 그러므로 통치구조에서 오는 교란 요인을 최소화하는 길은 통화신용정책의 알려진 준칙을 고수하는 국가기관, 즉 독립적인 중앙은행을 두는 것이다. 독일 연방준비은행이 그 전형(典型)인데 전후 독일의 경제 운영이 유달리 건실했던 이면에는 독립성을 자랑하는 연방준비은행의 역할이 있었다고 학자들은 말하고 있다.[2]

이 점을 떠나서라도 최근에 와서 중앙은행의 독립성의 강화가 세계적 조류를 이루고 있다. 1980년대 이래 칠레, 멕시코, 베네수엘라, 뉴질랜드, 캐나다, 아일랜드 등이 중앙은행의 법적 독립성을 강화하였고, 1991년 12월에 체결된 마스트리히트 조약은 유럽중앙은행제도(European System of Central Banks : ESCB)에 참여하는 모든 회원국의 중앙은행은 동 조약이 정하는 독립성 기준을 충족해야 한다고 규정하였으며, 그에 따라 이탈리아, 프랑스, 스페인 등은 이미 중앙은행법을 개정하였다.[3]

이러한 추세에는 대략 다음과 같은 배경이 깔려 있다. 1960년대부터 1980년대 후반까지 20여 년 동안 세계에는 큰 전쟁이 없는 평화상태가 유지되었음에도 불구하고 인플레이션이 끊이지 않았다. 경제학자들은 확장적 통화정책과 인플레이션 사이에 밀접한 상관관계가 있다고 지적하였고, 중앙은행이 정부의 압력을 거부할 수 있는 나라일수록 인플레율이 낮다는 분석이 주목을 끌게 되었다. 중앙은행의 독립성과 인플레율 사이의 상관관계를 통계적으로 분석한 바에 의하면 선진국에 관한 한 중앙은행의 독립성이 높을수록 인플레율이 낮다고 한다.

이제 우리도 중앙은행의 역할을 다시 보아야 할 때가 왔다. 중앙은행은 정치와 행정부에 초연하여 통화가치의 안정을 고수하고 그를 위하여

---

[2] 한국은행 조사 제1부, 〈독일의 금융제도〉, 1993년 2월 참조.
[3] 한국은행 조사자료, 〈중앙은행의 발달과정과 현대적 역할〉, 1994년 4월 참조.

금리와 환율, 통화량 등을 통합적으로 운영하는 역할을 맡아야 한다. 그러나 한국은행의 현실이 어떠한지는 긴 설명이 필요치 않을 것이다. 단적인 예로 한국은행의 전 역사를 통하여 임기를 채우고 나간 총재는 네 사람밖에 없다. 21세기의 보다 건실한 경제 운영을 위하여 한국은행을 대법원처럼 정치와 행정부에 초연한 명실상부한 통화정책기구로 재편할 때가 온 것이다.[4]

정부사업의 관리

재경원을 제외한 각 부처의 경제사업도 경제 운영의 중요한 일부분이다. 사업의 계획 수립과 집행 그리고 사업관리 방식 여하에 따라 경제발전 속도에 지대한 영향을 주는 것이다. 교통시설, 항만 등의 사회간접시설이 제때에 확충되지 못한 데에서 지금 우리 경제가 얼마나 큰 손실을 보고 있는가!

정부가 사업에 착수하면 사업의 진행을 추적하는 심사분석제도가 있어야 한다. 제3공화국 때에는 국무총리실에 심사분석실이 있어서 주요 계획사업의 진도와 문제점을 검증하는 기능이 있었는데, 분기마다 열리는 심사분석회의에는 대통령이 참석하기 때문에 그날이면 각 부처가 크게 긴장하는 모습을 볼 수 있었다. 계획보다 진도가 늦어진 사업에 대하여는 그 이유와 문제점이 보고되고 보완대책이 건의되었다. 보고된 문제들이 해결되지 않으면 다음 심사분석회의에서 다시 보고되기 때문에 소관 부처는 문제 해결에 최선을 다하지 않을 수 없게 되고, 이를 통하여

---

[4] 최근에 정부가 조직한 금융개혁위원회가 이 문제를 다루지 않는다면 가장 기본적인 개혁과제를 회피하는 결과가 될 것이다.

대통령은 정부사업 전체의 추진 상황을 조감(照鑑)하고 감독하는 역할을 하게 된다.

　심사분석 기능을 구시대의 유물로 경시할지 모르나 민주화 시대야말로 그러한 기능이 더욱 필요하다. 심사분석회의를 개최하면 어떤 사업이 지방 정부의 비협조나 집단 이기주의 때문에 늦어지고 있는지가 드러나기 때문이다. 그러면 언론이나 국민들은 중앙정부의 '무능'을 탓하기도 하겠지만 지방 정부나 집단 이기주의를 비판하게 될 것이고, 그를 통하여 문제 해결이 촉진될 수 있을 것이다. 하여튼 국정의 책임자가 정책 사항이나 정부 사업에 관해 문제가 있다는 여론이 일면, 그에 대한 대응으로 하부에 시정을 지시할 뿐 그 후에는 그 문제를 잊어버리는 상태에서는 경제 운영이 제대로 될 리가 없는 것이다. 확인행정(確認行政)이라는 말이 유행하던 때가 생각난다.

지도자의 리더십

경제 운영이 어려울수록 지도자의 리더십이 중요하다는 것은 말할 나위도 없다. 민주화 시대에는 정책 추진이 일사천리로 진행되거나 어떤 변화를 가져온다는 것이 매우 어렵게 된다. 그래서 어떤 사람들은 민주정치에 회의를 갖기도 한다.

　그러나 민주사회에서 큰 변화를 가져온 지도자가 없지 않다. 이스라엘의 마이어 수상, 미국의 루스벨트 대통령, 일본의 요시다 시게루(吉田茂) 수상, 영국의 대처 수상 등을 비롯하여 그 밖에도 많이 있다. 특히 전후의 일본의 지도자들 중에는 공산세력과 당당히 맞서 싸우면서 전재(戰災)를 복구하고 경제대국을 건설하는 데에 크게 공헌한 지도자들을 볼 수 있다.

여담이지만 일본의 전후 지도자의 일면을 소개하기로 한다. 전후 일본이 경험한 정치·사회적 혼란(混亂)은 우리가 전후에 겪어온 혼란보다 더하면 더했지 못하지 않았다. 공산세력의 혁명운동, 노사분규와 좌익 노조의 정치투쟁, 지식인들의 좌경화, 격렬한 학생소요 등으로 점철된 일본의 전후사는 그야말로 파란만장한 드라마라 할 수 있다.

그러한 혼란의 와중에서 요시다 시게루 수상은 네 번이나 내각이 쓰러졌다 일어났다 하면서도 반대 세력과 싸우며 한결같이 전재 복구와 민주적 대의정치의 확립을 이끌었다. 1947년, 163만의 전(全) 일본 산별 노조가 '민주혁명의 해'의 기치를 들고 시위를 준비하고 있을 때 요시다는 방송에서 그들을 두고 '불순분자'라고 표현한 것이 말썽이 되어 공산당 주도의 총파업을 유발하였고 결국 "오해를 초래한 것은 유감"이라고 사과를 해야 했다. 1952년 학원 소요에 대하여는 국회에서 "학원은 치외법권이 아니며 공산주의자의 온상이 되면 경찰은 묵인할 수 없다"고 답변하여 물의를 일으켰지만 주모학생의 처벌을 관철하기도 했다. 1950년, 미국과의 단독강화를 반대하고 소련을 포함한 전면강화를 주장하는 세력에 동조한 동경대학 총장 난바라 시게루(南原 繁) 등을 지칭하여 '곡학아세(曲學阿世)의 무리'라고 한 것이 국회에서 말썽이 되기도 했으며, 1953년에는 국회 예결위(豫決委)에서 사회당 의원의 질문에 격하여 "바가야로!(이 바보야!)"라고 폭언한 것이 말썽이 되어 중의원에서 불신임안이 가결되기도 했다. 요시다는 이때 법에 따라 즉각 국회(중의원)를 해산하고 총선거를 실시하였는데 이것이 이른바 '바가야로 해산'이라고 하는 것이다.

요시다는 분명 말썽 많은 정치가였다. 그러나 오늘의 경제대국 일본의 기초를 닦은 인물임에는 틀림이 없다. 그가 1967년 10월에 사망했을 때 일본 정부는 그를 국장(國葬)으로 모셨고, 전 국민은 크게 애도하였다. 최근의 일본의 여론조사에서도 그는 전후의 가장 위대한 지도자로 손꼽히고 있다.

요시다 이외에도 소신 있는 정치가는 또 있었다. 일례로 기시 노부스케(岸 信介) 수상은 1960년 5월 대미 신안보조약 체결에 즈음하여 도합 560만 명에 달하는 좌익과 동조세력의 격렬한 시위에도 굴하지 않고 "나는 소리 없는 소리에 귀를 기울여야 한다. 지금은 소리 있는 소리뿐이다"라고 외치며 신안보조약 비준서의 교환을 발표한 다음, 민심일신(民心一新)과 정국전환(政局轉換)을 위하여 수상직에서 물러난다고 선언하고 미련 없이 수상직을 떠났다.

일본의 지도자의 이 같은 행태에 대해서는 보는 이에 따라 평가가 다를 수 있다. 그러나 필자가 여기에서 그들을 예로 든 이유는 지도자는 자기의 경륜에 대한 굳은 신념과 열정이 있어야 한다는 것을 말하고 싶었기 때문이다. 우리에게도 전후에 그러한 지도자가 없지 않았다. 이승만 대통령과 박정희 대통령은 뚜렷한 경륜과 정열을 가지고 있었다는 점에서는 지도자의 본보기라 할 수 있다.

지도자는 중요한 문제에 대하여 자신의 견해와 확신이 서 있어야 한다. 그러한 확신으로 국민을 설득하고 이끌어야 반대하는 국민이 있더라도 국민의 대다수가 따라갈 수 있는 것이다. 그리고 이러한 대다수가 있을 때에 그 사회에 중심이 잡히고 사회가 안정될 수 있는 것이다.

불행하게도 지금 국민들은 정치적 지도력에 대하여 회의를 품고 있다. 아니 불신이라고 해야 옳을 것이다. 우리의 여당과 야당은 특정계층이나 세력을 대표한다기보다 이념적으로 이질적인 세력들로 구성되어 있고 어떠한 정치노선에 입각한 정책 논쟁보다는 세력 다툼에 여념이 없어 국사를 돌볼 겨를이 없다. 최근에 노동법 파동을 보더라도 문제에 대한 자기의 소신을 명백히 밝히는 지도자가 없고, 다만 원칙 없는 타협으로 국면(局面)을 호도하려는 것 같다. 그러다 보니 정책의 일관성이 없어지고 안보정책의 경우처럼 우왕좌왕하는 꼴이 된다.

금년에는 대선(大選)의 해인 만큼 차기의 대통령 후보로 어떠한 인물이 등장하고 누가 당선될 것이냐 하는 것이 국민의 최대의 관심사가 되고 있다. 지도자를 잘 만나야 지금의 경제적 고난을 극복하고 21세기의 미래를 열어갈 수 있다는 인식에서 그럴 것이다.

지도자의 직능은 문제를 파악하고, 그를 해결하기 위한 수단을 강구하여 문제를 해결하는 것이다. 이것은 말은 쉽지만 실제로는 허다한 난관에 부딪힌다. 새로운 정책에서 손해를 보는 이익집단의 반발, 야당의 정략적 반대, 언론의 양비론(兩非論)적 비판, 정부 부처 간의 비협조 등이 그의 정책 의지를 좌절시키거나 왜곡할 수도 있다. 이러한 난관을 돌파하고 큰일을 해내는 지도자는 그야말로 하늘이 낸 사람이라 할 것이다.

그러한 지도자를 만나기는 쉽지 않지만 동서고금(東西古今)의 사람들은 지도자에게 다음과 같은 자질을 요구한다.

첫째로 지도자는 나라를 위하여 자신이 무엇을 하고자 하는가를 확실히 알고 그에 대하여 정열을 가지고 있어야 한다.

둘째로 지도자는 식견이 있어야 한다. 전문적 지식은 아니더라도 세계가 어떻게 돌아가고 그에 어떻게 적응할 것인가에 대한 일반적 개념은 갖고 있어야 한다. 국내 문제를 전체적으로 파악하고 우선순위 감각을 가지고 있어야 한다. 경륜이란 우선순위의 선택을 말함이다.

셋째로 지도자는 사람을 쓸 줄 알아야 한다. 야(野)에서 널리 인재를 구하고 적재(適材)를 적소(適所)에 배치하여 자기의 경륜을 펴나가는 것이다.

넷째로 지도자는 통솔 능력이 있어야 한다. 조직을 통솔하지 못하는 지도자는 조직을 부릴 수 없고 거꾸로 조직이 그를 부리게 된다.

다섯째로 지도자는 국민을 설득하는 힘이 있어야 한다. 매스컴 시대에는 언변도 좋아야 하겠지만 신념과 성실이 따르지 않으면 도리어 역효과를 낼 수 있다.

여섯째로 지도자는 결단력이 있어야 한다. 이해득실을 빨리 알아차리고 결단을 내리는 지도자가 승리한다는 것은 《삼국지(三國志)》의 교훈만은 아니다. 때로는 무엇을 한다는 결단보다 안 한다는 결단이 더 어려울 때가 있다.

끝으로 지도자는 청렴하고 덕이 있어야 한다. 자신은 높은 도덕 수준을 지키지만 남을 설교하려 하지 않아야 한다. 정치에 도덕론을 앞세우는 정치가는 그것으로 자기의 무능을 가리려 하고 자승자박(自繩自縛)에 빠지기 쉽다.

아마도 이러한 조건들을 고루 갖춘 지도자는 보기 힘들 것이다. 그러나 오늘의 난국에 처한 국민들은 이러한 조건을 생각하면서 지도자를 선택하게 될 것이다.

정보화와 기업 경영

1999년 3월 24일, 삼성 그룹 사장단 모임에서 연설

정보혁명

조지 바실리우의 말대로 5,000년 전에는 문자가 창조되었고, 500년 전에는 인쇄술이 발명되었고, 50년 전에는 시청각 기술과 컴퓨터가 생겨났고, 5년 전부터는 상업적 네트워크의 디지털 시대가 시작되었다. 컴퓨터의 발달로 팩스나 이메일은 물론 인터넷에 의하여 전 세계의 컴퓨터 사용자 상호 간에 네트워크가 형성되어가고, 이제는 언제 어디서나 문서, 영상, 이미지를 순식간에 교환하고 또 공유할 수 있게 되었으며, 방대한 백과사전도 한 장의 CD-ROM에 들어갈 수 있게 되었다. 한마디로 시간의 단축과 공간의 압축이 정보화의 효과이다. 이러한 정보혁명은 마이크로프로세서의 용량 확대(1초에 1억 4,000만 개의 명령을 수행할 수 있다), 디지털화와 데이터 압축기술, 복합통신, 컴퓨터와 통신의 동시적 사용 등 통신기술의 혁명적 발전에 기인하는 것임은 물론이다.

정보화는 우리의 경제생활에 엄청난 변화를 가져오고 세계화의 근원적 요인이 되고 있다. 그러나 지금 우리는 IMF 체제에서 경제적 고난을

겪으면서 세계화라는 구호를 선진국 다국적기업들의 경제적 책략으로 이해하려는 경향도 없지 않다. 하지만 통신기술의 발달로 인한 정보혁명이 지속되는 한 다양한 세계화는 불가피하다.

먼저 경제 면에 있어서는 컴퓨터, 하드웨어, 소프트웨어, 통신제품 등의 시장이 폭발적으로 성장하고 선진국에서는 정보화 관련 산업이 GDP의 50~70%를 차지하게 되었다. 앞으로도 정보와 관련된 새로운 상품과 서비스가 계속 등장하여 소득과 고용 창출에 크게 기여할 것이다.

정보기술의 발달로 인해 편집, 시청각, 마이크로컴퓨터와 소프트웨어, 전화와 통신 네트워크 등 네 가지 분야에서 업종 통합이 이루어지고, 기업 합병과 대규모의 조직 개편이 다른 산업에도 파급되고 있다. 그리고 이러한 과정에서 거대한 다국적기업들이 생겨난다.

기업 경영에서도 정보는 결정적인 중요성을 가지고 있다. 이제 웬만한 기업치고 인터넷 홈페이지가 없는 기업은 없을 것이다. 회사는 자기 상품에 관한 정보를 전 세계에 전파하여 바이어를 찾게 될 것이고, 전 세계의 공급자로부터 구매할 물품에 관한 다양한 정보를 입수하게 될 것이다. 그러므로 기업과 개인의 선택지(選擇肢)가 엄청나게 넓어지고 최선의 품질과 가격을 제공하지 않으면 물건을 팔기 어렵게 된다. 그야말로 무한경쟁의 시대가 되는 것이다. 정보화, 세계화의 추세에 기업 경영의 방식이 변모하는 몇 가지 모습을 보기로 한다.

통합과 분리

지금 세계화의 물결을 타고 한편으로 기업이 합병과 매수를 통하여 점점 거대화하는 경향이 있는가 하면, 다른 한편으로는 거대기업을 소단위의 독립적인 기업으로 분리하는 경향이 나타나고 있다. 이러한 상반된 현상은 모두 세계화, 정보화에 대응하는 경영전략의 일환이다.

먼저 세계화에 따라 무역 자유화가 진전되어 시장의 국경이 없어지고 세계적 단일 시장이 형성되면 동종 상품을 생산하는 기업의 통합은 경쟁력과 시장 지배력을 강화하는 데에 도움이 될 것이다.

반면에 거대기업은 제도적 경직성과 관료주의 때문에 시장 변화에 대한 신속한 대응이 어렵다는 인식이 높아지고 있다. 그래서 이 점을 극복하기 위하여 거대기업을 다수의 독립기업으로 분리시켜 하나의 네트워크를 형성하는 사례가 많아지고 있다. 그 일례로 세계 최대의 중전기(重電機) 생산업체인 스위스의 브라운 보베리 사(Asea Brown Boveri, ABB)는 연간 350억 달러 이상을 벌어들이는 거대한 기업인데 최근에 1,300개의 독립회사로 분할하여 세상을 놀라게 한 바 있다. 미국에서도 1970년대 전반까지는 비관련 산업의 기업을 인수하여 기업집단(conglomerate)을 형성하는 것이 유행하다가 1970년대 후반부터는 기업의 합병이 아니라 분화(deglomerate)의 방향으로 구조조정을 서둘러왔다. 그 이유는 기업집단화는 효율성과 수익성에 역행하여 주력 업종의 자금 압박을 가중시키는 결과를 가져왔고 급격한 국제시장 변화에 신속히 대처해나가는 데 큰 부담이 된다는 것을 알게 되었기 때문이다.

그러나 여기에서 주목할 것은 거대화하는 기업이라 할지라도 내부적으로는 분권화와 네트워킹이 추진되고 있다는 사실이다. 하지만 현재 기업의 구조조정이 추진되고 있는 우리나라에서는 정부가 거대기업의 분화보다는 통합의 방향으로 구조조정을 이끌고 있는 것 같다.

네트워킹

대기업을 소단위의 기업군으로 분할한다고 하여 그것이 반드시 기업집단의 경제적 또는 사회적 영향력을 감퇴시키는 것은 아니다. 오히려 시장 지배력과 경쟁력의 강화를 노릴 수 있다. 이것이 가능한 것은 물론 통신수단을 활용하는 네트워킹 때문이다.

아마도 네트워킹(networking)의 대표적인 예는 인터넷의 월드와이드웹(World Wide Web)이라는 통신망일 것이다. 불과 몇 년 동안에 이 정보망을 이용하는 사람이 몇천에서 몇억 명으로 증가하였는데, 이 시스템에는 중앙통제기구가 없다. 다만 이 시스템의 구성원들은 컴퓨터 사용상의 규칙에 따라 각자가 자기의 위치에서 정보를 교환하고 관리할 뿐이다. 언뜻 보기에 무질서한 것같이 보이지만 거기에는 자동적인 조직원리가 있어 중앙통제 없이도 잘 기능한다. 오히려 중앙통제가 있다면 그 시스템은 파괴되고 말 것이다. 이제는 거대한 기업조직이 힘을 발휘하는 시대는 가고 거대한 네트워크가 최강의 힘을 발휘하는 시대가 오고 있는 것이다. 예컨대 맥도날드 햄버거의 경우를 보자. 맥도날드는 전 세계에 약 2만 4천 개의 점포를 가지고 있는데, 이 네트워크에 참가한 각 점포는 거의 독립적으로 경영되고 있다. 다만 프랜차이즈(franchise) 요금을 지급하는 대가로 개인 멤버로서 얻기 어려운 서비스나 인프라를 제공받는다. 만약 맥도날드 본부가 각 점포 운영에 직접 간섭하거나 통제를 행사한다면 맥도날드는 오늘의 번영을 누릴 수 없었을 것이다.

다음에 미국 콜로라도의 한 산골마을에서 부부가 경영하는 '웨스턴 아이 프레스' 라는 회사를 보자. 이 회사는 호화판 사진집 또는 가이드북을 출판하여 크게 성공한 기업인데, 이 부부는 자택의 지하실에서 컴퓨터로 판을 짜고 고성능 프린터를 이용하여 원고를 작성한다. 다음에 그것을 도시의 인쇄소에 보내면 인쇄소에서는 고화질, 저가격으로 책을 만들어서 회사가 지정하는 세계 도처의 서점으로 직송하는 것이다.[1]

또 하나의 예로, 크리스마스 시즌이면 인터넷 홈페이지에 반드시 등장하는 꽃과 선물을 파는 회사의 광고를 들 수 있다. 이 회사들은 세계의 거의 모든 컴퓨터 사용자로부터 이메일을 통하여 꽃과 각종 선물의 주문을 받고 세계 도처의 받는 사람에게 꽃 또는 선물을 지정한 날짜에 어김없이 배달한다. 물론 대금은 신용카드로 결제된다. 이러한 장사가 가능한 것은 이 회사가 세계 모든 도시의 꽃 장사, 선물 판매자와 네트워크를 형성하고 있기 때문이다. 이러한 네트워크를 활용하는 사업이 앞으로 수없이 생겨날 것이고, 우리나라에서도 그러한 판매 네트워크가 생겨나고 있다.

새로운 경영조직

강력한 네트워크의 공통점은 네트워크의 각 부분이 마치 앞서 말한 꽃장사처럼 각자가 네트워크의 주역으로 기능한다는 것이다. 회사의 경우라면 탁월한 능력과 책임감을 가진 각 부서가 마치 독립된 기업처럼 행동하는 것이다. 몇만 명에 이르는 대기업의 종업원 한 사람 한 사람이 네트워크의 마디가 되어 자기가 맡은 일과 책임을 다한다면 그 기업은 그야말로 천하무적의 기업이 될 것이다. 그런데 이러한 일이 가능하려면 우리나라의 전통적 위계주의(位階主義) 인사조직을 바꿀 필요가 있다. 미국이나 유럽에서는 위계보다 기능에 초점을 두는 인사조직을 편성하고 의사결정에서는 'top-down'보다는 'bottoms-up'에 중점을 둔다. 우리는 한 기구를 창설할 경우 부장이 몇 명, 과장이 몇 명 등으로 위계 중심의 인사조직을 생각하지만, 그들은 회계사가 몇 명, 법률가가 몇 명, 잡

---

[1] John Naisbitt, *Megachallenges*, 일역판, p. 96.

역부(Janitor)가 몇 명 등으로 전문적 기능 중심의 인사조직을 생각한다.

네트워크가 잘 되어 있는 회사 내에서 리더가 할 일은 능력 있는 유능한 인재를 모집하고, 회사의 기본 방침을 가르쳐주고, 네트워크의 마디에 위치하는 개인이나 단체들이 자기 능력을 최대한 발휘할 수 있도록 제반 조건을 마련해주는 것이다. 그리고 만약 그중의 어떤 개인이나 단체가 제 구실을 못할 때에는 그 부분을 신속히 갈아치워야 한다. 마치 자동차의 부품을 갈아 끼우듯이 말이다. 한편 종적·횡적인 커뮤니케이션의 문을 항상 열어놓고 모든 부분이 정보를 공유하는 가운데 아래로부터 새로운 발상과 제안이 위로 전달되는 체계를 만들어야 한다. 상층부가 정보를 독점하고 수동적(受動的)인 하부 직원에게 이래라저래라 일방적 지시를 난발하는 종래의 관리 방식은 실패를 보장하는 방법이 될 것이다. 21세기에 대기업의 관리자가 해야 할 일은 거대한 조직 내에서 활기와 창조의 분위기가 넘쳐흐르는 다수의 작업 단위를 만들어나가는 것이라고 할 수 있다. 다시 말하면 몇십 개 혹은 몇백 개의 독립된 작업 단위가 네트워크로 연결되어 전체적 조화를 이루는 조직체계를 만드는 것이 관리자의 기본 과제라 할 것이다.

중소기업을 다시 보자

우리나라에서 중소기업은 언제나 무력하고 대기업의 억압을 받는 약자로 인식되어왔다. 그러나 네트워킹을 활용하면 중소기업이 대기업과의 경쟁에서 이길 수 있는 가능성이 높아진다. 건설업 분야에서 한 가지 예를 들자. 우리나라에서는 건설업의 하청이 항상 말썽이 되고 있는데 앞으로는 하청 중소기업들이 네트워크를 형성하여 대기업을 압도하게 될 것이다. 즉, 각종 건설자재, 건설 중장비, 각종 시공 전문 중소기업들이 네트워크를 조직하고 상호 연락과 조정, 그리고 공동구매를 위해 하나의 센터를 설치한다. 공사 입찰의 경우 센터는 각 멤버에 정보를 제공하고 멤버들은 그 정보에 따라 자기의 수용가격을 통보한다. 센터는 그것을 종합하여 입찰에 응하면 하청의 중간 마진을 완전히 배제할 수 있으므로 대기업과 능히 경쟁할 수 있을 것이다. 각 멤버들은 독립적으로 사업을 하며 자기 이익을 위해 최선을 다할 것이므로 공사비도 절약되고 품질도 향상될 것이다. 건설에 부수되는 부정과 비리를 청산한다면 이러한 네트워킹은 충분히 가능하다.

네트워킹을 떠나서도 중소기업의 역할이 중요해지는 또 다른 이유가 있다. 국제 분업의 추세를 보면 부가가치가 낮은 규격화된 상품의 대량생산은 후진국의 몫이 되어가는 반면에, 소비자들의 특수한 기호에 영합하는 다품종 소량생산은 기술 집약적이고 부가가치가 높은 선진국의 몫이 된다. 그런데 그러한 상품 생산에는 조직 및 경영상의 신축성이 높고 고객과의 인간관계가 밀접한 중소기업이 비교우위를 발휘하게 된다.

이러한 사정을 반영하여 미국과 같은 선진국에서도 대기업의 비중이 줄어들고 중소기업의 비중이 높아지는 추세를 보이고 있다. 1995년 이래 미국에서는 주로 정보 관련 산업에서 매년 100만 개 이상의 중소회사가 탄생하였다. 매년 미국 시민 250명 중의 한 사람이 새 회사를 창설했다는 말이 된다. 미국의 총수출액의 반 이상을 종업원 19인 이하의 중소기업이 담당하고, 종업원 500인 이상의 회사는 총수출액의 7%를 차지하는 데 불과하다. 미국의 《포춘(Fortune)》지가 보도하는 상위 500개의 산업 생산액이 미국 총생산액에서 점하는 비율이 1970년의 20%에서 지금은 10%로 하락하였다는 보도도 있다.[2]

그런데 우리나라에서는 사정이 크게 다르다. 1996년 통계를 보면 사업체 총수의 99%가 중소기업인데, 종업원 수의 비중은 69%, 총생산액의 비중은 46.8%, 총부가가치의 비중은 47%에 불과하다. 달리 말하면 우리나라의 경제력은 전체 기업 수의 약 1%에 불과한 대기업에 편중되어 있음을 알 수 있다. 뿐만 아니라 모든 비중이 1992년에 비해 별로 달라지지 않고 있다(다만 종업원 수의 비중은 1992년의 65.8%에서 1996년에는 69.2%로 약간의 상승 경향을 보인다). 하지만 지금 진행되고 있는 구조조정의 결과로서 중소기업의 비중이 좀더 높아지지 않을까 기대된다. 어쨌든 이제는 중소기업들도 정보화 시대가 요구하는 네트워킹을 통하여 자강(自强)을 도모해야 하고, 대기업은 중소기업과의 협력관계를 강화하는 한편 경우에 따라서는 스스로 거대기업의 분사화를 통하여 몸통을 가볍게 할 필요가 있지 않은가 한다.

투명성과 정직

정보의 중요성이 커질수록 정보의 정확성이 문제가 된다. 인터넷으로 거짓 정보를 흘려서 사기를 치는 사람과 기업들이 있는데, 그들은 오래 갈 수가 없다. 왜냐하면 공권력의 단속도 있으려니와 시장에서 억지력이 나타나기 때문이다. 즉, 신용 없는 기업이 많으면 기업의 신용도를 조사해주고 돈을 버는 전문 기업이 생겨나게 마련이다. IMF 환란을 계기로 하여 예전에는 들도 보도 못한 외국의 신용평가 회사가 우리 금융기관의 운명을 좌우하는 것을 보더라도 알 수 있다. 앞으로 국내에도 신용조사 회사가 많이 생겨날 것이다. 마치 인체에 병균이 생기면 그것에 저항하는 다른 세균이 작용하듯이, 시장경제는 마치 사람의 몸처럼 자

---

2 John Naisbitt, ibid, pp. 122~123.

연 치유력을 지니고 있는 것이다.

그러므로 정보화 시대에는 투명성과 정직성을 보여주지 않으면 기업이 살아남기 힘들다. 그리고 일반적으로 투명도가 높아지면 보다 높은 행동 기준을 요구하게 된다. 이것은 비단 기업 경영뿐만 아니라 국가 경영에서도 마찬가지다. 정보화 시대에는 한 나라의 인권 유린은 인터넷을 통하여 전 세계에 전파되어 국제적 비난을 받게 된다.

창조력과 지식

경제학에서는 생산의 3요소로 토지, 자본, 노동을 드는데, 이제는 지식과 기술이 가치 창출의 주요인으로 인식되어가고 있다. 작년 10월 필자가 참석한 IMF-IBRD의 연차총회에서 개최된 세미나의 하나는 '지식경제(Knowledge Economy)'를 주제로 한 것이었다. 경제개발기관인 세계은행에서 '지식경제'를 다루게 되었으니 격세(隔世)의 감(感)을 느끼지 않을 수 없었다. 정보화 사회에서는 많은 정보와 지식을 가진 사람이 기업에서 성공할 확률이 크다. 상속받은 자산이나 자본력이 없더라도 마이크로소프트의 빌 게이츠처럼 지식과 창조력이 있으면 백만장자가 될 수 있다. 토지, 금, 주식 같은 것은 경제의 풍향에 따라 그 가치가 올라갔다 내려갔다 하지만, 사내에 축적한 지적 자산은 그 가치가 떨어지는 법이 없다. 피터 드러커가 지적한 대로, 지적 자산은 회사의 대차대조표에는 나타나지 않지만 기업의 가장 중요한 자산이라 할 수 있다.

그러므로 기업 경영에서 지식과 창조성을 가진 인재를 확보하고 양성하는 것보다 더 중요한 일은 없을 것이다. 그래서 지금의 대기업들은 국내외에서 널리 인재를 모집하고 사내 연수에 상당한 비용을 쓰고 있다. 그러나 창조적인 인재를 확보하는 것은 기업의 노력만으로는 안 되며 국민 교육의 지원이 있어야 한다. 그런데 우리나라 교육은 입시준비를 위한 주입식 교육에 매달려 창조성 개발에 힘을 쓸 겨를이 없이 지내왔다. 연구결과에 의하면 아이들이 10세가 되기 전에 창조성을 개발하지 못하면 잠재적 창조성의 90%를 상실한다고 한다. 그래서인지 미국은 300인 이상, 일본은 5인의 노벨상 수상자를 배출하였는데, 우리는 아직 한 사람의 수상자도 내지 못했다. 지금 교육개혁이 진행 중인데 이번만은 소기의 성과를 거두기를 바란다. 참고로 스웨덴에서는 컴퓨터 1인 1대의 보급률을 달성하기 위하여 컴퓨터 구입에 세금을 면제한다 하는데 우리도 컴퓨터의 보급과 정보처리 능력을 키우기 위한 정책적 노력이 있기를 바란다.

변화에서 니즈를 발견해야

필자는 예전에 "經濟如體(경제여체)"라는 글을 쓴 일이 있다. 경제는 인간의 몸처럼 생명이 있는 유기체와 같다고 느껴졌기 때문이다. 인간뿐만 아니라 모든 생물체의 특징은 몸 전체에 신경 조직이 뻗쳐 있고, 그 신경을 통하여 외부 환경의 정보가 뇌에 전달되면 즉각적으로 자기 반응을 일으킨다.

기업도 새로운 정보에 대응하여 신속한 자기 반응을 하지 않으면 살아남지 못할 것이다. 그러므로 기업가는 변화를 겁내지 말아야 한다. 아무런 변화 없이 무사안일로 세월을 보내는 경영자는 진정한 의미의 기업가가 아니다. 기업가는 오히려 변화에서 사업의 기회를 찾고 변화의 도전을 즐기는 특수한 인종이라 할 수 있다. 일전에 한 친구가 문제가 많은 기업의 회장으로 취임했다며 인사차 찾아왔다. 왜 그런 기업을 떠맡아 고생을 자청하느냐고 물었더니, 그는 "망하는 기업을 맡아야 살릴 수 있는 것이 아닙니까?"라고 대답했다. 그는 원래 공무원 출신이었지만, 이 말을 듣고 필자는 그가 기업가의 소질을 타고난 사람이라는 것을 직감하였다.

경제적 변화이건 기술적 변화이건 거기에는 반드시 사람들 니즈(Needs)의 변화가 따르게 마련이다. 니즈를 정확히 알면 그를 상품화하고 기업화하는 일은 그다지 어렵지 않다. 기술 변화에 따라 새로운 니즈가 급속히 파급되는 실례를 우리는 정보산업 분야에서 여실히 보고 있다. 컴퓨터의 보급으로 발생하는 신상품의 개발과 시장 확대의 파급은 거의 끝이 없다. 기술 개발이 새로운 니즈를 창출하고, 새로운 니즈는 또다시 새로운 기술을 유발한다. 기술뿐만 아니라 인간 생활 어느 구석의 변화라 할지라도 그것은 새로운 니즈와 새로운 사업 기회를 창출한다. 자연환경이 악화되면 그것을 치유하거나 예방하는 시설의 니즈가 발생하고 방대한 사업 기회를 창출한다. 노인사회가 되면 그들의 생활을 편하게 도와주는 다양한 물품과 서비스의 니즈가 발생한다. 정주영 씨는 정부의 대북정책과 남북 관계의 변화에서 금강산 관광사업의 기회를 포착하였고, 지금의 경제위기에서 증권 투자로 떼돈을 버는 사람도 있다. 모든 변화에는 반드시 새로운 니즈가 발생하게 마련이니, 모든 변화에서 니즈를 읽는 것이 경영의 기본이라 할 수 있다

창조적 환경을 만들어야

변화에서 니즈를 발견하고 그것을 상업화한다는 것은 창조력이 없으면 불가능하다. 창조력은 기업가가 자기 자신과 종업원에게 정보처리 능력을 키울 수 있고 창조의 분위기가 충만한 환경을 만들어줄 때 비로소 나타날 수 있다. 그러면 창조적 환경은 어떻게 만들 수 있는가? 이 점에 관

련하여 흥미 있는 정보가 있다. 즉, 발명과 발견의 역사를 보면 그것들은 반드시 천재나 학자 또는 전문가의 탁상에서 계획적으로 이루어지기보다는, 엉뚱한 사람들에 의하여 우발적으로 이루어지는 경우가 많았다는 것이다. 필자가 자주 인용하는 톰 피터스(Tom Peters, 《수월의 열정〔A Passion for Excellence〕》이라는 베스트셀러를 공저한 사람)의 말을 다시 한 번 인용하면 다음과 같다.

"그 이름에 값할 만한 어떠한 기술적 혁신이든 그것은 엉뚱한 산업의 엉뚱한 회사의 엉뚱한 부서의 엉뚱한 그룹의 엉뚱한 사람들로부터 엉뚱한 때에 엉뚱한 이유로 엉뚱한 고객 관계에서 유래하였다는 것이 엄연한 현실이다."**3**

이러한 견해는 존 주크스(John Jukes)의 실증연구 결과와도 일치한다고 피터스는 주장하는데, 존 주크스에 의하면 20세기 중에 이루어진 58건의 발명－페니실린에서 Big Pen이라는 볼펜에 이르기까지－을 조사해 보면 그중 43건이 엉뚱한 때에 엉뚱한 곳에서 이루어졌음을 알 수 있다는 것이다. 예컨대 코닥크롬(Koda krome)은 두 사람의 음악가에 의하여 발명되었고, 포항제철에 도입된 연속주조법(Continuous Casting)은 시계공이 발명한 것이고, 세탁용 세제는 염색기술자가 발명해낸 것이라 한다.

그렇다면 발명이나 발견은 전문가나 박사들에게만 기대할 것이 아니라 누구라도 창조적 활동에 참여할 수 있도록 문호를 개방하고 창조 지향적인 분위기를 만들어주는 것이 중요하다는 결론이 된다. 회사 내의

3 Naisbitt, ibid, pp. 91~92.

소위 QC(quality control) 활동, 분임 토의 또는 제안 포상제도 등은 이러한 견지에서 바람직한 방법이라 하겠는데, 사원들의 발상을 자극하고 유도하는 분위기가 중요하다. 적극적 장려와 함께 회사 조직 내에 변화와 혁신에 대한 저항요소를 과감히 제거하는 일도 중요하다. 회사 내에서 어떠한 새로운 착상이나 제안이 나온다 하더라도 무사안일을 꾀하는 상층부가 그것을 묵살하거나 종업원이 새로운 시도에 실패했다고 해서 그를 문책하면 창조의 분위기는 깨지고 만다.

한편 실험의 반복과 챔피언을 기르는 것이 창조력 향상에 불가결한 요소라고 한다. 새로운 제안 채택에는 위험이 따르게 마련이다. 그러나 혁신적 발상이 무수한 실험과 시행착오를 반복하는 가운데에서 우연한 기회에 뇌리에 번뜩이는 것이라면, 실패를 무서워하지 말고 칠전팔기의 실험을 계속 해야 한다는 것이 경영학자들의 일반적 견해이다. 톰 피터스는 개량이나 혁신은 그 연구에 몰두하여 미쳐버리는 괴팍하고 정열적인 일단의 '챔피언'이 없이는 이룩될 수 없다고 한다. 따라서 경영의 수월(秀越)을 이룩하는 열쇠는 경영자가 이러한 챔피언들을 발굴하여 그들의 잠재능력을 최대한 발휘케 하는 것이라고 그는 말하고 있다.

발상의 전환이 필요하다

대기업의 관리자가 직면하는 또 하나의 문제는 이념상의 갈등을 어떻게 받아들이느냐 하는 것이다. 보수적 이념과 진보적 이념의 갈등이 엄연히 존재하고, 그에 따라 행동의 기준이 애매해지는 경우가 많다. 특히 우리나라에서는 반기업적 분위기가 강하며 많은 사람들이 대기업은 마치 돈밖에 모르는 모리배라는 인상을 갖고 있다. 이것 역시 정보화와 무관하지 않다. 매스미디어가 거의 매일같이 기업의 비리를 전파하는 반면, 건실한 기업의 업적이나 기업의 주요한 역할과 애로에 관하여는 크게 보도하지 않기 때문이다. 이러한 사태는 자유경제체제에 대한 불신을 조장하고 민주주의 발전에도 악영향을 끼칠 것이다.

주지하는 바와 같이, 1989년 소련이 붕괴함에 따라 자본주의 대 공산주의의 경쟁은 자본주의의 승리로 결판이 났다는 것은 부인할 수 없다. 그러면 앞으로 자본주의에 대적할 만한 반대 이념은 없단 말인가? 결코 그렇지 않다. 사회주의는 20세기 산업자본주의 시기에는 패배했지만 21세기 정보화 시대에는 다른 형태로 되살아날 것이다. 그것은 종전과 같은 정치적 독재와 전면적 통제경제의 이념은 버리겠지만 자본주의 경제의 약점을 비판하는 종래의 노선은 버리지 않을 것이다. 이 점은 오늘날 유럽의 주요 국가가 좌파 정권하에 있는 것을 보더라도 알 수 있다.

사실상 오늘의 세계 경제에는 문제가 많다. 1950년 이래 세계 생산은 다섯 배가 늘었지만 사람들의 지나친 과소비는 지구상의 생태계와 자연환경을 파괴하여 인류의 생존을 위태롭게 만들었고, 생산의 비약적 증가에도 불구하고 절대 빈곤은 증가하였으며, 대량 실업이 만성화하고 있는가 하면 계층 간 불평등이 확대되었고, 도덕적 타락과 폭력 범죄가 만연하고 있는 것이 오늘의 현실이다.

뿐만 아니라 정보화의 역기능도 큰 문제다. 비근한 예로 음란물의 전파로부터 아이들을 보호할 길이 없다. 그 밖에 여러 가지 난점에 관하여는 다른 논문에서[4] 상론(詳論)한 바 있으므로 여기에서는 재론하지 않겠으나, 이러한 문제들을 과연 종전처럼 시장경제원리에 입각한 공공정책으로 해결할 수 있을지는 의문이다. 아직 이 문제를 다루는 경제학 또는 사회학의 이론도 미개발 상태에 있다. 아마도 경제는 인체와 같은 것이므로 시장의 자동조절 기능을 살려가면서 사회적 질병을 고쳐나가는 생물학적 접근이 필요하게 될 것이다.

어쨌든 앞에서 말한 현대사회의 문제를 해결하려면 적어도 두 가지 조건이 필요하다. 첫째는 기업 행위에 대한 공적규제이다. 시장경제체제에서는 기업은 주로 시장의 규제를 받고 정부의 규제는 최소화하는 것이 바람직하다. 그러나 시장규제가 미치지 않는 곳에서는 공적규제가 불가피하다. 자연보호, 위생, 안전 그리고 최소한의 도덕률 분야에서 특히 그러하다. 둘째는 관리자는 기업의 리더이자 사회의 리더인 만큼 사회악을 추방하는 데에 앞장서야 한다는 것이다. 기업이 자발적으로 앞장서면 공적규제의 범위를 크게 줄일 수 있고 자유경제체제를 살릴 수 있을 것이다.

지금과 같은 과도기에 관리자들이 어떠한 행동 기준을 설정하느냐 하는 것은 어려운 문제다. 다만 말할 수 있는 것은, 세계화 시대에는 보편적인 가치관이 강조될 것이라는 사실이다. 그러나 보편적 가치관의 구체적인 내용은 민족과 나라에 따라 다를 수 있다. 가령 노사 관계에서 노사가 대등의 관계에 있고 평등해야 한다는 것은 보편적 가치이다. 그러나 그것이 반드시 대립과 투쟁을 가치(價値) 실현의 수단으로 고집해야 한다는 것을 의미하지는 않는다. 대립과 투쟁 대신에 신뢰와 화합을 바탕으로 문제를 해결하는 동양적 혹은 한국적인 방법이 있을 수 있는 것이다. 그러자면 관리자와 근로자가 다같이 관점을 바꿀 필요가 있다. 관리자는 근로자들을 단순히 임금을 받고 노동을 파는 노동자로 보지

---

4 Tom Peters, *A Passion for Excellence : The Leadership Difference*, April 1989("Harsh cold reality is that virtually any innovation worth the name comes from wrong person in the wrong group in the wrong division in the wrong company in the wrong industry for the wrong reason at the wrong time with the wrong set of customers")

말고 그들 각자가 자신의 직장을 삶의 터전으로 삼고 그를 통하여 자기를 실현하고 성취에 보람을 느끼는 인격체임을 알아야 하고, 근로자들은 적대적 태도를 버리고 기업을 이해하고 사리(事理)와 분별을 존중하도록 해야 할 것이다.

6 전게 《한국경제의 오늘과 내일》 참조.

한국의 미래를 열어가는 리더십

2002년 5월 23일, 한국능률협회 창립 40주년 기념 조찬 강연

오늘 이 자리에 모인 분들은 기업의 최고경영자, 즉 CEO에 속하는 분들이다. 그런데 최근에 'CEO 대통령'이라는 새로운 용어가 매스컴에 등장하였다. CEO가 기업의 최고경영자라면 국가의 최고경영자는 곧 대통령이라는 뜻에서 이 말이 생겨난 것 같은데, 여기에는 대통령이 정치적 야망을 버리고 기업의 CEO처럼 국가 경영에만 전념해주었으면 하는 국민들의 바람이 반영된 것이라 생각된다. 그래서 필자는 어느 신문에 〈CEO 대통령, 성공하려면〉이라는 칼럼을 쓴 일이 있다.

하기야 기업의 최고경영자와 국가 경영자인 대통령을 동렬(同列)에서 비교할 수는 없다. 그러나 기업이나 국가나 경영의 대상임에는 틀림이 없고 거기에는 공통점이 있게 마련이다. 그래서 21세기 한국의 미래를 열어가면서 기업의 최고경영자와 국가의 최고경영자의 역할과 바람직한 리더십이 어떠한 것인가를 생각해보고자 한다.

필자는 기업 경영의 경험도 없고 경영학자도 아니다. 다만 과거에 국가 경영에 참여했던 사람으로서 대통령, 특히 박정희 대통령의 국가 경

영 방식을 체험할 기회를 가졌고, 지금에 와서 보니 과연 그분은 탁월한 국가 경영자였구나 하는 생각을 금할 수 없다. 이 글에서 그분의 리더십에 관한 이야기가 나오더라도 그 점 양해해주기 바란다.

무릇 기업이나 국가의 최고경영자의 역할과 리더십에는 네 가지 기본 요소가 있다고 생각된다. 첫째로 문제를 정의하고, 둘째로 문제 해결의 우선순위를 정하고, 셋째로 문제 해결의 전략과 시스템을 만들고, 넷째로 시스템을 구성하는 조직의 능률을 극대화하는 것이다.

문제를 파악해야

나라의 기본 문제

먼저 지금 이 나라가 직면한 기본 문제가 무엇인가? 한마디로 말한다면, 세계화·정보화·민주화의 세계적 조류 속에서 21세기를 어떻게 살아갈 것이냐 하는 것이다. 이것은 결코 단순한 문제가 아니다. 정치도 변해야 하고 기업 경영도 변해야 하고 국민의 의식과 행태도 변해야 한다. 그럼 과연 어떻게 변해야 하느냐 하는 것이 문제인데, 국가나 기업의 최고경영자는 이 질문에 답할 수 있어야 한다.

이 질문에 답하자면 먼저 오늘날의 문제에서 역사성을 생각하지 않을 수 없다. 다시 말하면 역사의 흐름 속에서 오늘날의 문제를 파악할 필요가 있다는 것이다. 이 점과 관련하여 1945년 해방 이후 남한의 지도자와 국민들이 직면했던 네 가지 과제를 언급할 필요가 있다.

첫째는 새로운 민족국가를 건립하는 일이었다. 우리는 불행히도 국토가 양단되어 남한에서는 자유민주주의와 시장경제를 바탕으로 하는 대한민국을 건립하였고, 북한에서는 광의의 공산주의와 계획경제를 바탕으로 하는 조선인민공화국을 건립하게 되었다. 남한에서나마 자유민주주의공화국을 건립하는 데에는 이승만 대통령의 지도력과 6·25 한국전쟁에서 생명을 바친 국군 용사들의 희생이 결정적인 역할을 했다. 이 대통령의 지도력과 국군 용사들의 희생이 없었다면 아마도 남한은 공산화되었을 것이다.

두 번째 과제는 조상 전래의 빈곤에서 탈출하는 것이었다. 이것은 박정희 대통령의 지도력으로 그 기초가 마련되었고, 그 위에 오늘날의 한국 경제가 있다.

세 번째 과제는 민주적이고 생산적인 대의정치를 구현하는 일인데 그동안 권위주의적 대의정치체제의 과정을 거쳐 외형상으로는 민주적 대의정치체제로 이행하였으나 그 내용은 옛날과 크게 다를 것이 없다.

네 번째 과제는 남북통일이다. 김대중 대통령은 세 번째의 과제보다 이 네 번째 과제에 역점을 두어왔는데, 우선순위가 바뀐 탓으로 여러 가지 난관에 봉착하고 있다.

그러므로 21세기의 기본과제는 과거의 지도자들이 개척한 자유민주주의와 경제발전을 지속하는 동시에 정치의 선진화와 남북통일을 달성하는 것이라고 할 수 있다. 그리고 이러한 과제는 앞서 말한 세계화·정보화·민주화라는 지구촌의 역사적 조류 속에서 해결해야 할 국가적 과제이다.

지금 차기 대통령의 선거를 앞두고 우리의 정치판은 혼미를 거듭하고 있다. 그러나 이번 선거에서 어떠한 사람이 대통령으로 선출되느냐에 따라 이 나라의 기본 문제에 대한 접근 방법과 결과가 크게 달라지리라 생각된다. 이러한 관점에서 이번에 출마하는 대통령 후보들은 적어도 아래의 여섯 가지 질문에 답해야 한다고 생각한다.

1 어떻게 생산적 민주정치를 실현할 것인가?
2 도덕과 창의력을 기르지 못하는 지금의 교육방식을 어떻게 개혁할 것인가?
3 과학과 기술 개발을 어떻게 촉진할 것인가?
4 흩어진 사회적 기강을 어떻게 바로 세울 것인가?
5 21세기를 겨냥한 산업 전략은 무엇인가?
6 통일의 목표와 대북정책의 기본 원칙은 무엇인가?

이 문제들을 구체적으로 논의하는 것은 이 글의 목적이 아니므로 이러한 문제인식이 필요하다는 것만을 지적하고 다음으로 넘어가겠다.

기업의 기본 문제

이상에서 언급한 국가의 기본 문제는 기업 경영과 불가분의 관계에 있다. 그러나 기업 역시 세계화·정보화·민주화에 적응하기 위해 어떻게 변화해가야 하느냐 하는 자신의 문제를 가지고 있다. 필자는 경영전문가가 아니기 때문에 그 문제를 정확히 파악할 자신은 없다. 그러나 세계적으로 진행되고 있는 몇 가지 변화의 방향을 지적할 수는 있다.

큰 것에서 작은 것으로

첫째로 기업의 적정 규모가 작아지는 경향이 있다. 종전에는 거대기업이 위력을 발휘하는 것으로 생각되었지만, 지금은 거대기업보다 중소기업이 경쟁력을 발휘하고 종업원 수가 많은 것보다 적은 것을 자랑하는 시대가 되었다. 미국에서는 한 해에 100만 개 이상의 중소기업이 탄생한다 하는데, 수출 총액의 반 이상이 종업원 19인 이하의 중소기업이 담당하고 있다. 이에 비하여 우리나라의 경우에는 종업원 200인 이하의 중소기업이 차지하는 수출 비중이 36.9%(2000년)에 불과하다.

심지어 세계적으로 거대기업을 다수의 중소기업으로 분할하는 현상이 나타나고 있다. 유명한 예로 연간 350억 달러의 매상을 올리는 세계 최대의 중전 업체인 스위스의 ABB는 몇 년 전에 회사를 1,300여 개의 독립회사로 분할하였다. 그 결과 스위스의 본사 직원은 6,000명에서 150명으로 감축되었고 전체적으로 엄청나게 비용이 절감되었다고 한다.

이러한 경영 규모의 축소 경향은 앞에서 말한 세 가지 추세를 반영하는 것이다. 통신수단의 혁명적 발달에 의하여 회사를 분할하더라도 회사 간의 업무조정과 통합에 문제가 없고, 중소경영 단위일수록 경영의 유연성이 높아져서 시장에 대한 신속한 대응이 가능하며, 기술 혁신이 용이해지고, 관료적이고 얼굴 없는 큰 회사와 달리 인간적 요소를 가미하여 소비자에 접근하기 쉽다는 강점이 있다. 물론 그렇다고 모든 업종을 소규모화해야 한다는 말은 아니다. 중소기업이 자동차의 메이커가 될 수는 없는 일이다. 다만 기업의 적정 규모가 작아지고 "작은 것이 강하다"는 말이 유행하는 시대가 되었다는 것을 말하는 것이다.

네트워킹

둘째로 기업단위가 세분화함에 따라 네트워킹이 결정적으로 중요해지고 있다. 네트워킹을 가능케 하는 것이 컴퓨터 통신이라는 것은 말할 필요도 없다. 앞에서 말한 ABB의 회장이 "우리 회사는 이제 글로벌 컴퍼니(global company)가 아니라 글로벌 코디네이션(global coordination)으로 연결된 기업집단"이라고 말한 것은 이러한 사정을 잘 말해준다.

물론 소유주가 다른 회사 간의 네트워킹이 위력을 발휘할 수도 있다.

비근한 예를 들면 지금 텔레비전을 통한 몇몇 전자 쇼핑 회사들의 매출액이 유명 백화점의 매상과 같다고 한다. 종업원이 얼마 안 되는 이 회사들이 그만한 매출을 올리는 것은 자신의 재고를 가지지 않고서도 생산자와의 컴퓨터 네트워킹을 통하여 물건을 신속하게 구매자에게 배달하는 체제를 갖추고 있기 때문이다.

창조성과 지식이 재산

셋째로 지금까지 우리는 기업의 자산이라고 하면 보통 토지, 건물, 생산 설비 등을 생각해왔으나 이제는 창조성과 지식이 기업의 가장 중요한 자산이라는 인식이 높아지고 있다. 마이크로소프트의 창업자인 빌 게이츠는 자기의 풍부한 지식과 아이디어를 밑천 삼아 차고(車庫)에서 사업을 시작해서 오늘날 세계적인 기업과 부를 이룩하였다. 또한 우리나라에도 창조성과 지식을 가진 벤처 기업가들이 많이 등장하여 IT산업을 이끌고 있다.

인간의 창조성을 기르는 것은 교육의 몫이고 교육은 정부가 주도해야 하는 부문이다. 그러나 우리나라의 교육이 입시 교육으로 타락하고 도의 교육과 창조력 양성과 거리가 멀다는 것은 주지의 사실이다. 하지만 기업 스스로 구성원의 창조성을 개발할 여지도 많다. 무엇보다 중요한 일은 기업 내에 창조성이 충만한 환경을 만들어주는 것이라고 학자들은 말한다. 예컨대 종업원을 명령과 지시로 움직이게 하지 말고 자기 생각과 스타일로 작업을 하여 성공적인 결과를 가져오도록 유도해야 한다는 것이다. 실패는 성공의 어머니라는 말이 있다. 연구자가 실패를 두려워하지 않고 창조적인 시도를 할 수 있도록 격려하는 환경이 창조의 필수 조건이라고 할 수 있다.

정보의 피드백

끝으로 우리의 중추신경은 너무 덥다거나 혹은 너무 춥다는 등의 환경으로부터 전달된 정보에 의하여 근육의 수축과 땀의 배출을 조절한다. 마찬가지로 기업은 경영에 관련된 모든 정보를 전달받아 그에 신속히 대응하는 전략이 필요하다. 기업에 불리하다고 하여 정보를 감추거나 기피하면 기업의 투명성이 없어지고 그에 대한 자기 수정을 게을리 하여 결국에는 망하게 된다는 것이 시장경제의 논리이다.

우선순위

해결해야 할 문제는 많고 쓸 수 있는 인재와 자원에는 언제나 한계가 있다. 그러므로 성공한 CEO는 자원 배분의 효과를 극대화하기 위해 여러 가지 사업 기회의 우선순위를 결정한다. 즉, 사업 성과가 크고 성공 가능성이 높은 사업부터 시작하는 것이다. 특히 그는 가장 중요한 사업에 가장 우수한 인재와 필요한 자금을 배분한다.

국가 경영의 경우에도 이것은 마찬가지다. 임기 내에 좋은 것을 다하겠다는 대통령은 결국 아무것도 이루지 못할 것이다. 이 점에 관하여 박정희 대통령은 하나의 본보기라 할 수 있다. 그는 국방과 경제개발에 최우선순위를 두고, 경제개발에서는 수출에 우선순위를 두었다. 그런데 그 이후의 대통령들은 통치 우선순위를 명확히 하지 않고 정치적 편의에 좌우되는 경우가 많았다. 또한 정치적 명분이나 개인적 치적을 위해 성공 가능성이 희박한 사업에 손을 댔다가 실패하는 경우도 있었다. 치세의 경륜이란 결국 우선순위의 시각을 말하는 것이다.

문제 해결을 위한 시스템의 창출

정부의 경우

문제를 파악했다고 해서 그것이 저절로 해결되는 것은 아니다. 문제 해결에 적합한 시스템을 창출해야 목적을 달성할 수 있다. 예컨대 박정희 대통령은 경제개발 정책을 추진하기 위하여 EPB(Economic Planning Board, 옛 경제기획원)를 창설하여 '경제개발 5개년계획'을 편성하도록 하고 그 실효를 거두기 위하여 부총리가 경제기획원 장관을 겸하게 하는 동시에 이례적으로 예산 편성권을 재무부가 아니라 경제기획원에 주었다. 그리고 국무총리실에 심사분석실을 두어 분기마다 계획사업의 진도와 문제점을 보고하게 하고 문제가 있으면 반드시 해결책을 강구하였다. 심사분석회의를 주재함으로써 경제계획 전반의 진행을 조감할 수 있는 동시에, 각 부 장관은 자기 소관 업무의 평가를 받게 되므로 업무 수행에 최선을 다하지 않을 수 없었고, 공무원들은 밤낮으로 뛰어야 했다. 심사분석회의 이외에도 대통령은 월례경제동향보고, 월례수출확대회의 등을 주재했고, 쉴 새 없이 정부기관과 지방을 순시하고, 그를 통하여 관계 부처의 업무 수행을 감독하는 동시에 민간부문의 소리를 듣고 협조를 이끌어냈다.

박정희 대통령의 시스템이 오늘날의 현실에도 적합하다고 할 수는 없다. 그러나 그분은 문제 해결을 위한 그 나름의 시스템을 창출하였기에 경제개발에 성공할 수 있었다고 생각한다.

기업의 경우

현대적인 기업 경영에서 어떠한 시스템이 최적인가 하는 것은 기업의 사정에 따라 다를 것이다. 그러나 요즘 과장-부장-이사로 연결되는 수직적 인사조직 대신에 네트워킹을 중시하는 수평적 팀장 제도를 활용하는 경우가 많아지고 있다. 또 한 가지 추세를 말하자면 종래의 '상명하달'의 의사결정 방식 대신에 '하명상달'의 방식이 번져가고 있다. 가령 상층부에서 1,000명의 종업원에게 지시를 내려 획일적으로 움직이는 것도 좋지만 이 경우에는 최고 간부 몇 사람의 판단이 회사의 운명을 좌우하게 된다. 그러나 반대로 1,000명의 아이디어가 상부에 전달되도록 언로를 열어놓으면 정책 결정의 선택지는 훨씬 넓어지고 최적의 정책을 선택할 확률이 높아진다는 논리다. 뿐만 아니라 종업원 자신이 참여한 결정이니만큼 자발성과 책임감도 커진다는 이점도 있다.

이와 관련하여 일본의 NEC에서 있었던 일이 생각난다. 컴퓨터 칩을 생산하는 NEC의 구마모토 공장에서는 다른 지역 공장에 비하여 유달리 제품의 불량률이 높아서 최고경영진을 괴롭혔다. 경영진들이 근로자들을 독려하고 꾸짖기도 하였으나 불량률은 좀처럼 개선되지 않았다. 그런데 어느 날 한 여성 근로자가 출근길에 건널목에서 기차가 지나가는 것을 기다리다가 하나의 생각을 떠올렸다. 기차가 지나가고 땅이 울릴 때 "아, 이 진동 때문인지 몰라!" 하는 생각이 떠올랐던 것이다. 그녀는 급히 달려가 상급자에게 보고하고, 그 상급자는 공장장에게, 공장장은 사장에게 이를 보고했다. 마침내 사장은 공장과 철도 사이에 깊은 도랑을 파고 물을 채워 진동을 차단하기로 하였다. 그 결과 이 공장의 불량률은 현저히 줄었다고 한다. 이 이야기는 두 가지 교훈을 말해준다. 첫째는 이 공장에는 '하명상달'의 문이 열려 있었다는 것, 둘째는 노사 간의 일체감이 있어서 말단의 근로자까지 회사 일을 내 일처럼 생각하고 있었다는 점이다.

전략조

최고경영자 혼자서 모든 정보를 전달받고 필요한 경영전략을 세운다는 것은 불가능하다. 그러므로 유능한 CEO는 일급의 브레인으로 구성되는 이른바 전략조(戰略組, Strategy Business Unit)를 가동하는 것이 다국적기업들의 관행이다. 한국의 기업들에서는 기획관리실이 그런 일을 하고 있는 것으로 알고 있다.

그러나 우리의 국가 경영에는 이러한 전략조가 없는 것 같다. 기획예산처, 재경부, 국무총리실, 청와대 등에 기획 기능이 산재하고 있으나, 옛날의 EPB와 같이 나라 경제 전체의 전략과 기획을 담당하는 조직은 없어졌다. 일본에서는 종전의 경제기획청을 내각부로 통합한 이후 그 기능이 한층 더 강화되었고, 금년 초에 발간된《2002년도 경제백서》를 보면 그 결과를 알 수 있다. 우리나라에는 관·민 연구소가 많이 있는데 그들을 체계적으로 활용하여 경제의 전략 연구와 기획 기능을 부활할 필요가 있지 않나 생각된다.

조직의 능률을 극대화해야

문제 해결을 위한 시스템을 만들었으면 그를 구성하는 조직의 능률을 극대화해야 한다.

경영이념

성공한 CEO는 대개 독특한 경영철학과 경영이념을 가지고 있다. 그는 그것을 종업원들이 경영활동을 할 때 지켜야 할 가치 또는 행동의 준거(準據)가 되도록 한다. 이러한 경영이념은 창업자가 제시하는 예가 많고 그 회사 고유의 가치관을 표현한다. 우리나라의 유명 기업들은 모두

사훈(社訓)을 가지고 있다.

국가이념

마찬가지로 국가에는 국가이념이 있다. 대통령은 국민에게 국가이념을 천명하여 그것이 국민들의 정신적 구심점이 되도록 해야 한다. 세계를 리드하는 미국에서는 지금까지 38인의 대통령이 나왔는데 그들은 취임 연설에서는 물론 기회가 있을 때마다 한결같이 국가이념을 최고의 가치로 선양해왔다. 9·11 테러가 발생했을 때 '멜팅 포트(melting pot:도가니탕)'의 이 나라가 무서운 단결력을 보여준 비밀은 바로 여기에 있다. 국가이념이 분명치 않으면 국민적 통합이 불가능하다.

지금 우리는 대북정책과 관련하여 심각한 이념의 분열과 갈등을 겪고 있다. 문제는 자유민주 이외에 어떠한 이념과 체제에 입각한 통일을 생각할 수 있느냐 하는 것이다. 이 점에 관련하여 일부 논자들은 냉전시대의 자유민주와 지금의 자유민주의 개념은 반드시 같지는 않다고 말한다. 그러나 자유민주의 핵심인 선거의 자유, 언론의 자유, 집회의 자유, 인권 중시 등의 보편적인 가치는 때와 나라에 따라 달라지는 것이 아니다. 불행히도 북한에서는 이러한 기본적 자유가 허용되지 않고 있다는 데에 우리의 고민이 있는 것이 아니겠는가?

그러므로 대선 후보는 자기의 견해를 분명히 밝힐 필요가 있다. 투철한 경영이념을 밝히지 않는 기업이나 국가의 지도자는 최고경영자라 할 수 없다.

인재 확보

성공적인 CEO는 무엇보다도 인재 확보에 신경을 쓴다. 경영이란 궁극적으로 생산성을 추구하는 것인데, 이 목적을 위해서는 지식과 창조성이 뛰어난 인재를 확보하는 것이 성공의 열쇠다. 그런데 최근에는 많은 고급두뇌가 외국으로 빠져나가고 있다. 삼성경제연구소의 조사에 의하면, 출국 동기로는 경력 비전을 실현할 기회를 얻기 위하여, 새로운 일에 도전하기 위하여, 높은 보수와 인정받는 기회를 추구하기 위하여, 회사 일과 개인 생활을 조화시키기 위하여, 유연한 조직과 문화에서 근무하기 위하여 등을 들고 있다. 이 밖에 자녀 교육의 어려움, 어지러운 정치 및 사회상 등으로 조국에 대한 애착이 없어진 것도 주요 원인의 하나라 생각된다. 이에 대한 대책은 기업들이 인사정책을 혁신하는 도리밖에 없을 것이다. 핵심인력의 채용, 선발 기준, 보수 등을 차별화하고, 그들의 자기계발 의욕과 명예와 자긍심을 길러주는 것이 중요하다고 생각된다.

조직의 능력 평가

한편 경영자는 구성원의 자기계발과 창조력을 존중하되 항상 조직의 기능을 평가하고 어떤 조직이 제 기능을 발휘하지 못할 때에는 가차 없이 대체하는 용단이 필요하다. 이 점에 관해서도 박정희 대통령으로부터 배울 점이 있다. 박 대통령은 조직이 제 구실을 못한다고 생각되면 그를 방치하지 않았다. 예컨대 농림부 소속의 산림청이 도벌(盜伐)을 방지하지 못한다고 판단되자 경찰력이 있는 내무부 소관으로 옮겼고, 국방부의 예산 운영에 문제가 있다고 생각되자 기획원 예산국장을 국방부 운영 차관보로 보낸 일도 있었다.

맺음말

이상에서 21세기 한국의 미래를 얼어가는 리더십이 어떤 것인가를 생각해보았다. 요컨대 변화하는 세계 정세에서 우리가 직면한 문제를 정확히 파악하고, 문제 해결의 우선순위를 분명히 하고, 문제 해결에 적합한 시스템을 만들어내고, 그 시스템을 구성하는 조직의 능률을 극대화하는 것이 최고경영자의 역할이요 리더십이라고 할 수 있다.

그러나 이러한 리더십을 독재와 명령으로 집행하는 시대는 지나갔다. 지금의 지도자는 명령이나 통제보다는 구성원의 개인적인 성장과 책임을 강조하고, 모든 구성원들이 소속 단체의 일을 내 일같이 생각하는 환경을 만들어나가야 하겠다. 그러자면 지도자는 능력뿐만 아니라 무엇보다도 도덕적 측면에서 구성원들의 신뢰를 얻을 수 있어야 한다. 결론적으로 능력, 인덕(人德), 신뢰가 리더십의 3대 요소라는 말로 끝맺겠다.

한국 경제에 대한 도전과 우리의 선택

2001년 12월 10일, 헌정회에서 강연

머리말

계속되는 경제 불황 속에서 민심 또한 불안하다. WTO의 시장 개방 압력에 항거하여 농민들이 서울로 올라와 데모를 벌이고, 일본 및 중국과의 어업협정 이후 수산업도 희망이 없다는 어민들의 소리가 높다. 노조는 구조조정과 시장개방을 반대하고 주5일 근무제를 요구하는 격렬한 데모를 벌이고, 그 때문에 불황기에 가뜩이나 어려운 기업들이 더욱 고난에 빠져 있다. 세계적 불황과 테러와의 전쟁의 여파로 수출은 매월 줄어들고 설비투자 또한 몇 달째 감소 추세를 보이고 있다. 실업자 수가 늘어나고 영세민의 생활은 어려운데, 공적자금의 비리 의혹까지 터져나와 국민들에게 충격을 주고 있다. 그런데 국회는 정쟁에 몰두해 있고 행정부는 국정 운영의 질서와 방향을 잡지 못하고 당황하고 있다.

이렇게 세상이 어지럽고 혼란스러운 것은 불경기 탓만은 아니다. 그 배후에는 보다 근본적인 원인이 깔려 있다. 그것은 우리가 삼중(三重)의 시련을 한꺼번에 겪고 있기 때문이다. 달리 말하면 민주화, 세계화, 정보화라는 세 갈래의 시대적 변화 속에서 그에 적응하기 위한 몸부림의 진통이라 할 수 있다. 변화에 적응하기 위한 개혁은 기존 질서를 파괴하는 것이므로 상반된 이해관계 간의 대립과 갈등이 수반되며, 새로운 질서가 자리 잡힐 때까지 과도적 혼란이 계속되게 마련이다. 그러나 분명한 것은 이 세 가지의 시대적 조류를 거역할 수 없다는 것이다. 그렇다면 현실이 어렵다 하더라도 방향 감각을 잃어서는 안 될 것이고, 적절한 방법을 찾는 데에 힘을 합쳐야 할 것이다. 그러한 의미에서 우리가 지금까지 세 가지 변화, 즉 민주화, 세계화, 정보화에 어떻게 대응하고 있는가를 돌이켜보고 거기에서 제기되는 몇 가지 문제에 관하여 사건을 말씀드리고자 한다.

민주화의 현주소

먼저 민주화의 측면을 보면, 외형상으로 과거의 권위주의적 대의정치에서 민주적 대의정치로 넘어온 것은 물론 진보라 할 수 있다. 그러나 오늘의 정치 상황을 보면 그 병폐는 옛날이나 지금이나 다를 바가 없고, 국민들의 정치에 대한 불신은 극에 달해 있다. 민간부문에서도 발선소·화장장 부지 선정, 쓰레기 소각장 건설 등 일련의 사건에서 보았듯이, 지역이기주의가 공공시설 건설을 어렵게 하고, 격렬한 노조 투쟁이 거리를 메우고 있다. 수백 개의 NGO가 결성되어 저마다 큰소리를 내고 정치권과 경쟁하는 모습도 보인다. 그러나 모든 요구가 민주화의 이름으로 행해지고 있어 대중들은 어느 쪽이 진정한 민주화 운동인지 판별하기 어렵다. 하여튼 이러한 혼돈은 성숙된 민주사회로 가기 위해 넘어야 할 산임에는 틀림이 없다. 그러나 일반적으로 민주화에 대한 자각이 높아지고 정치권에서 자기 개혁의 움직임이 태동하고 있는 일면도 있다.

세계화의 현주소

세계화의 측면에도 명암의 양면이 있다. 1997~1998년의 외환위기는 세계 정세의 변화 방향에 신속히 대응하지 못하고 필요한 구조조정을 미루어오다가 당하고 만 재난이었다. 그러나 외환위기는 어느 의미에서 전화위복이었다고 할 수 있다. 지난 4년 동안의 구조조정의 결과로 우리의 경제와 사회는 많이 달라졌기 때문이다.

우선 거시적 지표를 보면 외환위기 당시 39억 달러의 외환보유고가 지금은 1,000억 달러 이상으로 늘어났고, 총외채 비중도 1997년 말의 33.4%에서 26.7%로 감소하였다. 외환사정 호전에 따라 IMF로부터 차입한 195억 달러의 자금을 계획보다 3년이나 앞당겨 상환했다. 경제성장률, 주가, 환율 등 거시지표도 IMF 외환위기 이전 수준을 회복했거나 웃돌고, 무엇보다도 저금리 기조가 정착된 것이 큰 소득이다. 결과적으로 국가신인도가 향상되기도 하였다.

이리하여 IMF의 지도 혹은 압력하에서 외환위기는 잘 극복할 수 있었지만, 구조조정은 아직 미진한 상태에 있다. 그에 더하여 지금 우리 경제는 세계적 불황과 테러와의 전쟁 때문에 침체 상태에 빠져 있다. 요즘 경기가 다소 호전되는 기미를 보이고 있기는 하나 성장의 견인차인 설비투자가 금년(2001) 초부터 계속해서 감소하고 있다는 것은 경제성장의 장기 침체를 예고하는 것이라 할 것이다.

기업 경영에서도 명암이 갈린다. 지난 4년간의 구조조정으로 기업 풍토가 크게 달라진 것은 사실이다. 저금리에 따른 주식시장 활성화 등에 힘입어 기업의 부채비율이 크게 하락하였고, 기업들이 외형 위주의 성장 전략에서 수익성을 중시하는 방향으로 선회(旋回)하고 있다. 그룹 단위의 경영이 개별기업 중심으로 이행하고 있으며, 종래의 문어발식 경영에서 탈피하여 소수 핵심사업의 경쟁력을 강화하는 데에 주력하는 모습도 볼 수 있다. 경영의 투명성이 제고되고 이사회가 실질적인 경영에 관한 의사결정의 최고기관으로 변모하는 경향도 없지 않다. CEO의 중요성에 대한 인식이 높아진 것도 새로운 현상이다. 물론 이러한 변화가 완성된 것은 아니지만 바람직한 방향으로 변화하고 있는 것은 사실이다.

그러나 반면에 각종 개혁 작업의 성과가 나타나지 않는 데 따른 실망감이 확산되면서 대량 해고와 실업, 빈부 격차 확대 등으로 사회적·경제적 갈등이 심화되고 있다. 그런가 하면 5대 기업을 제외한 상장기업 전체로는 2000년에 6.0조 원의 적자를 기록하였다. 지금 우리 기업의 약 30%가 영업 수익으로 이자도 못 내는 형편이라는 보도도 있었다.

한편 외국자본계가 국내 금융시장에서 핵심 세력으로 부상하였고, 외환 및 증권시장이 국제 금융시장과 함께 날뛰는 현상을 보이고 있으며, 외국인의 국내 상장주식 보유 비중이 1997년 말 14.6%에서 35.5%(2001년 10월 말)로 급상승하였다. 그런데 외국인 투자의 대부분이 국내시장 확보와 주가 차익만을 노리고 있어, 당초에 기대했던 선진적 경영 방식의 전파나 기술개발 등에 대한 기여가 아직은 적은 편이다.

금융에서는 다수의 부실 금융기관이 퇴출되고 막대한 공적자금이 투입된 결과, BIS 자본비율이 개선되고 외국은행과의 합작을 통하여 선진 금융 관행이 도입되고 있다. 그리고 금융기관 부실 예방을 위한 감독 기능도 크게 개선되었다.

반면에 구조조정 과정에서 금융경색으로 건실한 기업이 부실화되는 경우가 많았고, 신용평가와 리스크 관리 기능이 취약한 탓으로 산업 금융을 기피하고 소비 금융 내지 아파트 담보 금융과 같은 안이한 경영 방식에 안주하고 있어 설비투자를 어렵게 하고 있다.

그리고 최근에 감사원이 공적자금 비리를 발표하여 국민들에게 충격을 주고 있는데, 지금까지 금융기관에 투입된 공적자금은 2001년 10월 말 현재 150.6조 원으로 이 중 회수된 것은 37.7조 원, 전체의 25.0%에 불과하다고 한다. 한국경제연구원의 보고에 따르면 공적자금이 잘 회수된다 하더라도 원금 손실 84조 6,000억 원, 이자 지급 44조 8,000억 원, 기회비용 9조 9,000억 원으로, 합계 139조의 손실이 예견된다고 한다. 이것은 후일에 막대한 재정적자 요인이 될 것이다. 공적자금 공급을 위한 정부의 국채 상환 기간이 앞으로 2~3년에 집중되어 있으므로 차환 발행을 통해 상환 부담을 장기간에 걸쳐 분산시키는 조치가 필요하다.

노동부문의 구조조정에서는 노동시장의 유연성이 다소 제고되었고 근로조건 개선, 고용보험 확대, '기초생활보장법' 제정 등의 성과가 있었다. 반면에 실업률이 증가했는데, 특히 청년(20~29세) 실업률이 6.5%에 이르고, 임시직·계약직이 증가하는 추세에 있다. 또한 격렬한 노조 투쟁은 국내 및 외국 투자의 기피 요인이 되고 있다.

공공부문의 구조조정에서는 세 차례의 조직 개편과 인력 감축이 있었으나, 감원은 하위직 공무원에 집중되었고 중앙 행정기관은 오히려 늘어나고 있다. 또한 공기업의 민영화는 지지부진한 상태다.

정보화의 현주소

정보화가 빠른 속도로 진행되고 있다. 인터넷과 휴대전화의 보급률은 선진국을 앞서고, 사이버 문화가 가상공동체(cyber community)의 형성을 촉진하고 있다.

경제적으로는 GDP 대비 IT 비중이 1997년 7%에서 2001년에는 15%로 상승하였고, IT 수출 비중도 같은 기간에 30% 수준에서 50%에 육박하고 있다. 그러나 IT 산업은 수출 의존도가 높기 때문에 과잉 생산으로 세계적으로 IT 경기가 하락하고, 특히 미국의 IT 경기가 급랭하자 국내 경제가 동반 침체하는 현상을 보이게 되었다.

한편 인터넷이 보급됨에 따라 여러 가지 사회 문제가 발생하고 있다. 불건전 정보의 유통, 개인의 사생활 침해, 인터넷 중독, 음란물 확산, IT형 범죄의 증가 등이 새로운 사회 문제로 등장하였다.

사회적 변화의 영향으로 사람들의 의식구조에도 큰 변화가 일어나고 있다. 온정주의, 의리주의에 기초한 노사 관계가 서구식 고용계약으로 전환하고 있으며, 연고주의와 정실주의를 배격하고 글로벌스탠더드(global standard)를 적극 수용하는 경향을 보이고 있다. 영어를 비롯한 외국어 교육에 열을 올리고 있는 것도 새로운 현상이다.

한편 외환위기 이후 사회적 갈등이 심화되고 국론이 분열되고 있다. 대량 해고와 실업, 빈부 격차가 확대하는 경향이 있고, 교육개혁, 노동개혁, 재벌개혁, 정치개혁 등을 둘러싼 이익집단 간의 이해관계가 상충하여 갈등이 증폭되고 있다. 이에 더하여 6·15 남북공동선언을 계기로, 햇볕정책을 둘러싸고 이념 갈등과 국론 분열이 심각한 상태다. 사정이 이러함에도 불구하고 다양한 계층과 집단의 이해관계를 조정 통합하는 기능이 없고 분열된 국론을 통합하는 리더십이 없는 것이 오늘의 현실이다.

이상에서 세 가지 시대적 도전에 우리가 어떻게 대응하고 있는가를 개관하였다. 대체로 민주화·세계화·정보화 시대의 요청에 따라 바람직한 방향으로 변화가 일어나고 있기는 하나, 아직 새로운 질서가 자리 잡힌 것은 아니고 혼란이 계속되고 있다고 할 수 있다. 방법 선택의 잘못으로 개혁을 위해 필요 이상의 대가를 치르는 것이 사실이지만 이미 지나간 일을 탓해보아야 무슨 소용이 있겠는가? 다만 지금 항간에서 제기되고 있는 몇 가지 문제에 대하여 사견을 밝혀본다.

세계화는 잘못된 선택인가?

앞서 세 가지의 시대적 변화는 거역할 수 없는 대세라 하였는데, 요즘 미국에서 테러와의 전쟁을 선포한 후 세계화에 대한 비판과 반성의 소리가 일고 있다. 세계화는 미국이 자국 중심의 기준을 개도국에 강요하는 책략(策略)이라는 비판도 있고, 세계의 국가들을 승자와 패자로 갈라놓았다는 반성도 있다. 그래서인지 항간에는 세계화를 잘못된 것처럼 생각하는 사람이 있는 것 같다.

그러나 세계화는 우리가 원하든 원하지 않든 지속될 필연성을 가지고 있다. 그 이유는 세계화는 선진국의 정치적 책략이기에 앞서 정보통신 기술의 혁명적 발달이 가져온 결과이기 때문이다. 컴퓨터의 발달로 팩스나 이메일은 물론 인터넷에 의하여 전 세계의 컴퓨터 사용자 상호 간에 네트워크가 형성되어 있고, 이제는 어디서나 어느 때나 문서, 영상, 이미지를 순간적으로 교환할 수 있고 또 공유할 수 있게 되었으니 이것이 바로 세계화가 아니고 무엇이겠는가? 이러한 통신수단의 세계화는 경제·사회·문화의 세계화로 연결되지 않을 수 없다. 국제무역의 측면을 보면, 한국에서 수입한 반도체와 일본에서 도입한 기술을 사용하여 중국에서 생산한 컴퓨터가 미국에서 미국 상표로 팔릴 때, 그것을 어느 나라 제품이라고 해야 하겠는가? 이제 국경이 점점 무의미해지지 않을 수 없다.

다만 개방에 따른 이익의 배분은 고르지가 않다. 국내적으로도 수익자와 피해자가 있게 마련이고 국제적으로도 이익을 더 보는 국가와 덜 보는 국가가 있게 마련이다. 그러나 이것은 정치적으로 해결할 문제이지 그 때문에 세계화를 거부해야 할 이유는 되지 않는다.

농업을 어떻게 할 것인가?

세계화의 일환으로 수입 개방이 불가피한데, 향후 농업 문제는 어떻게 할 것인가? 먼저 장기적 관점에서 이 문제를 생각할 필요가 있다. 미국의 21세기연구소장 애크로이드 등의 연구보고서에 의하면, 현재의 세계 인구는 57억으로 추산되는데 21세기 말경에는 120억(후진국권 100억, 선진국권 20억)에 이르게 되어 지구가 포용할 수 있는 한계선을 돌파하게 될 것이라고 한다. 한편 현재의 농업 생산력으로 120억의 인구를 먹여 살리려면 48억 헥타르의 농경지가 필요한데 지구상에는 잠재적으로 경작이 가능한 토지 면적이 32억 헥타르밖에 되지 않는다 한다. 뿐만 아니라 침식, 산림 벌채, 도시 및 산업지역의 확대, 관개용수의 유실 등으로 경작 면적은 해마다 줄어드는 추세에 있다. 그렇다면 장기적으로 세계는 식량 부족에 직면하게 될 것이고, 이미 현재도 북한을 비롯하여 식량이 부족한 나라들이 많다.

토지뿐만 아니라 수자원의 부족도 문제가 된다. 샌드라 포스텔(Sandra Postel)에 의하면, 이미 27개국이 물 부족 상태이고 1979년부터는 인구 1인당 수리지역 면적이 감소 추세이며, 장차 식량 안전이 매우 위태로워질 것이라고 한다.

이러한 사정을 고려한다면 우리는 어떻게 해서든지 농업을 보존해야 한다. 세계 식량 부족이 표면화되면 곡물 가격이 오르는 시기가 올 수도 있다. 그때까지가 문제이다.

이에 대한 근본 대책은 농업의 기업화와 과학화에 있다고 생각된다. 농업을 기업화하면 주식지분의 방식으로 경작 면적을 대대적으로 통합하여 대규모 기계 농법으로 생산비를 줄이는 한편, 쌀의 품질을 차별화하여 국내 수요를 유지할 수 있지 않을까 생각된다. 이를 가로막는 정부의 규제가 있다면 과감히 철폐해야 한다. 그러면 농민들은 스스로 자기의 살길을 찾아갈 것이다. 예컨대 무공해 농산물의 위탁 재배, 꽃과 과실, 인삼 등의 특용작물 재배와 수출 등의 방향을 모색하게 될 것이다. 일본도 수입 개방을 했지만 일본의 농업은 망하지 않았다. 한편 농업의 과학화로 품종 개량, 비용 절감, 신종 농산물 개발 등에 힘쓰는 한편, 식물학·생명공학 분야에서는 장기적 식량 안보 방안을 연구해야 한다. 동시에 당장은 사회 정책적 관점에서 피해 농가에 대한 소득 보조, 겸업 지원, 전직 훈련 등의 다각적 보호대책이 마련되어야 할 것이다.

정보화의 부작용을 어떻게 할 것인가?

정보화의 부작용은 다양하다. 국제적으로는 정보화가 미국과 영어권을 중심으로 하는 '정보 제국주의'의 양상을 띠고 있고, 선진국과 후진국 사이의 격차를 확대하고 있다. 그리고 정보매체의 막강한 영향력을 악용하는 사례도 많다. 특정 세력이 불법적으로 자신들의 의견과 이익을 관철하기 위하여 정보매체를 활용하는 경우도 있고 소수의 목소리를 다수의 목소리로 둔갑시키는 일도 있다. 그러나 무엇보다도 정보화가 문화에 미치는 악영향이 문제다. 정보화는 그 폭발적 위력 때문에 더욱 해악이 큰 것이다.

그러나 정보화의 폭발적인 위력을 정보화의 악영향을 제거하는 데에 역이용할 수도 있다. 필자는 우리나라의 공영방송(특히 KBS)이 각종 사회악을 고발하고 시민의 각성을 촉구하는 데에 중요한 역할을 하고 있다고 생각한다. 만약 모든 상업방송이 약간의 시간을 할애하여 우리의 모든 사회악을 추방하는 데에 힘을 합친다면 가장 효과적인 수단이 될 수 있을 것이다. 뿐만 아니라 정보수단을 충분히 활용하면 민주화·세계화·정보화 시대에 걸맞은 새로운 가치관(협력, 정직, 신뢰, 포용 등)과 행동양식을 배양할 수 있고, 교육·의료·과학 등의 분야에서 선진국을 따라잡는 기회가 될 수도 있다. 요컨대 정보화는 우리가 그를 어떻게 활용하고 관리하느냐에 따라 이익이 될 수도 있고 해악이 될 수도 있다. 정보 자체가 선악과 진부를 가려주는 것이 아닌 이상, 우리 문화의 가치를 지키기 위해 정보매체에 대한 사회적 규제가 필요하다고 생각된다.

구조조정은 끝나가는가?

구조조정 과정에서 많은 기업이 진통을 겪는 것은 어쩔 수 없다. 문제는 진통에 값할 만한 구조조정이 이루어졌느냐 하는 것이다. 구조개혁의 목표는 시장원리의 도입이다. 따라서 구조개혁이 어느 정도 이루어졌느냐 하는 것을 판단하는 기준은 어느 정도로 시장원리가 작용하는가 하는 것이다. 다시 말하면 금융시장, 노동시장, 제품시장에 자유로운 참입(參入)과 퇴출이 있고 유연한 가격 메커니즘이 작동하고 있으면 시장 참가자들의 규율 향상과 바람직한 자원 배분을 기대할 수 있고 활력이 넘치는 경제의 원동력이 될 수 있다. 특히 금융개혁이 전체 경제구조개혁의 성패를 좌우하는 관건이다. 금융시장을 시장원리가 지배하면 그 압력이 노동시장, 제품시장에 파급되기가 쉽다. 그러나 우리의 현실은 아직 그러한 상태에 도달하지 못했다. 그러므로 이러한 판단기준을 염두에 두고 정권이 바뀌더라도 구조개혁을 지속해야 한다.

우리 산업의 경쟁력이 있는가?

세계화에 대응하는 근본 대책은 국제 경쟁력을 강화하는 것이고, 그 때문에 구조조정을 추진하는 것이다. 현 시점에서는 섬유, 의류, 신발, 완구, 가전, 조선(장기적), 농업 등이 경쟁력을 잃어가고 자동차, 철강, 정보통신, 석유화학, 고급가전, 고급섬유, 바이오 등은 아직까지는 경쟁력이 있다. 이들 상품의 경쟁력을 유지하려면 기술을 개발하여 상품을 고급화하고 차별화해야 한다는 것은 두말할 필요도 없다. 따라서 정부 역시 기술 개발에 역점을 두고 있는데, 이 문제는 결국 교육의 문제로 귀착된다. 그러나 입시 위주의 중등 교육, 무용(無用)의 인재를 배출하는 대학교육이 논란의 대상이 되어왔는데 아직도 해결책을 찾지 못하고 있다. 필자의 생각으로는 중등교육에서는 도덕 및 국가이념의 고취와 창의력 계발에 역점을 두고 대학교육에서는 산업사회 수요에 부응하는 교육을 해주었으면 한다. 지금 우리 산업계에는 IT 관련 고급두뇌의 공급이 부족한 상태임에도 불구하고 많은 고급인력이 외국으로 빠져나가고 있다. 이것은 인적자원 개발과 관리에 맹점이 있다는 것을 의미한다.

중국의 WTO 가입이 우리에게 어떠한 영향을 미칠 것인가?

우리 경제의 경쟁력과 관련하여 중국의 경제적 도약은 중대한 의미를 갖는다. 중국의 WTO 가입이 우리에게 주는 영향에는 명암이 엇갈린다. 먼저 밝은 면으로는 중국에 대한 수출과 직접투자가 증가할 것이라는 점이다. 현재의 광공업제품의 평균 관세율이 24%인데 2005년에는 평균 9.4%로 인하되고 자동차에 대한 관세율도 현재의 80~100%에서 2006년에는 25%로 인하되는 것으로 되어 있다. 그 밖에 비관세 장벽도 낮아지고 무역 분쟁이 일어나면 WTO의 분쟁처리제도에서 다투게 되기 때문에 두 국가 간 힘겨루기보다 해결이 쉬워질 것이다. 투자에서도 WTO 규약을 이행한다면 불투명한 중국 내 법제도가 정비되고 진출 기업과 자국 기업 간의 차별도 없어질 것이므로 우리나라 기업들의 투자 환경이 개선될 것이다.

그러나 우리에 대한 엄청난 도전도 직시해야 한다. 중국의 임금 수준은 우리의 5분의 1도 안 되고, 지가는 30~50년 임대료가 평당 약 10만 원 정도이다. 사회간접시설 건설에는 지가 보상이니 지역 이기주의니 부동산 투기니 하는 장애 요인이 없고, 노사분쟁도 없고, 정부가 계획하면 그대로 추진되는 체제이다. 중국 경제에도 문제가 산적해 있기는 하지만 그들은 실사구시(實事求是)의 정책 스타일로 성장 추세를 유지해나갈 것으로 보인다.

지금 많은 나라가 중국의 제조업과 경쟁할 수 없게 되어 중국은 세계의 제조창이 되어가고 있다. 좀더 구체적으로 말하면 중국은 이미 일본과 한국을 추월하여 세계 최대 가전 생산국으로 부상하여 TV(세계 점유율 36%), 에어컨(50%), 세탁기(24%) 등에서 세계 1위의 시장점유율을 기록하고 있다. 우리도 이미 중저가 섬유와 의류, 저가 가전, 신발, 완구, 농업 등의 분야에서 중국과 경쟁할 수 없게 되었다. 뿐만 아니라 중국 내 사업 환경이 개선됨에 따라 외국인 직접투자가 한국에서 중국으로 선회하지 않을까 염려하는 사람이 많다.

한국을 동북아 물류중심지로

그러면 앞으로 우리는 어떻게 해야 하는가? 물론 우리는 광대한 중국 시장의 틈새를 찾고, 공업제품을 고급화·차별화함은 물론, 첨단기술 상품을 개발해야 한다. 그러나 또 하나의 결정적인 기회가 있다. 그것은 한국을 동북아 물류중심지로 만드는 것이다.

앞으로 중국의 경제 규모가 미국 경제 이상으로 팽창하면 중국으로 엄청난 물량이 들어가고 나올 터인데 그 물류의 기능을 누가 담당할 것인가? 다행히 한반도는 동북아의 중심에 위치하여 전 세계와 지역 내의 모든 공항 및 항만과 효율적인 네트워크를 구축할 수 있는 입지 조건을 갖추고 있다. 그러므로 한국은 동북아 물류중심지가 될 수 있다. 이미 부산항은 컨테이너 화물 처리량에서 세계 제3위, 대한항공은 제2위를 차지하고 있다.

효율적인 물류중심지를 만들어놓으면 그곳에 입주하는 기업이 비용을 절감하고 경쟁력을 높일 수 있으므로 외국 기업들이 모여들 것이다. 이미 네덜란드에는 650개 이상, 싱가포르에는 500개 이상의 다국적기업의 지역 본부가 설치되어 판매, 구매, 재고를 집중 관리하고 있다. 외국 기업이 한국으로 모여들면 하역, 통관, 통신, 금융 등 서비스업이 확산되고, 모든 업무의 전산화에 따른 정보와 관리 기술이 동원되고, 고가품의 항공 운송 편의를 위해 첨단기술 제품의 생산기지로 발전할 수 있을 것이다.

그러므로 우리는 부산과 광양만을 싱가포르에 버금가는 물류기지로 개발하는 한편, 인천공항 주변을 국제자유도시의 물류기지로 개발하여 외국 투자를 유치하고, 그러한 물류거점이 다른 지역으로 파급되도록 하는 것이 중국 부상에 대한 근본대책이라고 생각한다.

투자를 촉진하는 방안은?

투자를 촉진하는 방안으로, 먼저 외국 투자에 관하여는 사업하기 좋은 환경을 만들어주기만 하면 동북아에서의 한국의 지정학적 이점을 노려 미국과 유럽의 투자자가 몰려올 것이다. 만약 영종도의 국제자유도시화 계획과 물류단지 마스터플랜을 명시하고 토목공사에 착수하면 입주를 문의하는 외국 기업들이 많아질 것이다. 정부 규제가 항상 문제가 되는데, 국제자유도시를 만들어 싱가포르나 암스테르담과 거의 똑같은 제도적 환경을 만들어주면 투자 유치는 어렵지 않다.

국내 투자에 관하여는 해외 요인으로 인한 시장 침체는 어쩔 수 없는 일이지만 불경기 시에는 내일을 내다보고 선행 투자를 해야 한다. 과거를 돌이켜보면 1970년대에는 중화학공업 투자, 1980년대에는 전자공업 투자, 1990년대에는 정보통신산업 투자가 주도하였는데, 2010년대에는 기술 개발과 정밀첨단공업 투자가 주도할 때라고 생각된다. 민간투자를 자극하기 위해 일정 기간 각종 세제상의 유인을 제공하고 정부 정책은행인 한국산업은행을 통해 과학기술 개발을 포함한 전략부문에 대한 장기융자를 실시하는 제도를 강구하라고 권하고 싶다. 지금의 형편으로는 일반은행이 장기투자를 지원한다는 것은 전혀 기대할 수 없기 때문이다. 그리고 무엇보다도 구조조정을 조속히 완수하여 시장원리가 작동하는 체제를 실현해야 한다.

결론

세계적 불황기에 세 가지의 시대적 변화가 겹쳐서 명암이 교차하고 있으니 혼란스럽고 불안한 것도 무리는 아니다. 그래서 경제에 대하여 말이 많다. 그러나 지난 40년 동안 우리는 이러한 고비를 수없이 거쳐왔다. 필자가 정부에 있을 때에도 경제가 잘된다는 소리는 한 번도 들어본 적이 없다. 그러면서도 우리 경제는 계속 발전해왔고 세계 12~13위의 산업국가로 발돋움하였다. 그 비밀은 무엇일까? 정부가 잘해서가 아니라 무엇보다도 시장경제 자체의 역동성 혹은 다이너미즘(dynamism)이 살아 있었기 때문이다.

앞으로도 이 다이너미즘을 살려가야 한다. 그런데 지금 기업들은 사업 의욕을 잃고 있으며, 금융인들과 공무원들은 복지부동으로 책임회피에 급급하며, 또 그럴 수밖에 없는 처지에 놓여 있다. 사회적 갈등 속에서 여기저기서 불법 행위가 자행되고 있는데, 공권력이 제구실을 못하고 있으며, 공권력에 대한 국민들의 신뢰가 없어진 지 오래다. 지금의 사태를 종합적으로 관찰한다면 경제적 위기보다 정치적 위기가 더 큰 문제라고 생각된다. 정치적 위기를 극복하는 것은 정치인과 정치 지도자의 몫인데, 과연 그들이 구태의연한 정치적 관습에서 탈피하여 필요한 리더십을 발휘할 수 있을지 우리가 믿음을 가질 수 없다는 데에 바로 오늘날의 불확실성과 불안의 근원이 있다고 감히 말하고 싶다.

생각해보면 세계화와 정보화는 외부에서 부과되는 타율적인 변화인 데 반하여, 민주화는 내부에서 일어나는 자율적인 변화라고 볼 수 있다. 타율적인 변화는 남을 따라가면 되지만 자율적인 변화는 자기가 자기를 고치는 일이기 때문에 쉽지가 않다. 지금 정치개혁을 요구하는 소리가 높은데 이 일에 성공하지 못하면 세계화·정보화의 진전에도 불구하고 이 나라의 미래는 밝을 수가 없다.

FTA : 멕시코의 경험을
어떻게 볼 것인가

2006년 7월 15일, 한국선진화포럼에 기고

최근에 공영방송이 NAFTA(미국, 캐나다, 멕시코 사이의 FTA)에 관한 다큐멘터리를 방영했는데, 이 방송이 시청자들을 크게 오도하고 있는 것 같다. 방송에 따르면 NAFTA는 멕시코에서 사회복지·농업·환경 분야에 부정적 영향을 주고, 공공서비스의 개방과 민영화로 공공요금이 올라갔으며, 은행의 민영화로 금융기관의 대부분은 외국인 손으로 넘어가서 공공성을 상실하여 결과적으로 빈곤층과 부유층, 중소기업과 대기업 사이의 양극화를 심화했다는 것이다. 하지만 NAFTA 이후 수출과 외국인 투자가 급증했다는 이야기가 언급되기는 했지만 그것이 국내 고용, 소득 및 기술 향상에 미친 긍정적 효과는 분석하지 않았다.

방송의 악영향을 걱정한 정부당국은 '외눈박이의 시각을 바로잡기' 위해 《한겨레신문》에 전면광고를 내어 방송 내용을 반박하고 나섰는데, 그에 따르면 이 프로그램은 FTA에 부정적인 견해를 가진 인사들만 면담했고, 긍정적 측면은 무시하고 부정적 측면만을 부각시켰으며, 이론적 혹은 실증적 정확성이 없는 사례를 주장의 논거로 삼았다는 것이었다.

대체로 수긍이 가는 반론이라 생각된다.

먼저 이 방송을 보고 이해하기 힘든 것은 NAFTA가 그토록 멕시코에 해악을 끼쳤다면 멕시코는 무엇 때문에 세계에서 가장 많은 나라와 FTA의 네트워크를 구축했느냐 하는 것이다. 멕시코는 NAFTA 외에 EU, 일본을 포함한 43개국과 FTA를 체결하고 있으니 말이다. 필자가 보기에, 그것은 멕시코가 태평양과 대서양, 그리고 남미와 북미의 중간에 위치한 지리적 조건을 활용하여 멕시코를 교역과 투자의 중심지가 되도록 하겠다는 장기전략(Millennium Development Goals)을 추진해왔기 때문이다.

이러한 장기전략에 성공하고 있느냐 실패하고 있느냐에 대하여는 상반된 견해가 있다. 원래 남미에는 신자유주의를 비판하는 좌익이 우세한 곳이니 FTA를 좋게 말하기는 힘들 것이다. 그러므로 세계은행이나 IMF의 보다 객관적인 분석과 평가를 볼 필요가 있다. 이 두 기관 전문가의 연구보고에 따르면 NAFTA가 멕시코에 끼친 긍정적 효과는 적지 않다. 미국과 캐나다에 대한 수출이 세 배로 증가하였고(1993~2003년), 3국 간의 산업 간 분업이 발달했으며, 외국인 직접투자가 120억 달러(1991~1993년)에서 540억 달러로 증가했고(2000~2002년), 그 결과로 기능공이 부족할 정도라고 한다. 또한 GDP 평균 성장률은 2%(1980~1993년)에서 4%(1996~2002년)로 높아졌으며, 거시정책과 제도개혁에도 상당한 진전이 있었다. 그러나 멕시코는 필요한 개혁과 정책을 회피하여 NAFTA가 제공한 기회를 충분히 활용하지 못했고, 그 때문에 기대했던 만큼의 큰 성과를 올리지 못했다는 것이다.

FTA 반대론자들은 멕시코가 직면한 모든 경제 문제를 NAFTA에 결부시키려 하나 그러기에는 무리가 있다. NAFTA는 1994년에 발족했는데 그 후 멕시코는 세 가지 악재에 직면했다. 첫째는 1994~1995년의 외환위기와 그에 따른 경제적 혼란, 둘째는 2000년 이후의 미국 경기의 하락과 수입 부진, 셋째는 중국의 WTO 가입과 미국 시장 진출에 따른 수출경쟁력과 시장점유율의 급락이다. 이러한 악재의 파급효과는 엄청나게 큰 것인데 제2와 제3의 악재는 NAFTA와는 관련이 없다. NAFTA 이전이나 이후나 멕시코가 안고 있는 내생적인 난점은 널리 알려져 있다. 빈곤층의 증가, 미국으로의 밀입국과 마약 거래의 만연, 농업의 피폐, 중소기업의 몰락, 남북의 지역적 격차, 영양실조 아동의 증가, 자연환경의 악화, 부정부패의 만연 등이 그것들이다. 이러한 문제를 놓고 한쪽에서는 NAFTA 때문에 사태가 한층 더 악화됐다고 하는가 하면, 멕시코 개발연구원 루이스 루비오 원장과 같이 NAFTA가 없었더라면 사태는 더욱 악화했을 것이라고 주장하는 학자들도 있다.

어느 쪽의 말이 옳든 우리가 멕시코의 경험에서 얻는 교훈은 명백하다. 즉, FTA는 구세주도 아니고 악마도 아니다. 그것은 우리가 활용하기에 따라 약이 될 수도 있고 독이 될 수도 있다.

멕시코의 경우, 노동시장이 남미에서 가장 경직적이고, 석유 수입에 안주하여 세수 증가를 위한 세제개혁을 미루어왔고, 전력·통신 등 사회간접시설 공급은 부족한데 헌법이 민간 참여를 금지하고 있고, 인적자원 개발이 시급한데 그에 대한 재정지출이 미약하고, 부정부패를 다스리는 투명한 법적 절차와 법치주의가 필요한데 사법개혁이 이루어지지 않고 있는 것이다

그러므로 멕시코의 경험이 한·미 FTA를 무조건 반대할 만한 이유는 되지 않는다. 지난날 GATT, 우루과이라운드, WTO 협상 때에도 국내에서는 반대도 많았고 걱정도 많았지만, 돌이켜보면 우리 산업은 대체로 성공적으로 적응했고 성장, 발전의 촉진제가 된 것을 부인하기 어렵다.

미국과의 FTA도 잘만 하면 같은 결과를 가져올 수 있다. 미국의 무역 장벽과 통상 마찰을 해소하여 보다 안정된 수출시장을 확보하고, FTA에 간접 효과로 직접투자와 기술이전이 경제성장으로 연결되면 반대자들이 개탄하는 양극화를 완화할 수 있는 힘이 생기며, 물가 안정과 서민층의 생계비를 줄이는 효과도 있다. 물론 무역 자유화로 타격을 받는 부문도 있다. 특히 농업에 대하여는 정부가 협상에서 피해를 최소화하도록 노력하는 동시에 농민들이 살아갈 수 있는 대안을 제시해야 한다.

우리나라의 사정은 멕시코와는 매우 다르다. 멕시코는 1인당 GDP는 5,000달러에 불과하고 외국에 1,200억 달러의 빚을 지고 있다. 이에 반해 우리는 소득 수준이 세 배나 높고 대외적으로는 순채권국이며, IMF 사태 이후 꾸준히 구조조정을 계속해왔다. 그럼에도 불구하고 우리가 직면한 경제 문제들은 아직도 멕시코의 그것들과 비슷한 면이 있기는 하다. 미국과의 FTA를 떠나 이러한 문제들을 해결하지 않으면 우리도 멕시코와 같은 나라가 될 수 있다. 그러나 FTA를 잘 활용하면 무한경쟁 시대에서 살아남을 수 있고 국민들의 생활수준을 끌어올릴 수 있다. 단지 FTA로 손해를 보는 농민이나 일부 산업에 대해서는 정부가 대미 협상에서 이들의 피해를 최소화하도록 노력하고 그들이 살아갈 방도를 제시해야 한다.

끝으로 보다 장기적 안목으로 생각할 필요도 있다. 멕시코와 같이 우리도 중국의 경제적 도약 앞에서 전통적 제조업이 경쟁력을 잃어가고 있는데 근본 대책이 무엇인가 하는 점이다. 한쪽에서 기회가 사라지면 다른 곳에서 기회를 찾아야 한다. 그런데 중국과 다른 나라의 무역 장벽이 그를 가로막으면 새로운 기회를 잡기 어렵다. 따라서 한국, 미국, 일본, 그리고 결국에는 중국까지 포함하는 FTA를 실현해야 우리의 살길이 넓어진다. 한·미 FTA는 바로 그곳으로 가는 길이다. 자원이 없고 경제대국에 둘러싸인 우리나라는 숙명적으로 그 방향으로 갈 수밖에 없는 것이다.

3장

우리 경제, 무엇이 문제인가

- 오늘의 난국 – 무엇이 문제인가

- 한국 경제, 어디로 갈 것인가

- 대담 : 세계적 불황, 중국의 약진, 우리는 어떻게 할 것인가

- 부동산 투기를 없애는 근본 대책 : 부동산거래소를 만들자

- 시장경제의 4대 원칙

- 대담 : 소득 2만 달러를 향하여

- 대담 : 경제위기 – 남덕우 전 총리에게 듣는다

- 원화 디노미네이션 서둘러야

- 한국 경제의 기본 과제와 경기 대책

:: 지암芝巖 남덕우의 경제칼럼

오늘의 난국 –
무엇이 문제인가

2000년 9월 23일, 《중앙일보》, "특별시론 : 경제위기 긴급진단"

지금 유가 상승, 금융 불안, 주가 하락, 의료 대란, 남북 관계에 대한 불안 등의 악재가 겹쳐 난국이라는 소리가 높다. 당연한 말이지만 문제의 해결은 정부의 위기관리 능력과 국민들의 협조에 달려 있다. 중요한 것은 문제의 핵심을 파악하는 것이라 생각되므로 필자의 사견을 적어보려고 한다. 결론적으로 말하면, 제2의 환란은 오지 않는다는 것이다. 그러나 저성장, 고물가, 국제수지 악화의 대가는 감수할 수밖에 없을 것이다.

석유파동 — 경제안보의 부재

1970년대 두 차례의 석유파동 이후, 우리는 또 다른 파동에 대비하여 지세포(知世浦)를 비롯한 전국 요소에 석유비축시설을 건설하고 석유 수입(輸入) 부과금으로 석유사업기금을 설치하였다. 그런데 지금의 상황을 보면 석유비축시설의 이용률은 30%에 불과하고, 그동안 17조 원의 석유 사업기금이 징수되었으나 석유 비축에 쓴 부분은 약 10%(1995~1999년)에 불과하여 석유 비축량은 29일치밖에 되지 않는다 한다. 놀라운 사실이다. 이처럼 국가 경영에 큰 허점이 생기는 것은 정치권에서 경제 안보보다 정치적 편의를 택한 결과라 하지 않을 수 없다. 정권이 바뀌더라도 경제 안보에 필요한 정책은 정치적 편의에 좌우되지 말고 일관성 있게 유지하기를 바랄 뿐이다.

구조조정과 금융 불안의 악순환

지금의 금융경색은 2년 전 경험의 되풀이에 불과하다. 당시 은행권은 BIS 자본비율 8%에 접근하자면 대출을 줄이는 외에 다른 방도가 전혀 없었다. 이로 인한 금융경색이 일자 대기업들은 사채 발행을 위해 투신사로 몰려갔고, 그 결과 이번에는 투신사의 부실이 문제가 되었다. 정부가 투신사의 구조조정에 손을 대자, 이번에는 투신사의 자금이 은행권으로 몰리게 되어 투신사와 그에 의존했던 기업들이 큰 타격을 받았다.

이제 금융권의 제2차 구조조정이 실시된다고 한다. 그 대상인 6개 은행은 대출을 줄일 수밖에 없고 여타 은행들도 무사안일주의로 나아갈 수밖에 없을 것이다. 구조조정에는 일시적인 자금경색이 불가피하다. 그러나 그것이 한 번에 끝날 수 있도록 전체를 조감하는 현실적·종합적 대책이 있어야 한다. 그것 없이 IMF가 요구하는 금융기관 자본비율 BIS 8%, 기업의 자본비율 200%를 맹종하다 보니 구조조정과 금융 불안 사이의 악순환이 되풀이되고 있는 것이다.

구조조정 방식의 문제

구조조정이 부진하다는 말이 많다. 그러나 그 이유를 정확히 판단할 필요가 있다. 구조조정 과정을 병원의 환자 치료에 비유하면 이해하기가 쉽다. 의사가 환자를 치료하는 데에는 (1) 정확한 검진 자료 = 정직한 재무제표, (2) 환자의 입원＝부실은행 및 기업의 격리, (3) 치료 처방의 결정＝구조조정 절차의 확립, (4) 치료 방법의 준수＝구조조정 조치의 엄격한 집행 등 네 가지 단계가 필요하다. 만약 환자가 (4)의 단계에 가 있으면 가족은 환자를 병원에 맡기고 치료 기간이 얼마가 되든 조용히 기다려야 할 것이다.

대우그룹의 처리가 늦어진 데에는 네 가지 이유가 있다. (1) 부실한 재무제표와 진상 파악의 지연, (2) 채권은행의 손실분담 및 처리에 대한 의견 대립, (3) 노사 분규, (4) 정부 지도 방침의 불투명이 그것이다. 가령 법적 지원을 받는 부실기업 정리의 전문기관(외국인이 참가하는 지주회사)을 설립하여 대우의 처리를 그곳으로 이관하고, 유능한 경영자를 선임하여 구조개혁에 종사하게 하는 한편, 그동안 간헐적으로 투입된 막대한 자금을 일시에 투입하여 경영 정상화를 도모했더라면 어떻게 되었을까? 아마도 지금쯤은 보다 나은 회사가 되어 GM이 인수를 철회했다 하더라도 크게 당황하지 않았을 것이다. 대우의 부실 상태는 널리 알려져 있지만, 대우가 수출하는 소형차 마티즈가 유럽에서 불티나게 팔리는 것도 사실이다. 창의적이고 역동적인 경영으로 이러한 긍정적 측면을 살릴 수는 없었을까? 필자의 경험으로 본다면 부실기업의 경영을 채권은행에 맡기는 것은 환자의 치료를 환자에게 맡기는 것과 같다. 요컨대 앞에서 말한 구조조정의 논리적 순서에 따라 구조조정의 메커니즘을 다시 한 번 검증해볼 필요가 있지 않은가 생각한다. 구조조정 방식의 구조조정이 필요할지 모른다는 말이다.

주가 하락

국내에 악재가 많으면 주가가 하락하게 마련이다. 이것은 정상적 시장

기능의 현상인 이상 정부가 개입한다고 해서 해결될 문제가 아니다. 다만 악재를 해소하는 데에 전력을 다해야 한다. 그러나 외국인이 주식을 투매하여 달러가 빠져나가는 썰물 현상에 대하여는 대책이 필요하다. 한 가지 방법은 외국인이 주식투자를 위해 들여온 달러는 정상적 외환 보유고와 별도로 관리하여 전액 지급 준비로 보유하고 이를 공개하는 것이다. "갈 테면 가라" 하는 여유 있는 자세가 오히려 그들을 묶어두게 될 것이다. 어차피 투기자본의 국제적 이동이 문제시되고 있고, 외국 투자자에 의하여 주가가 좌우되고 있는 때이니만큼, 어떠한 제도적 방패를 강구할 필요가 있지 않은가 한다.

남북 관계

남북 간의 화해와 협력을 반대할 사람은 없다. 그러나 많은 사람이 정부의 접근 방식에 불안을 느끼는 것 같다. 우리의 현실을 무시하고 정부가 독주하고 있는 것이 아니냐 하는 인상을 받고 있는 것이다. 서독과 동독이 통일되었을 때 서독에는 적어도 두 가지 필요조건이 겸비되어 있었다. 첫째는 막대한 국제수지 흑자에서 볼 수 있듯이 서독은 동독을 수용할 수 있는 경제력이 있었고, 둘째로 서독에는 성숙된 민주적 대의정치와 시장경제체제가 뿌리박혀 있어서 국민들의 이념과 체제에 대한 자세가 확고하였다. 이에 비하여 우리는 경제력도 약하고, 대의정치는 아직 후진적 혼란을 계속하고 있으며, 국가이념과 체제에 도전하는 세력도 없지 않다. 이러한 제약하에서 남북 관계를 어떻게 전개해나갈 것이냐 하는 문제가 심각한데, 정부에서는 이에 대한 깊은 연구와 청사진 없이 업적 과시에만 열을 올리는 것 같고, 야(野)에서는 통일 지상주의와 현실주의가 맞서고 있다. 어쨌든 우리는 평양과 타협할 수 있는 것과 없는 것을 분명히 가려야 한다. 비근한 예로 텔레비전의 전자 형식을 북한의 방식으로 통일한다는 것은 기술적·경제적으로 불가능한 것인 것처럼, 정치·사회적 측면에 있어서도 타협할 수 있는 것과 없는 것이 있다. 예컨대 군축 같은 것은 타협할 수 있는 문제지만 자유민주의 이념과 체제는 타협할 수 없는 것이다. 타협할 수 없는 문제라면 그것을 북에게 이해시키는 도리밖에는 없고, 그 점을 처음부터 분명히 해야 북한의 오판을 방지할 수 있으며 남한 내에서 불필요한 혼란을 예방할 수 있을 것이다. 정치 지도자들은 이 점을 분명히 하고 기회 있을 때마다 북한의 이해와 변화를 유도해야 할 것이다.

한국 경제,
어디로 갈 것인가

2001년 5월 23일, '서강포럼'
6월 8일, 한국발전연구원에서 이 원고에 따라 연설

중국과의 경쟁

필자는 최근(2001년 5월)에 동북아 지역경제협력에 관한 세미나에 참석하기 위하여 중국의 선양(瀋陽)과 창춘(長春)에 다녀왔다. 창춘은 만주의 내륙이지만 7~8년 전에 갔을 때와 너무나 달라져서 중국의 경제발전 속도에 새삼 놀라지 않을 수 없었다. 당국자의 안내로 경제특구를 돌아보았는데 그 광대한 특구 내 공장들이 모두 활발하게 가동되고 있어, 1970년대의 우리나라 공업지대를 연상케 했다.

어느 자동차 부품공장을 시찰할 때 들은 이야기이다. 중국의 공장근로자의 평균 임금은 모든 간접비를 포함해서 월 250 내지 300달러이고, 공장용지는 정부로부터 30년 기한으로 임대를 받는데, 1평방미터당 연간 약 33달러(1평당 약 9달러 = 약 10,000원)의 임대료를 내면 된다고 한다. 토지는 국가 소유니까 공장부지, 도로, 학교 등 공공시설을 건설하는 데에 토지보상비와 분쟁을 걱정할 필요가 없고, 토지의 용도 배정도 정부가 결정하면 그만이다. 여기에 문제가 없는 것은 아니지만, 기업에 대한 사회간접시설 건설 비용의 전가가 매우 저렴하다는 이점이 있다.

앞으로 우리나라 제조업이 무슨 수로 이러한 중국 기업과 경쟁할 수 있겠는가? 이것이 경제특구를 돌아본 일행들의 한결같은 질문이었다. 하지만 필자는 하늘이 무너져도 솟아날 구멍은 있다고 생각한다.

틈새를 찾자

첫째로 중국 경제가 커지고 다양해지면 우리가 끼어들 틈새는 얼마든지 있다는 생각이다. 만약 중국이 앞으로 연간 7~8%의 경제성장을 계속한다면, 앞으로 10년 내에 세계 제1위의 경제대국이 될 것이라는 보고가 있다. 필자는 이 전망이 중국 경제의 약점을 무시한 과대평가라고 생각하지만, 앞으로 중국의 경제발전 속도가 동북아의 다른 나라에 비하여 빠를 것이라는 것만은 사실이다. 경제가 급속도로 성장하면 다양하고 새로운 수요를 창출하게 마련인데, 모든 새로운 수요를 국내 생산만으로 동시에 충족시킨다는 것은 절대로 불가능하다. 그래서 중국은 이미 우리 수출의 제3시장으로 부상하였고 머지않아 제2의 수출시장이 될 것이다(2000년 대일 수출은 204억 달러, 대중 수출은 184억 달러). 1960년대에 우리가 경제개발을 시작할 때 무슨 수로 일본과 경쟁할 수 있느냐고 비관론을 주장한 사람들이 많았다. 그러나 일본은 우리의 제2의 수출시장이 되었고, 섬유, 전자제품, 선박, 제철, 반도체 등 다양한 품목에서 일본과 성공적으로 경쟁하고 있다.

요는 우리나라 제품을 기술·디자인·품질 면에서 차별화하여 가격 경쟁의 불리함을 상쇄하는 것이다. 각종 제조업에 IT 기술을 접목시키고 중국 시장을 면밀히 조사하여 그들의 취향과 니즈를 발견하면 사업 기회는 얼마든지 있을 것이다.

서비스 산업의 중요성

그러나 앞으로 중국이 세계 시장을 위한 공업제품의 생산기지가 되면 일반적으로 우리 제조업이 중국과 경쟁하기 어렵게 된다는 것은 부인할 수 없다. 그러면 우리는 어디로 갈 것인가? 그래서 둘째로 서비스 산업을 다시 보아야 한다. 서비스 산업이라 하면 제3차 산업이라 하여 중요성이 적은 산업처럼 보아온 것이 사실인데 지금은 그렇지 않다. 서비스 산업에는 유흥, 관광 등 소비적 서비스뿐만 아니라 금융, 운송, 컴퓨터 소프트웨어 같은 중요한 첨단산업이 포함되어 있고 앞으로는 손과 발보다 두뇌를 사용하는 산업이 경제를 주도하게 될 것이다.

동북아의 물류중심지로

셋째로 우리가 서비스 산업을 중요시해야 할 특별한 지정학적 이유가 있다. 주지하는 바와 같이 한반도는 동북아의 중심점에 위치해 있어 동북아의 물류중심지로서 적합한 조건을 갖추고 있다. 이미 인천공항이 영업을 개시하여 동북아 항공의 중심점이 될 것을 예고하고 있는데, 해운에 있어서도 부산, 광양만, 인천항 등이 세계 각지로부터 동북아로 오고 가는 선박의 기항지와 화물 수송의 중계지가 될 것이다. 육운에 있어서는 경의선과 시베리아 철도를 연결하면 일본 및 한반도와 유럽 사이의 철도 수송이 가능해지고 수송비와 시간을 크게 절약할 수 있을 것이다. 시베리아의 무진장한 천연가스를 이용하자면 시베리아, 만주, 한반도, 일본을 연결하는 파이프라인의 건설이 필요하게 될 것이다.

그런데 한국을 동북아 물류중심지로 만들자면 하드웨어(공항, 항만, 철도)뿐 아니라 그것을 운영하는 소프트웨어의 기능, 즉 서비스의 기능이 완벽해야 한다. 한국은 싱가포르, 홍콩, 상하이, 간사이 공항 등과 경쟁

해야 하는데, 그 성패를 좌우하는 것은 무엇보다도 소프트웨어의 질에 달려 있다.

한국이 물류의 중심지가 되면 그로부터 여러 가지 연관 산업이 파생하게 된다. 인천-서울 지역을 물류뿐만 아니라 금융, 디지털 서비스, 관광 등의 중심지로 만들 수 있고, 거기에서 막대한 소득과 고용이 창출될 수 있는 것이다.

어쨌든 일본, 중국과 같은 경제대국 사이에 위치하는 한국이 제조업뿐만 아니라 서비스 분야에서 큰 몫을 하지 못할 이유는 없다. 그런데 그것은 동북아 전체의 경제성장과 우리의 노력에 달려 있다. 이러한 관점에서 필자는 1990년 이래 동북아 지역협력방안을 논의하는 국제적 모임에 참가해왔고, 구체적 협력방안의 하나로 동북아개발은행의 설립을 주장해왔다. 하와이동서문화센터에 사무국을 두고, 조이제 박사가 주도하고 필자가 지원하는 동북아경제포럼은 지난 10년간 매년 각 분야의 전문가 회의를 개최하여 동북아의 항공, 해운, 육운을 통합한 물류 시스템과 시베리아 에너지 개발, 그리고 동북아개발은행의 설립 방안을 논의해왔다. 논의가 거듭될수록 한국이 지정학적 위치를 잘 활용하면 21세기에 동북아 물류중심지로 성공할 수 있다는 확신을 갖게 되었다. 작년에 우리 재계의 협찬으로 동북아경제포럼 한국위원회가 설립되었는데 앞으로 개발 방안을 계속 논의해나갈 것이다.

두뇌산업을 일으켜야

넷째로 우리가 살길은 두뇌산업을 일으키는 것이다. 앞에서 서비스 산업의 중요성에 대해 말했지만 그것은 자본이나 노동만으로 되는 일이 아니라 인간의 기능·지식·도덕과 같은 무형 자산이 보다 큰 역할을 하게 된다. 비근한 예로 손님에게 친절하고 정직하고 주변을 깨끗이 하면, 그것만으로도 우리의 서비스 산업을 크게 발전시킬 수 있다.

삼성경제연구소는 21세기에 한국을 먹여 살릴 10대 산업으로 디지털 가전, 콘텐츠, 전자 상거래, 정보통신, 반도체, 자동차, 조선, 정밀부품, 섬유, 바이오를 들고 있다. 한편 1990년 일본 통상성이 작성한 21세기 초에 급성장이 예상되는 산업의 리스트에는 마이크로 일렉트로닉(Micro-electronics), 바이오 기술(Bio-technology), 신소재, 통신, 민간용 항공기, 공작기계, 로봇, 컴퓨터(hardware and software) 등이 열거되고 있는데, 이것들은 우리의 전략산업을 포함하고 있으며 모두가 두뇌산업들이다.

두뇌산업만으로 우리가 먹고살 수 있느냐 하는 질문이 있다. 미국이 생필품의 대부분을 수입에 의존하고 있는데 그것이 미국 경제의 약점이 아니냐 하는 질문도 있다. 물론 인간 생활에 있어서 제조업의 중요성이 적어진다는 말은 아니다. 다만 물건을 만들어내고 사람들의 욕구를 만족시키는 서비스를 생산함에 있어서 물적 자본보다 두뇌를 사용하는 인적 자원의 역할이 더 중요해진다는 것을 의미할 뿐이다.

종래에는 천연자원과 자본이 풍부하면 부강해질 수 있다고 생각되었다. 따라서 한 나라에 주어진 부존자원의 종류에 따라 자원 집약형, 자본 집약형 또는 노동 집약형 등으로 생산을 특화하는 것이 경쟁우위를 차지하는 조건이라고 생각되었다. 그러나 이러한 경제이론은 점차 타당성을 잃고 있다. 왜냐하면 자원이 없더라도 수입을 해서 경쟁력 있는 상품을 만들어내는 경우가 얼마든지 있기 때문이다. 비근한 예로 우리나라에는 철광석과 석탄 자원이 없지만 외국에서 그를 수입하여 경쟁력이 우수한 철강을 만들어내고 있다. 뿐만 아니라 한편으로 기술 발달에 따라 공업제품, 예컨대 자동차나 교량건설에 필요한 철강의 양은 크게 줄어들었고 다른 한편으로 수송수단의 발달에 따라 수송의 거리는 별로 문제 되지 않게 되었다. 그래서 1970년대 중반에서 1990년대 중반에 이르는 동안, 인플레 효과를 조정하면 천연자원 가격은 약 60% 하락하였다는 보고가 있다.

자본에 있어서도 자본이 풍부한 나라만 대형투자를 할 수 있는 시대는 지나갔다. 지금은 뉴욕, 런던, 싱가포르, 도쿄의 자본시장에서 누구든지 자본을 조달할 수 있고, 후진국도 자본집약적 투자를 할 수 있게 되었다. 이제는 자본력과 노동력을 명확히 구별한다는 것도 어렵게 되었고 자본집약적 혹은 노동집약적이라는 말도 의미를 잃게 되었다. 물적 자본을 만들어내는 투자가 동시에 지식 또는 기능이라는 인적 자본을 만들어내기 때문이다. 아직 노동의 국제적 이동이 자유롭지 못하여 자본과 생산이 노동이 풍부한 지역으로 이동하는 현상이 계속되고 있기는 하나, 반대로 노동이 자본, 기술이 풍부한 나라로 이동하는 현상 역시 가속화되고 있다. 일본에는 100만 명 이상, 우리나라에서는 20만 명 이상의 외국 근로자가 입국하여 일하고 있는 것이다.

이와 같은 변화는 기술 발달과 함께 국경의 장벽이 낮고 물적·인적 자원의 이동이 자유로워야 한다는 조건하에서 이루어진다. 그러므로 자원이 없는 우리나라는 국제화와 무역의 자유화가 선행되어야 유리한 조건이 된다.

이제 경쟁의 무기가 되는 것은 토지나 자본이 아니라 오직 지식과 기능, 생활환경뿐이다. 그래서 과학기술 개발, 교육, 사회간접시설에 국가정책의 최우선순위를 두는 것이 오늘날의 세계적 추세다. 참고로 미국은 연구개발 예산을 지속적으로 확대하여 2001년에는 전체 예산의 30%에 달하는 854억 달러를 투입하고 있다. 일본은 정보, 바이오, 환경 등 3대 미래산업에서 2010년까지 미국을 추월한다는 목표하에 민·관 합동으로 '밀레니엄 프로젝트'를 추진하고 있으며, 2000년의 예산 규모도 1,206억 엔에 달한다. 유럽 정부는 장래 유망한 기술을 선택하여 JESSI(반도체진흥계획), ESPIRIT(구주정보기술개발전략), EUREKA(구주첨단기술공동체개발) 등에 보조금을 지급하고 있다. 유럽연합(EU)은 5차 프레임워크 프로그램(Framework Program, 1998~2002년)을 위해 163억 유로를 투입하고 있다. 이리하여 때는 바야흐로 두뇌 경쟁, 기술 경쟁, 결국은 인간성 경쟁의 시대가 되고 있는 것이다.

과학기술 개발이 시급한데…

과학기술부 자료에 의하면 우리나라의 과학기술 현황과 2025년까지의 장기 목표는 다음과 같다.

	2000년	2025년
과학기술 경쟁력	28위	7위
정보화 지수	22위	5위
경제성장 기여도	19%	30%
기술교역 지수	0.07	1 이상
연구개발 투자	128억 달러	800억 달러
연구개발 인력	138,000명	314,000명

자료 : 과학기술부

이러한 장기 목표를 달성하기 위하여 대통령을 위원장으로 하는 국가 과학기술위원회가 설치되었고, 국가 예산을 현재(2000년) 전체 예산의 4.1%에서 5% 수준으로 확대하고, 3차의 5개년 계획을 추진하여 2025년에 목표 도달을 계획하고 있다. 매우 야심찬 계획이라 생각되는데 약간의 사견을 피력한다면 기초과학과 응용과학의 우선순위를 좀 더 생각해 볼 필요가 있고, 대학에 배정한 자금이 방만하게 쓰인다는 비판이 있으므로 연구성과를 확인할 필요가 있다. 그리고 민간부문의 기술개발이 소홀히 다루어진 것 같다. 기업의 R&D를 촉진하는 지원책을 마련함과 동시에 정부는 단기적인 수지타산을 초월하는 연구과제에 도전하여 산·학·정의 역할 분담과 상호연계가 보장되는 총체적 시스템을 창출하는 것이 성공의 관건이 될 것이다.

그런데 지금 과학기술계에 위기적 현상이 나타나고 있다. 과학기술의 핵심 인력이 대거 해외로 빠져나가고 있는 것이다. 삼성경제연구소의 조사에 의하면, 반도체 비메모리, 통신기기, 정보기술 분야에서 외자계 기업으로 전직하고 해외로 이민 가는 추세가 확산되고 있다. 지금 국내에는 두뇌사냥(head hunt) 회사가 100개가 넘고, 2001년 전문직 취업 비자(H-1B)를 받아 미국으로 이주하려는 한국인의 수가 8,000명을 넘어설 것이라고 하며, 미국은 전문직 취업비자 쿼터량을 2000년 11만 5,000명에서 최근 19만 5,000명으로 대폭 확대하였다 한다. KK 컨설팅에 의하면, 주요 대기업에서 해외로 빠져나간 기술 인력이 2000년에는 200~300명 정도였으나 2001년에는 최소 3,000여 명에 달할 것으로 예상하고 있다.

표본조사에 응답한 출국 동기로는 (1) 경력 비전을 실현할 기회를 얻기 위하여, (2) 새로운 일에 도전하기 위하여, (3) 높은 보수와 인정받는 기회를 추구하기 위하여, (4) 회사 일과 개인 생활을 조화시키기 위하여, (5) 유연한 조직과 문화에서 근무하기 위하여 등을 들고 있는데, 자녀 교육의 어려움, 어지러운 정치·사회상 등으로 조국에 대한 애착이 없어진 것도 주요 원인의 하나가 아닌가 한다.

이에 대한 대책은 기업들이 인사정책을 혁신하는 도리밖에 없을 것이다. 핵심인력에 대한 채용, 선발기준, 보수 등에서 차별화하고, 그들의 자기계발 의욕과 명예와 자긍심을 길러주는 것이 중요할 것이다. 소니가 일본 내 취업선호도 1위 기업으로 명성을 유지하고 있다는데 외국 일류회사들의 인사관리 방법을 배울 필요가 있을 것이다.

고급 인력은 높은 보수만으로 유치되는 것은 아니다. 그보다는 사회와 정부에서 그들의 성취를 인정해주고 명예를 존중하는 풍토가 중요한 것 같다. 1970년대에 KIST를 비롯한 정부 연구소를 만들고 과학자들을 물적, 정신적으로 우대하여 외국에 있는 인재들을 많이 유치한 경험이 있다. 정부가 고급 인력의 확보와 유치를 위해 모범적인 정책을 선도할 필요가 있다.

교육이 근본 문제

과학기술의 발달이 교육에 달려 있음은 두말할 필요도 없다. 그런데 지금 비단 과학 교육뿐만 아니라 교육 일반이 위기 상태에 있다는 것은 주지의 사실이다. 그러나 우리는 사태의 긴박성에도 불구하고 아직까지 해결책을 찾지 못하고 방황하고 있다. 입학시험 준비가 중등교육의 주목적이 되어버렸고, 고등학교에서 시험 준비에 쪼들리던 학생들은 대학에 들어가면 일시에 긴장이 풀려 하루에 한 시간도 공부하지 않는 대학생이 전체의 51%를 차지한다고 하니, 이러고서야 어찌 과학기술 발달에 필요한 창의력 있는 인재 양성을 기대할 수 있겠는가? 교육방식을 바꾸지 않는 한 우리나라에 미래는 없다. 해결책이 무엇인지 교육 전문가들의 해답을 듣고 싶다.

투자를 촉진해야

앞에서 말한 전략산업을 개발하고 과학기술 연구를 촉진하고 사회간접시설을 확충하자면 장기투자가 필수적이다. 그리고 투자에는 시기가 있는 법이다. 1970년대에 조선, 자동차, 반도체, 철강 등에 투자하지 않았다면, 이들 산업이 지금과 같이 우리 경제를 끌고 가는 현실은 없었을 것이다. 21세기에 한국을 먹여 살릴 산업들에 지금 투자를 하지 않으면 기회를 놓칠 우려가 있다. 그런데 최근의 설비투자와 건설수주가 1998년 이후 계속 저조하다가 작년 4/4분기 이후부터는 마이너스 성장을 기록하고 있는 것이다.

투자에는 장기금융을 필요로 한다. 그런데 구조조정하에서 은행들은 단기 소비금융에 집중하고 우리 경제의 앞날을 내다보는 투자금융에는 엄두조차 못 내는 형편에 있다. 금융기관이 신용평가와 위험관리 기법을 터득하면 수지타산의 압력으로 장기금융으로 눈을 돌리지 않겠느냐 하는 낙관론이 있을 수 있으나 그것을 기다리다가는 때를 놓칠 우려가 있다. 이제는 정부가 실물경제와 산업정책을 심각하게 생각할 때가 왔다.

필자는 이 문제에 대응하는 하나의 방안으로 산업은행의 정부 소유를 유지하고 장기투자와 기술개발에 투자하는 정책 금융기관으로 재편할 것을 권하고 싶다. 민간금융은 어디까지나 시장원리에 따라 기능하도록 하는 것이 구조조정의 목적이지만 '시장 실패'를 보완하는 정부의 기능도 있어야 한다. 정책 금융은 반드시 이윤을 목적으로 할 필요는 없다. 그보다는 국가 백년대계의 관점에서, 국내외 자본시장에서 자금을 조달하여 민간이 할 수 없는 사회간접시설과 기술개발에 융자하는 것이다. 정부 소유에 따르는 폐단을 예방하기 위하여 업무의 국제 기준을 준수하도록 감독하고 과거의 전철을 밟지 않도록 하는 장치를 강구하면 될 것이다. 거듭 말하거니와 지금의 무사안일주의 금융형태가 장기화되면 우리의 산업구조는 후퇴하고 말 것이다.

살기 좋은 나라를 만들어야

이제 결론을 맺자. 두뇌산업의 핵심인력이 외국으로 빠져나가고 교육이민이 늘어나고, 기업마저 외국으로 탈출하고 있다는 것은 이 나라가 기업하기 힘들고 살기 어려운 나라라는 것을 말해주는 것이다.

이것은 중대한 문제가 아닐 수 없다. 한국이 21세기에 번영을 누리자면 무엇보다도 한국을 살기 좋은 나라로 만들어 세계 도처로부터 성장요인을 흡수할 수 있어야 한다.

그러자면 교육, 환경, 교통, 도시생활 분야에 공공투자를 확대하고, 노사 갈등을 해소하고, 산업의 경쟁력과 성장잠재력을 저해하는 규제를 철폐하는 대신 경제 주체들이 공정하게 행동하도록 게임 규칙을 확립해 주어야 한다. 반면에 국민의 생명과 안전을 보호하고, 환경을 보존하며 삶의 질을 향상시키는 데에 필요한 규제는 더욱 강화하되 공정성과 투명성을 제고하도록 해야 할 것이다.

살기 좋은 사회란 풍요롭고 자유롭고 합리적이고 공평한 사회를 말한다. 안정된 법질서와 공정한 사법제도가 있고 개인의 노력에 따라 성과가 있고 기회의 평등이 보장되는 사회라고도 할 수 있다.

지난날 우리는 '경제개발'을 지상 목표로 삼아왔다. 그러나 21세기 두뇌산업 시대에 있어서는 '인간개발'이 가장 중요한 목표가 된다. 왜냐하면 정치, 경제, 사회, 문화 각 면에서 우리의 자랑스런 가치를 보존하는 동시에, 정보화·세계화 시대에 걸맞은 새로운 가치관과 행동 양식을 갖추지 못하면 살기 좋은 나라를 만들 수 없기 때문이다.

우리가 이러한 문제들을 해결하자면 정치 지도자의 강력한 리더십을 필요로 한다. 그러나 민주 사회에 있어서 정치 지도자의 리더십은 하늘에서 떨어지는 것이 아니라 국민들의 1인 1표와 자발적 협력으로부터 오는 것이다. 결국 국민들이 똑똑하지 못하면 국운을 열어갈 수 없다는 말이 된다. 그러므로 우리의 앞날은 우리 자신에게 달려 있다는 것을 다 같이 명심하자.

대담:
세계적 불황, 중국의 약진, 우리는 어떻게 할 것인가

2001년 11월 30일, 무역의 날, KBS 와의 대담 내용

질문 • 세계 경제가 동반 불황에 빠져 있는데 그것을 어떻게 보아야 하나?

답변 • 먼저 세계적 경기 하락의 요인을 세 가지로 분류할 수 있다고 생각한다. 첫째는 경기 순환적 요인, 둘째는 구조적 요인, 그리고 셋째는 돌발적 요인, 즉 테러와의 전쟁이다. 이 세 가지 요인이 나라에 따라 강도를 달리하여 작용하고 세계화의 네트워크를 통하여 전 세계에 전파되고 있다.

먼저 경기 순환적 측면은 IT 산업과 증권시장의 거품 현상으로 파악할 수 있다. 1990년대 후반부터 세계 주요국들이 앞다투어 IT 산업에 투자를 했는데 그 결과 관련 제품의 과잉생산을 가져왔고 이는 다시 판매 부진과 재고 누적으로 나타나고 있다.

2/4분기 전 세계의 컴퓨터 출하 대수는 전년 동기 대비 1.9% 감소하였고, 미국의 경우에는 6.1%나 감소하였다. 6월 말 미국의 반도체 매상

은 45% 격감, 전 세계적으로도 30.75% 감소했다. 그 결과 DRAM 128메가비트의 가격은 작년(2000년) 가을 15달러였던 것이 지금은 2달러로 하락하였다.

재고가 누적되니까 IT 산업의 투자도 격감하였다. 미국에서는 IT 투자가 연간 6,000억 달러에서 1,200억 달러로 감소하였다.

IT 산업의 부침과 증권시장의 부침은 표리(表裏)의 관계에 있다. 한동안 호경기로 주가가 상승하다가 IT 산업이 침체하자 주가가 하락했다. 미국의 증권시장, 상장주식의 시가 총액은 한때 GDP의 127%까지 부풀어올랐는데, 지금은 주가 하락으로 가계의 부채는 2.5조 달러가 증가하여 소비심리를 위축시키고 있다. 상장 기업들도 수익성이 1997년 7~9월을 정점으로 하여 그 후 4년간 감소 추세에 있다.

세계화 시대에는 주요국의 불경기가 즉시 다른 나라에 파급되게 마련이다. 예컨대 미국 최대의 컴퓨터 회사인 델(Dell computer) 사는 북미, 남미, 구주, 아시아 기타 지역에 44개의 공장을 가지고 있고 부품은 아시아를 비롯한 세계 각국에서 공급받고 있으므로 이 회사가 생산을 줄이면 그 효과가 전 세계에 파급된다. 다른 산업의 경우도 마찬가지인데, 이것이 바로 세계적 불황의 동시화 메커니즘이다.

한편 일본과 유럽 그리고 우리나라는 IT 산업에 관련된 순환적 불황에 구조적 불황이 겹친 상태에 있다. 일본은 100조 이상의 부실채권, 부동산가격 하락, 막대한 적자 재정, 임금의 하향 경직성 등이 구조개혁을 어렵게 하고 있으며, 유럽은 내년부터 각국 통화가 유로 단일통화로 통합되는 과정에서 다양한 조정 과제에 직면해 있고, 재정적자 축소, 노사관계의 경직성 등이 경기조절 정책을 제약하고 있다.

테러와 아프간 사태는 단기적으로 불황을 심화하는 요인으로 작용하지만, 앞으로 군수산업, 전재 복구 등의 수요가 창출되어 경기를 자극하는 일면도 있다.

미국의 순환적 불경기는 재고조정이 끝나면 바닥을 칠 것으로 예상되고 테러와의 전쟁은 오래가지 않을 것 같다. 경기회복은 내년 하반기가 될 것이라는 관측이 유력하다. 일본과 유럽은 순환적 요인, 구조적 요인 및 테러 사태의 요인이 중복되어 있기 때문에 경기회복에 시간이 더 걸릴 것이다.

질문 • 우리 경제도 심한 불경기에 빠져 있는데 앞으로의 전망을 어떻게 보는가?

답변 • 한국은행이 발표한 3/4분기 국민계정을 보면 전년 동기 대비 1.8% 성장했고 연간으로는(9개월간) 2.7% 성장했다. 이것을 작년(1999년) 동기의 10.5%와 비교하면 불경기의 골이 얼마나 깊은가를 알 수 있다.

그런데 3/4 분기의 1.8% 성장은 주로 민간소비(+3.4%)와 건설투자(+8.3%) 증가에 의한 것이었다. 정부의 재정지출 확대정책에 힘입어 그나마도 마이너스 성장을 면할 수 있었던 것은 다행이다.

그러나 설비투자는 1/4분기에 -7.9%, 2/4 분기에 -10.8%에 이어 3/4 분기에 -15.4%로 감소하였다. 이것은 경제의 성장잠재력을 약화하고 경기의 장기 침체를 예고하는 것이다.

수출은 3/4분기에 와서 감소(5.5%) 추세가 두드러지고 있는데, 이것은 주로 세계의 IT 및 증권 거품의 파열을 반영하는 것이다.

앞으로의 전망에 관하여는 내년에도 사회간접자본 투자가 증가하고 특소세 인하가 소비를 자극할 것이므로 다른 사정이 동일하다면 경기가 다소 나아질 것이고 최악의 경우에도 지금보다 더 나빠지지는 않을 것이다. 그러나 민간 설비투자의 감퇴, 선진국 경기회복의 불투명과 수출 침체, 구조조정의 지연 등에 우리가 어떻게 대처하느냐에 따라 경제전망이 달라진다. 나중에 말씀드리는 일련의 대책을 실시하면 3% 이상의 경제성장이 가능하고 다른 나라에 비하여 경기회복이 빨라질 수 있다.

질문 • 중국이 드디어 WTO에 가입하였고 중국의 지속적 고도성장에 국제사회의 이목이 집중되고 있다. 중국의 부상이 우리에게 무엇을 의미하는지, 그리고 우리의 대응 방안이 무엇인지 말해달라.

답변 • 중국의 WTO 가입이 우리에게 주는 영향에는 명암 양면이 있다. 먼저 밝은 면으로는 중국에 대한 수출과 직접투자가 증가할 것이라는 점이다. 현재의 광공업 제품의 평균 관세율이 24%인데 2005년에는 평균 9.4%로 인하되고 자동차에 대한 관세율도 현재의 80~100%에서 2006년에는 25%로 인하된다. 그 밖에 비관세 장벽도 낮아지고 무역 분쟁이 일어나면 WTO의 분쟁처리제도에서 다투게 되기 때문에 양국 간 힘 겨루기보다 해결이 쉬워질 것이다. 투자에 있어서도 WTO 규약을 이행한다면 불투명한 중국 내 법제도가 정비되고 진출 기업과 자국 내 기업 간의 차별도 없어질 것이므로 우리나라 기업들의 투자 환경이 개선될 것이다.

그러나 우리에 대한 엄청난 도전을 직시해야 한다. 중국의 임금 수준은 우리의 5분의 1도 안 되고 지가(地價)는 30~50년 임대, 임대료는 평당 약 10만 원 정도이다. 사회간접시설 건설에는 지가 보상이니, 지역 이기주의니, 부동산 투기니 하는 장애 요인이 없고, 노사분쟁도 없으며, 정부가 계획하면 그대로 추진되는 체제이다. 중국 경제에 문제가 없는 것은 아니지만, 그들은 실사구시(實事求是)의 정책 스타일로 성장 추세를 유지해 나갈 것이다.

지금 많은 나라가 중국의 제조업과 경쟁할 수 없게 되어 중국은 세계의 생산기지가 되어가고 있다. 좀더 구체적으로 말씀드리면, 중국은 이미 일본과 한국을 추월하여 세계 최대 가전(家電) 생산국으로 부상하면서 TV는 36%, 에어컨은 50%, 세탁기는 24% 등으로 시장점유율에서 세계 1위를 점하고 있다. 우리는 이미 중·저가의 섬유, 의류, 가전, 신발, 완구, 농업 등의 분야에서 중국과 경쟁할 수 없게 되었다. 뿐만 아니라 중국 내 사업환경이 개선됨에 따라 외국인 직접투자가 한국에서 중국으로 돌아서지 않을까 염려하는 사람이 많다.

질문 • 그러면 앞으로 우리는 어떻게 대응해야 하는가?

답변 • 물론 우리는 광대한 중국 시장의 틈새를 찾고, 공업제품을 고급화·차별화하고, 첨단기술 상품을 개발해야 한다. 그러나 또 하나의 결정적인 기회가 있다. 그것은 한국을 동북아 물류중심지로 만드는 것이다.

앞으로 중국의 경제 규모가 미국 경제 이상으로 팽창할 때 중국으로 엄청난 물량이 들어가고 나올 터인데 그 물류의 기능을 누가 담당할 것인가? 다행히 한반도는 동북아의 중심에 위치하여 전 세계 및 지역 내의 모든 공항 및 항만과 효율적인 네트워크를 구축할 수 있는 입지 조건을 갖추고 있다. 그러므로 한국은 동북아 물류중심지가 될 수 있다. 이미 부산항은 컨테이너 화물 처리량으로 세계 제3위, 대한항공은 제2위를 차지하고 있다.

효율적인 물류중심지를 만들어놓으면 그곳에 입주하는 기업이 비용을 절감하고 경쟁력을 높일 수 있으므로 외국의 기업들이 모여들 것이다. 네덜란드에는 650개 이상, 싱가포르에는 500개 이상의 다국적기업이 지역 본부를 두고 판매, 구매, 재고를 집중 관리하고 있다. 그렇게 되면 하역, 통관, 통신, 금융 등 서비스업이 확산되고 모든 업무의 전산화에 따른 정보와 관리기술이 동원될 것이고, 고가품의 항공 운송 편의를 위해 첨단기술 제품의 생산기지로 발전할 수 있을 것이다.

그러므로 우리는 우선 인천공항 주변을 자유도시적 물류기지로 개발하여 외국인 투자를 유치하고 그러한 물류거점이 다른 지역으로 파급되게 하는 것이 중국의 부상에 대한 근본대책이라 생각한다.

질문 • 정부가 제주 자유도시계획을 발표하였다. 이것도 동북아 물류중심지를 만든다는 정책 구상의 하나라고 생각되는데?

답변 • 제주도를 자유도시화한다는 정부 결정을 환영한다. 나 자신도 한국을 동북아 물류중심지로 만들자는 관점에서 제주의 관광자유도시화를 주장해왔다. 그런데 제주도는 관광자유도시로서는 적합하지만 물류기지로서는 제약이 많다. 물류기지로 성공하려면 (1) 항공, 해운, 육운이 연계되어 있어야 하고, (2) 배후에 생산기지 혹은 소비기지가 근접해 있어야 하고, (3) 항구 및 공항을 비롯한 효율적인 수송, 유통, 창고 등 물류 관련 시설이 완비되어 있어야 하는데, 그런 점에서 제주는 부산과 광양은 물론 인천공항에도 미치지 못한다. 그래서 나는 부산과 광양만은 중량 화물, 영종도 지역은 경량 첨단기술 제품의 물류단지로, 그리고 제주도는 관광자유지역으로 개발하라고 정부에 건의했다. 특히 중국 시장을 겨냥한 유럽·북미 기업의 동북아 물류센터의 유치가 중요하므로 인천공항 주변 개발을 우선적으로 착수하고 영종도를 경제자유지역으로 지정하라고 건의했다.

지금 우선순위를 가리지 않고 이곳저곳에서 물류단지 혹은 자유도시를 만들겠다고 하는데, 국토 이용 관리의 관점에서 종합적 마스터플랜을 만들 필요가 있다고 생각한다.

질문 • 지금 수출 위기를 맞고 있는데 우리가 경쟁력을 가지는 상품이 무엇이고 어떻게 경쟁력을 유지해나갈 수 있는가?

답변 • 현 시점에서는 섬유, 의류, 신발, 완구, 가전, 조선(장기적), 농업 등이 경쟁력을 잃어가고 있으며, 자동차, 철강, 정보통신, 석유화학, 고급가전, 고급 섬유, 바이오 등은 아직까지 경쟁력이 있다.

그러나 한 가지 주목할 점은 섬유, 의류와 같은 전통적 산업에 있어서도 상품을 고급화하고 차별화하면 시장점유율을 안정적으로 유지할 수 있다는 것이 일본과 우리의 지금까지의 경험이다. 요컨대 창의성과 기술, 그리고 틈새시장을 찾는 일이 중요하다. 어떠한 새로운 상품을 개발하느냐 하는 것은 걱정할 필요가 없다. 필요한 환경만 만들어주면 기업이 알아서 할 것이다.

그러나 이 기회를 빌어 특히 강조하고 싶은 것은 우리는 물건뿐만 아니라 서비스를 수출하는 방향으로 눈을 돌려야 한다는 것이다. 관광사업이 그 일례인데, 중국의 소득 수준이 올라가면 한국을 찾는 관광객이 얼마나 많겠는가. 그 밖에 컴퓨터 소프트웨어도 거의 무한정의 잠재시장이 있다. 인도는 컴퓨터 소프트웨어를 수출하여 연간 50억 달러를 벌어들이고 있다. 그리고 앞서 말했듯이, 한국을 동북아의 물류중심지로 만드는 것도 서비스 산업의 중요한 일부이다. 이 산업은 자본 및 기술 집약적인 산업이기 때문에 부가가치가 대단히 높다.

질문 • 수출을 다변화할 필요도 있지 않은가?

답변 • 물론이다. 그러나 약간의 주를 달 필요가 있다. 무역협회의 조사에 의하면, 금년(2000년) 1~8월에 우리나라 전체 수출이 전년 동기 대비 9% 감소했음에도 불구하고 수출이 전년 동기에 비해 6.8배나 증가한 기업이 300개나 된다.

이들 300개 기업을 대상으로 한 조사에 의하면, 수출이 가장 많이 늘어난 상대국은 역시 미국이고, 그 다음은 중국과 일본, EU, 홍콩 순으로 나타났다. 이는 우리나라와의 교역 규모 순위와 비슷하다 한다. 여타 국가에 대한 수출은 전체의 10%에 불과하다. 시장이 크면 틈새도 많다는 것을 말해주는 것이다. 따라서 시장 다변화도 중요하지만 기존 시장에 대한 상품 다변화가 더 중요하지 않은가 생각한다. 지금 미국의 IT 불황의 영향을 가장 크게 받고 있는 나라가 싱가포르, 대만, 말레이시아 등인데, 이들 나라가 미국에 IT 관련 제품을 집중적으로 수출하기 때문이다. 수출품을 다각화하면 미국 불황의 타격을 완화할 수 있다.

한편 시장 다변화에 있어서는 기업의 적극적 시장개척 노력과 함께 현지 공관, KOTRA 및 무역협회의 통상외교 및 정보 기능을 강화할 필요가 있다.

질문 • 수출 회복에는 아무래도 기업의 역할이 가장 중요한데 특히 기업이 유의할 점이 무엇이라고 생각하나?

답변 • 앞에서 말한 무역협회 조사에 의하면, 수출에 성공한 300개 기업 중 500만 달러 미만의 중소기업이 90%를 차지하고, 주로 의류·무선통신 관련 기기와 전자 및 자동차 부품 등을 수출하는 기업들이라고 한다. 이것은 중소기업의 역할이 중요하다는 것을 의미하는데, 이 조사에서 얻는 시사점은 다음과 같은 것이라고 조사자는 말하고 있다. 1) 시장 수요가 부진해도 틈새시장과 바이어는 있다. 2) 경기 침체에도 불구하고 수요가 늘어나는 품목이 있다. 3) 새로운 시장을 개척해야 한다. 4) 성장 가능성이 높은 시장을 집중 공략해야 한다. 5) 타깃 시장을 분명히 해야 한다. 6) 아이디어 상품을 개발해야 한다. 7) 외국인 투자를 유치해야 한다. 이것들은 중소기업뿐만 아니라 대기업들도 참고할 만한 사항이라고 생각된다.

질문 • 그러면 수출 증대를 위해 정부가 해야 할 일은 무엇인가?

답변 • 별다른 정책이 있을 수 있겠느냐마는, 다음과 같은 것에 유의할 필요가 있다고 생각한다.

첫째, 환율, 임금, 물가, 금리 등의 거시변수를 경쟁국에 비해 불리하지 않도록 운용하고 고비용 수출구조의 지속적인 개선에 주력할 것, 둘째, 주요국과의 통상외교 활동을 강화하고 앞으로 3년간 WTO의 다자간 협상에서 우리의 이익을 수호하는 데에 최선을 다할 것, 셋째, 정책 금융기관을 통해 소재 및 부품 공업 등 전략 수출 산업에 장기금융을 공급할 것, 넷째, 설비투자 촉진, 기술개발 등에 세제·금융 면의 유인을 제공할 것 등인데 정부도 이 방향으로 정책을 추진하고 있다.

질문 • 앞에서 말씀하셨듯이 수출 부진과 함께 설비투자의 감소 추세가 큰 문제다. 그런데 구조조정이 투자 의욕을 떨어뜨리고 있다는 소리가 높다. 이 점을 어떻게 보는가?

답변 • 구조조정 과정에서 많은 기업이 진통을 겪는 것은 어쩔 수 없다. 문제는 진통에 값할 만한 구조조정이 이루어졌느냐 하는 것이다. 구조개혁의 목표는 시장원리의 도입이다. 따라서 구조개혁이 어느 정도 이루어졌느냐 하는 것을 판단하는 기준은 어느 정도로 시장원리가 작용하고 있는가 하는 것이다.

다시 말하면 금융시장, 노동시장, 제품시장에 자유로운 창업과 퇴출이 있고 유연한 가격 메커니즘이 작용하고 있으면 시장 참가자들의 규율 향상과 바람직한 자원 배분을 기대할 수 있고 활력이 넘치는 경제의 원동력이 될 것이다.

특히 금융개혁이 전체 경제 구조개혁의 성패를 좌우하는 관건이다. 금융시장에서 시장원리가 지배하면 그 압력이 노동시장, 제품시장으로 파급되기가 쉽다. 우리의 현실은 아직 그러한 상태에 도달하지 못했다. 그러므로 이러한 판단기준을 염두에 두고 불황 국면에서도 구조개혁을 지속해야 한다.

다만 방법에 있어서 기본적인 사항에 개혁 노력을 집중하고 부차적인 규제는 대폭 간소화할 필요가 있다고 보인다. 구조개혁의 기본은 자기자본비율을 높이고, 투명한 재무제표, 엄격한 외부 감사가 있고, 상호출자 및 상호지급보증을 금지하는 것 등이다. 이 기본만 철저히 지켜지면 다른 규제는 대부분 필요가 없게 될 것이다. 하여튼 구조조성이 하루빨리 완수되어야 지속적 성장궤도에 진입할 수 있을 것이다.

질문 • 사회주의 국가인 중국이 우리보다 투자하기가 쉬워, 이러다가는 한국에 대한 외국인 투자가 중국으로 전출(轉出)할 것이라는 우려가 있다. 외국인 투자를 유치하자면 어떻게 해야 하나?

답변 • 사업하기 좋은 환경을 만들어주기만 하면 동북아에서 한국의 지정학적 이점을 노려 미국과 유럽의 투자자들이 몰려올 것이다. 인천국제공항공사 강동석 사장의 말에 의하면 영종도에 동북아 사업 거점을 만들기 위해 문의해오는 미국과 유럽의 기업들이 있다고 한다. 한 가지 재미있는 이야기가 있다. 미국의 유명한 의료센터의 의사가 와서 하는 말이, 앞으로 중국의 소득 수준이 올라가면 자동차 사고로 죽는 사람이 많아질 것인데, 중국에 근접한 영종도에 장기이식(臟器移植) 수술을 전담하는 병원을 차리고 미국 병원과 연계하면 외국에서 수술을 받으러 오는 환자가 많을 것이라고 하더라는 것이다. 우리의 지리적 이점을 살려야 한다는 말이다. 만약 영종도의 국제자유도시화 계획과 물류단지 마스터플랜을 제시하고 토목공사에 착수하면 문의하는 외국 기업들이 많을 것이다.

정부 규제가 항상 문제가 되는데 국제자유도시를 만들어 싱가포르나 암스테르담과 거의 똑같은 제도적 환경을 만들어주면 투자 유치는 어렵지 않다.

질문 • 그러면 국내 투자를 촉진하는 방안은 무엇인가?

답변 • 금년 8월에 삼성경제연구소가 행한 설문조사에서 나타난 투자 부진 사유를 순위별로 열거하면 시장 침체(71%), 기업가 정신 위축에 따른 기업활력 저하(44.0%), 신용경색으로 인한 투자 재원조달 애로(34.7%), 정부 규제(19.3%), 기술력 부족(18.5%) 등의 순으로 되어 있다.

해외 요인으로 인한 시장 침체는 어쩔 수 없는 일이지만, 불경기 시에는 내일을 내다보고 선행 투자를 해야 한다. 과거를 돌이켜보면 1970년대에는 중화학공업 투자, 1980년대에는 전자공업 투자, 1990년대에는 정보통신산업 투자가 주도했는데, 2010년대에는 기술개발과 정밀공업에 투자를 해야 한다.

대책으로는 구조조정을 조속히 마무리 지어 금융시장을 안정시키고,

세제 및 금융지원을 확대하며, 보다 적극적으로 금융 및 재정 확대를 통한 경기부양책을 실시하고, 투자 관련 각종 규제를 완화하는 등의 처방을 생각할 수 있다.

금융에 관하여는, 은행은 리스크를 회피하지 않고 관리하는 기관이 되어야 함에도 불구하고 지금의 형편으로는 그것을 기대할 수 없으므로 정부 정책은행인 한국산업은행이 회사채를 발행하여 전략부문에 대한 장기융자를 과감하게 실시할 필요가 있다고 생각된다.

재정에 관하여는, 재정적자를 감수하고 사회간접자본(SOC) 투자를 보다 적극적으로 전개할 필요가 있다. 정부는 2003년까지 재정 균형을 달성한다고 하였는데 시간적 목표를 정할 것이 아니라 GDP가 잠재 성장률 이하 일정률로 떨어지는 경우에는 적자 재정, 잠재성장률에 접근하면 흑자 재정을 실현하여 장기적 균형이 유지되도록 하는 제도적 장치(법적으로 보장하는)를 강구하는 것이 바람직하다. 참고로 우리의 국가 채무(IMF 기준)의 GDP에 대한 비율은 2000년 말 현재 23% 정도다. 이는 일본의 110%, OECD 평균 70%에 비하면 크게 낮은 편이다.

실업대책으로는 달동네 재개발, 시가지 정리, 도시 물량선물의 보수·개장·개축과 같은 고용 효과가 큰 건설사업을 전개하고, 그러한 건설 활동을 가로막는 애로 요인을 제거해야 할 것이다. 내가 1970년대에 일본에 가서 보니까 불량건물 개장·보수사업이 한창이고 그것을 정부가 정책적으로 추진하고 있다는 말을 들었다. 그래서 일본에는 불량건물이 눈에 띄지 않는다.

부동산 투기를 없애는 근본 대책: 부동산거래소를 만들자

2002년 9월 12일, 《조선일보》에 실린 글을 보필

부동산 투기는 어제오늘의 일이 아니다. 그것은 우리나라 경제 운영상 최대 난제의 하나로서 지난 30년 동안 정책 당국자들을 부단히 괴롭혀왔다. 지금도 아파트 투기가 문제 되어 정부가 여러 가지 대책을 내놓고 있으나 그것은 미봉책에 불과하고 투기와 관계 없는 시민들에게 불편과 불이익을 주고 선의의 부동산 거래를 저해한다는 여론이 일고 있다.

투기를 막는 획기적 방안

그러면 부동산 투기를 예방하는 근본 대책은 없는 것일까? 필자의 생각으로는 시장원리에 입각한 해법으로 부동산거래소를 설치하라고 권하고 싶다. 그 운영 원리의 골자를 예시하면 다음과 같다.

첫째, 서울과 법원 지원이 있는 지역단위로 부동산거래소를 설치한다. 그러나 전자 시대의 EDI(컴퓨터 연락망) 시스템을 활용하면 어디에서나 부동산 매매와 등기가 가능하므로 서울 한 곳에 거래소를 둘 수도 있다.

둘째, 부동산 거래의 장외(場外) 거래를 금지하고 거래소에서 매매와

소유권 이전 절차를 끝내도록 한다.

　셋째, 아파트의 경우와 같이 원매자가 불특정 다수일 경우에는 부동산을 팔고자 하는 자는 판매 희망가격, 판매 조건 등을 명시하여 거래소에 상장한다. 거래소는 일시와 장소를 정하여 공개 경쟁입찰을 실시한다. 경락(競落) 가격이 결정되면 원매자는 거래소를 통하여 대금을 결제하고 같은 장소에 설치된 법원사무소에 소유권 이전 등기를 통보한다.

　넷째, 거래소는 모든 매매 기록(매매가격 포함)을 보존하며, 그 부본(副本)을 등기소 및 국세청에 의무적으로 통보한다.

　다섯째, 국세청은 매매가격과 생산원가(지금은 평가할 수 있는 자료가 많으므로 기업의 원가 공개가 없더라도 객관적으로 추정할 수 있다)를 비교하여 초과이윤의 일정 부분을 세금으로 징수한다. 기존 부동산의 양도의 경우에는 처음에는 기준시가 결정이 자의적(恣意的)이 될 수밖에 없겠지만 같은 물건이 2차, 3차로 전매되면 국세청이 보존한 전회 매매가격과 금회 매매가격을 비교하여 거래차익을 객관적으로 산정할 수 있다. 단, 부동산을 분할 혹은 변형했을 때에는 별도의 산출방법이 필요하다. 다만 일가구 일주택의 소유자가 세금 때문에 현재의 집을 팔면 그보다 저가(低價)의 집을 살 수밖에 없는 부조리는 없도록 한다.

　여섯째, 정부는 국세청이 징수한 초과이윤을 서민주택기금으로 적립하여 서민층 임대주택 건설에 충당한다.

　일곱째, 수많은 개인의 부동산 매매를 일일이 거래소에 상장할 필요가 있느냐 하는 의문이 있다. 개인 대 개인(법인 포함)이 부동산을 매매할 경우에는 물론 수의계약이 인정된다. 다만 등록은 해야 한다. 등록사항은 앞에서 말한 경쟁입찰의 경우와 같다. 그리고 위장할 목적으로 매매가격을 시가보다 현저히 낮게 기재하는 경우에 대비하여 정부가 그러한 혐의가 있을 때는 언제든지 선매권(先賣權)을 행사할 수 있도록 한다. 즉, 정부가 언제든지 입찰 경쟁자가 될 수 있게 하는 것이다.

여덟째, 개인이 거래소에 등록하는 것이 번거롭다고 할지 모르나 지금도 부동산을 매매하면 한 번은 구청과 등기소에 가야 한다. 등기소 대신에 거래소에 가면 되는 것이다. 또한 지금과 같이 법무사 또는 중개사가 절차를 대행할 수 있게 한다.

아홉째, 지금은 전산 시대이니만큼, 법원·국세청·거래소·금융기관을 연결하는 EDI 네트워크를 설치하면 앞에서 말한 모든 절차가 동시에 이루어지고 개인들은 안방에 앉아서 부동산 거래를 완결할 수 있는 날이 올 것이다. 종이 없는(paperless) 무역의 시대가 오고 있는 것이나 마찬가지다.

공개 경쟁입찰로 투명성 확보

이 제도를 도입하면 매매가격이 공개적으로 결정되고 매매차익은 전액 혹은 대부분 국고로 흡수되므로 부동산 투기의 유인이 없어진다. 거래소를 설치하지 않더라도 앞의 운영 원리 중 셋째 항에서 여섯째 항까지만 실현되더라도 부동산 투기는 없어질 것이다. 그러나 장기적 목적으로 거래소를 설치할 필요가 있다.

하기야 부동산가격은 위치와 편의도, 또는 장래 기대 수익의 영향을 크게 받는다. 학군에 따라 집값이 달라지고, 근처에 지하철역이 생긴다 하면 집값이 올라간다. 그것은 자연적인 현상이니 그것을 통제할 필요는 없다. 거래소에서 시가대로 거래되도록 하고 거래차익 또는 초과이윤이 있으면 그 일정률을 세금으로 흡수하면 되는 것이다.

투기가 배제되면 부동산은 실수요를 반영하게 될 것이고, 지가(地價)

가 안정될 것이다. 이 제도를 실시하면 부동산 투기를 억제하기 위한 모든 규제가 필요 없게 되고 선의의 피해자를 만들 필요도 없다. 거래차익 또는 초과이윤은 전액 서민임대주택기금으로 불입되므로 서민들의 주택난을 완화할 수 있고 사회 정의 구현에 일조할 수 있다.

자산은 금융자산과 실물자산으로 분류된다. 금융자산은 증권거래소에서 경쟁 원리에 따라 거래되고 거래차익에 대하여 과세한다. 실물자산은 부동산거래소에서 경쟁 원리에 따라 거래되도록 하고 거래차익에 대하여 과세하도록 하면 시장경제체제를 완성하는 결과가 된다. 특히 우리나라에서는 인구에 비하여 토지 면적이 협소하기 때문에 장기적으로 지가 상승이 불가피하고 그로 인한 부동산가격 상승을 적절히 관리하지 못하면 타국과의 경쟁에서 중대한 핸디캡이 될 것이다.

이상은 단순한 발상에 불과하지만, 국가 백년대계의 견지에서 전문가들이 이 발상을 발전시켜주었으면 좋겠다.

시장경제의 4대 원칙

《월간무역》, 2003년 2월호, 권두언

노무현 정부의 경제 운영 방향과 방식에 관하여 논자에 따라서는 상반된 생각을 하고 있는 것 같다. 한편에서는 시장경제의 원칙에서 벗어나는 정책이 나오지 않을까 우려하는 것 같고, 다른 한편에서는 경제력 집중과 각종 격차를 시정하기 위하여 정부의 보다 적극적인 개입이 필요하다고 생각하는 것 같다. 이러한 때이니만큼 시장경제체제의 기본 원리를 다시 한 번 정리해볼 필요가 있지 않은가 한다.

두말할 필요 없이 시장경제는 자유와 경쟁을 근간으로 하는 경제체제다. 그런데 경쟁이 있으면 반드시 승자와 패자, 강자와 약자, 부자와 빈자가 있게 마련이다. 이러한 이원화를 어떻게 관리하느냐 하는 것이 국가 운영의 기본 과제 가운데 하나다. 승자가 패자를 멸시하고, 강자가 약자를 억압하고, 부자가 빈자를 돌보지 않으면 자유를 유지할 수 없다. 가진 자와 없는 자의 양극화 현상에서 공산주의 독재체제가 생겨났고, 그 결과 사람들이 빵과 자유를 함께 잃었던 역사적 경험이 있다.

그러므로 경쟁과 자유를 적절히 조절해야 시장경제는 발전과 향상의 기능을 발휘할 수 있다. 예컨대 평준화를 위하여 경쟁을 봉쇄하면 발전과 향상이 없는 반면, 경쟁의 공정성을 무시하면 약육강식의 사회가 된다. 이러한 기본적 시각에서 정부 경제 운용의 네 가지 원칙이 도출된다.

첫째는 자율과 경쟁의 원칙이다. 지금 경쟁의 가치를 가장 잘 실감하는 사람은 대통령 당선자 자신일 것이다. 그는 경쟁을 통하여 대통령으로 당선되었기 때문이다. 진보와 발전에는 경쟁이 불가결하다. 그러므로 정부는 가급적 민간의 자율적인 경제활동을 창달하고 사회 각 면에서 경쟁을 유도해야 한다. 정부의 규제가 적고 민간의 창의와 이니셔티브를 존중하는 나라일수록 국제 경쟁력이 강하고 국민들의 생활 수준이 높아졌다는 것은 세계 경제사가 증명하고 있다. 지난 수년간 정부의 규제 완화가 경제정책의 주요 과제의 하나였고, 실제로 규제가 적어진 것도 사실이다. 그러나 아직도 한국은 기업하기 힘든 나라라는 내외의 정평을 면치 못하고 있다.

둘째는 공정 경쟁의 원칙이다. 경쟁의 규칙을 만들어주고 그를 위반하는 자를 징계하는 것이 정부의 역할이다. 정부가 정치적 편의를 위해 범법 행위를 묵인하거나 관용한다면 그 자체가 불공정 경쟁의 원인이 된다. 일부 지역이나 집단의 이기주의에 굴복하여 법을 공평하게 시행하지 못하면 무질서와 포퓰리즘(populism)에 빠지게 되고 독재를 유발할 위험이 있다. 흔히 악법도 법이냐 하는 질문을 하는데, 법을 고치는 것도 법적 절차에 의해서만 할 수 있는 것이 의회 민주주의의 기본 원칙이다. 법치주의가 정의와 합리와 자유를 지키는 보루임을 명심해야 한다.

셋째는 균형과 형평의 원칙이다. 경제학을 관통하는 기본 원리가 균형이다. 경제 분야 사이의 균형과 계층 간의 형평을 잡아주는 것이 정부의 임무다. J. F. 케네디가 말한 대로 정부가 다수의 약자를 보호하지 않으면 소수의 강자도 보호할 수 없다. 이유야 어떻든 고통받는 계층은 보호해야 한다. 그러나 시장경제체제에서는 농민이 기업주가 될 수 있고, 중소기업이 대기업이 될 수도 있고, 노동자가 경영자가 될 수 있고, 빈자가 부자가 될 수도 있다. 이러한 가능성이 열려 있는 사회에서는 결과의 평등보다 기회의 평등이 강조되지 않을 수 없고, 사회적 구호(救護)도 자구 노력을 계발하는 방법이 바람직하다. 자신의 불우를 전적으로 사회의 책임으로 돌린다면 자신의 창의와 노력과 향상의 자유를 스스로 포기하는 결과가 될 것이다.

넷째는 시장 보완의 원칙이다. 사회 문제를 시장 기능만으로 해결하지 못할 경우, 경제학자들은 그것을 '시장 실패'라 한다. 시장 기능이 교육, 환경 등의 문제를 해결할 수 없음은 물론이다. 그러므로 시장의 기능을 보완하는 것이 또한 정부의 역할이다. 그러나 그 방법에 있어서는 직접 규제보다 시장 친화적인 방법을 사용할 때 보다 효율적인 경우가 많다. 그래서 '시장 실패'보다 '정부 실패'가 더 큰 문제라는 주장도 만만치 않은 것이다.

정부가 이상의 4대 원칙을 염두에 두고 정책을 입안하고 실천하면 우리 경제는 활력을 잃지 않고 계속 성장하여 풍요롭고 살기 좋은 나라가 될 수 있다는 것이 필자의 결론이다.

대담:
소득 2만 달러를 향하여

2003년 6월 17일, 《매일경제신문》과 인터뷰

"다양한 이익집단의 갈등 해결을 위해서는 안이한 타협보다는 법과 원칙에 따라 결단을 내려야 합니다."

경제계 원로인 남덕우 전 국무총리(현 산학협동재단 이사장)는 "결정권자가 어려운 결정을 주저하고 장소에 따라 말을 바꾸면 혼란이 가중될 뿐"이라며 이같이 말했다. 남 이사장은 또 경기 부양을 위해서는 정부가 국채 발행을 해서라도 사회간접자본 시설확충에 주력해야 한다고 주장했다.

한명규《매일경제신문》부국장 겸 산업부장은 지난 12일(2003년 6월) 서초동 산학협동재단 이사장실에서 남 이사장을 만나 새 정부의 국정 운영과 경제 문제에 대해 폭넓은 의견을 들었다.

1970~1980년대 경제기획원 부총리와 14대 국무총리를 지낸 남 이사장은 무역협회 회장 등을 거쳐 현재는 동북아경제포럼 한국위원회 위원장, 산학협동재단 이사장을 맡고 있다. 고령에도 불구하고 최근에는 IBC포럼을 설립해 동북아 물류중심국가 건설을 위해 활발한 활동을 펼치고 있다.

질문 • 신정부 들어 이익집단들의 단체 행동이 늘어나 사회적 물의를 일으키는 사례가 늘고, 청와대와 정부의 국가관리 시스템에 대해 걱정하는 목소리가 나오는데, 어떻게 생각하시는지?

답변 • 정부의 행정 시스템과 정책결정 과정에 문제가 있는 것 같다. 청와대 비서실의 인원이 498명으로 김대중 정부 말기보다 60명이 늘어났다. 기구도 매우 복잡한데, 정무·민정·홍보·국민참여 등 정무 분야에 집중되어 있고, 전체 인원의 10% 정도로 구성되는 정책실이 전 부서의 정책 업무에 관여하고 있다. 내각의 운영과 정책 조정은 국무총리가 담당하고 책임 총리제를 구현한다고 했는데, 그렇다면 총리에게 인사권과 필요한 행정조직을 마련해주어야 한다.

각종 위원회도 양산되었는데, 각 부처 장관, 실장, 국장들이 수많은 회의에 참가하느라 과다한 시간을 낭비할 뿐이다. 의사결정 과정을 효율화할 필요가 있다.

더욱 심각한 것은 정부 시스템이 통일된 신념체계 아래 운영되지 않고 있다는 점이다. 대북 문제, 노사 문제, 새만금 문제, 한총련 문제, 교육행정정보 시스템(NEIS) 문제에서 본 바와 같이 관계 장관들의 말과 태도에 이념적 불일치가 드러나고 있다.

현 정권의 신념체계가 국가이념과 사회적 통념에 어긋나는 인상을 주는 데서 사회적 갈등이 심화되고 있는 것 같다. 이익단체들의 갈등 문제가 산적해 있는데(적어도 24개), 결정권자는 안이한 타협보다는 법과 원칙에 따라 결단을 내려야 한다. 어려운 결정을 주저하고 장소에 따라 말을 바꾸면 혼란이 가중될 뿐이다. 지금 지도자가 할 일은 국가이념과 법에 따라 사회적 갈등을 정리하고 기강과 질서를 바로잡는 일이다.

질문 • 결국 정치적 리더십의 문제가 아닐까 싶은데?

답변 • 맞는 말이다. 정치적 리더십에는 최소한 네 가지 요소가 있다. 첫째, 국가 경영의 지도이념이 투명해야 하고, 둘째, 우선순위에 입각한 시정 목표, 즉 경륜이 분명해야 한다. 셋째, 목표를 달성하기 위한 유기적 시스템을 편성해야 하고, 넷째, 시스템을 구성하는 행정 조직의 능률을 최적화해야 한다. 지금의 실상을 이 네 가지 기준에 비추어보면 무엇이 문제인지 알 수 있을 것이다. 최근의 혼돈이 권위주의를 청산하는 과정에서 나오는 불가피한 과정이라고 말하는데 탈권위주의가 무원칙, 무질서, 무능을 의미하는 것은 아니다.

질문 • 특히 새만금 문제와 NEIS 논쟁을 어떻게 보는가?

답변 • 민주사회에서는 나랏일에 대해 서로 다투는 견해와 주장이 나오기 마련이다. 서로 다투는 견해를 판별해 국가적 의사결정을 하는 것이 국회와 행정부의 임무인데, 국회가 그런 일을 충분히 하지 못하고 있고, 행정부 또한 우왕좌왕하고 있다. 민주적 대의정치 아래서는 일단 국회나 정부가 결정하면 국민은 그를 따라야 하고, 반대자들은 선거에서 투표로서 자기의사를 관철하도록 해야 한다.

새만금 사업은 반대 여론 때문에 일시 중단했다가 국회와 정부가 의견을 모아 다시 시작한 일이다. 따라서 정부 결정에 따라야 한다. 다만 환경보호와 용도에 관해서는 계속 논의할 문제다.

2002년 정부가 학교와 교육행정기관의 교육행정 업무를 27개 영역으로 나누어 인터넷으로 연결 처리하는 시스템을 개발한다는 방침을 발표하자, 전교조 등의 시민단체는 인권, 개인의 자기 정보 통제권, 교육 자주권을 침해한다고 반대 운동을 펼쳤다. 결국 27개 항목 중 교무, 학사,

진·입학, 보건 등 3개 항목을 분리 운영한다는 선에서 2003년 10월에 타협안이 결정되었다. 정부가 결정했으면 확고한 태도로 밀고 나가야 하고, 교사들도 그를 수용해야 한다.

질문 • 노사 갈등이 심각하다. 정부의 노사 정책에 대해 어떻게 평가하나?

답변 • 내외 기업인들을 만나보면 이구동성으로 법대로 해달라고 말한다. 법대로 하지 않으면 장래를 예측하기 어렵고 장래를 예측하지 못하면 어떻게 사업을 하고 투자를 할 수 있겠느냐는 것이다. 노사정위원회를 법제화한 것도 잘못이다. 정부가 협상 당사자로 전락해 분쟁의 합리적 조정도 어렵게 되었다. 노사 문제는 노사 간의 협상에 맡겨두고 정부는 법을 집행하는 공권력을 배경으로 조정자의 역할을 해야 한다.

질문 • 새 정부의 경제정책에 대해 전반적으로 평가한다면?

답변 • 참여정부가 내외적으로 불리한 환경에서 출범한 것은 사실이다. 국제적으로는 선진국의 일반적 불경기와 이라크 전쟁이 있었다. 국내적으로는 신용카드 남발로 인한 가계부채 증가, 금융권의 부실채권 급증, 지난 수년 동안의 민간투자 저조, 북핵으로 인한 외국인 투자 감소, 중국 경제의 도약과 우리 전통산업의 경쟁력 상실, 실업 증가 등의 문제를 안고 출발했다. 이런 당면 문제들을 해결하기 위해 정부가 고심하고 있다.

질문 • 경기 부양을 위해 감세 정책을 고려해야 한다는 목소리가 있는데?

답변 • 경기 부양을 위해 감세나 금리 인하가 효과가 없다고 할 수는 없으나, 불황 극복을 위한 거시정책 조작에는 한계가 있다. 이보다는 정부가 국채를 발행해서라도 SOC 확충에 주력해야 한다. 다소 유리한 금리로 국채를 발행하면 부동산 투기로 몰리던 자금을 인프라 확충으로 흡수할 수 있을 것이다.

또한 지방분권화를 조속히 실현하면 경제를 활성화할 수 있을 것이다. 지방자치제 실시 이후 여러 가지 폐단도 있었지만 지방이 크게 발전한 것도 사실이다. 지방분권화 강화, 규제 완화, 노사 관계 안정 등과 같은 구조적인 문제 해결이 불황의 장기화를 예방하는 길이라고 생각된다.

질문 • 한국이 디플레이션에 빠질 가능성은 없나?

답변 • 투자는 줄고 소비는 가계대출 때문에 정신없이 쓰다가 그르쳤다. 수요 측면에서 산업적 전환기에 있다. 전통산업은 중국에 밀리고, 새로운 산업을 개척해야 하는데 어디에 투자해야 할지 많은 기업에 확신이 없다. 이런 상황이라면 불황은 장기화될 수밖에 없다. 그래서 동북아 물류중심지를 개발하자는 얘기다. 이를 통해 경제 운용의 패러다임을 바꿔보자는 것이다. 투자를 유치하기 위해서는 지금과 같은 패러다임으로는 어렵다. 정부 규제, 노사 관계 등을 새롭게 바꿔야 한다.

질문 • 성장이냐 안정이냐 하는 논란이 있다. 어느 쪽에 무게를 두어야 하며, 성장의 원동력을 어디서 찾아야 하나?

답변 • 성장과 안정은 보완적인 관계다. 양쪽이 모두 보완하는 쪽으로 가야 한다. 성장의 원동력은 분권화를 통해 찾을 수 있다고 본다. 규제를 완화하고 노사 관계가 안정되면 외국인 투자도 늘어날 것이다. 어떤 사업을 하느냐는 기업이 알아서 할 것이다. 삼성전자와 쌍용자동차의 공장 증설을 지역 균형발전 때문에 허가하지 않은 것은 옹졸한 생각이다.

질문 • 5년 후 또는 10년 후 우리나라의 모습이 어떻게 달라질 것으로 예상하는가?

답변 • 비관적으로 보지 않는다. 세상이 맑아지고 있으며 기업들도 정치자금에 신경을 쓰지 않는다. 이것만 해도 발전이다. 지방도 상당히 발전했다. 세계는 지금 세계화·정보화·민주화라는 세 가지 메가트렌드(큰 흐름) 속에서 진통을 겪고 있다. 한국인은 비교적 잘 적응하고 있다.

질문 • 후배 경제 관료들에게 당부하고 싶은 말이 있다면?

답변 • 후배들에게 동정을 금할 수 없다. 어려운 문제와 열심히 씨름하고 있는데 여론은 꾸짖기만 한다. 그래도 이 나라를 운영하는 것은 공무원들이다. 지도자는 그들이 긍지와 사명감을 가지고 일할 수 있는 환경을 만들어주어야 한다.

대담:
경제위기-
남덕우 전(前) 총리에게 듣는다

2003년 6월 30일, 《동아일보》 고승철 경제부장과의 인터뷰

"청와대 축소 · 국가경제 기획조정 강화를"

경기 침체와 노동계의 잇따른 파업으로 어려움을 겪고 있는 한국 경제의 현주소를 진단하고 해법을 찾기 위해 《동아일보》는 남덕우 전 국무총리와 대담을 가졌다. 남 전 총리는 현재 상황을 비(非)경제적 요인이 부른 경제위기라고 진단했다. 가치 판단이 마비되고 실력 행사가 판치는데도 정치 지도자들은 사태를 너무 안이하게 보고 있다는 것이다. 그는 경제위기를 극복하기 위해서는 대통령이 나서서 자유민주주의 국가이념을 바로 세워야 한다고 강조하고 청와대 조직을 줄이는 대신 국가 경제 전반의 기획조정 기능을 강화해야 한다고 충고했다.

질문 • 현 경제상황에 대해 경제위기라는 시각과 일시적인 불경기라는 시각이 맞서고 있다. 어떻게 보는가?

답변 • 일시적 불경기는 경제의 자연 치유력과 정책적 노력으로 극

복할 수 있지만 오늘날의 경제난국은 비경제적 요인의 영향이 크기 때문에 극복하기가 매우 어렵다. 그런 의미에서 위기라고 할 수 있다.

질문 • 비경제적 요인으로 어떤 것들이 있나?

답변 • 옳고 그른 것을 식별할 가치 판단이 마비되었고, 실력 행사와 아귀다툼이 판치는 세상이 되었다. 그런데도 이를 마치 탈(脫)권위주의 과정처럼 안이하게 보는 정치 지도자들이 있다. 정치권에서는 아집과 궤변(詭辯)을 일삼고 있다. 대북 관계, 노사 관계, 한총련 합법화, 교육행정정보 시스템 논란 등 저변에 이념적 시각을 깔고 있는 문제들에 대해 정치권과 행정부는 적절한 대응을 하지 못하고 있다.

관계 장관들마저 말과 태도에 분열상을 보이고 있다. 지금 이익단체들이 격렬하게 대립하고 있는 문제가 새만금 간척사업을 포함해 적어도 24건이나 있다. 정치 지도자들에게 확실한 국가관과 신념체계가 없으면 그 시비를 가려 정책적 결단을 내릴 용기가 나지 않을 것이다. 그렇다고 지도자가 어려운 결정을 회피하고 경우에 따라 말과 태도를 바꾸면 혼란만 가중될 뿐이다. 대화와 타협을 강조하지만 원칙 없는 타협은 문제해결을 뒤로 미루거나 혼란을 부추길 뿐이다.

정치 지도자들은 기회가 있을 때마다 자유민주주의 국가이념을 재천명해 국민의 정신적 구심점이 되어야 한다. 정신적 구심점이 없으면 국민통합이 불가능하고 애국심이 없으면 경제 문제를 해결할 수 없다는 것은 내외의 역사가 증명하고 있다. 우리가 직면한 비경제적 요인을 해결하지 못하면 경제 환경을 개선할 수 없다. 그러면 정부가 주창하는 동북아 경제중심지 개발도 공염불이 될 수밖에 없다. 국민에게 소득 2만 달러 고지를 점령할 수 있다는 희망을 안겨주는 리더십이 아쉬운 때다.

질문 • 지정학적 위치를 감안할 때 한국 경제의 비전은 무엇을 지향해야 하는가?

답변 • 동북아 경제중심국가라는 포괄적인 용어는 경계해야 한다. 우선순위와 출발점이 있어야 한다. 물류중심지로 개발하면 외국기업이 몰려와 유통센터를 세울 것이다. 또 주변에 생산기지도 자연스럽게 생겨날 것이다. 정보기술(IT), 서비스, 기술개발 관련 산업을 끌어모을 수 있는 강력한 자력(磁力)이 필요하다. 물류중심지가 그 자력이다.

질문 • 최근 경제 5단체가 "파업이 계속되면 투자를 줄이고 공장을 해외로 옮길 수밖에 없다"면서 파업 자제를 당부했다. 그러나 노동계는 강경투쟁 노선을 바꾸지 않고 있다. 노사 문제의 해결책은 없겠는가?

답변 • 글로벌 스탠더드, 특히 국제노동기구(ILO)의 기준을 따르도록 노사 양방이 노력해야 한다. "정부가 법대로 하라"는 것이 국내외 기업인들이 이구동성(異口同聲)으로 하는 이야기다. 정부가 노사정위원회를 법제화한 것은 잘못이다. 노사정위원회를 법제화한 결과 정부는 노조의 협상 당사자로 전락해 분쟁의 합리적 조정이 어렵게 되었다. 노사 문세는 노사 간의 협상에 맡겨두고 정부는 법을 집행하는 공권력을 배경으로 조정자의 역할을 해야 한다. 기업도 시대적 변화에 적응하여 경영의 투명성을 높이고, 근로자들이 회사를 사랑하고 보람 있게 일할 수 있는 환경을 만들어야 한다. 노조는 일자리를 가지고 있는 자신들뿐만 아니라 노조 밖 실업자의 처지도 생각해야 한다. 외국인 투자가 들어와야 새로운 일자리가 생기고 임금이 올라갈 수 있다. 자연자원이 없는 나라가 외국과의 경쟁에서 살아남기 위해서는 임금으로 경쟁할 수밖에 없다는 냉혹한 현실을 이해해야 한다. 우리가 살길은 오로지 근면과 머리밖에 없다. 기업과 노조가 흉금을 털어놓고 진심으로 서로의 처지를 이해하면 노사 문제는 해결될 수 있다고 생각한다.

질문• 노무현 정부의 개혁에 대해 일각에서는 '포퓰리즘'과 '아마추어리즘'이라는 비판이 나온다. 그런 요소가 있다고 보는가?

답변• 정책의 현실성과 논리적 타당성을 무시하고 대중적 정서에 영합하는 정치 성향을 '포퓰리즘'이라고 하는데, 대통령 주변 사람들이 반드시 그렇다고 볼 수는 없다. 다만 행정 경험이 없기 때문에 허점을 드러내는 사례가 있는 것 같다. 물론 경험 있는 사람만 행정을 맡아야 하는 것은 아니지만 대학교 3학년 때의 열정과 사회관을 가지고 국사를 다루면 위험하다. 따뜻한 가슴뿐만 아니라 냉철한 머리를 가져야 나랏일을 가늠할 수 있다.

질문• 노 대통령은 사람이 아니라 시스템이 중요하다고 강조하고 있는데, 지금의 청와대 행정 시스템을 어떻게 보는가?

답변• 시스템에 문제가 있는 것 같다. 현재 청와대에는 대통령 직속으로 15개 위원회가 있고 비서실장 산하에는 5개 보좌관실, 5개 수석비서관실, 3개 기획단, 3개 위원회가 있다. 비서실의 총 인원은 498명으로 김대중 정부 말기보다 60명이 많다. 정무 분야에 인력이 집중되어 있고 정책 업무에는 전체의 약 10%가 배치되어 있다.

편제는 방대하고 복잡한데 내각과의 관계에 있어서 신속히 정부의 통일적 의사결정을 이끌어내는 조정 기능이 약하다는 비판을 받고 있다. 예컨대 각종 위원회가 양산되었는데, 각 부처 장관, 실장, 국장들은 수많은 회의에 참석하느라고 자기 일을 돌볼 겨를이 없다고 한다. 화물연대가 파업했을 때 건설교통부는 16개 기관에 보고를 해야 했다. 또 각 부처 간의 업무 분담과 조정 기능이 명확치 않아 갈팡질팡했다는 평가를 받고 있다. 기구를 간소화하고 대신 국가 경제 전반의 기획 기능과 조정 기능을 강화할 필요가 있다.

질문 • 10대들은 입시에 매달려 있고, 20대 엘리트들은 고시와 의과 대학에 주로 몰리고 있다. 국가의 장기적인 인재 운용에 큰 차질이 빚어지고 있다는 지적이 많은데 충고를 부탁한다.

답변 • 자라는 청소년들에게 확실한 국가이념을 심어주어야 한다. 미국에서는 전 교육 과정을 통해 애국심을 가르친다. 여중생 사망 사건이 대대적인 촛불시위와 반미감정을 부른 데 비해 서해교전에서 사망한 국군 장병들에 대해서는 아무 말이 없다. 명백한 가치 전도다. 이를 바로잡아야 하는 사람은 대통령이다. 노 대통령은 지난해 대선에서 국민통합을 강조했는데 무엇을 향한 통합인지 제시하지 않았다. 노 대통령은 통합의 구심점으로 기회 있을 때마다 자유민주주의를 강조해야 한다. 일각에서는 그러면 북한을 자극하게 된다고 주장하는데 자유민수수의에 입각해서 통일을 추구한다는 점은 우리 헌법에 명백히 나와 있고 북한도 잘 알고 있다.

둘째로 창의력 중심의 교육이 이루어져야 한다. 뜻과 능력은 있지만 규제 때문에 창의력 중심의 교육을 하지 못하는 교육자가 많다. 규제를 풀어 민간에서 자율적으로 창의력 교육이 이루어지도록 하고 외국 학교도 들어오게 해야 한다.

남덕우 전 국무총리는 최근 논란이 되고 있는 수도권 내 삼성전자 반도체 공장 증설을 조속하게 허용해야 한다고 강조했다. 동시에 지방분권화를 통해 새로운 '성장 동력'을 발굴하고 경기 부양을 위한 적자 국채의 발행도 적극 고려해야 한다고 덧붙였다. 다음은 남 전 총리가 말하는 경기 활성화 해법이다.

수도권 집중과 지방분권화 전략산업의 확장과 비용 절감이 무엇보다 중요한 때다. 지금 시간이 없다. 늦기 전에 수도권 내 삼성전자 반도체공장 증설을 허가해야 한다. 기존 공장의 확장을 저지해 인위적으로 지역 간 균형발전을 도모하는 것은 소극적인 방법이다. 적극적인 방법은 지방 경제를 개발하는 것이다. 지방 산업을 개발하면 지역 간 격차가 줄어들고 수도권 집중을 완화할 수 있다. 현재 행정, 교육, 노조 등 모든 것이 중앙정부의 통제 아래 있는데다 돈마저 없기 때문에 지방자치단체가 하고 싶은 일이 있어도 하지 못하는 실정이다. 재정을 포함한 지방분권화는 새로운 성장 기폭제가 될 수 있다. 지방정부가 노사 관계 안정을 포함, 유리한 기업 환경을 조성해 경쟁적으로 외국투자 유치에 나선다면 동북아 경제중심지 건설이 촉진될 수 있다.

적자 재정 및 부동산 대책 추가경정예산의 경기 부양 효과가 불충분하면 국채를 발행해 동북아 물류중심지 개발과 지방경제 활성화를 위한 재원으로 활용해야 한다. 재정은 불황 때 적자를 내고 호황 때 흑자를 내도록 법적 장치를 만들어두면 장기적으로 균형을 이룰 수 있다. 국채 금리를 약간 높게 정하면 부동산에 몰렸던 부동자금의 탈출구를 마련해줄 수 있다. 정부가 전매(轉賣) 규제와 세무사찰 등으로 부동산 투기를 일시적으로 진압했지만 머지않아 그 반작용으로 부동산

경기 냉각이 정부를 괴롭힐 것이다. 장기적 대책으로 부동산거래소 설치를 검토해야 한다.

중소기업 육성 지금보다 중소기업의 역할이 중요한 때는 없다. 그들의 경영 능력 제고, 기술개발을 적극적으로 지원하는 과감한 투자계획을 세워야 한다. 실업자를 흡수하는 새로운 시스템을 개발하면 실업 문제 해소에 큰 도움이 될 것이다.

원화 디노미네이션 서둘러야

2003년 9월 22일, 《매일경제신문》 기고

한국은행이 고액권 화폐 발행을 검토하고 있다고 한다. 그러나 고액권을 발행할 바에야 차라리 '디노미네이션(denomination)'을 선택하라고 권하고 싶다. 디노미란 예컨대 1,000원을 1원으로 단위를 바꾸는 것으로, 예금을 동결하는 화폐 개혁과는 전혀 다른 것이다. 시행일자를 미리 공고하고 공개적으로 만반의 준비를 갖출 뿐 아니라 시행일 이후에도 상당 기간 옛 화폐의 통용과 교환이 보장된다.

디노미는 조만간 불가피해진다. 예컨대 2007년 말의 우리나라 국부는 '15,645조 원' 이상이 될 것이다. 이 천문학적 수치를 제대로 읽을 줄 아는 사람이 몇이나 될까? 실제로는 1경(京) 5,645조(兆) 원으로 읽어야 한다. 이러한 천문학적 숫자는 읽기도 힘들고 일상 거래 때나 계산 회계장부 처리에 효율성이 떨어진다.

그래서 1960년 이래 23개국이 32차례 디노미를 실행했고, 그중 1,000분의 1 단위 절하가 13건으로 가장 많았다.

한 나라의 환율은 대외적 위상과 밀접한 관계가 있다. 대미 달러 환율이 높을수록 경제 운영상 후진성을 나타내는 표상이 된다. 경제협력개발기구(OECD) 국가 중 대미 환율이 1,000 단위를 넘는 나라는 인플레이션으로 유명한 멕시코와 터키 그리고 한국뿐이다. 그러나 한국은 이미 선진국 못지않은 물가안정 기조가 정착되었으므로 인플레이션 국가라는 오명을 씻기 위해서라도 디노미를 생각할 때다.

뿐만 아니라 북한의 대미 공정 환율이 약 150원인데, 이것이 비록 시장 실세를 무시한 허망한 숫자라 할지라도 어쨌든 남북 간 환율 설정은 불가피해질 것이다. 우리 화폐가치가 북한보다 낮다고 하면 북한 동포들의 착각을 피할 수 없을 것이다.

물론 디노미를 실행하는 데는 대가를 치러야 한다. 첫째로 화폐의 제조, 신구(新舊) 화폐의 교환, 컴퓨터 시스템의 변경, 자동판매기 등 각종 자동화 기기의 개폐, 각종 회계장부·전표류의 변경 등에 적잖은 시간과 비용이 든다. 그러나 가전제품처럼 비용이 들더라도 무거운 것을 버리고 가볍고 간편한 것을 택하는 것이 결국은 유리하다.

둘째로 디노미를 하면 가격의 우수리 절상으로 약간의 인플레이션을 조래할 가능성이 있고, 새로운 화폐 단위에 대한 환각(幻覺) 때문에 소비 행태가 달라질 수 있다는 분석이 있다.

그 여부(與否)는 디노미를 실시할 당시의 경제 사정에 달려 있다. 가령 인플레이션 시기에 디노미를 단행하면 우수리 절상으로 인한 인플레이션 효과가 있는 반면, 갑자기 돈의 가치가 귀해진 것 같은 환각 때문에 소비가 위축되는 디플레이션 효과도 있을 것이다. 반대로, 불경기 시에는 반대의 효과를 기대할 수 있다는 추측도 가능하다. 요컨대 여러 나라의 실제 경험을 참조해 시기 선택에 주의하면 되는 일이다.

일본에서는 이미 세 차례나 디노미 시도가 있었으나 실현되지 못한

점을 들어 신중을 기하라는 소리도 있을 것이다. 그러나 지나친 보수주의와 정치력 부족 때문에 필요한 구조조정이 지연되고 있는 일본을 본받을 필요는 없다. 오히려 우리가 먼저 하면 일본이 큰 자극을 받을 것이다.

경제적 혼란을 가져올 염려가 있다는 의견에 대해서는 1년 전 유럽연합의 화폐개혁이 참고가 될 것이다. EU 회원국 중 12개국이 2002년 1월부터 자국 화폐를 유로(EURO)로 교환하기 시작했는데, 불과 몇 주일 만에 참가국에서 유통하던 지폐 90억 장과 동전 1,070억 개의 대부분을 별 탈 없이 유로화로 교환했다는 보고가 있다. 그것은 1999년 EU 결정 후 3년에 걸쳐 회원국 중앙은행들이 치밀한 준비를 해왔기 때문이다. 즉, 충분한 준비를 하면 경제적 혼란을 피할 수 있다.

또 한 가지 그럴듯한 반론이 예상되는데, 은행 보증수표 거래가 성행하는 지금은 계좌 추적이 비교적 용이한데 고액 현금 거래가 일반화되면 부정과 부패 방지가 어려워지지 않겠느냐는 것이다. 그러나 미국에서는 1만 달러 이상을 예금하면 은행은 반드시 세무서에 보고하도록 되어 있다. 은행이 고액 현금 거래를 실명화하도록 의무화하면 거래 추적은 여전히 가능하다. 어쨌든 범죄는 계좌 추적만으로는 막을 수 없다.

요컨대 은행의 자기앞수표가 화폐 자리를 빼앗고 있고, 천문학적 숫자를 사용하는 화폐제도는 영속될 수가 없다. 그러므로 차제에 대미 환율이 1대 1.2 정도가 되도록 디노미를 준비하라고 정책 당국에 권하고 싶다.

한국 경제의
기본 과제와 경기 대책

머리말

'한국 경제의 기본 과제와 경기 대책'이라는 거창한 주제를 들고 나왔지만, 그것을 짧은 시간에 자세히 말씀드리기는 어렵다. 그러므로 나무보다 숲을 본다는 견지에서 우리 경제가 직면한 주요 문제에 대하여 총괄적으로 설명해보려 한다.

고난의 실체

필자는 지금 우리나라의 정치·사회·경제 면에서 일어나고 있는 일련의 혼돈 사태를 정보화, 세계화, 민주화의 세 가지 시대적 조류에 적응해가는 과정의 진통이라고 설명해왔다. 지금 민주화의 진통 속에서 정보화와 세계화의 물결을 타고 있는 한국 경제는 심각한 도전에 직면하고 있다. 우선 그 도전의 실상을 경제적 측면과 정치·사회적 측면으로 나누어 간략히 짚어보겠다.

먼저 대기업은 기존의 주력 산업들이 세계적 과잉생산 상태에 직면하고 있어 새로운 투자 대상을 찾아야 한다. 종전과 같이 외국 설비와 기술을 도입하여 외형 확대를 꾀하는 생산방식의 시대는 지나갔고, 이제는 자신이 기술을 개발하고 신제품 시장 개척의 협곡(death valley)을 지나야 하는 어려운 과제를 안고 있다.

중국 경제의 충격으로 재래 제조업이 경쟁력을 상실하게 되었고, 그에 대응하여 3만 개 이상의 중소기업이 중국으로 생산시설을 옮겼다. 그리고 국내에 남아 있는 중소기업들은 좀처럼 새로운 사업 기회를 찾지 못하고 있다. 이러한 상황에서 금융은 중소기업에 대한 융자를 기피하고, 일반적으로 그들의 보수적 경영으로 경기 회복이 더욱 늦어지고 있다.

다행히 순수출(수출-수입)이 경제 성장 및 대외신용 유지의 버팀목이 되고 있는데 여기에도 문제는 있다. 총수출의 75%가 5대 품목(전자, 반도체, 자동차, 석유화학, 조선)에 집중되어 있는데 부품 수입 의존도가 높아서 내수 유발력이 약하고, IT 산업은 기술·지식 집약 산업이기 때문에 고용 유발 효과가 적다. 뿐만 아니라 금년 상반기 경제성장률 5.4% 중 순수출이 차지하는 기여도는 약 5%로, 이것마저 증가율이 둔화하는 추세에 있고 지금은 환율 하락(원화가치 상승)으로 앞날이 걱정되는 형국이다.

지난날, 앞에서 말한 5대 산업을 일으킬 때 말도 많았고 비관론도 많았다. 그러나 이들 5대 산업이 없었더라면 지금 우리 경제는 어떻게 되었겠는가? 여기에서 얻는 교훈은 앞을 내다보고 준비하라는 것이다.

사회 면으로 눈을 돌리면 정보화, 세계화의 물결을 타고 신용 카드가 등장했는데 정부와 기업의 시행착오로 400만 이상의 신용불량자를 만들어냈고 그것이 지금 소비 냉각의 주범이 되고 있다는 것은 익히 아는 바와 같다.

세계화의 진전에 따라 맥도날드, 버거킹, KFC, 스타벅스와 같은 외국

음식점 체인이 들어와서 재래의 음식점을 대체하고 있는데, 대형 마트와 대형 백화점까지 주거지역에 들어서게 되면 수많은 상점들이 문을 닫게 될 것이다. 전자 상거래의 확대, 현대적 쇼핑몰의 출현으로 재래의 소매업이 입지를 잃어가고 있다. 지금 이 나라에서는 엄청난 유통혁명이 진행되고 있는 것이다. 이것은 발전적 현상이긴 하지만 이 과정에서 배제되는 영세 자영업자들의 처지가 문제다.

한편 컴퓨터와 인터넷의 보급으로 종이와 펜으로 일하던 젊은이들이 직장에서 밀려나고 있다. 손과 발보다 머리가 중요한 정보화 시대에는 구조적 실업자가 양산되는데 이들을 어떻게 구제하느냐가 산업국가 정부들의 공통된 고민이다.

오늘날의 경제적 침체를 극복하는 데에는 민간기업의 설비투자가 결정적으로 중요하다. 그러나 민간 설비투자는 금년 초부터 감소 추세를 지속해왔다. 그 원인에는 앞에서 말한 경제적 요인도 있지만, 동시에 기업 환경의 악화가 큰 요인이 되고 있는 것도 사실이다. 정치적 혼돈, 강성 노조, 사회적 혼란, 고임금·고지가, 행정 규제 증가, 외국인의 적대적 M&A 위협, 반기업 정서 등으로 기업 환경이 악화되자 국내 정치 동향을 비관하고 국내 투자보다 해외 투자를 선호하는 기업들이 많아지고 있다. 일반적으로 기업, 투자, 기술, 고급 두뇌와 같은 성장 요인이 국내에 들어오는 것보다 국외로 빠져나가는 쪽이 많다는 것이 지금의 현실이다.

정부의 규제 확대가 해법인가?

이상과 같은 부정적 추세에 대하여 기업과 정부가 어떻게 대응할 것이냐 하는 것이 오늘날의 문제다. 현 정권은 개혁의 이름으로 정부 개입과 규제에 중점을 두는 것 같다. 대한상공회의소의 조사에 따르면 정부의 규제 완화 구호에도 불구하고 규제 건수는 2000년의 2,806건에서 2003년에는 3,375건으로 증가했다 한다. 미국의 헤리티지 재단(Heritage Foundation)의 조사 결과에 따르면 한국은 OECD 국가 중에서 경제자유도가 가장 낮은 나라로 평가되고 있다(조사 대상 25개국 중 25위).

그러나 산업화된 사회에서는 정부가 시장경제의 자율 기능을 무시하고 민간 활동에 불합리한 간섭과 규제를 강요하면 역작용이 생긴다는 것이 시장경제 국가들의 공통적인 경험이다. 그보다는 정부가 시장경제의 자율 기능을 최대한 활용하고, 다만 시장 기능이 못하는 일(시장 실패), 혹은 정부가 아니면 안 되는 일을 해야 한다는 것이 경제학자들의 일반적 견해다.

시장경제의 장점은 그 틀 안에서 모든 경제 주체가 자신의 문제를 자신이 해결하려는 자유와 의지와 창조력이 작동한다는 점이다. 그래서 지금과 같은 불경기에도 새로운 스타일의 상점이 생겨나고 새로운 업종이 나타나고 새로운 건물이 올라가고 있음을 볼 수 있고 오히려 장사가 잘된다는 기업들도 없지 않다. 시장경제가 아니면 이러한 현상을 볼 수 없다. 특히 지금과 같은 정치·사회적 혼돈 속에서도 연간 4~5%의 경제성장률이나마 유지하고 있는 것은 시장경제의 자유와 자율 기능이 없으면 불가능한 일이다. 그러므로 정부가 이 시기에 해야 할 일은 시장의 자율 기능에 제동을 걸지 말고 오히려 적극적으로 조장하고 그것을 가로막는 정부의 규제를 혁파하여 민간의 자조 노력을 극대화하는 것이라고 생각한다.

경기부양

이러한 관점에서 경기부양책에 대해 한마디 하겠다. 지금과 같은 지방분권화 시대에는 중앙정부보다 지방정부의 역할이 중요하다고 생각된다. 요즘 서울시의 여기저기에서 재래시장을 현대적 상가로 개조하는 사업이 진행되고 있는데, 이것은 유통혁명에 적응하는 자연적 현상이라 할 수 있다. 당국이 상인들과 호흡을 같이하여 그러한 사업들을 지원하고 추진하는 것은 시의 적절한 방법이라 생각된다. 이밖에 전국 도시에는 불량주택 지대가 있는데, 이 지역을 재개발하는 도시정비사업도 고용 효과가 클 것이다.

경기부양을 촉진하자면 중앙정부가 지방정부의 이니셔티브를 존중하고 지방 재정을 적극적으로 도와주는 것이 가장 효과적인 방법이라고 생각된다. 지방정부가 실업자를 구제할 수 있는 사업은 얼마든지 있기 때문이다.

그리고 지방분권화가 민주화를 의미한다면 정부뿐만 아니라 노조를 비롯한 사회 단체도 분권화의 길을 가야 한다. 지금은 지방의 한 회사나 기관에서 노사분규가 발생하면 중앙 노조가 내려와서 투쟁과 협상을 대행하고 지방 노조는 재량권이 없다고 한다. 이 점에 관련하여 경남 진주 공단에서는 군수와 지방 노조가 산업 평화를 선언한 것이 유인이 되어 외자 유치에 성공했다 하는데, 이 점을 본받아야 할 것이다.

사회안전망

불황기에 정부가 해야 할 일은 사회안전망을 튼튼히 하는 일이다. 보건복지부 자료에 따르면 내년의 기초생활보장 급여 대상은 146만 5,000명, 급여 총액은 2조 4,263억 원으로 예상하고 있다. 그런데 이 나라에서 아직도 결식아동이 10만 명 이상 있다는 보도를 접할 때마다 실망을 금할 수 없다. 기초생활보호의 대상 선정과 보호 방법에 문제가 있는 것 같다. 재활 부조, 직업 훈련, 노인 보호 등 사회복지 서비스를 확대할 필요가 있다.

한국 경제의 기본 과제

다음에 중앙정부가 담당해야 할 장기 정책에 대하여 살펴보자. 지금 우리 정부의 경제전략이 무엇이냐고 묻는다면 얼른 대답할 수 있는 사람이 없을 것이다. 수많은 위원회가 수많은 '로드 맵'(220여 개라 함)을 생산하고 있는데 정부가 모든 문제를 동시에 해결하려고 하면 아무것도 해결할 수 없다. 문제 중에서 가장 근본적인 문제를 선정하여 그것을 집중적으로 공략하는 경제전략을 수립하고 그곳으로 국민들의 관심과 에너지를 집중시키도록 해야 한다.

필자는 중국의 경제적 도약의 충격과 세계 경제의 변화 방향에 대응하는 경제전략으로 누구나 다 아는 네 가지 방향을 강조하고 싶다.

과학기술 정책의 효율화

첫째는 과학기술을 개발하여 우리의 주요 상품의 품질을 고급화·차별화하고 새로운 상품을 개발하는 일이다. 그런데 이를 위한 지금까지의 정책이 큰 효과를 거두지 못하고 있는 것 같다. 예컨대 우리나라는 GDP의 약 5.4%를 대학교육과 연구개발에 사용했다는 통계가 있는데 놀랍게도 이 비율은 같은 해의 미국의 약 5.5%와 비슷한 숫자다. 이와 같이 우리의 경제 능력에 비해 비교적 높은 비중의 자원을 대학교육과 연구개발에 투입한 것으로 되어 있는데 그 결과는 어떠한가?

관련 통계에 따르면 취업자 1,000명당 연구자 수는 미국의 8.6명(1999년), 일본의 9.7명(2000년)에 비하여 한국은 5.2명(2000년)에 불과하다. 또 세계 주요국 특허권 등록 점유율(1998년)을 보면 일본의 25.36%, 미국의 36.03%에 비하여 한국은 0.87%(2000년)에 불과하다.

　GDP의 상당 부분을 과학기술 개발에 투입했다고 하는데 그 결과가 이처럼 미약하다면 그것은 결국 국가 자원을 오용했다는 이야기가 된다. 그 결과의 예를 들면, 정부가 산업 수요와 유리된 대학교육을 주도하여 청년 실업을 양산하는 데에 한몫을 했고, 인구 동태를 무시하고 기준에 맞지 않는 대학 인가를 남발한 결과, 지금 지방대학은 문을 닫아야 할 처지다. 정부가 각 대학에 적지 않은 연구비를 배분하고 있는데 그것은 성과주의가 아니라 나누어 먹기식이라는 평을 받고 있다. 그래서 영국의 《타임스(The Times)》의 조사에 따르면 과학 분야에서 세계 100개 대학 중 서울대는 42위, KAIST는 65위에 그치고, 아시아 6개국 중에서 최하위를 나타내고 있다. 의과대학에서는 불합리한 수가(酬價) 때문에 외과를 지망하는 학생이 적어 병원에서는 외과 인턴을 구하기가 매우 힘들다고 한다. 최근에는 불합리한 수가 때문에 의사들이 무통 분만을 중지하겠다는 웃지 못할 선언을 하기도 했다. 이것은 의료 서비스의 개선 및 의학의 발달과 역행하는 일이다. 그리고 학생들의 이공계 기피 현상이 일어나고 있지 않은가. 이러한 문제들을 해결하려면 평준화가 아니라 매사에 경쟁을 도입하고 성취를 우대하는 방향으로 정책을 바꾸어 나가야 한다. 요컨대 우리나라의 대학교육, 그리고 과학기술 정책의 실효성을 전면적으로 재검토하고 재원 활용 방법을 혁신할 필요가 있다.

부품 소재 산업의 개발

　둘째는 재래산업의 경쟁력을 상실하고 위기에 처한 중소기업을 부품과 소재 산업으로 재편하는 일이다. 이를 위해 중소기업, 기술, 금융의 협력적 네트워크를 형성하는 동시에 대기업도 자기가 사용하는 부품을 자기가 생산할 수 있도록 정부 규제를 철폐해야 한다. 정부가 필요한 정보와 인프라를 제공하면 중소기업은 스스로 투자 기회를 찾아갈 것이다. 예컨대 과학기술부는 수입 부품 중 국산 개발이 가능하고 시장 전망이 좋은 품목을 조사하여 알려주고, 산업자원부는 부품생산과 관련된 중소기업 실태를 조사하고, 재경부는 재정금융 지원방안을 강구하여 새로운 '부품공업 개발계획'을 편성할 필요가 있다.

동북아 서비스 중심지 개발

셋째는 서비스 산업, 특히 물류·관광·금융·의료 등의 서비스 산업을 적극적으로 개발하는 일이다. 서비스 산업을 제3차 산업으로 차별하던 시대는 지나갔다. 특히 한국은 동북아의 중심에 위치하고 있어 동북아 물류중심지가 될 수 있는 좋은 조건을 갖추고 있다. 그래서 필자는 이전부터 동북아 물류중심지 개발과 동북아개발은행 설립을 제창해왔다.

한편 WTO의 전망에 따르면 2010년에는 중국의 출국 관광객이 6,000만 명, 2020년에는 1억 명에 달할 것이라고 한다. 중국과 근접한 한국에 관광지를 개발하면 중국 및 주변국의 수많은 관광객을 유치할 수 있다. 필자가 관계하는 'IBC 포럼'이 남해안 관광단지를 비롯한 관광지역 개발에 관한 여론 환기에 주력하고 있는 것은 이 때문이다. 앞으로 제조업만으로 살아가기 어렵다면 서비스 산업으로 눈을 돌려야 하지 않겠는가?

농업의 기업화와 과학화

넷째의 과제는 농업을 기업화, 과학화하는 문제다. 농업 개방이 불가피한 이상 그에 적응하는 방법은 농업을 다각화, 기업화, 과학화하는 길밖에 없다. 예컨대 토지 소유의 제한을 풀고 과학적 농법으로 도시민들의 기호에 맞는 작물을 재배하고 유통체계를 현대화하면 수지 맞는 농업이 될 수 있다. 예컨대 여러 농가가 농지를 현물로 출자하는 주식회사를 설립하여 공동 경작을 하면 대규모 생산과 비용 절감이 가능하고 과학 농법의 적용이 용이해지리라고 생각된다. 한편 농업에 생명공학, 유전공학 등을 활용하여 생산성을 비약적으로 제고하는 방법을 연구해야 한다. 일례로 한 뿌리의 넝쿨에 수백 개의 토마토가 열리는 연구 결과가 있지 않은가? 다른 작물에도 이러한 가능성이 있다고 과학자들은 말한다. 이를 위해서는 정부가 과학화를 적극적으로 지원할 필요가 있다.

정부 투자

이 네 가지 장기 과제를 해결하지 않으면 우리는 21세기를 살아가기 어렵다. 그런데 정부는 최근 경기부양을 위한 응급대책으로 이른바 한국판 뉴딜정책을 발표한 바 있다. 필자는 경기부양뿐만 아니라 앞에서 말한 우리 경제의 기본 과제를 해결하기 위해 정부의 과감한 투자 확대가 필요한 시기라고 보고 있다. 그 이유는 첫째로 민간 소비, 민간 투자가 침체 상태에 있고, 수출이 유발하는 내수마저 미약하다면 정부 지출 외에 유효수요를 창출할 방법이 없기 때문이다. 둘째는 앞에서 말한 바와 같이 앞을 내다보고 준비를 해야 하기 때문이다. 따라서 앞에서 언급한 4대 사업에 투자를 확대해야 하는데 정부 계획이 과연 그러한 사업에 초점을 두고 있는지는 아직 알 수 없다.

다시 말하면 위기에 처한 중소기업을 부품산업으로 재편하자면 세밀한 계획과 함께 적지 않은 정부 투자가 필요하다. 서비스 산업 개발 분야에 있어서는 동북아 물류중심지 개발을 위해 정부가 투자계획을 추진해오고 있기는 하나, 투자가 불충분하고 지연되고 있어 이대로 가면 중국과의 경쟁에서 실기(失機)할 우려가 있다. 부산, 광양, 인천 등의 경제자유구역 배후시설에 보다 적극적인 투자가 필요하다. 그리고 남해안 관광단지 개발에도 과감한 선투자를 해야 할 때다. 남해안 고속도로망의 확충, 항만시설의 현대화, 경제자유지역 배후단지 개발 등 긴요한 투자사업은 얼마든지 있다.

이 점과 관련하여 충청도 공주와 연기를 행정도시로 만드는 것이 반드시 발전전략에 맞는 것인지 의문이다. 차라리 행정수도 예정지 2,160만 평을 토지개발공사가 토지채권을 발행하여 전량 매입한 후 기업도시로 개발하면 충청도와 나라가 다같이 발전할 뿐 아니라 수도권 인구 소산(消散)에도 도움이 되리라고 생각된다. 지가(地價)는 원래 평당 5만 원 정도였는데 행정도시안 발표 이후 지금은 20만 원을 호가(呼價)한다 한다. 공주와 연기 주민들의 실망을 무마하는 뜻으로 시가로 매입한다면 4조 2,000억 원이 필요한데 이것은 대기업의 1년 이익금에도 못 미치는 금액이다. 이 토지를 매입하는 기업에게 토지 이용에 관한 전권을 위임하고 세계에서 제일가는 자유기업도시를 만들라고 요청하면 나서는 내·외 기업이 없지도 않을 것이다. 요는 평준화와 규제를 앞세우고 기업의 기발한 창발력(創發力)과 혁신 능력을 활용할 줄 모르는 것이 우리 경제 운용의 맹점이다.

자금 조달과 적자재정

자금 조달이 문제인데 정부는 연금 기금을 활용하는 데에 중점을 두고 있다. 그러나 그 방법에 대하여는 반대 여론이 있고 복지부 장관도 이의를 제기한 바 있다. 필자의 생각으로는 차라리 정부가 가칭 '경제부흥국

채'를 발행하여 각종 기금에서 그를 인수하도록 하고 그에 대하여 유리한 금리를 지급하는 것이 더 간편하고 연금의 수익을 보장하는 길이 될 것이다.

정치권에서 적자재정과 국가채무 증가를 우려하는 소리가 있는데 여기에는 지나친 걱정이 있는 것 같다. 정부 자료에 따르면 "2005년 말 현재 전망되는 우리나라 국가 채무 243.4조 원 중에서 실제로 국민들의 세금으로 갚아야 하는 적자성 채무는 40%(97.1조 원) 수준에 불과하며 나머지 60%는 외화 자산, 융자 채권 등 채무와 함께 자산도 보유하고 있는 금융성 채무에 해당한다 한다. 금융성 채무까지 모두 포함시키더라도 스위스 IMD에서 우리나라 재정건전성을 세계 2위 수준으로 평가하듯이 OECD 국가를 비롯한 주요 선진국에 비해 우리나라 재정은 매우 건전한 편"이라는 것이다. 그러나 적자재정의 만성화를 방지하기 위하여 호황(好況) 시에는 흑자재정을 편성하여 정부 부채를 줄이도록 제도화할 필요는 있다.

경제 운영 방식

이상에서 여러 가지 정책 과제를 논의했는데 정부의 경제 운영 방식 역시 문제시 되고 있다. 대통령 직속 위원회가 22개나 있는데 그 기능이 실제로 얼마나 경제 운영에 도움이 되고 있는지 의문이다.

그런가 하면 국민경제의 실상을 종합적으로 분석 평가하고 국제정세 변화에 대응, 필요한 경제전략을 수립하고 각 부처의 유기적 역할을 통괄 조정하는 중심체가 없는 상태다.

필자는 동북아에 관련된 많은 회의에 참석해왔다. 그때마다 중앙에서는 각 부처가 서로 타 부처의 반대와 비협력으로 일이 안 된다고 불평이고, 지방에서는 인접한 두 개의 시·도에 관련되는 문제들을 중앙에서 조정해주는 데가 없어 국책사업이 지지부진이라는 하소연을 들어왔다. 이러고서야 어떻게 신속한 정책결정과 집행이 가능하겠는가? 종합적 경제정책을 전개하기 위해 관련 기관의 의견과 입장을 조정 통괄하는 기구(機構)와 강력한 지도력이 없으면, 다양한 집단적 이기주의가 난무하는 오늘날 어떻게 난제를 해결할 수 있겠는가?

성장이냐 분배냐

끝으로 분배 문제에 대하여 한마디만 덧붙이겠다. 성장이야 분배냐 하는 논쟁이 있는데, 이것은 부질없는 논쟁이라고 본다. 집권 실세 중의 누군가가 1인당 소득이 1만 달러라도 고르게 나누면 국민 모두가 보다 화락(和樂)하게 살 수 있지 않느냐 하는 말을 했다는데 경제는 자전거와 같아서 구르지 않으면 쓰러진다. 따라서 성장책을 쓰지 않으면 1만 달러 소득 자체를 유지할 수 없게 된다. 그 이유는 자명하다. 소득이 1만 달러에 있는 동안 사회는 변화를 멈추지 않는다. 예컨대 인구 노령화가 진전되고 구조적 실업이 늘어나면 사회보장비가 늘어나고 사회보장비가 늘어나면 투자자원이 줄어들고 투자자원이 줄어들면 경제성장이 후퇴하고 경제가 후퇴하면 또다시 실업자와 사회보장비가 늘어나고…, 악순환이 계속된다. 따라서 성장하지 않으면 사회 변동에 대처할 수 없고 모든 사람의 소득 수준은 하락할 수밖에 없다. 그러므로 성장이 없으면 분배 상태를 개선할 수 없다. 지금은 성장을 통해 실업자를 줄이는 것이 분배 개선의 최우선 과제다. 장기적으로는 경제성장에 따라 국민들이 저임금 지대에서 생산성이 높은 고임금 지대로 이동하고 저소득층을 구호하는 사회보장제도가 발달함에 따라 소득 분배 상태가 개선된다는 것이 자본주의 경제의 정상적 모습이다.

정치적 리더십

지금까지 경제인의 입장에서 우리 경제가 당면한 주요 문제와 대책에 관하여 이야기했는데 문제 해결 여부는 결국 행정부와 국회의 정치력에 달려 있다는 것을 잘 알고 있다. 그런데 불행하게도 지금 우리나라는 이념 갈등, 정치적 혼란, 사회적 분열이라는 중병을 앓고 있다. 정치인들은 국민적 통합을 강조하지만 국민들이 신봉하는 공동의 가치와 목표가 없으면 국민적 통합은 불가능하다. 우리 헌법은 자유민주주의와 시장경제의 원칙을 국가이념으로 규정하고 있는데, 지금 이념 갈등이 심하다는 것은 국가이념이 흔들리고 있다는 것을 의미한다. 그러나 그렇다고 사회 통합과 안정, 그리고 경제발전을 약속하는 대안의 가치체계가 있는 것도 아니다. 자유민주와 시장경제의 이념으로 사회를 통합하고, 국회에서 제정한 법률을 엄격히 시행하여 사회 기강을 바로잡고, 오늘날의 경제 난제를 해결하는 데에는 정치 지도자 여러분들의 지도력이 절대적으로 필요하다. 그러므로 국회의원 여러분들의 탁월한 리더십을 기대하면서 말을 맺겠다.

동북아로 눈을 돌리자

- 동북아로 눈을 돌리자
- 동북아와 한국 경제
- 한국을 동북아 물류중심지로
- 동북아 물류중심지 추진과제
- 동북아 물류센터 개발전략(요약)
- 왜 동북아개발은행이 필요한가?
- 동북아 물류중심지 건설과 경제자유구역

:: 지암芝巖 남덕우의 경제칼럼

동북아로 눈을 돌리자

2000년 3월 17일, 평화연구원에서의 강연.
중복을 피하기 위해 후반부를 생략했다.

동북아의 어제와 오늘

동북아라 하면 지리적으로는 보통 중국의 동북 3성(길림성, 요녕성, 흑룡강성), 러시아의 시베리아 일부(프리모르스키 크라이, 하바로프스크, 아무르, 사할린, 마가단, 캄차카, 야쿠티아), 그리고 일본, 한국, 북한, 몽골을 포함하는 지대로 알려져 있고 때로는 대만을 포함해서 생각하는 경우도 있다. 그러나 정치적으로는 이 지역 안에 있거나 또는 영토 일부가 이 지역에 위치하는 모든 나라를 동북아 국가로 볼 수 있다.

동북아는 불행한 과거를 가지고 있다. 19세기 말 이후 일본 대 중국의 청일전쟁(1894~1995), 일본 대 러시아의 러일전쟁(1904), 일본 대 중국의 중일전쟁(1937), 중국·러시아·미국이 연합하여 일본을 패배시킨 태평양전쟁(1941~1945)이 있었고, 이러한 일본의 무모한 침략주의의 와중에서 한국은 1910년에 국권을 잃고 말았다. 제2차 세계대전 후 한국은 국권을 회복했지만 우리 영토는 4강 사이에서 흥정의 대상이 되어 국토 분단이라는 비운을 맞게 되었다.

1980년대의 공산체제의 붕괴, 동서 냉전의 종식을 계기로 지금 이 지역에서 새로운 세력 균형과 평화 구도가 모색되고 있기는 하나 한반도의 통일은 아직 그 전망이 묘연한 상태다. 뿐만 아니라 한반도의 통일 문제에는 이들 4강의 향배가 중요 변수로 작용하고 있는 것도 사실이다.

이와 같이 복잡한 지정학적 관계가 동북아 지역의 경제발전의 장애요인으로 작용해왔음은 물론이다. 그러나 이제는 서서히 그러한 정치적 장벽이 허물어져가는 현상을 보이고 있다. 하기야 아직도 정치적 장벽이 완전히 사라진 것은 아니지만 정경분리로 경제 관계를 확대해나가고자 하는 현실주의가 20세기 후반기의 일반적 추세다. 남·북한 사이의 경제협력, 그리고 중국과 대만 사이의 경제교류의 확대가 그것을 말해 주고 있다. 경제 관계의 확대에 따라 정치적 대립이 상호의존의 관계로 바뀌면서 정치적 대립이 완화 내지 해소되는 경향이 있다. 한·일관계의 변화가 그 실례이다. 이제 우리는 동북아를 새로운 눈으로 볼 때가 온 것이다.

동북아는 무한한 경제발전의 잠재력을 지니고 있다. 먼저 중국 동해안, 일본 및 한국으로 구성되는 지역은 고도의 산업화가 이루어졌고 북미주, EU와 함께 세계 경제 3대 축의 하나를 이루고 있다. 그러나 나머지 지역, 즉 중국의 서부 오지, 몽골, 북한 및 극동 러시아는 아직 구공산주의 경제체제의 침체에서 벗어나지 못하여 아시아 최후의 경제적 변경(frontier)으로 남아 있다. 그러나 이러한 남북 격차는 상호보완 관계를 의미하기도 한다. 즉 일본, 대만, 한국의 자본 및 기술과 여타 지역의 풍부한 인력, 천연자원을 결합하여 생산으로 연결하면 이 지역은 비약적으로 발전할 수 있는 잠재력을 지니고 있는 것이다.

사실상 동북아 지역은 천연자원의 보고로 알려져 있다. 시베리아는 유전과 천연가스, 석탄 등의 에너지 자원이 풍부하고 동, 주석, 텅스텐, 아연, 금, 은, 백금, 다이아몬드, 철광석 등 무려 70여 개 종류의 광물이 매장되어 있다. 시베리아에는 풍부한 산림과 맑은 수자원이 있고 베링 해와 오호츠크 해는 세계 최대의 어장이다.

몽골에는 초원과 축산, 맑은 수자원, 그리고 동, 석탄, 형석, 가연성 석판, 철, 아연 등의 광물자원이 산재해 있다.

북한에는 마그네사이트의 풍부한 매장량이 있어 이미 미국의 투자를 이끌었고, 철강, 석탄, 흑연, 아연, 텅스텐, 모리부덴, 니켈, 알루미늄 등의 희귀한 광물자원이 적지 않게 매장되어 있다.

중국 또한 동북부에 풍부한 산림자원, 그리고 석탄, 철광석, 합금속 자원을 가지고 있다. 그러나 무엇보다도 12억의 인구가 가장 큰 자원이다. 중국은 이미 GDP의 크기로는 세계 제6위(1997)를 점하고 있는데 이 거대한 나라의 경제가 성장을 계속할 때 그 주변 국가는 물론 세계 경제에 미치는 파급 효과는 가히 헤아리기 어렵다.

동북아의 성장 잠재력을 현실화하는 데에는 무엇보다도 다양한 자원을 시장으로 연결하는 교통·통신시설의 확충이 기본 과제다. 그리고 이 문제를 해결하자면 외국의 자본과 기술 도입이 불가결하다.

한국의 지정학적 위치

동북아의 경제가 발전할수록 한국의 지정학적 위치가 매우 중요한 의미를 가지게 된다. 특히 교통 측면을 보면 한반도는 해운, 육운, 항공에 있어서 전략적 위치를 점하고 있다. 해운에 있어서는 일본의 주요 항만이 일본 동해안에 위치해 있어서 중국으로 가자면 현해탄으로 우회하든가, 아니면 서해안의 소항인 니이가다(新潟) 항, 쓰루가(津賀) 항을 이용할 수밖에 없다. 이에 반하여 우리나라의 부산, 군산, 인천, 울산, 포항 등의 항구는 세계 각 지역에서 중국 동북부 및 시베리아로 왕래하는 선박의 중계지 역할을 할 수 있다.

육운에 관하여는 1999년 3월 16일 ESCAP(Economic and Social Commission for Asia and Pacific, 아시아 태평양 경제 사회 위원회) 지역경제협력위원회가 한반도, 중국, 몽골, 러시아, 카자흐스탄을 연결하는 동북아 횡단철도 사업을 지속적으로 추진키로 합의한 바 있고, 같은 시기에 개최된 아시아-유럽 정상회의(ASEM)에서도 아시아 하이웨이(Asian Highway) 사업을 적극 추진키로 하였다는 보도가 있었다. 만약 이 사업이 완성되면 한국이 아시아와 유럽을 해운과 육운으로 연결하는 요충지(要衝地)가 될 것인데 여기에서 파생되는 경제적 효과는 매우 클 것이다.

항공에 있어서는 일본과 경합 관계에 있다고 볼 수 있으나 건설 중에 있는 인천공항은 일본의 간사이(關西) 공항보다 7배나 넓고 비용 면에서 훨씬 유리한 조건을 가지고 있으므로 각종 소프트웨어를 완전히 구비한다면 동북아 최대의 공항이 될 수 있다.

우리의 주변 국가들이 발전하면 할수록, 그리고 동북아와 여타 지역과의 경제교류가 확대될수록, 한국의 경제적 역할은 무역, 운송, 산업 각 면에서 비약적으로 증대할 것이 분명한 만큼 중국, 러시아, 몽골 및 북한의 경제발전이 촉진되는 것이 우리의 바람이 아닐 수 없다. 사실상 앞으로 동북아 경제가 활기를 띠는 가운데 한국이 지정학적 이점을 충분히 살려나가는 것이 한국 경제의 앞날을 개척하는 지름길이다.

동북아개발은행의 구상

동북아 지역의 경제개발과 역내 국가들의 공동이익을 위해 해야 할 일은 너무나 많다. 그러나 가장 기본적인 과제는 지역 내에 교통 및 통신의 네트워크를 구축하는 것이다. 하와이 동서문화센터에 사무국을 두고 있는 동북아경제포럼은 일찍부터 이 문제에 착안하여 동북아의 교통·통신 분야의 지역적 협력방안을 논의해왔고, 각국 전문가들 사이의 논의는 앞으로도 계속될 것이다. 그러나 동북아에 사회간접시설을 구축함에 있어서 가장 기본적인 문제는 그를 위해 필요한 내자와 외자를 어떻게 조달하느냐 하는 것이다. 필자는 이 문제에 관심을 갖고 1990년에 '동북아개발은행'을 설립하자고 제안한 일이 있다. 다행히 필자가 1991년 동북아경제포럼 텐진 회의에서 이 제안에 대해 설명한 강연이 계기가 되어, 이 제안은 포럼의 고정 의제로 채택되어 매년 회의 때마다 토론을 계속해왔다.[1] 다음에 동북아 시대를 맞이하여 한국의 경제적 역할이 무엇인가를 생각해볼 필요가 있다. 필자는 지난 10년 동안 뜻을 같이하는 동료들과 함께 한국을 동북아의 물류중심지로 만들자고 주장해왔고 그를 위해 여론 환기에 주력하는 한편, 세계의 유명한 물류중심지를 돌아보고 정부에 여러 번 정책 건의도 했다.

---

[1] 필자가 최초로 동북아개발은행 창설을 제안한 것은 다음 논문에서였다. "Changing Pattern of Economic Interaction in East Asia," Chong-Sik Lee, ed., In Search of a New Order in East Asia, Institute of East Asian Studies, University of California, Berkeley, 1991, pp. 109~121.

동북아와 한국 경제

2002년 11월 13일, 한국은행 직원을 위한 교양강좌

아시아 시대

존 나이스비트에 따르면 21세기의 메가트렌드의 하나는 아시아 시대의 도래다. 즉, 세계 경제 및 문화의 중심이 서양에서 아시아로 이동하고 있다는 것이다. 1995년부터 아시아 지역 내의 무역 총액이 아시아와 서양(서구와 북미) 사이의 무역 총액을 능가하고 있고, 1960년경의 동아시아 경제는 세계 GNP의 4%를 차지하는 데에 불과했지만, 지금은 약 4분의 1을 차지하고 있다. 이러한 추세가 지속된다면 동아시아의 경제규모가 유럽이나 북미를 능가하는 날이 머지않아 올 것이다.

동아시아 경제에서 중심적 역할을 해온 것은 일본, 한국, 대만, 홍콩, 싱가포르, 중국 등 한자 문화권의 국가들이고, 그중에서도 지리적으로 동북아에 속하는 일본, 한국, 중국이 그 중핵(中核)을 이루어왔다.

중국의 약진

앞으로는 중국이 동북아 및 아시아에서 주도적 역할을 하게 될 전망이

다. 중국은 1978년 이래 개혁·개방을 꾸준히 추진한 결과, 1980년대에 9.7%, 1990년대에는 10.2%의 평균 경제성장률을 달성하여 현재의 GDP 규모는 세계 제7위를 점하고 있다. 지금의 성장 추세를 지속하면 앞으로 10~15년 후에는 미국의 GDP 규모를 능가하게 될 것이다. 쟝쩌민(江澤民) 중국 공산당 총서기는 지난 11월 8일(2002년) 제16기 전국인민대표대회 개막식에서 경제구조를 개선하고 효율을 높이는 기초 위에서 2020년까지 국내총생산을 4배로 늘리고 종합적인 국력과 국제 경쟁력을 증진시킨다고 말한 바 있다.

그동안 중국 정부는 외국인 투자와 기술 도입을 적극적으로 유치해왔다. 1992년 덩샤오핑이 남방순회강화(南方講話)에서 사회주의 시장경제의 방향을 천명한 것을 전기로 그해부터 외국인 직접투자가 급증하였다. 직접투자 도입의 전략은 두 가지다. 하나는 중국의 시장과 선진국의 기술을 교환하자는 것이고, 다른 하나는 선진국의 경영 방식을 도입하여 중국 내의 비능률적인 국영기업을 재건하자는 것이다. 2000년까지 중국의 외국인 투자 누계는 계약 베이스로 6,760억 달러, 도착(실행) 베이스로는 3,483억 달러로 집계되고 있다.

이제 중국은 WTO의 질서하에서 국제 경쟁을 하게 되었는데, 한국을 포함한 선진권의 제조업은 중국의 생산비에서의 비교우위 때문에 중대한 위협을 받고 있다. 먼저 중국의 임금 수준은 우리의 5분의 1 내지 10분의 1 정도이고 잠재적 노동공급은 거의 무한정이며 노동의 질도 나쁘지 않다. 둘째로 중국이 유리한 또 하나의 조건은 토지국유제도이다. 기업은 30~50년 기한으로 토지 임대를 받고 연간 우리 돈으로 평당 약 10만 원 정도의 임대료를 낸다고 한다. 뿐만 아니라 SOC를 건설함에 있어서 중국에는 지가 보상이니, 지역 이기주의니, 부동산 투기니 하는 것도 없고 정부가 계획하면 그대로 추진되는 체제이다. 경제발전 초기에 이른바 '개발독재'가 능률을 발휘할 수 있다는 것은 한국, 대만, 싱가포르 등의 경험이 말해주고 있는데, 중국이 바로 그러한 발전 단계에 있는 것이다.

개방화 정책이 중국 제조업의 경쟁력을 높이는 가운데 중국 제품의 질적 수준은 나날이 향상되고 있다. 그 결과 많은 나라의 제품이 중국의 제조업과 경쟁할 수 없게 되었고, 중국은 '세계의 공장'이 되어가고 있다. 예컨대 중국은 이미 일본과 한국을 추월하여 세계 최대 가전생산국으로 부상하여 세계 시장점유율에서 TV는 36%, 에어컨은 50%, 세탁기는 24%를 차지하고 있다.

한국도 이미 중저가(中低價) 섬유, 의류, 백색가전, 신발, 완구, 농업 등은 중국과 경쟁할 수 없게 되었다. 어쨌든 중국은 우리에게 가장 중요한 경제 파트너가 되어가고, 중국을 떠나 한국 경제를 논하기 어렵게 되어가고 있는 것이 사실이다. 중국은 이미 2001년부터 일본을 제치고 우리의 제2의 무역 대상국으로 부상하였다. 2001년 미국에 대한 수출이 312억 달러인데 홍콩을 포함한 중국에 대한 수출은 275억 달러에 이르고 있다. 머지않아 미국을 제치고 중국이 우리의 제1의 무역 대상국이 될 것이다.

우리의 대응

세계는 나날이 달라지고 중국의 약진이 우리를 위협하고 있다. 그러면 우리는 어떠한 전략을 세워야 할 것인가? 추상적인 대답은 어렵지 않다. 먼저 시장이 넓으면 틈새도 많은 법이다. 그러므로 공업 제품을 고급화·차별화하고 첨단기술 제품을 만들어내어 중국 시장의 틈새를 찾아야 한다. 아직은 자동차, 철강, 정보통신, 석유화학, 고급 가전, 고급 섬유, 바이오 등이 경쟁력을 유지하고 있으니 품질 향상과 차별화에 피나는 노력을 하면 성공의 기회는 많을 것이다. 특히 중·고급의 원자재, 부품, 반제품, 완제품 등에 대한 중국의 수요가 늘어날 전망이니 이에 신속하고 적절히 대응하는 노력이 필요하다.

그러나 우리에게는 값싼 노동력도 없고 광대한 시장도 없다. 따라서 외국인 투자 유치에도 한계가 있다. 제조업은 점점 중국과 경쟁하기 어렵게 되어가고, 중국의 투자 진출에서도 선진국, 특히 일본에 비하여 불리한 조건이 많다. 그러면 우리의 살길은 무엇인가? 대답은 폴 케네디(Paul Kennedy)가 주고 있다. 즉 "21세기에 한국이 지속적인 성장을 하기 위해서는 제조업이 아니라 중국이 창출하는 부가가치의 흡수 효과가 가장 큰 산업부문을 전략적으로 채택, 발전시키는 것이다." 필자는 중국과 세계를 연결하는 물류산업이 바로 그중의 하나라고 생각한다. 다시 말하면, 한국을 동북아의 물류중심지로 만드는 것이 새로운 경제전략의 중심이 되어야 한다고 생각하는 것이다.

그래서 필자는 일찍부터 한국의 지정학적 이점을 이용하여 한국을 동북아 물류중심지로 만들어야 한다고 주장해왔다. 다행히 정부가 최근에 '동북아 물류중심국가 실현방안'을 발표하였고 그를 위한 경제특구 설정에 관한 법률안을 국회에 제출한 바 있다. 바로 어제 국회에서 정부안에 약간의 수정을 가하여 "경제자유구역 설치 및 운영에 관한 법률"이 통과되었는데, 미비점도 많으나 정부가 정책의지를 보인 것은 다행한 일이다.

최근에 삼성경제연구소에서 필자의 저서 《동북아로 눈을 돌리자》가 출간되었는데, 이 책에는 필자가 주장해온 두 가지 제안, 즉 한국의 경제

전략으로서의 동북아 물류중심지 개발, 그리고 동북아 지역협력 방안으로서의 '동북아개발은행'의 설립에 대해 자세히 설명되어 있다.

중국 대륙에 혹같이 붙어 있는 한반도는 중국 경제가 기침을 하면 고뿔에 걸릴 위치에 있다. 우리는 지금까지 동해 건너 일본과 태평양 건너 미국을 바라보고 살아왔지만, 앞으로는 서해 건너편 중국을 포함한 동북아로 눈을 돌릴 때가 온 것이다.

21세기를 살아가는 국가전략의 하나로 한반도를 동북아 물류중심지로 개발해야 하는 한편, 동북아 국제협력 방안의 일환으로 동북아개발은행의 설립을 추진할 필요가 있다. 다행히 현 정부도 이 제안을 긍정적으로 받아들이고 있고 한나라당 이회창 후보도 국회연설에서 동북아개발은행 설립의 필요성을 제기한 일이 있다.

중국 지도자들은 물론 이 제안에 찬성의 뜻을 보이고 있는데, 특히 톈진 시는 동북아개발은행을 톈진으로 유치하려고 벌써부터 비상한 관심을 보이고 있다.

일본에서도 NIRA(National Institute for Research Advancement, 總合硏究開發機構)와 같은 유력한 연구기관이 이 제안을 추진하고 있으며, 이를 지지하는 정치 지도자의 수도 늘어가고 있다. 언젠가는 한·중·일 3개국 정상회담에서 이 제안이 논의되지 않을까 한다. 정치 지도자들의 리더십을 바랄 뿐이다.

한국을 동북아 물류중심지로

2001년 9월 12일, 《중앙일보》기고

세계 경제의 판도가 크게 달라지고 있다. 정보화, 세계화의 추세에서 국경을 초월한 경제활동과 경쟁이 확대되고, 다국적기업들은 경영자원을 세계적으로 배치하여 경영효율을 극대화하고 가격, 품질, 상품개발에 있어서 선두를 다투고 있다. 이러한 추세에서 국제 분업의 양상도 크게 달라지고 있다. 선진국은 금융과 기술 분야에서 막강한 지배력을 발휘하고 있고, 개도국은 선진국 혹은 중진국으로부터 노동집약적인 생산을 이어받아 고속 성장을 기록하고 있다. 그런가 하면 한국과 같은 중진국은 한편으로 선진국을 따라잡기 힘겹고, 다른 한편 개도국의 추월에 대비해야 하는 이중의 도전에 직면해 있다.

필자는 최근에 중국 창춘을 다녀온 일이 있다. 몇 년 전에 갔을 때와 너무나 달라져서 중국의 발전 속도에 새삼 놀라지 않을 수 없었다. 필자가 어느 자동차 부품공장에 안내되어 그 회사 사장으로부터 들은 바에 따르면 근로자 임금은 모든 간접 급여를 포함해서 월 평균 200달러 정도이고, 공장부지는 정부로부터 50년간 임대를 받고 공업단지 부대비용을 포함해서 연간 1평방미터당 33달러(평당 약 13만 원)의 임대료를 낸다고 한다. 공업단지의 면적은 엄청나게 광대하고 넓은 도로가 사방으로 뻗어 있는데, 토지가 국유이니 공공시설을 건설하는 데에 지가 보상, 지가 상승, 토지 투기 따위의 문제가 없고 주민들의 반대도 있을 수 없다.

장차 우리 제조업이 어떻게 될지 마음이 무거웠다. 하기야 중국 경제가 안고 있는 심각한 문제점을 모르는 바 아니다. 그러나 그들은 실사구시의 스타일로 진통과 우여곡절을 겪으면서도 성장의 열기는 식지 않을 것이다. 여러 연구기관의 전망에 따르면 중국의 경제규모가 앞으로 10년 내지 20년 내에 미국을 능가하게 될 것이라고 한다. 분명히 중국은 공업 제품의 세계적 생산기지가 되어가고 있다.

그러면 우리는 어떻게 해야 할까? 상식적인 대답으로는 제조업 상품을 고급화·차별화하고 과학기술 개발에 국운을 거는 것이라 할 것이다. 그러나 이밖에 또 하나의 살길이 있다. 그것은 각종 서비스 분야로 눈을 돌리는 것이다. 서비스 산업이라 하면 누구나 관광산업을 연상하지만, 그밖에도 허다한 서비스 업종이 있고, 제조업 내에서조차 서비스 부분이 점점 더 큰 비중을 차지해가는 추세에 있다. 그런데 우리는 특히 물류 서비스 분야로 눈을 돌릴 필요가 있다. 다시 말하면 한국을 동북아 물류센터로 만들어나가면 우리의 살길이 트인다는 것이다.

생각해보자. 앞으로 13억 인구의 중국 경제가 계속 발전하면 엄청난 물량이 밖으로 쏟아져나오고 안으로 들어가게 될 것인데 누가 그 운송과 물류 기능을 담당할 것인가. 다행히 한국은 동북아 물류중심지가 될 만한 지리적 조건을 갖추고 있다. 즉, 한반도는 동북아의 중심에 위치해 있고 전 세계 및 동북아 지역 내의 모든 공항 및 항만과 효율적인 네트워크를 구축할 수 있는 위치에 있다.

동북아에는 아직 싱가포르, 홍콩과 같은 물류센터가 없고, 중국의 다롄(大連), 텐진(天津), 칭다오(靑島) 등의 항구가 있기는 하나 우리의 부산, 광양만에 비하면 수심이 낮고 다른 조건도 우리보다 못하다. 특히 항만과 대규모 국제공항이 연계되어 있는 곳은 인천뿐이다. 이미 인천공항은 동북아 최대의 공항으로 자리 잡았고, '대한항공'의 화물 적재량은 세계 제2위, 부산항의 컨테이너 적재량은 세계 2~3위를 다투고 있는데, 이것은 우연한 일이 아니다.

비단 중국만이 아니라 시베리아의 잠재력도 염두에 둘 필요가 있다. 한국과 일본은 석유 공급을 영원히 중동에만 의존할 수 없는 터인데 다행히 시베리아에는 천연가스가 무진장으로 매장되어 있다. 이미 동북아 경제포럼에서는 시베리아, 만주, 한반도, 일본을 연결하는 가스 파이프라인 건설을 토의한 일이 있고, 오는 10월 알래스카에서도 동북아의 에너지 문제가 논의될 예정이다. 한편 한반도의 철도와 시베리아 철도를 연결하는 사업이 논의되고 있는데, 이것이 실현되면 그 또한 한반도를 물류중심지로 만드는 데에 크게 기여하게 될 것이다.

물류라 하면 운송의 대명사처럼 생각할지 모르나 현대의 이른바 로지스틱 센터(logistic center)의 개념은 매우 포괄적이다. 해운, 항공, 육운의 중심지에는 그와 관련된 다양한 경제활동이 전개되고 거기에서 막대한 부가가치와 고용이 창출된다. 네덜란드의 로테르담·스키폴 공항, 독일의 함부르크, 벨기에의 앙투압, 동남아시아의 싱가포르·홍콩 등이 대표적인 물류센터인데, 여기에는 운송회사뿐만 아니라 세계 유수의 다국적기업들이 상품의 생산, 유통, 재고, 정보 등을 총괄하여 관리하는 지역본부를 두고 있다. 예컨대 네덜란드에는 650개 이상의 다국적기업들이 모여 있다. 기업들이 물류센터로 모여드는 이유는, 첫째로 비용이 절감되어 경쟁력이 높아지고, 둘째로 사업하는 데에 모든 것이 편리하고, 셋째로 기분 좋게 살 수 있는 생활환경이 있기 때문이다.

그러면 과연 한국이 동북아 물류중심지가 될 수 있는가? 필자가 관계하는 하와이의 동북아경제포럼과 교통개발연구원은 이 문제를 구체적으로 연구해왔다. 필자를 포함한 몇몇 동료들은 금년(2001년) 6~7월에 앞서 말한 유럽의 물류센터와 동남아의 싱가포르, 홍콩 등을 시찰하고, 관계기관을 방문하여 설명을 듣고 많은 자료를 수집해왔다. 답사 결과를 분석하여 외국 물류센터의 성공 조건을 도출하고 한국의 현실과 비교해보았는데 우리가 얻은 잠정 결론은 대략 다음과 같다.

즉, 외국 물류센터 성공 사례의 공통점은 다음과 같다.

1 해운, 항공, 육운이 연계되어 있다.
2 배후에 생산 또는 소비기지가 있다.
3 매우 효율적인 수송, 유통, 창고 등 물류 관련 시설과 서비스가 완비되어 있다.
4 정부의 투명하고 일관된 정책으로 기업 환경이 매우 좋다.
5 민간단체가 앞장서고, 정부가 지원하거나 아니면 정부 주도로 물류센터를 개발해왔다.
6 물류 기반 시설 확충을 위해 과감한 선행투자를 했다.
7 정부가 전문적 지식과 경험을 가진 물류 전문회사를 육성하고 우수한 인적 자원을 전략적으로 양성해왔다.
8 복수의 외국어 사용 능력을 가진 양질의 전문 인력을 지속적·계획적으로 양성해왔다.
9 노사분쟁이 거의 없는 산업평화가 유지되어왔다.

10 정부 정책이 시장 친화적이다.
11 정치적으로 안정되어 있다.
12 국가 생존전략에 대한 국민들의 이해가 두터웠다.

이에 비하여 우리는 유리한 지리적 여건에도 불구하고 다음과 같은 약점을 지니고 있다.

1 취약한 물류 기반시설과 높은 물류 비용
2 행정규제 및 절차의 복잡성과 불투명성
3 높은 임금과 강성 노조
4 고지가와 높은 사무실 임대료
5 입시교육에 눌린 도의교육과 전문교육의 부실
6 외국인의 생활환경 불량
7 외국인에 대한 비우호성(서울에는 차이나타운이 없다).

이러한 약점은 이 나라의 국가 경영 전반에 관계되는 문제지만 그것들을 극복하면서 한반도를 동북아 물류중심지로 발전시켜나가는 것은 비단 우리의 선택이기에 앞서 세계 경제와 동북아 경제 정세의 변화가 우리에게 부과하는 필연적인 과제라 할 수 있다. 이 과제를 성공적으로 수행하느냐 못하느냐에 따라 21세기 한국 경제의 위상이 결정될 것이다.

그러면 어디서부터 시작할 것인가? 우선 부산, 광양만, 인천 등 주요 항구의 물류시설을 확충하고 싱가포르, 홍콩에 버금가는 서비스 체계를 갖추어야 한다.

한편 인천국제공항과 배후지역을 연결하는 국제물류단지 건설을 서둘러야 한다. 이 지역은 항공, 항만, 육운이 연계되어 있고 배후에 광대한 가용 토지가 있다. 이 지역은 앞으로 중국 시장을 겨냥한 유럽·북미 기업들이 물류센터를 건립할 수 있는 최적지라고 생각된다. 부산, 광양만은 중량 화물, 영종도 지역은 경량 고부가가치 상품의 물류센터로서 발전할 가능성이 높다. 그리고 영종도 지역을 자유무역특구로 설정해야 한다. 부언하건대 인접 국가들도 제각기 물류센터 건립에 큰 관심을 갖고 있으므로 절대로 시기를 놓쳐서는 안 된다.

재원 염출(捻出)이 문제인데, 해결책은 먼저 국가 경영의 우선순위를 결정하고, 그에 따라 장기 재정계획을 세워야 한다. 우리나라의 담세율(19.4%)은 OECD 국가 중에서 최저인데, 이것으로 선진적 복지 정책을 추구하면서 사회간접시설을 확충한다는 것은 도저히 불가능하다. 둘째로 물류 자본을 적극적으로 유치해야 한다. 인천공항 지역을 명실상부한 자유무역지대로 설정하면 민간자본 유치는 어렵지 않다. 마지막으로 필자가 제창하는 동북아개발은행이 설립되면 자원 조달에 도움이 될 것이다.

이와 같은 동북아경제포럼 한국위원회의 잠정 결론을 재확인하고 그를 보완하기 위하여 9월 13~15일《중앙일보》의 후원으로 무역센터 아셈 회의장에서 '동북아 물류센터 건설에 관한 국제회의'를 개최하기로 했다. 이 회의에서는 국내외 저명한 전문가들이 한국이 동북아 물류중심지가 될 수 있는 가능성을 분석하고, 외국의 경험과 우리의 전략을 토의할 것이다. 이 회의를 통해 어떠한 정책적 결론을 얻게 되면 그것을 정부와 각 정당 및 관계 기관에 전달할 예정이다.

동북아 물류중심지
추진 과제

2002년 6월 21일, 한국무역협회 주최,
21세기 무역 전략대토론회(〈동북아 비즈니스 중심 국가 실천 전략〉) 기조강연

왜 동북아 물류중심지가 되어야 하나

필자는 21세기 세계 경제의 변화 방향을 민주화·세계화·정보화의 세 가지로 요약해왔다. 그러나 또 하나의 중요한 변화 방향이 있다. 그것은 아시아 시대의 도래이다. 존 나이스비트를 비롯한 미래학자들은 세계 경제의 중심이 서양에서 아시아로 이동하고 있다고 말한다. 사실상 1995년부터 아시아 지역 내의 무역 총액이 아시아와 서양 국가 사이의 무역 총액을 능가하고 있다. 그리고 아시아 경제에서 중심 역할을 해온 것은 일본, 한국, 대만, 홍콩, 싱가포르, 중국 등 한자 문화권의 국가들이고, 그중에서도 지리적으로 동북아에 속하는 일본, 한국, 중국이 그 중핵(中核)을 이루어왔다.

그런데 앞으로는 중국이 동북아 및 아시아에서 주도적 역할을 하게 될 전망이다. 중국은 이미 WTO의 멤버가 되어 세계 무역질서에 완전히 편입되었고, 최근의 경제성장률(7~8%)을 지속한다면 앞으로 10~15년 내에 세계 최대의 경제대국이 될 것이다. 한편 2008년의 올림픽을 준비

하기 위하여 체육관 등의 올림픽 관련 시설공사, 베이징-상하이 간 고속철도 부설·베이징 공항 확장 등의 교통 인프라 공사, 디지털 CATV망 및 초고속 통신망 구축·해저 광케이블 부설·전국 디지털 방송망 구축 등의 정보-통신 인프라 공사, 환경 및 관광 관련 공사 등이 계획되어 있는데 그 집행을 통하여 중국의 성장 열기가 한층 달아오를 것이고 환경과 인권 개선 등의 시너지 효과도 기대할 수 있을 것이다. 우리 경제와의 관계를 보더라도 중국은 2001년부터 이미 일본을 제치고 우리의 제2의 무역 대상국으로 부상하였다. 2001년 미국에 대한 수출이 312억 달러인데 홍콩을 포함한 중국에 대한 수출은 275억 달러였다. 머지않아 미국을 제치고 중국이 우리의 제1의 무역 대상국이 될 것 같다.

잘 아는 바와 같이 중국의 임금 수준은 우리의 5분의 1도 안 되고 토지가 국유인지라 토지 비용도 매우 낮다. 그리고 이른바 '개발독재'의 정책 추진력으로 사회간접시설도 급속도로 확충되고 있다. 그러므로 우리나라뿐만 아니라 거의 모든 나라가 중국의 제조업과 경쟁할 수 없게 되었고 중국은 세계의 생산기지가 되어가고 있다.

그러면 우리의 살길이 무엇인가? 물론 우리는 광대한 중국 시장의 틈새를 찾고, 공업제품을 고급화·차별화하고 첨단기술 상품을 개발해야 한다. 그러나 또 하나의 살길이 있다. 그것은 한국을 동북아 물류중심지로 만드는 것이다. 앞으로 중국을 비롯한 동북아 국가들의 무역과 물류량은 비약적으로 증가할 것이다. 다행히 한반도는 동북아의 중심에 위치하여 전 세계 및 지역 내의 모든 공항 및 항만과 효율적인 네트워크를 구축할 수 있는 입지조건을 갖추고 있다. 서울에서 3시간 비행거리에 인구 100만 이상 도시가 43개나 있고, 이미 인천국제공항은 동북아 최대의 공항으로 자리 잡았으며, 대한항공의 화물 적재량은 세계 제2위, 부산항의 컨테이너 적재량은 세계 2~3위를 다투고 있다.

효율적인 물류 및 비즈니스 중심지를 만들어놓으면 가장 유리한 동북아 비즈니스 거점을 찾는 다국적기업들이 모여들 것이다. 그렇게 되면 하역·창고·통관·통신·금융·위락 등 서비스업이 확산되고 모든 업무의 전산화에 따른 정보와 관리 기술이 동원되고 고가품의 항공운송 편의를 위해 첨단기술 제품의 생산기지로 발전할 수 있을 것이다.

이러한 견지에서 동북아경제포럼 한국위원회는 일찍부터 동북아 물류중심지의 구상을 제창하고 작년(2001년) 6월에는 세계의 대표적 물류중심지인 네덜란드의 암스테르담·로테르담, 독일의 함부르크, 벨기에의 앤트워프, 싱가포르, 홍콩 등을 답사하고 물류센터의 성공조건과 우리의 현실을 비교 검토한 다음 9월에 국제회의를 열어 우리 조사 결과를 검증하고 토의 결과를 대통령께 보고한 바 있다.

다행히 지난 4월 4일 정부는 '동북아 비즈니스 중심국가 실현방안'을 발표하였고, 6월 말까지 세부 계획안을 만들 예정이라 한다. 매스컴을 통하여 그 내용을 대강 짐작하고 있으리라 믿기 때문에 설명은 생략하고, 다만 실천 전략에서 몇 가지 유의해야 할 사항을 이야기해보겠다.

부동산 투기를 예방해야

먼저 정부에게 비즈니스 중심지 또는 경제특구 설정 등에 관한 정부 시책을 발표하기 전에 해당 지역에서 일어날 수 있는 토지 투기에 대하여 예방조치를 취하라고 필자가 권고한 바 있지만, 실은 아무런 대책이 발표되지 않았다. 인천시는 원래 토지거래 허가지역으로 지정되어왔으나 오히려 최근에 그것을 해제하였다고 들었다. 아마도 여기에는 매립지의 매각을 촉진하고자 하는 의도가 숨어 있는 것 같은데, 투기적 거래차익을 철저하게 정부로 환수하는 조치를 취하지 않으면 투기 때문에 건실한 비즈니스 중심지 개발 목적이 훼손될 우려가 있다.

선택과 집중

둘째로 우리가 무엇보다도 강조하고 싶은 것은 우선순위를 확실히 하고 시급한 사업부터 집중적으로 추진하라는 것이다. 하기야 정부안도 우선순위를 강조하고 단계적 추진이 필요하다고 말하고 있지만, 지역적 균형 발전이라는 정치적 압력 때문에 모든 사업에 손을 대지 않을까 우려된다. 지금 동북아 물류센터의 후보지로 부산, 광양, 인천은 물론 제주도, 목포, 평택, 서울 상암동 등이 거론되고 있지만, 이 중 가장 시급한 곳을 선택하여 집중적으로 개발해야 한다. 필자가 보기에는 인천 지역의 개발이 가장 시급하다고 생각된다.

그리고 한 지역의 개발에서도 물류중심지, 비즈니스 중심지, 금융중심지, IT 산업기지 등의 구상을 수평적으로 나열하고 동시 다발적으로 추진할 것이 아니라 먼저 물류 기능을 최적화하는 데에 최우선순위를 두어야 할 것이다. 물류기지로서의 기능이 경쟁력을 가지게 되면 시장의 논리에 따라 그 주변에 유통센터, 비즈니스센터, IT 생산기지가 저절로 생성되게 마련이니 시장 신호에 따라 투자계획을 추진해야 할 것이다. 시장 논리를 무시하고 순서 없이 각 사업을 추진하면 막대한 개발투자에도 불구하고 입주 기업 또는 이용자가 적고 파급 효과가 일어나지 않을 수도 있다.

투자천국이란

김대중 대통령은 우리나라를 투자천국으로 만들겠다고 외국인들에게 여러 번 확언한 바 있다. 과연 투자천국이란 어떠한 것인지 외국 물류센터의 예를 들어보자. 예컨대 암스테르담에서는 외국인이 정부의 허가를 받아야 할 업종이 거의 없다. 정부 차원에서 내국인과 외국인의 차별은 전혀 없다. 따라서 외국인과 내국인의 법적 지위도 같다. 모든 투자에 대한 법적 제한이 없으므로 외국인 투자를 허가하거나 감독하는 기관도 없다. 외환거래는 완전 자유이고 우리나라의 외환관리법 같은 것은 상상조차 할 수 없다. 농수산물 등 일부를 제외하고 수입은 완전 개방되어 있다. 외국 기업에 대한 세금은 'world wide tax'라 하여 자국에서 내던 세금과 같게 하거나 보다 유리한 조건을 부여한다. 이익 배당에 세금을 부과하지 않는다. 외국 기업들에 대해 조세에 대한 정보센터를 운영하고 있으며 과세 방법은 철저하게 투명하다. 노사 관계는 매우 안정적이고 로테르담은 과거 7년간 노동 쟁의로 인한 손실 일수가 2일이며, 앤트워프는 15년간 1일, 싱가포르는 파업이 전혀 없다. 나라 전체가 경제자유지역이므로 자유지역이 따로 있을 수 없고, 다만 낙후된 지역의 기업 설립 및 확장을 장려하고 신기술 개발을 촉진하기 위하여 약간의 특례조치가 있을 뿐이다. 홍콩, 싱가포르 등 다른 나라의 경우도 암스테르담과 유사하다.

우리의 현실

이상과 같은 투자천국에 비하면 우리의 현실은 매우 참담하다. 1997년 외환위기를 계기로 폭넓은 구조조정이 이루어졌고 그동안 성과도 적지 않았다. 그러나 구조조정의 궁극적 목적이 살기 좋고 기업하기 좋은 나라를 만드는 것이라면 우리의 현실은 아직 그 목적과는 거리가 멀다.

참고로 스위스에 있는 저명한 조사연구기관인 IMD가 2001년에 각국의 경제-경영 환경에 관한 국제적 평가 순위를 발표한 일이 있다. 이 발표에 의하면 '아시아에서 기업하기 좋은 나라' 순위에서 한국은 비교 12개국 중 9위를 차지했고, 경제환경은 19위, 경제자유도는 123개국 중 43위, 투자환경은 31위, 국가위험도는 185개국 중 47위를 차지하고 있다. 특히 부끄러운 것은 사회청렴도에서 19개국 중 18위로 평가되었다는 것이다. 통틀어 국가 경쟁력은 47개국 중 28위를 차지했다.

한편 국내의 미국상공회의소(AmCham)는 금년(2002년) 3월에 '한국경영환경보고서'를 발표하였는데 한국은 조세 부담률, 외환거래 자유화, 영어 활용도, 노동시장 유연성 및 국가 이미지 측면에서 인근 4개국 중 최하위에 있다고 평가하였다.

《중앙일보》(2001. 3. 28.)가 외국 기업들이 지적하는 국내 투자 애로사항을 설문 조사한 바에 따르면, 217개의 응답업체 중 43%가 노사 문제를 들었고, 36%가 행정규제, 29%가 불투명한 회계, 14%가 정책 일관성 부재, 13%가 낙후된 금융을 들고 있다.

특히 한국은 외국인의 직접투자가 적은 나라로 유명하다. 싱가포르의 외국인 직접투자는 GDP의 85.8%를 차지하고, 중국은 27.6%를 차지하고 있는데, 한국의 비율은 9.2%에 불과하다. 한국은 일찍부터 기업의 외국인 지배를 두려워하여 직접투자 대신에 차관을 선호했기 때문이다. 일종의 민족주의의 발로라 할 수 있다.

그러면 이러한 현실을 그대로 두고 우리가 21세기 국제경쟁에서 살아남을 수 있겠는가. 생각해보면 우리의 현실이 개선되지 않는 이유는 시장경제에 대한 이해 부족, 경제 개방에 대한 피해의식, 전통적 민족주의, 관료적 타성, 정치적 리더십의 부재 등을 들 수 있다.

경제자유지역의 개념

전국적 차원의 개혁 혹은 자유화가 어렵다면 일부 지역에 한정하여 과감한 자유화를 시도하는 것이 어떠냐 하는 관점에서 경제특구 또는 경제자유지역 설정이 제안되고 있다. 그러나 여기에도 어려운 문제가 있다.

경제특구의 개념으로 몇 가지를 생각할 수 있다. 먼저 관세자유지역이 있는데, 이 제도를 실시하자면 그 지역에 울타리를 쳐야 하고 사람과 물자의 이동을 통제해야 할 필요가 생긴다. 다행히 제주도는 섬이고 영종도는 육지와의 통로가 하나밖에 없으므로 관세자유지역을 설정하는 것은 비교적 용이하다 할 수 있다. 그러나 암스테르담은 관세자유지역을 설정하지 않고 보세창고제도를 활용함으로써 관세자유지역 이상의 성과를 올리고 있다.

경제자유지역의 또 하나의 개념은 자유지역에 입주하는 기업에 대하여 세제상 또는 기타의 특전을 부여한다는 것이다. 이미 우리나라는 외국인 투자에 대하여 각종 세제상의 특전을 부여하고 있으므로 그것을 경제자유지역에 적용하면 된다는 발상인 것 같다. 그러나 이 경우에는 수혜대상을 어떻게 선별하느냐 하는 문제가 있다. 선별 기준으로 국적, 업종, 외국인 투자의 종류와 금액 등을 생각할 수 있는데, 어쨌든 자유지역 내의 기업을 우대하면 자유지역 외부의 기업과의 형평 문제가 제기될 뿐만 아니라 외부의 기업이 자유지역으로 이동하는 사태를 초래할 수 있다. 이렇게 되면 자유지역 주변의 경제발전은 촉진될지 몰라도 국가적으로는 별 의미가 없다. 그러므로 자유지역을 위해 세제상의 양허(亮許)가 필요하다면 전국적인 차원의 양허를 실시하는 것이 바람직하다고 하겠다.

경제자유지역의 또 다른 개념은 일반법으로 금지 또는 제한을 받고 있는 행위를 자유지역 내에서는 자유화한다는 것이다. 예컨대 현행법의 규정에도 불구하고 외국인에 의한 교육기관의 설립 및 진입을 자유화하고, 의료서비스 시장을 개방하는 것 등이다. 그러나 이 경우에도 여러 가지 문제가 따를 것이다.

요컨대 경제자유지역을 설정하여 부분적인 자유화를 시도하는 것보다 전국적인 자유화를 추진하는 것이 이상적인데 그것이 정치·사회적으로 어렵다는 데에 문제가 있다. 그러나 부득이 경제자유지역의 설정이 불가피하다면 타 지역과의 차별화를 최소화하도록 해야 할 것이다. 어쨌든 이러한 문제들이 있기 때문에 지금 동북아경제포럼과 교통개발연구원이 공동으로 경제특구 내지 경제자유지역의 개념을 연구 검토하고 있다.

또한 그 밖에 세계적 운송 패러다임의 변화 방향과 동북아 각국의 물류센터 개발 동향을 조사하고 우리의 잠재적 경쟁력이 있는지를 확인하는 연구를 계속하는 한편, 우리의 물류중심지 개발구상에 대한 다국적 기업들의 반응을 조사하고 있다. 하여튼 우리가 21세기를 살아가자면 우리의 패러다임과 행동양식에 근본적 변화가 있어야 하는데, 물류중심지의 개발이 그러한 변화를 가져오는 촉매작용을 하기를 기대하고 있다. 따라서 물류중심지의 구상은 단순히 물류산업만의 문제가 아니라 21세기를 살아가는 새로운 국가전략의 틀을 짜는 과제라 할 수 있다. 필자는 유럽에서 온 어느 대사로부터 다음과 같은 말을 들었다. "만약 한국의 하드웨어와 암스테르담의 소프트웨어를 결합시킨다면 21세기에 가장 성공적인 상업국가가 될 것이다."

우리가 음미해볼 만한 말이라고 생각된다.

추진기구

국제물류센터로 성공한 나라에는 반드시 그를 효과적으로 기획하고 운영하는 기구가 있다. 예컨대 네덜란드에는 정부 관계부처와 물류 관련 650개 민간기업으로 구성되는 HIDC(Holland International Distribution Council)와 NFIA(Netherlands Foreign Investment Agency)가 있고, 싱가포르에는 EDB(Economic Development Board), TDB(Trade Development Board→International Enterprise Singapore로 명칭 변경 예정)가 있고, 대만에는 APROC(Asia-Pacific Regional Operations Center)와 CEDP(Council for Economic Planning and Development)가 있다.

그런데 우리나라에는 옛날의 EPB(옛 경제기획원)가 없어진 이후 국가전략의 수립과 계획을 담당하는 부서가 없다. 현행으로는 헌법기관인 국민경제자문위원회가 동북아 물류센터의 추진 모체로 되어 있고, 이 위원회의 의장과 청와대 경제수석이 공동 간사를 맡는 것으로 되어 있으나, 지금은 재경부의 한 차관보가 실무를 총괄하고 있다. 물류센터 개발을 위해서는 방대한 투자계획과 관계부처 간의 혁신적 정책 조정이 필요한데, 현재의 기구가 추진력을 발휘할 수 있을지 의문이다. 동북아성제포럼 한국위원회는 대통령 직속으로 기획단을 조직하고 장관급 기획단장을 두어 업무 추진의 실효를 거두라고 건의한 바 있다.

정치적 협조

끝으로 동북아 물류센터 개발계획은 현 정부가 발표했지만, 이 사업은 차기 정부로 넘어갈 수밖에 없게 되었다. 5년 내에 이 사업을 궤도에 올려놓지 못하면 실기할 우려가 있으므로, 신속히 추진하자면 초당적 협조가 필요하다. 그러므로 여야 영수회담의 합의를 거쳐 국회 내에 물류

산업 특별위원회를 조직하여 수시로 정부기획단의 작업 결과를 심의하고 필요한 입법 조치를 취하도록 하라고 건의한 바 있다.

동북아 물류센터 개발전략(요약)

2001년 9월 13일 동북아경제포럼 한국위원회(위원장 남덕우) 주최
'한반도 동북아지역물류센터 건설에 관한 국제회의'의 요약과 정책 건의.
본 건은 9월 22일 김대중 대통령을 예방, 보고하였음.

머리말

- 함부르크 동북아경제포럼과 교통개발연구원은 공동으로 한국이 동북아 지역물류단지가 될 수 있는 조건을 연구.
- 동북아경제포럼 한국위원회, 상기(上記)한 연구를 지원.
- 한국위원회, 2001년 6~7월 중 유럽의 물류센터 암스테르담, 로테르담, 함부르크, 앤트워프, 동남아의 싱가포르, 홍콩을 현지 답사, 필요한 자료를 수집.
- 2001년 8월 10~13일 하와이에서 개발 방안에 관한 세미나 개최.
- 2001년 9월 13~15일 서울에서 동북아 물류센터에 관한 국제 세미나 개최.

우리 경제의 진로

- 세계 경제의 판도 변화.
- 다국적기업은 경영자원을 세계적으로 비치하여 가격, 품질, 신상품 개

발에 치열한 경쟁.
- 중진국은 과학기술 면에서 선진국을 따라잡아야 하는 한편 후진국의 추월에 대비해야 하는 이중의 도전에 직면.
- 중국이 앞으로 10~20년 이내에 세계 최대의 경제대국이 될 전망.
- 중국은 저임금, 저토지비용, 사회간접시설 저비용 등으로 공업제품의 세계적 생산기지로 부상.
- 따라서 우리의 전통적 제조업은 중국 제품과 경쟁하기 어렵게 됨.
- 우리의 활로 – 공업제품을 고급화하고, 첨단기술산업을 육성하는 한편, 각종 서비스 산업과 지식기반 사회를 이룩해야 함.
- 서비스 산업 중 특히 지식집약형 물류산업으로 눈을 돌려야 함.

물류센터의 개념

- 현대의 물류센터는 단순히 사람과 화물의 집산지를 의미하지 않음.
- 운수 기능에 관련된 다양한 업종이 확산되어 하나의 유통 및 생산기(hub)를 이룩하게 되고 거기에서 막대한 부가가치와 고용이 창출됨.
- 물류 서비스가 효율적이면 기업이 비용을 절감하고 경쟁력을 높일 수 있으므로 국내외 기업들이 모여듦. 네덜란드에는 650개 이상, 싱가포르에는 500개 이상의 다국적기업이 지역본부를 운용하고 있음.
- 다국적기업들이 판매, 구매, 재고의 집중관리를 위한 유통센터(distribution center)를 설치함.
- 외국 기업들이 공항과 항만 주변에 최종 마무리 공장을 세워 지역기호에 맞는 제품을 완성(Production postponement).
- 하역, 통관, 통신, 금융 등 서비스업의 확산.
- 모든 업무의 전산화에 따른 정보와 관리 기술이 동원됨.

- 고가품의 항공 운송 편의를 위해 첨단기술 제품의 생산 기지화.

한국은 동북아 물류센터로 적지(適地)

- 동북아의 지리적 중심에 위치.
- 13억 인구의 중국 경제가 성장함에 따라 막대한 수출입 물량이 반입·반출되는데, 한국이 그 물류를 중계하지 않을 수 없음.
- 이미 부산항은 컨테이너 화물 처리량으로 세계 제3위, 대한항공은 제2위를 차지하고 있음.
- 전 세계 및 동북아 지역 내의 모든 공항 및 항만과 효율적인 네트워크를 구축할 수 있는 입지조건을 갖추고 있음.
- 한국은 동북아에서 비교적 우수한 인적 자원, 발달된 통신기술, 인프라 및 운송산업을 가지고 있음.
- 향후 지역별, 성 단위별로 세분화가 예상되는 중국 시장(부품, 반제품, 완제품)에 대한 다국적기업의 물류거점이 될 수 있음.
- 동북아에는 아직 싱가포르, 홍콩과 같은 국제적 수준의 물류센터가 없고, 중국의 다롄, 톈진, 칭다오 등은 한국에 비해 입지조건이 불리. 상하이가 무시할 수 없는 경쟁상대이나 위치 및 기타 조건으로 경쟁에 한계가 있을 것임.
- 한반도는 중국과 일본의 중간에서 물류상의 교량 역할을 할 수 있음.
- 일본은 물류센터 건설에 정책적 우선순위를 두고 있지 않음.
- 김대중 대통령은 한국이 동아시아 비즈니스 센터가 되어야 한다고 강조한 바 있음.

물류센터의 성공조건 - 다른 나라의 경험

- 항공, 해운, 육운이 연계되어 있음.
- 배후에 접근성이 높은 생산·소비기지가 있음.
- 매우 효율적인 수송, 유통, 창고 등 물류 관련 서비스가 완비되어 있음.
- 정부의 투명하고 일관된 정책, 최적의 투자 환경.
- 민간단체가 앞장서고 정부가 지원하거나(네덜란드의 HIDC), 정부 주도로 물류단지를 개발(싱가포르의 EDB, TDB, PSA).
- 물류 기반 시설에 대한 선행적 투자.
- 전문적 지식, 경험을 가진 물류회사를 육성, 인적자원을 국가가 전략적으로 양성.
- 복수의 외국어 사용 능력을 가진 양질의 전문 인력을 지속적·계획적으로 양성.
- 정부의 시장 친화적 정책.
- 산업평화(로테르담은 과거 7년간 노동 쟁의로 인한 손실 일수 2일, 앤트워프는 15년간 1일, 싱가포르는 파업이 전혀 없음).
- 정치적 안정.
- 국가 생존전략에 대한 국민들의 이해.

우리의 약점 : 유리한 지리적 조건에 불구하고 다음과 같은 약점이 있음

- 취약한 물류 기반 시설과 높은 물류 비용.
- 행정규제 및 절차의 복잡성과 불투명성.
- 높은 임금과 강성노조.
- 고지가와 높은 사무실 임대료.
- 입시교육에 눌린 전문 교육의 미비.

- 외국인의 생활환경 불량.
- 높은 진입 비용.
- 외국 투자기업에 대한 비우호성(서울에서는 차이나타운을 볼 수 없음).
- 국민의식과 행동의 후진성.

우리의 당면 과제
- 우리의 약점을 극복하는 노력을 기울여야 함.
- 부산, 광양만 물류시설의 확충과 자동화 등 싱가포르와 동등한 물류 서비스 체제의 확립.
- 인천국제공항과 배후지역을 연결하는 국제 물류단지 건설에 착수.
- 부산, 광양만은 중량 화물, 영종도 지역은 경량 첨단기술 제품 물류단지로 적합.
- 중국 시장을 겨냥한 유럽·북미 기업들의 동북아 물류센터의 유치가 주목표이므로 공항 주변 개발을 우선적으로 착수.
- 국가 간 경쟁보다 도시 간 경쟁의 시대인 만큼 수도권 규제정책을 신축적으로 운용.
- 5년 이내에 선점하지 않으면 기회를 상실할 수 있음.

앞으로의 정책 과제
- 전국적인 자유화에는 무리가 따르므로, 일부 지역을 먼저 자유화하여 국민들의 의식 전환을 유도.
- 먼저 제주도, 인천국제공항 지역을 자유무역지대로 설정, 제주도는 섬이고 영종도는 내륙과의 통로가 하나이므로 격리 관리가 비교적 용이함.
- 자유무역지대에는 싱가포르, 암스테르담 등과 동일 수준으로 경제활동

을 완전 자유화해야 함(특별법에 의한 독립행정구 설정).
- 경제 운영 스타일을 세계화 시대에 적합하도록 제도·법령의 전반적 개혁을 단행해야 함.

재원 조달의 문제

- 국가 생존전략 차원에서 정부사업 우선순위를 재검토하고 장기 재정 운영 계획을 수립.
- 현재의 담세율 20%는 OECD 중 최저. 이러한 담세율로 선진적 복지 정책과 사회간접시설 확충의 동시 추구는 불가능하므로 세수 증대 불가피 (일본 28.4%, 미국 28.9%, 독일 37%, OECD 평균 37% - 1998년 기준).
- 국제 물류 자본의 적극적 유치.
- 명실상부한 경제자유지역을 만들면 민자 유치는 어렵지 않음.
- 동북아개발은행 설립을 적극 추진.

마스터플랜을 만들어야

- 국제적인 물류 전문가의 자문 필요.
- 대만의 '아태지역운영센터(APROC)'를 참조할 필요.
  - 1995년 1월부터 동아시아 시장과 향후 중국 시장으로의 진출을 목적으로 하는 세계적 기업의 지역 거점을 제공하기 위해 단계적으로 추진 중.
  - 해당 정부 부서들이 치밀한 계획 아래 일관된 보조를 맞추면서 전략을 집행.
  - 법적·제도적 개혁의 신속한 추진을 위해 대통령 직속의 경제개발계획위원회(CEPD)가 주관.
  - 신속화를 위해 관계법의 개정을 하나의 패키지인 단일법(Omnibus Act)

으로 처리.

각종 자유지역에 관한 법률의 통합, 정리
- 자유무역지역, 외국인 전용공단, 외국인 투자지역, 관세자유지역에 관한 법률을 통합 단일화.

물류 전문가 양성
- 국제 물류 업무가 밀집된 수도권, 부산, 광양, 기타 주요 무역항 도시의 경우, 지역 내 대학을 특성화 대학으로 지정하여 육성.
- 외국어 교육의 강화와 한자 교육의 부활(벨기에는 초등학교에서 대학까지 3개 국어를 필수과목으로 하고 있음).
- 외국어 습득을 위해 대학의 교환학생 계획을 장려하고 외국에서 취득한 학점을 인정(인천대학의 예).
- 정부의 정보기술(IT) 전문인력 양성 정책과 같은 수준의 제도적 장치 필요.

동북아 물류센터 개발을 위한 기구 설립
- 각 부처의 타성적 태도와 조정 기능 약화.
- 국회에서의 여야 협조.
- 국민들의 이해.

가칭 '물류산업진흥기획단' 설치
- 물류산업에 관한 조사 연구.
- 발전 계획의 수립.
- 계획 시행을 위한 관계 법령의 총체적 재정비.

- 관련부처 직원, 학계 및 업계 전문가로 구성.
- 국회 내에 여야 공동으로 '물류산업진흥 특별위원회' 설치.
- 여야 영수회담에서 합의 필요.
- '물류산업 진흥기획단'의 안건을 심의.
- 여야 정책위 의장을 포함한 국회의원 약간 명으로 구성.
- 특별위원회는 청문회 또는 면담을 통하여 학계·업계·노동계의 의견 수렴과 국민적 합의 도출.
- 방대한 법률 개정 내용을 가칭 "물류산업진흥에 관한 임시조치법"에 총망라하여 단일법으로 일괄 처리(대만, 일본의 선례가 있음).

결 론

동북아 물류중심지의 건설은 한 산업의 문제로 보이지만, 실은 그것이 요구하는 일련의 개혁조치는 이 나라의 경제 운영 전반에 혁신적 변화를 가져오고 국민생활 양상이 싱가포르 및 선진사회를 닮아가는 과정이 될 것임. 따라서 이 제안은 정치권의 강력한 리더십과 국민들의 국가생존전략에 대한 이해를 필요로 함. 그리고 5년 내에 선점체제를 갖추지 못하면 실기(失機)할 우려가 있음.

왜 동북아개발은행이
필요한가?

요즘 동북아에 있어서의 한국의 지정학적 위치를 잘 활용해야 한다는 인식이 높아지고 있다. 하와이 동서문화센터에 사무국을 두고 있고 필자가 관계하는 동북아경제포럼(Northeast Asia Economic Forum)은 1990년대 초 이래 동북아의 교통, 물류, 통신체계에 관한 논의를 계속해왔다. 한편 그러한 사회간접시설 구축에 필요한 자금을 조달하기 위하여 필자가 제안한 동북아개발은행의 설립안을 토의해왔다. 요즘 이 제안에 대한 관심이 높아지고 있으므로 이 제안에 관한 그동안의 토의 내용을 정리·설명하고, 약간의 관계 자료를 제시하여 관계자에게 도움이 되고자 한다.

현존 지역개발은행의 설립 경위

지금 세계에는 IBRD 이외에 4개의 지역개발은행이 있다. 우선 그 설립 경위를 간략히 설명하여 동북아개발은행 제안에 관한 이해를 돕고자 한다.

1 IDB (Inter-American Development Bank, 중남미개발은행)

1959년에 미국과 라틴 아메리카 20개국이 설립한 최초의 지역개발은행이다. IDB는 1890년 워싱턴에서 개최된 The First International American Conference에서 처음으로 제안되었다. 만약 세계은행이 없었더라면 IDB는 보다 일찍이 탄생했을 것이다. 쿠바의 공산혁명을 비롯한 남미 제국의 반미 감정이 이 은행의 설립을 지연시킨 또 하나의 이유이기도 했다.

2 AfDB (African Development Bank, 아프리카개발은행)

1964년에 아프리카 33개국이 UN Economic Commission for Africa의 연구보고서에 입각하여 설립되었다. 이 은행의 설립 제안은 Organization of African States와 같은 여러 논단에서 지역협력과 경제적 통합을 역설한 정치인들로부터 나왔다. 이러한 제안은 제2차 세계대전 이후 세계 경제질서 형성에서 후진국들이 소외되고 있다는 인식을 배경으로 하는 것이었다. 이러한 배경에서 AfDB는 1982년까지 역내 국가들이 주식의 100%를 소유하고, 역외 국가들의 참가를 배제하였다. 그러나 이러한 역외 국가의 배제 때문에 AfDB는 역외로부터의 금융 지원과 국제 정치적 지지를 얻지 못했다.

3 ADB (Asian Development, 아시아개발은행)

아시아개발은행은 그 제안이 일본에서 나왔고, 이 제안을 UN Economic Commission of Asia and Far East(ECAFE, later renamed ESCAP)가 공식화한 후 3년의 연구, 조사 끝에 1966년 12월에 창립을 보게 되었다. 참가국은 31개국, 그중 역외국이 14개국이었다. 미국은 1965년까지 세계은행의 정책 목적과 경합한다는 이유로 미온적 태도를 보이다가 월남전이 미군의 철수로 끝날 무렵 'Peace Initiative'를 내세운 존슨 대통령이 ADB의 설립을 지지하게 되었다.

4 **EBRD**(European Bank for Reconstruction and Development, 유럽부흥개발은행)
   1991년 4월, 55개국(그중 23개국은 중앙 및 동부 유럽 국가)의 참가로 결성되었다. 이 개발은행의 설립은 1990년 구소련의 붕괴 이후 EC 정상회의에서 제안되었고, 설립의 주요 목적은 소련 및 동구권 국가들이 시장경제로 전환하고 민간기업 활동을 증진하는 데에 두고 있었다. 당초에 미국은 미온적이었으나 미국이 참가하든 안 하든 이 제안이 성사될 것으로 보이자 참가를 결정하였다.

동북아 개발은행 제안의 배경

1 1990년 2월 1~3일, 《동아일보》는 창간 70주년 기념행사로 캘리포니아 대학교(버클리), Institute of East Asian Studies와의 공동 주최로 "동아시아 지역의 새로운 질서" 혹은 "In Search of a New Order in East Asia"라는 주제의 세미나를 산타 바바라에서 개최한 일이 있다. 이 회의는 당시 《동아일보》 논설주간 김진현(金鎭炫) 씨와 로버트 A. 스칼라피노(Robert A. Scalapino) 박사, 그리고 전기(前記) 연구소의 이종식 교수의 주선으로 실현되었는데 토론 분야는 정치, 경제, 군사, 한반도의 4개 부문으로 구성되어 있었다. 제2부의 "아태지역의 경제관계"에서는 미국의 드와이트 H. 퍼킨스(Dwight H. Perkins), 일본의 오키타 사부로(Okita Saburo), 러시아의 블라드렌 A. 마르티노프(Vladlen A. Martynov) 그리고 한국의 필자가 각각 논문을 발표하였다. 필자는 "Changing Pattern of Economic Interaction in East Asia"이라는 논문에서 동북아에 있어서 다자간 협력

의 노력이 매우 중요함을 강조하고 그 방법의 하나로 동북아 지역에 개발은행을 설립하는 것이 필요하다고 결론지었다. 이것이 동북아개발은행 제안의 효시(嚆矢)이다.

2 1991년 9월 2~7일 동북아경제포럼(Northeast Asia Economic Forum, NEAEF) 제2차 회의가 중국 톈진에서 개최되었는데 이 회의에서 필자는 "The Prospect of Economic Cooperation in Northeast Asia"이라는 제하의 연설에서 동북아개발은행 설립을 본격적으로 제창했다(동북아개발은행에 언급한 필자의 모든 논문은 부록에 일괄되어 있음).

3 그 후 동북아경제포럼의 조이제(趙利濟) 의장은, 하와이 대학 교수이자 한때 ADB의 Chief Economist를 역임한 바 있는 번햄 O. 캠벨(Burnham O. Campbell) 박사와 일본 국제대학 히로시 카카즈(Hiroshi Kakazu) 교수에게 동북아개발은행 설립의 타당성에 관한 공동 연구를 위촉하였다. 한국 산학협동재단이 연구비를 지원했다.

4 동북아경제포럼은 동서문화센터(East West Center)의 조이제 박사의 노력으로 동북아 최초의 유일한 민간 경제포럼으로 자리를 잡게 되었고 이 회의에는 일본, 중국, 한국, 러시아, 몽고, 그리고 북한이 참석하는 외에 UNDP, ADB, IBRD 등의 국제기관이 참석하고 있다. 이 포럼의 사무국은 동서문화센터 내에 두고 있다. 매회 수백 명이 참가하는 이 포럼을 권위 있는 국제기관으로 공식화하기 위하여 새로이 헌장을 제정했고 참가국마다 'National Committee' 또는 그와 유사한 위원회를 조직하고 있다. 한국에서는 1999년 12월에 운송, 통신, 금융 분야의 주요 법인과 경

제단체, 연구기관 및 저명인사가 참가하는 '동북아경제포럼 한국위원
회'를 결성한 바 있다

5 1993년 한국 용평에서 개최한 NEAEF 연차 회의에서 캠벨 박사와 카카즈 교수는 연구 결과를 발표하였다. 캠벨 박사는 동북아개발은행 설립의 필요성을 이론적으로 설명하였고, 카카즈 교수는 동북아개발은행(안)의 출자액 및 그 배분, 그리고 조직과 운영 등에 관한 실제적인 문제를 검토하였다(부록 II, 논문 No. 5, 6. 참조). 이때부터 NEADB는 동북아경제포럼의 고정 의제로 채택되어 매년차 회의 때마다 토의를 계속해왔다.

6 그러나 캠벨 교수가 급서(急逝)하자 두 교수의 연구 프로젝트는 일단 끝이 나고, 그 후 전 아시아개발은행 부총재였던 스탠리 카츠(Stanley Katz) 박사가 뒤를 이어 동북아개발은행 설립안에 관한 일련의 논문을 발표하여 이 제안의 주도적 역할을 해오고 있다. 카츠 박사는 일찍이 동북아 경제통합에 대하여 깊은 관심을 표명했고 연차 회의 때마다 동북아개발은행에 관한 논문을 발표하여 동 은행 설립 운동의 길잡이가 되고 있다.

왜 동북아개발은행(안)의 설립이 필요한가?

지금까지 동북아경제포럼에서 필자를 포함한 여러 논자들이 발표한 논문의 내용을 정리 요약하면 아래와 같다.

1 동북아 지역의 경제발전의 전제 조건은 도로·항만·공항 등의 교통시설, 전신·전화 등의 통신시설, 교육·문화·복지 등에 관한 사회간접자본을 건설하는 것인데, 이는 막대한 내자와 외자를 필요로 한다. 동서문화

센터의 한 연구(스탠리 카츠가 지도)에 의하면 과거 한국의 경제발전 과정을 참고로 할 때 동북아 지역의 사회간접자본 구축에는 매년 약 75억 달러가 소요되나, 현재의 선진국 원조, 국제금융기관(IBRD 및 ADB), 각종 민간투자 및 상업금융 등으로 조달할 수 있는 모든 자금원을 최대한으로 추정해보아도 약 25억 달러에 불과하다. 따라서 새로운 자금원을 창출해야 동북아의 사회자본 구축과 경제발전이 촉진될 수 있다(부록 II, 논문 No. 14). 이러한 숫자적 추정이 아니더라도 동북아에는 중국, 시베리아와 같은 거대한 개도국이 위치하고 있으므로, 현존 IBRD와 ADB의 재력만으로 동북아의 막대한 자금 수요를 충족할 수 없다는 것은 자명한 일이다. 한편 국제 금융시장에는 투자할 곳을 찾는 다양한 재원이 있다. 문제는 사회간접시설 건설에 필요한 장기자금을 동북아로 유치할 수 있는 제도적 장치가 없다는 데에 있다. 그러므로 그러한 제도적 장치의 하나로 동북아개발은행을 설립할 필요가 있다.

2 특히 한국의 경우 앞으로 남북 간의 경제협력, 또는 경제적 통합이 진전되면 남한이 북한의 경제개발 비용의 큰 부분을 부담하지 않을 수 없게 되는데, 우리에게는 충분한 재력이 없다. 만약 동북아개발은행이 창설되면 한국의 부담을 크게 줄일 수 있을 것이다. 즉, 남북의 경제적 통합에 대비하여 동북아개발은행의 필요성이 강조되지 않을 수 없는 것이다.

3 동북아 국가 간의 경제적 통합은 시대적 요청인데, 그를 위하여는 교통(육운, 해운, 항공) 및 통신수단의 네트워킹과 같은 다국 간 협력이 필요한 사업들이 추진되어야 한다. 이러한 다국 간 협력사업은 다국 간 지역개발은행을 매개로 할 때 보다 효율적으로 추진될 수 있다. UNDP가 추진

하고 있는 중국, 러시아, 북한의 협동 사업인 두만강 유역 개발사업(나진 선봉)이 지지부진한 이유는 이 사업을 자금 면에서 통괄 조정하는 주체가 없기 때문이다. 만약 동북아개발은행이 있었더라면 이 사업은 벌써 끝났을 것이다.

4 동북아개발은행은 비단 금융 기능을 수행할 뿐 아니라, 역내 국가들의 경제에 관한 정보를 수집하고 개별 국가의 경제 문제, 경제정책을 분석하여 지역 국가 간의 상호이해 증진과 협력관계를 증진하는 데에 크게 기여할 수 있다. 이러한 연구와 계몽 활동이 얼마나 중요한 것인지는 IBRD, ADB 등의 기능을 보면 알 수 있을 것이다. 한 걸음 더 나아가 동북아에는 시장경제체제로 전환하고 있는 중국, 러시아, 몽고와 북한이 있으므로 개발은행은 각종 연수 프로그램을 통하여 시장경제의 운용 원리, 경영 방식, 제도, 관행 등을 이들 국가에게 전수(傳授)할 수 있고, 다른 한편 이들 국가 간 당면한 문제들을 연구, 검토하여 선진국들의 이해와 지원을 유도할 수도 있다. 이들 사회주의 국가들이 조속한 시일 내에 세계 경제질서에 통합될 수 있도록 지원하는 것은 동북아 내 OECD 국가들의 책무이기도 하다.

5 일본, 중국, 한국을 포함하는 동북아 지역은 세계 경제에서 가장 역동적인 지역이고, 북미주와 EU와 함께 세계 경제의 3대 축의 하나를 이루고 있음에도 불구하고 이 지역에는 지역적 경제협력체제가 전무한 상태다. 1989년에 발족한 APEC은 아시아-태평양 지역의 20개국 및 대만을 포용하는 국제적 협력기구로 등장했지만 경제 규모, 경제 발전단계, 역사와 문화적 배경이 다른 나라들의 협의체이기 때문에 지역 문제 해결의 실

적이 거의 없다. 반면에 APEC 역내에는 NAFTA, ANZCER(Australia-New Zealand Closer Economic Relations Trade Agreement), ASEAN 등의 하위(下位) 지역협력체가 보다 활발하게 기능하고 있다. 그러나 유독 동북아 국가들만이 지역협력체를 가지고 있지 않다. 동북아 국가들이 지역 협력체를 창출하지 못한 것은 주로 정치적 장벽과 국제적 협력에 익숙하지 못한 경험 부족에서 오는 것인데, 이제 이러한 상태를 체념할 것이 아니라 적극적으로 지역협력체를 모색할 때다. 우선 가장 손쉽게 시작할 수 있고 효과가 큰 지역협력체로 동북아개발은행 설립을 생각할 수 있다.

6 동북아개발은행의 설립은 역내 및 역외에서 동북아의 위상을 높일 것이고 특히 한국, 중국, 일본의 국제적 위상을 높이게 될 것이다. 일본은 ADB를 창설하고 동 은행의 총재직을 독점하여 지도적 역할을 수행해왔다. 최근에 일본에서 'Asian Monetary Fund'의 구상을 발표하였다가 서방국가의 냉대를 받은 바 있으나, 먼저 동북아개발은행을 설립하여 역내 교역에 엔화가 결제통화로 사용되는 범위를 넓혀갈 때 'Asian Monetary Fund'이 현실성을 가지게 될 것이다.

7 동북아개발은행은 참가국 모두에게 이익을 가져다주고 일방적 희생을 요구하지 아니한다.

   a 먼저 역내의 개도국들은 출자액의 몇 배 혹은 몇십 배에 해당하는 융자를 받을 수 있고 개발은행이 제공하는 각종 서비스를 무료로 받을 수 있다.

   b 선진권의 출자국들은 융자는 받지 않지만 개발은행 자금으로 시행되

는 각종 사업에 필요한 물자와 용역 조달에 있어서 우선권을 요구할 수 있고 은행이 제공하는 각종 서비스를 통하여 투자, 교역, 시장 관리 등에 있어서 유리한 위치를 차지할 수 있다.

c 궁극적으로 이 지역은 각종 천연자원－광물, 에너지, 용수, 산림, 농작물, 토지, 노동력 등－의 보고(寶庫)이니 자원이 빈약한 일본과 한국이 이 지역의 사회간접자본 확충에서 얻는 이익은 출자액에 비할 바가 아닐 것이다. 이 점에 관련하여 일본의 전 외상(外相)(현 중의원 의원) 나카야마 타로(中山太郎) 씨는 1998년 일본 요나고에서 개최한 NEAEF 연차회의에서 기조연설을 통하여 동북아 에너지 공동체를 제창하고 그를 위해 동북아개발은행의 설립이 필요하다고 역설하였다.

d 동북아 지역이 개발됨에 따라 다양한 자본재와 용역의 수입이 증가할 것이니 역내·역외의 많은 국가들이 새로운 수출과 투자의 기회를 얻게 될 것이다.

8 동북아개발은행에서 참가국이 얻는 이익에 비하여 참가국이 부담하는 현금 출자액은 그다지 크지가 않다. 참고로 ADB의 경우를 보면 현금납입자본금은 총 청약자본금의 7%에 불과하다. 이 점은 나중에 좀 더 상세히 설명할 것이다.

9 선진국이 역내 개도국 경제개발에 참여함에 있어서 쌍무적 접근보다 다자간 접근이 바람직하다. 앞으로 국제거래에 투명성이 요구되는데, 선진국이 쌍무적인 방법으로 이권을 추구하면 경제적 침략 또는 지배라는 오해를 받기가 쉽고 국제 관계에도 좋지 않은 영향을 끼칠 우려가 있다. 동북아개발은행은 참가국 간의 정보 교환과 다자간 협의를 통해 그러한

위험성을 덜어주는 역할을 할 수 있다.

10 동북아개발은행은 최근에 일부 아시아 국가들이 경험한 바와 같은 금융파탄을 예방하는 역할을 할 수 있다. 사회간접자본을 건설하는 장기 투자에 단기금융을 이용한다든가, 은행 및 기업 경영에 투명성이 없다든가, 국제적 표준에 맞지 않는 회계 기준을 유지하고 있다든가 하는, 동북아의 공통적 약점을 해소함에 있어서 동북아개발은행은 IMF, IBRD, ADB와 긴밀한 협조하에 지도적 역할을 할 수 있다.

11 끝으로 동북아개발은행의 설립은 상기한 경제적 효과를 통하여 이 지역의 정치적 안정화에 기여하게 될 것이다. 역내 국가들은 동북아개발은행에 이사와 직원을 파견하고 그를 통하여 국제사회에서 책임 있게 행동하고 서로 협력하는 태도를 배우게 될 것이다. 국가 간의 상호의존 관계를 심화해나가면 정치적 대립 관계가 완화 내지 해소될 수 있다는 것은 역사적으로 증명된 사실이다.

주요국에 관련된 정치적 의의

1 일본은 동북아 국가들에 대한 만성적 무역흑자의 일부를 동북아개발은행을 통하여 이 지역 발전에 기여케 하면, 그것은 이 지역에 대한 일본의 정치적 부채를 보상하는 의미도 가지게 될 뿐 아니라, 쌍무적 방식보다 다자간 협력의 방식으로 이 지역 경제개발에 기여함으로써 이 지역 및 세계에 있어서의 지도적 위상을 높일 수 있다.

2 미국은 역외 국가로서 동북아개발은행 설립에 참가하는 것이 긴요하다.

미국은 전통적으로 동북아에 있어서 세력 균형을 위한 하나의 대항세력 (Countervailing Power)으로서 세계 평화와 지역 안보에 결정적 역할을 수행해왔다. 소련이 해체된 이후 동북아의 지정학적 의미가 달라졌다고는 하나 미국은 여전히 균형화 세력으로 존속하게 될 것이다. 미국의 북한에 대한 외교정책은 이른바 'Policy of Engagement'라고 하는 것인데 그것은 북한이 군사적 모험을 포기한다면 미국, 일본을 비롯한 OECD 국가들의 경제원조를 통하여 평양을 개혁과 개방으로 유도한다는 함축(含蓄)을 지니고 있다. 동북아개발은행의 설립은 이 목적과 완전히 부합된다. 뿐만 아니라 미국은 북한에 대한 원조비용을 절감할 수도 있다. 한편 경제 면에서 미국은 동북아 지역의 시장과 경제발전에 큰 이해관계를 가지고 있으므로 동북아개발은행에 참가함으로써 이 지역에 하나의 제도적 거점을 얻게 되는 것이다.

3 중국은 동북아개발은행의 주요 채무자가 되겠지만 그 거대한 경제규모는 GDP 측면에서 이미 세계 제6위(1997년)를 차지하고 있다. 그리고 동북아의 평화와 안보를 유지함에 있어서 중국의 태도가 매우 중요하다는 것은 두말할 필요도 없다. 동북아개발은행은 동북아의 주요국인 일본, 중국, 러시아와 미국이 참가하게 되므로 그를 통하여 이들 4강 사이의 상호협력의 기운(氣運)을 조성할 수 있을 것이다.

4 한반도의 평화와 통일을 위하여 이들 4강의 향배가 중요하다는 것은 두말할 나위도 없다. 이들 4강과의 외교 관계를 어떻게 관리해나가느냐 하는 것이 한국의 지난(至難)한 과제인데 동북아개발은행을 통하여 4강 사이의 경제 관계가 밀접해지고 협력의 기운이 조성되면 우리의 문제를

풀어나가는 데에 도움이 될 것이다.

참가국

1 출자 참가국은 역내에서 일본, 중국, 한국, 러시아, 몽고, 북한이 될 것이고 대만이 참가하는 것이 매우 바람직하다. 대만의 참가 가능성에 관하여는 ADB에 대만이 참가하고 있는 선례로 미루어보아 중국은 반대하지 않을 것이라는 관측이 있다.

2 역외 참가국으로는 미국, 호주, 뉴질랜드 및 EU 국가들을 상정할 수 있으나 앞에서 말한 견지에서 미국의 참가는 필수적이다.

3 역외에는 널리 문호를 개방하여 가급적 많은 역외국이 참가하는 것이 자원 조달 및 국제적 기능을 높이는 데에 결정적으로 유리하다. 역외국의 참가를 거부한 아프리카개발은행의 실패의 전철을 밟지 않도록 해야 한다. 참고로 ADB의 경우에는 지난 31년 동안에 참가국의 수가 당초의 31개국에서 57국으로 늘어났고, 그중 16개국이 역외국이다(부록 III, 표 1 참조).

자본금과 출자국 부담

1 먼저 개발은행의 자본금 개념에는 네 가지 종류가 있다. 첫째는 수권자본이다. 수권자본은 주주 총회인 총재단 회의에서 승인한 주식발행의 총액을 말한다. ADB의 경우에는 당시(1966년) 역내 멤버들의 국민소득의 0.5%를 기준으로 60억 달러의 수권자본 액수를 산출하였다. 카카즈 교수는 1993년에 발표한 논문(부록 II, 논문 No. 6)에서 1992년의 GNP 데이터를 이용하여 ADB 방식을 동북아개발은행에 적용하면 150~200억 달

러가 되어 ADB의 230억 달러, AfDB의 210억 달러와 비슷한 자본액이 된다고 보고한 바 있다. 그러나 현재의 ADB의 수권자본금은 484억 달러(1999년 9월 말 현재)로 늘어났다(부록 III, 표 4 참조). 따라서 동북아개발은행을 설립하자면 최소한 400억 달러의 수권자본금이 필요하다고 볼 수 있다. 참고로 1998년도 역내국 GDP 합계액의 0.5%는 약 350억 달러이다(부록 III, 표 9). 앞으로 수년간의 역내 GDP의 성장을 고려하면 청약 출자액 400억 달러는 무난하다고 생각된다. 그러므로 이 액수를 NEADB의 수권자본금으로 가정하기로 한다.

2 둘째는 청약자본금인데, 이는 실제로 참가국들이 인수를 약정한 주식 총액을 말한다. 주식을 약정함으로써 주주로서의 권리와 의무가 발생한다. 청약자본은 납입자본과 대기자본(Callable Capital)으로 구분된다.

3 셋째의 납입자본은 실제로 주식 대전(代錢)으로 현금을 납부한 자본금이다. ADB 설립 당시에는 청약자본금의 50%를 납입자본으로 하되 5년 분할, 경화(hard currency, 달러와 같은 국제통화)로 납입하는 것으로 하고 나머지 50%는 대기자본으로 지정하였다.

4 넷째의 대기자본은 은행의 요구가 있을 때에 납입하는 자본금이다. 은행이 위급할 때에 요구가 있으면 납입하겠다고 약속만 하는 자본이고 주권국가가 은행의 채무이행을 완전히 보증한다는 의미를 가지고 있다. 현존의 모든 개발은행은 이러한 대기자본금을 보유하고 있으나 지금까지 한 번도 콜(call) 조항을 발동한 일이 없다.

5 전술(前述)한 바와 같이 창업 당시에는 납입자본금과 대기자본금이 총 청약자본금을 50% 대 50%를 차지하고 있었으나 창업 이후 수차례 증자(增資)를 한 경우에는 Board of Governors의 결의에 따라 납입자본비율을 5~10% 정도로 하향 조정했고 심지어 증자 전액을 대기자본으로 지정한 경우도 있었다. 그 결과 1999년 9월 말 현재 ADB의 재무제표를 보면, 수권자본 484억 달러, 청약자본이 478억 달러인 데 대하여 대기자본이 445억 달러이고 납입자본은 33억 달러(청약자본금의 7%)에 불과하다(부록 III, 표 4).

6 NEADB도 창업 시의 납입자본비율을 50%로 하고 5년 분할 납입제로 한 다음 은행 설립 후의 증자의 경우에는 점진적으로 납입자본비율을 하향 조정하는 ADB의 선례를 따를 수 있을 것이다.

7 출자총액은 역내와 역외로 구분되는데 ADB의 경우 1999년 9월 말 현재 역내, 역외의 배분비율이 63% 대 37%이다(부록 III, 표 1 및 표 3 참조). 만약 NEADB도 60% 대 40%의 비율을 채택한다면 역내의 출자 부담은 약 240억 달러로 감소된다.

8 약 240억 달러의 출자액을 역내 국가에 배분함에 있어서는 각국의 GDP, 외환사정, 재정상태 등이 고려되어야 하나 지금 그것을 구체적으로 거론할 수는 없다. 그러나 우리나라를 비롯한 주요국의 출자 부담이 얼마나 될지 개략적으로 추산해볼 수는 있다.

9 스탠리 카츠가 ADB 모델에 따라 1995년의 데이터를 기준으로 하여 역

내 국가별 출자액을 시산(試算)한 바에 의하면, 청약자금 총액을 200억 달러로 하고 현금 출자비율을 50%로 하고 역내와 역외의 배분비율을 6 대 4로 가정할 경우 5년 분할 1년 납입자본액은 일본이 3억 달러, 중국이 2억 달러, 한국이 1억 달러, 러시아가 1.4억 달러, 몽고가 0.2억 달러, 북한이 0.4억 달러 등으로 되어 있다(부록 II, 논문 No. 23 참조). 그러나 청약자본 총액을 400억 달러로 가정한다면 각국의 출자 부담은 약 2배가 된다고 볼 수 있다. 즉, 한국의 출자 부담은 연 2억 달러, 일본은 6억 달러, 중국은 4억 달러 정도가 된다.

10 약간 다른 방법으로 주요국의 출자 부담을 추정해볼 수도 있다. 가령 수권자본과 청약자본금을 각각 400억 달러로 하고 그 50%를 납입자본, 나머지 50%를 대기자본으로 하고 역내국에 60%, 역외국에 40%를 배정한다면 역내국의 현금 출자 부담은 120억 달러가 된다. 이것을 역내 국가에 어떻게 배분하느냐 하는 것이 문제인데, 가령 일본, 중국, 한국에 균등하게 배분한다고 가정하면 각국이 40억 달러를 5개년 분할 납입으로 매년 8억 달러씩 납입해야 한다는 계산이 된다. 물론 일본, 중국, 한국 이외에 러시아, 몽골, 북한 등이 일부를 부담하고 대만이 역내국으로 참가한다면 3국의 부담액은 7억 이하로 적어질 것이다. 또 만약 일본이 현금출자액(120억 달러)의 반을 부담한다고 하면 일본은 60억 달러, 중국과 한국은 각각 30억 달러 이하를 5개년 분할로 납입하면 된다.

11 만약 이것이 과중하다면 창업자본금을 200억 달러로 줄일 수도 있다. 그러면 참가국 부담은 반으로 줄어들 것이고 S. 카츠의 시산과 비슷하게 된다. 그러나 필자의 소견으로는 창업 자본금을 줄이는 것은 바람직

하지 않다. 왜냐하면 그것은 은행의 자본 동원 능력을 약화시키기 때문이다. 차라리 창업 자본금은 그대로 두고 현금 납입자본과 대기자본의 비율을 25% 대 75%로 조정하는 것이 어떨까 한다. 그래도 ADB의 현재의 비율 7% 대 93%에 비하면 현금 출자 비율이 상당히 높은 편이다. 이렇게 하면 현금 출자 총액은 100억 달러가 되고 이것을 역내 60억 달러, 역외 40억 달러로 배분하면 일본, 중국, 한국 3국의 부담액은 20억 달러 이하로 축소된다.

12 만약 미국이 역외국으로 참가한다면 ADB의 경우와 마찬가지로 최대 주주와 동일한 몫을 요구할 것이다. 미국의 몫을 제외한 나머지를 다른 역외국에게 분담시키는 일은 어렵지 않을 것이다. 그리고 중국과 한국은 출자 부담이 적으면 균등 부담을 요구하고 출자 부담이 크면 차등 부담을 요구할지 모른다. 어쨌든 가상적 분석에서 얻은 결론은 일본의 최대 부담액은 5년 분할 납입으로 40억 달러 이내, 중국과 한국은 15~20억 달러 이내라고 하면 틀림이 없을 것이다.

투표권 수의 배정

1 동북아개발은행의 의사결정에 필요한 투표권 수를 참가국 정부들에 어떻게 배분하느냐 하는 것은 매우 까다로운 문제인데, 여기에서도 ADB의 선례가 참고가 된다. 먼저 1주의 액면가격을 10,000달러로 하면 청약자본 400억 달러는 400만 표에 해당한다.

2 ADB는 우선 총 투표권 수의 20%를 모든 참가 멤버에게 균등 배분했다. 이는 소액 출자자들을 약간 우대하기 위한 배려에서였다. IBRD의 경우

에는 10%였으니까 ADB의 배분방식이 보다 형평성을 고려했다 할 수 있다. 나머지는 출자액에 비례하여 배분한다. 그러므로 가령 일본은 총 청약자본의 16%를 차지하지만 투표권 수는 그보다 약간 적은 약 13.5%이다. 동북아개발은행의 경우에도 ADB 방식을 따르는 것이 좋을 것이다 (부록 II, 논문 No. 6).

의사결정

1 모든 개발은행의 경우와 마찬가지로 최고의사결정기구로 Board of Governors를 두게 된다. 이 총재단은 모든 참가국의 장관급 대표로 구성되고 1년에 한 번 소집되며 중요한 정책 문제에 관하여 최고의 결정권을 행사한다. ADB는 1998년 말 현재 역내에서 41인, 역외에서 16인, 합계 57인이 Board of Governors를 구성한다.

2 은행의 일상 업무에 관한 의사결정기구로 이사회를 두게 된다.

    a ADB에는 현재 12명의 (역내에서 8명, 역외에서 4명) 이사가 은행 소재지에 상주하고 있다. 동북아개발은행의 경우 이사를 상주시킬 필요가 있느냐 하는 의견이 있다. 참가국의 고위 관료를 이사로 임명하고 1년 네 분기의 한 번씩 소집하면 비용이 절감되고, 참가국이 정치적 편의에 따라 임명한 이사들의 무분별한 업무 간섭을 예방할 수 있다는 것이다.

    b 이사의 선출에 있어서는 역내 총 투표권 수의 8%(종래에는 10%) 이상을 차지하는 나라는 단독으로 자국 이사를 파견(선출)할 수 있다. 또 역외 총 투표권 수의 17%(종래에는 25%) 이상을 차지하는 역외국은 단독으

로 이사를 파견할 수 있다(부록 II, 논문 No. 6).

 c 단독으로 이사를 파견할 수 없는 군소 주주 국가들은 몇 나라의 투표권 수를 합쳐서 집단적으로 이사를 선출할 수 있다. 군소 주주를 대표하는 이사는 어떠한 의사결정 문제에 있어서 군소 주주가 위임한 투표권 수를 행사한다. 만약 군소 주주 간에 찬반이 엇갈릴 경우 대표이사는 찬성 투표 수와 반대 투표 수를 따로 행사할 수 있다(부록 II, 논문 No. 6).

 d 그러나 이상의 규정에도 불구하고 중요 사항은 만장일치로 결정하는 것이 관례가 되고 있다. 동북아개발은행은 ADB의 방식을 참고로 할 수 있다.

3 동북아개발은행 경우에는 일본, 중국, 한국, 러시아, 대만, 미국 및 몇몇 OECD 국 등이 단독 이사를 파견하게 될 것이다.

4 그러나 은행으로부터의 거액 차입국이 은행을 지배하게 된다면 (AfDB와 같이) 문제가 될 것이다. ADB의 경우에는 비차입국(OECD국가들) 이사의 투표 수가 약 50%를 차지하고 있으므로 별로 문제가 되지 않고 있다. 동북아개발은행의 경우에도 이 점은 충분히 고려되어야 하고 OECD 회원 국가들의 이사를 가급적 많이 두는 배려가 필요하다.

5 동북아개발은행의 경우에는 서방의 OECD 국가들의 많은 참가가 필요한 또 하나의 이유가 있다. 동북아의 국가들은 서방의 금융제도, 관습, 표준 등을 배우는 데에 주저하지 말아야 하다. 사실상 동북아의 후진성을 극복하자는 것이 동북아개발은행 설립 목적의 하나이기도 하다. 그

러므로 역외국의 이사회 참가를 확대하기 위하여 역외국이 단독으로 이사를 파견할 수 있는 기준을 ADB 기준(역외 청약자본 총액의 17%)보다 완화할 필요가 있을지도 모른다.

지방정부의 참가

1 동북아 지역은 러시아와 중국의 일부만을 포용하고 있으므로 이 지역에 포함된 지방정부가 동북아개발은행에 참가하거나 할 수 있어야 한다는 의견이 제기되었다. 시대는 바야흐로 분권화 시대이고 지방정부의 자치활동이 중요시되는 때이니만큼 중앙정부와 함께 지방정부도 동북아개발은행에 참여할 수 있는 방안을 검토할 필요가 있다. 그러나 지방정부의 참가는 출자, 조직, 운영상의 어려운 문제를 제기한다. 참가 방법에 관한 한 가지 사견을 예시하면 다음과 같다.

2 먼저 지방정부와 중앙정부는 소정의 기준에 따라 독립적으로 출자를 한다. 아마도 지방정부는 군소 주주가 될 것이다. 그러나 모든 참가국의 내표가 Board of Governors를 구성하고 있으므로 지방정부도 중앙정부와 마찬가지로 Board of Governors의 멤버가 된다. 그렇게 함으로써 지방정부는 형식적으로나마 은행의 최고 정책결정에 참여할 수 있게 된다. 여기에 부수되는 문제는 지방정부가 청약자본의 일부를 보유하면 은행의 공신력이 떨어져서 은행이 발행하는 채권 소화가 다소 어렵게 되고 적어도 보다 높은 금리를 물게 되지 않겠느냐 하는 의문이 있다. 이 의문에 대하여는 지방정부가 인수하는 청약자본의 총액을, 예컨대 은행의 청약자본 총액의 10%를 초과하지 못하게 하는 한편, 은행이 짊어지는 총부채를 청약자본금의 90%를 넘지 않도록 정관에 규정하면 대외 부

채의 100%를 주권국가의 청약자본으로 뒷받침하는 결과가 될 것이다.

3 이사회의 이사 선출에 있어서는 군소 국가의 경우와 마찬가지로 다른 지방정부 또는 국가와 연합하여 이사를 낼 수 있으나 실제로는 자기의 중앙정부와 연합하여 이사를 선출함이 바람직하다. 일례로 중앙정부와 지방정부의 출자액의 합계가 16%(또는 어떠한 적당한 비율)라 하면 중앙정부와 지방정부가 각 1명씩 이사를 선임하도록 할 수 있다. 따라서 지방정부의 공무원이 이사로 파견될 수도 있을 것이다. 역내 국가의 수가 적고 고정되어 있으므로 한 나라에서 복수의 이사가 선출되더라도 이사회의 규모가 너무 크지는 않을 것이다. 그 밖에 2명 중 한 사람은 대리이사(alternate director)로 하는 방안도 있다.

4 지방정부가 동북아개발은행에 참가하는 일차적인 목적은 융자를 받기 위한 것인데, 융자에 있어서는 지방정부가 중앙정부의 지급보증을 받도록 할 필요가 있다. 그렇게 함으로써 은행 측은 채권 확보에 만전을 기하게 되는 동시에 차입자 측에서는 지방정부와 중앙정부가 사전협의의 기회를 갖게 되므로 상호 충돌을 예방할 수 있게 된다.

자본금과 여신능력

1 ADB는 창설(1966) 이후 1998년까지 누계로 대출 773억 달러, 투자 6.1억 달러, 기술원조 16억 달러, 공동 융자 295억 달러, 합계 1,091억 달러의 자금을 역내 개도국에게 공급하였다. 이러한 여신활동을 위해 자금을 조달한 내용을 보면 수권자본 484억 달러, 국제 금융시장으로부터의 차입 349억 달러, 영업 순이익과 준비금 72억 달러, 그리고 선진국이 출연

한 각종 '특별기금' 219억 달러로, 합계 약 1,126억 달러의 자금을 조달하였다. 이 중에서 219억 달러의 특별기금을 제외하면 871억 달러가 국제 금융시장에서 조달한 재원이다(부록 III, 표 6-표 7 참조).

2 그런데 여기에서 주목할 것은 자금 조달원으로 수권자본 484억 달러(청약자본 478억 달러)을 계산하고 있으나 전술한 바와 같이 현재의 ADB의 납입 자본은 33억 달러에 불과하므로 ADB는 개점 이후 지금까지 33억 달러의 현금자본을 밑천으로 그의 25배가 되는 재원을 국제 금융시장에서 조달했다는 계산이 된다. 요컨대 ADB는 그 자본력이 아니라 역내 주권국가의 공신력을 (대기자금이라는 형식의) 지렛대로 하여 재원을 조달하는 한편, 공적기금을 수탁하여 역내 경제발전에 이바지했다는 사실을 알 수 있다. 이 점이 바로 개발은행이 민간 상업금융과 다른 점이다. 불과 33억 달러의 불입자본금으로 그만한 자금을 동원한다는 것은 민간은행으로서는 도저히 불가능한 일이고 바로 이 점이 동북아개발은행이 필요하다는 또 하나의 근거가 된다.

3 그러나 지금의 정세로 보아 동북아개발은행이 원조 성격의 특별기금을 크게 기대할 수는 없을 것이고, 아마도 차입금, 지급 보증 등에 크게 의존해야 할 것으로 생각된다. 그러자면 공신력이 절대적으로 중요하고 공신력을 얻자면 일본, 미국을 비롯하여 OECD 국가들의 정부가 다수 참여하는 것이 필수조건이 된다.

직제와 인사

1 동북아개발은행의 총재는 당연히 최대 출자국이 차지하게 될 것이다.

부총재 한 사람은 반드시 영국, 미국 계통에서 선출하는 배려가 필요하다. 그리고 동북아개발은행이 IBRD, ADB 등에 비견할 만한 국제기구로 성장하자면 역외 인재의 등용이 필요 불가피하다. 앞에서도 말했거니와 동북아 국가들은 서방 선진국에서 배워야 할 일이 너무나 많다. 구구한 민족 감정에 사로잡혀 외인을 기피하는 일은 없어야 한다.

2 ADB의 경우 1999년 9월 말 현재 총인원이 1,966명이고, 이 중 전문직(Professional)이 676명, 기타가 1,290명이며, 46개국 국민으로 구성되어 있다(부록 III, 표 8).

은행의 위치

1 NEAEF 연차 총회에 참석하는 일본, 중국의 지방정부 대표는 벌써부터 동북아개발은행의 소재지에 관하여 관심을 표명하고 있다. 일례로 중국의 톈진 시는 유치 의사를 강력히 표명하고 있다

2 그러나 도쿄, 베이징, 서울 등이 유력한 후보지가 될 것이다.

누가 동북아개발은행의 이니셔티브를 취할 것인가?

1 앞에서 본 바와 같이 지역 개발은행은 세계 정세 변화와 그 지역의 특수성을 배경으로 하여 정치인, 정상회담, UN기구 등이 이니셔티브를 취하였고 각국 정부가 추진 주체가 되었다. 동북아경제포럼에서는 아래와 같은 관측이 제시되었다.

2 UNDP는 이미 두만강 유역 개발사업(중국, 러시아 북한의 협력사업)을 주도하고 있고 재정난에 봉착하고 있는 만큼 UNDP가 이니셔티브를 취할 수 있다. 그러나 지금의 UNDP는 그럴 만한 지도력이 없는 것 같다.

3 만약 중국, 한국, 일본의 정상회담에서 합의가 이루어지면 미국도 참가하지 않을 수 없을 것이다.

4 만약 한국이 미국에 대하여 북한에 대한 공조적 외교 정책(한국의 햇볕정책과 미국의 Engagement Policy)을 수행하기 위하여, 그리고 미국의 동북아에 대한 경제적 진출을 촉진하기 위해 동북아개발은행의 설립이 필요함을 설득하여 호의적 반응을 얻어낼 수 있다면 일본은 적극성을 보일 것이다.

5 결국 관건은 미국과 일본이 쥐고 있고, 관계국 정치 지도자들의 식견과 용기에 달려 있는 문제라고 할 수밖에 없다.

동북아개발은행에 대한 질의 응답

● 질문 1

북한을 제외하고 모든 역내국이 이미 IBRD, ADB, EBRD의 멤버로 되어 있는데 동북아개발은행을 설립할 필요가 있는가?

● 답변

1 이미 앞에서 설명한 바와 같이 기존 개발은행의 여신능력만으로 동북아의 사회자본 구축 및 경제개발에 필요한 방대한 자금수요를 충족시킬 방도가 없다. 그것은 동북아에 중국, 러시아와 같은 거대한 개도국이 위

치하고 있다는 특수성에 기인하다. 예컨대 현재 중국이 ADB 대출액의 최대 비중을 차지하고 있지만, 그러한 편중융자에는 정치적 한계가 있고, 중국의 자금수요를 충족시키는 데에도 한계가 있다. 몽고와 북한은 세계 경제의 사각 지대로 남아 있고 시베리아의 풍부한 에너지 자원 개발도 막대한 자금을 필요로 한다. 한편 국제 금융시장에는 투자처를 찾는 다양한 재원이 있으나 그것을 동북아로 유치할 수 있는 제도적 장치가 없지 않은가?

2 세계 각국을 대상으로 하는 IBRD가 있음에도 불구하고, 각 지역에 4개의 개발은행(ADB, EBRD, IDB, AfdB)이 설립된 이유는 무엇인가? 그것은 지역적 특수성과 특수한 문제가 있기 때문이다. 동북아의 지역적 특수성은 너무나 명백하다. 국토의 극대와 극소가 공존하고, 중국, 러시아, 몽고, 북한이 체제 전환의 과제를 안고 있고, 광활한 지역에 산재한 천연자원을 교통망으로 연결하지 않으면 거의 쓸모가 없는 상태에 있다. 한편으로 정치적 갈등이 계속되고 있으나 인종적 친근성과 비교적 공통된 문화적 배경(한자문화권)하에서 경제개발을 최우선 과제로 삼는 고무적 측면도 있다. 이러한 지역적 특수성에 적응하기 위하여 그에 적합한 개발은행의 설립이 필요하다.

3 중국과 러시아의 동북아 지방, 그리고 몽고, 북한(ADB에조차 가입되어 있지 않다)은 기존 개발은행의 손이 미치기 어려운 지대이다. 동북아개발은행은 이 지역에 금융자금을 주입함으로써 이 지역 개발을 크게 촉진시킬 수 있다.

● 질문 2

ADB에 특별기금을 두어 동북아 지역협력사업을 지원하면, 업무의 중복,

경험의 부족, 그리고 개도국의 자금 소화 능력의 한계에서 오는 낭비를 회피할 수 있지 않은가?(이것은 ADB 주변에서 나온 질문이다.)

● 답변

1 그럴듯한 말이나 지정학적 고려가 결여되어 있다. 동북아의 자금 수요가 그리 크지 않다면 몇몇 국가의 출연에 의존하는 특별기금을 생각할 수 있으나 우리는 ADB와 버금가는 금융 기능을 창조해야 문제를 해결할 수 있는 것이다. 따라서 특별기금으로 해결될 성질의 문제가 아니다.

2 ADB에 일부 지역을 대상으로 하는 특별기금을 설치할 때 다른 지역에서 반대하거나 혹은 동일한 기금의 설치를 요구하면 어떻게 할 것인가?

3 특별기금의 결정적인 결함은 기금을 받아들여 차입국에게 건네주면 그것으로 끝나고 금융 기능을 통한 승수 효과를 발휘하지 못한다. 이에 반하여 은행 자본금은 국제 금융시장에서 그 수십 배의 자금을 조달할 수 있는 지렛대의 역할을 한다. 그건 그렇다 치고 어느 나라가 매년 수억의 자금을 기금에 출연해줄 것인가?

4 업무의 중복이 문제 된다고 하지만, 그러면 같은 목적과 기능을 가지는 세계은행이 있음에도 불구하고 왜 4개의 지역개발은행이 생겼는지 생각해볼 필요가 있다. 원래 금융이란 국내 혹은 국제적인 독점에 적합하지 않은 산업이다.

5 개도국의 자금 흡수 능력에 한계가 있다는 것은 모든 개발은행의 공통적인 문제이다. 그래서 개발은행은 투자사업의 타당성 조사 방법, 관리 방식, 그리고 경제 운영 방식에 관한 교육과 훈련 등 다각적인 기술 원조를 하고 있는 것이다. 동북아 국가들만의 문제는 아닌 것이다.

6 우리는 동북아개발은행 설립에 비단 금융뿐만 아니라, 그것이 가지는 지정학적 함축을 중요시한다. '왜 동북아개발은행 설립이 필요한가' 제

5~6항에 그 점이 설명되어 있다.

- 질문 3

국제 금융시장이 세계화된 오늘날에는 공적 개발은행이 아니더라도 금융시장에서 자본을 조달할 수 있고 사회간접시설 건설에 민간자본을 유치할 수 있지 않은가? 공적 개발은행의 무용론까지 나오고 있는 판인데…….

- 답변

1 먼저 도로, 항만, 통신시설 등에 민간자본이 참여하는 예가 없지 않으나 그 실적은 미미하다. 민간자본은 제조업, 서비스업을 선호하고 자본 회수 기간이 길고 수익률이 불확실한 (정치적 반대 및 정부의 공공요금 통제 등으로) 공공 투자를 기피하는 것이 일반적 경향이다.

2 민간자본 동원이 바람직하나 실제로 공적개발은행의 공동융자, 지급보증, 기술원조 없이는 크게 기대할 수 없는 것이 현실이다. 그러므로 민간자본을 유치하기 위해서도 개발은행이 필요한 실정에 있다.

3 공공시설을 민간자본에 의존할 경우, 투자 자원 배분에 왜곡이 생길 수 있다. 일례로 농민들에게 이동전화(hand phone)를 보급하는 사업에는 투자하지만 농업용수를 개발하는 사업에는 투자하지 않을 것이다(부록 II, No. 23, 카츠).

4 공공사업을 민영화하면 조속한 자본 회수를 꾀하여 투자자는 부당하게 공공요금(전화료, 수도료 등)을 높게 책정하려 할 것이다(카츠, ibid). 반면에 정부의 요금 통제에는 허점이 따르게 마련이다.

5 공공시설은 어떤 개인이 아니라 불특정 다수의 이익을 가져온다는 특성이 있다. 그런데 공공투자를 민간에 맡겨두면 공공의 이익을 사유화하는 일이 생길 것이다(카츠, ibid). 도로에 투자하여 주변의 땅값을 올려놓

고 그 토지를 팔아 폭리를 챙기는 모리배가 있으면 주택가격이 높아져서 주민이 피해를 보게 된다.

6 개발은행은 이상과 같은 폐단을 사전에 예방할 수 있는 위치에 있다. 역사적으로 공공사업은 공공기관이 담당해왔다. 요컨대 개발금융기관 무용론은 시장경제의 맹신에서 오는 편견이라 할 것이다.

- 질문 4

동북아는 중국과 러시아의 일부분이다. 동북아개발은행의 관할 지역을 어떻게 정의할 것인가?

- 답변

1 동북아개발은행의 역내 멤버는 일본, 중국, 한국, 러시아, 몽고, 북한, 그리고 가능하다면 대만이 포함되어야 하다.

2 동북아를 정치적으로 정의할 때에는 역내 각국의 중앙정부가 이 지역을 대표하고 동북아개발은행의 주체가 되어야 하다. 그러나 동북아개발은행의 업무 영역에 관하여 예컨대, 중국의 동북 3성(길림성, 요녕성, 흑룡강성), 러시아의 시베리아 일부(프리모르스키 크라이, 하바로프스크, 아무르, 사할린, 마가단, 캄차카, 야쿠티아)로 한정할 수도 있을 것이다. 이것은 회원 국가들이 협의해야 할 문제이다.

- 질문 5

동북아개발은행이 설립되면 IBRD, ADB 등이 그것을 빙자(憑藉)하여 동북아에 대한 대출을 줄이게 되고 그렇게 되면 동북아개발은행의 필요성이 반감되지 않겠는가?

- 답변

    1 국제 개발은행은 어느 지역 혹은 어느 국가에 융자를 더 주느냐 덜 주느냐를 따지기보다는 투자사업의 경제적 혹은 사회적 가치를 중요시한다.
    2 동북아개발은행의 동북아 지역의 투자사업에 대한 융자와 ADB의 중국 남부 및 EBRD의 서부 러시아 투자사업에 대한 융자는 상호 경합하지 않는다.
    3 실지로 국제 개발금융기관은 상호보완적 관계를 유지하면서 총체적 자본 동원 극대화에 노력해왔다.
    4 ADB에는 동북아를 대표하는 이사들이 있으므로 동북아의 권익을 수호할 것이다.

- 질문 6

    동북아에서 국제 금융기관을 운영할 만한 인재들을 구할 수 있는가?

- 답변

    1 동북아뿐 아니라 역외에서 활동하고 있는 동북아의 인재들은 많이 있다. 뿐만 아니라 ADB의 경우처럼 역내·역외에서 유능한 인재들을 얼마든지 구할 수 있다.
    2 앞에서 말한 대로 영어권 국가에서 외부인을 많이 기용할 필요가 있고, 은행 자체가 역내 국가의 공무원 및 관리자를 양성하는 기관이 되어야 하다.
    3 주요 업무담당 부총재는 반드시 영·미 국가에서 선발되어야 하고 또 쉽게 구할 수 있다.

◎ 부록 I

동북아개발은행(안)에 관한 필자의 논문 목록

1 "Changing Pattern of Economic Interaction in East Asia," Chong-Sik Lee ed., *In Search of a New Order in East Asia*, Institute of East Asian Studies, University of California, Berkeley, 1991. pp. 109~121.

2 "The Prospect of Economic Cooperation in Northeast Asia," presented at the Conference of the Northeast Asia Economic Forum at Tianjin, China, September 2-7, 1991.

3 "Multilateral Economic Cooperation in Northeast Asia," A keynote address, Proceedings of the Fifth Meeting of Northeast Asia Economic Forum, Niigata, Japan, February 16-17, 1995.

4 "The Northeast Asia In The World Economy" in D.W. Nam, *Korea's Economic Growth in a Changing World*, Samsung Economic Research Institute, Seoul, 1991.

5 "Economic Cooperation in Northeast Asia in the Age of Regionalism," A paper presented at the Conference of the International Economics Association, Pohang University, June 24-26, 1993.

6 〈한국 경제의 오늘과 내일〉 중 "지정학적 이점을 활용하자" 항목, 1996년 4월 24일, 서울대 최고경영자과정 강연.

7 〈동북아에서의 다자간 경제협력〉, 1995년 2월 16일 제5회 동북아시아 경제포럼(일본, 니가타), 영문기조연설 번역.

8 〈아시아 금융위기와 한·일 협력〉 중 "동북아로 눈을 돌려야"(1998년 12월 15일, 일본, 도쿄, 경제단체연합회, 주일한국기업연합회, 경제광고센터 공동 주최

강연회에서).

9 〈동북아로 눈을 돌리자〉, 2000년 3월 17일 평화연구원 주최 강연회에서.

◎ 부록 II

List of Articles on NEADB Presented at the Meetings of the Northeast Asia Economic Forum

Changchun and Tianjin Meeting in 1991

1 S. Stanley Katz, "Asia's Regional Integration : Lessons from Eastern Europe," Proceedings of the Conference on Economic Development in the Coastal Area of Northeast Asia, August 19-31, 1991, Changchun, China.

2 D. W. Nam, "The Prospect of Economic Cooperation in Northeast Asia," presented at the Conference of the Northeast Asia Economic Forum, September 2-7, 1991, Tianjin, China.

3 Burnham O. Campbell, "The Potential for Economic Integration in Northeast Asia," Proceedings of the Conference on Economic Development in the Coastal Area of Northeast Asia, August 19-31, 1991, Changchun, China.

Vladivostok Meeting in 1992.

4 Sung-Sang Park, "The Korean Experience and the Potential Role of Financial Policy in Northeast Asian Regional Cooperation," Proceeding

of the Vladivostok Meeting of the Northeast Asia Economic Forum, August 25-27, 1992, Russia.

Yongpyeong Meeting in 1993.

5 Burnham O. Campbell, "Financial Cooperation in Northeast Asia: An Overview of the Case for a Northeast Asian Development Bank," Proceedings of the Yongpyeong Conference, September 26-28, 1993, Northeast Asia Economic Forum.

6 Hiroshi Kakazu, "Organizational Structure and Funding Sources of a Northeast Asian Development Bank," Proceedings of the Yongpyeong Conference, September 26-28, 1993, Northeast Asia Economic Forum.

Niigata Meeting in 1995.

7 Duck-Woo Nam, "Multilateral Economic Cooperation in Northeast Asia," A keynote address, Proceedings of the Fifth Meeting of Northeast Asia Economic Forum, February 16-17, 1995, Niigata, Japan.

8 Hiroshi Kakazu, "Regional Cooperation and the Northeast Asia Development Bank," Proceeding of the 5th Meeting of the Northeast Asia Economic Forum, February 16-17, 1995, Niigata, Japan.

9 Jan P. M. van Heeswijk, "Development Financing and Banking," Proceeding of the 5th Meeting of the Northeast Asia Economic Forum, February 16-17, 1955, Niigata, Japan.

10 S. Stanley Katz, A commentary: "Major points emerged from the Session…," Proceeding of the 5th Meeting of the Northeast Asia

Economic Forum, February 16-17, 1955, Niigata, Japan.

Honolulu Meeting in 1996

11 S. Stanley Katz, "A Northeast Asian Development Bank," Proceeding of the Sixth Meeting of the Northeast Asia Economic Forum, January 18-19, 1996, Honolulu, Hawaii.

12 Sung Sang Park, "Banking Services for TRADP," in Proceeding of the Sixth Meeting of the Northeast Asia Economic Forum, January 18-19, 1996, Honolulu, Hawaii.

13 Mun Song Kim, "Integrated Development of Infrastructure and the Rational Use of Funds in Developing the Tuman River Area," in Proceeding of the Sixth Meeting of the Northeast Asia Economic Forum, January 18-19, 1996, Honolulu, Hawaii.

Ulaanbaatar Meeting in 1997

14 S. Stanley Katz, "Is a New Development Bank Needed: A Quantitative Assessment," Proceeding of the Seventh Meeting of the Northeast Asia Economic Forum, August 17-21, 1997, Ulaanbaatar, Mongolia.

Yonago Meeting in 1998

15 S. Stanley Katz, "Report of the Consultative Working Group on the Northeast Asian Development Bank," Proceeding of the Eighth Meeting of the Northeast Asia Economic Forum, July 28-30, 1998,

Yonago, Japan.

16 Hiroshi Kakazu, "The Proposed Northeast Asian Development Bank," Proceeding of the Eighth Meeting of the Northeast Asia Economic Forum, July 28-30, 1998, Yonago, Japan.

17 David Edwards, "Financing Infrastructure Development," Proceeding of the Eighth Meeting of the Northeast Asia Economic Forum, July 28-30, 1998, Yonago, Japan.

18 Wang Yusheng, "China's Economy and Financial Reform," Proceeding of the Eighth Meeting of the Northeast Asia Economic Forum, July 28-30, 1998, Yonago, Japan.

19 Akira Nambara, "Economic Development in Northeast Asia: Outlook and Issues," Proceeding of the Eighth Meeting of the Northeast Asia Economic Forum, July 28-30, 1998, Yonago, Japan.

20 Steven Rosefielde, "Implications of Long-Term Systemic Growth Trends for a Future Northeast Asian Development Bank," Proceeding of the Eighth Meeting of the Northeast Asia Economic Forum, July 28-30, 1998, Yonago, Japan.

21 Keith Chiddy, "A Western Commercial Bank's Relationship with Northeast Asia," Proceeding of the Eighth Meeting of the Northeast Asia Economic Forum, July 28-30, 1998, Yonago, Japan.

22 Koichiro Fukui, "Meeting the Development Financing Needs of Northeast Asia," Proceeding of the Eighth Meeting of the Northeast Asia Economic Forum, July 28-30, 1998, Yonago, Japan.

Tianjin Meeting in 1999

23 S. Stanley Katz, "The Role of a Northeast Asian Development Bank In Northeast Asia's Future Development," Proceeding of the Eighth Meeting of the Northeast Asia Economic Forum, December 26-28, 1999, Tianjin, China.

◎ 부록 III 통계자료

* 여기에 인용한 ADB에 관한 모든 자료의 출처는 http://www.adb.org/ 임.

표 1. Distribution of Shares of the ADB (as of Sept. 30, 1999)

	Number of Members	% Share
Regional	41	63.414
Northeast Asian	5	28.374
Other Regional	36	35.040
Non-Regional	16	36.586
Total	57	100.000

표 2. Northeastern Members' Share Holdings in the ADB (as of Sept. 30, 1999)

Country	% share	
Japan	16.006	
China	6.069	
Korea	5.167	
Mongolia	0.015	
Taipei	1.117	
Total	28.374	5 countries

표 3. Non-regional Shareholding of ADB (as of Sept. 1999)

Country	% share	
U.S.A.	16.006	
Canada	5.365	
Others	14.215	
Total	35.586	16 countries

표 4. Ordinary Capital Resources (as of Sept. 30, 1999)

	US$ million
Authorized capital	48,444.18
Subscribed capital	47,874.38
Callable	44,507.20
Paid-in	3,367.180
Outstanding debt	26,097.82
Reserves and unallocated net income	7,255.62

표 5. Special Funds Resources Committed (as of Sept. 30, 1999)

Special Funds	US$ million
Asian Development Fund	21,351.37
Technical Assistance Special Fund	807.12
Japan Special Fund	849.31
ADB Institute Special Fund	34.74
Total committed	23,042.54

표 6. ADB's Financial Activities(1966~1998)

Total Lending	77,335.0
Equity Investment	574.2
Equity Underwriting	40.5
Technical Assistance	1,613.0
Co-financing	29,563.8
Total	109,126.54

표 7. ADB's Resources(1966~1998)

Ordinary Capital Resources	90,633
Subscribed Capital (at end of period)	48,456
Borrowings (gross)	34,922
Reserves and Unallocated Net Income	7,255
Special Fund Resources	21,990
Asian Development Fund	20,535
Technical Assistance Special Fund	0,721
Japan Special Fund	0,734
Total	112,623

표 8. Staff (as of Sept. 30, 1999)

Nationalities	46
Professional	676
Supporting	1,290
Total	1,966

표 9. Basic Indicators of Northeast Asian Countries and Chinese Taipei

	Area (1000 sq km)	Population (million)	GDP (US$ billion)	GDP (per head US$)	Visible exports fob (US$ billion)	Visible imports fob (US$ billion)
China	9,561	1,244.2	902.0	860	182.7	136.4
Hong Kong	1	6.5	163.8	25,200	188.1	209.2
Japan	378	126.0	4,812.1	38,160	409.2	307.6
South Korea	99	45.7	485.2	10,550	138.6	141.8
Russia	17,075	147.7	394.9	2,680	88.9	71.4
Chinese Taipei	36	21.7	283.4	13,060	121.7	107.8
Mongolia	1,565	2.6	5.6	2,200	0.4	0.4
North Korea	120	21.3	22.0	900	0.9	1.9
Total	28,835	1,615.7	7,069.0	–	1,130.5	976.5

Sources : APEC
1. The Economist, "Pocket World in Figures", 2000 edition.
2. The APEC Region Trade and Investment, Nov. 1998.
3. GDP and Trade Figures are for 1998.
4. Figures for GDP of Mongolia and North Korea are for 1997, and trade figures for North Korea are for 1996.
 (*The World Almanac 2000*, New York Times).

동북아 물류중심지 건설과 경제자유구역

2005년 8월 31일, 〈IBC 포럼 푸동 세미나〉 기조강연

필자와 IBC 연구원들이 동북아 물류기지 개발촉진 운동을 전개하고 정부에 정책 건의를 해온 지도 벌써 5~6년이 지났다. 그동안 정부의 노력으로 부산·광양·인천이 경제자유지역으로 지정되었고, 간접시설 투자 확대와 각종 규제 완화가 진전된 것은 다행한 일이다. 그러나 자유지역에는 아직도 미해결의 문제가 많고 한국과 경쟁 관계에 있는 중국, 싱가포르, 홍콩, 대만 등의 물류기지의 발전상과 비교할 때 우리가 뒤떨어지고 있는 것이 아닌가 하는 우려가 있다. 그래서인지 요즘 동북아 물류기지 건설의 꿈은 이미 물 건너갔다는 비관론을 주장하는 사람도 있다. 그러나 필자는 지금이라도 한층 분발하여 우리의 약점을 보완해나간다면 우리의 꿈은 이루어질 수 있다고 믿는다. 뿐만 아니라 우리 경제의 선진화를 촉진하는 역할도 할 수 있을 것이다. 몇 가지 이유를 들어 설명하겠다.

첫째로 부산·광양·인천의 지리적·자연적 조건이 유리하다는 데에는 변함이 없다는 것이다. 우리가 시찰한 상하이 외고교(外高橋) 터미널

은 바다가 아닌 양쯔강 입구에 위치해 있는데, 하구에 토사가 누적되어 수심이 7.5미터에 불과하고 대형선박이 입·출항하기에 문제가 있어 준설을 하려면 막대한 비용이 든다. 이 단점을 극복하기 위해 양산 심수항을 개발 중인데 동해 해상대교를 건설하는 데에 또한 막대한 비용이 들고 있다. 이에 반하여 부산·광양항은 수심이 15미터 내외가 되는 천연의 양항(良港)이다. 앞으로 중국 동북부 항구 톈진, 칭다오, 다롄 항 등의 화물을 상하이로 보내 그곳에서 환적(換績)하여 한국해협을 거쳐 미주로 보낸다고 하는데, 그보다 거리가 가까운 부산에서 환적하여 미주로 보내면 시간과 비용을 절약할 수 있는 이점은 여전히 남게 된다. 이러한 한국의 지리적 이점을 충분히 활용할 필요가 있다.

이미 우리의 3대 '자유구역'이 동북아의 물류기지로 중요한 역할을 하고 있는 것은 결코 우연한 일이 아니다. 잘 아는 바와 같이 부산은 세계 간선 항로에 위치해 있고, 이미 세계 굴지의 화물 처리량을 자랑하고 있으며, 앞으로 광양만 또한 동북아의 중요한 물류기지로 발전할 것이다. 하기야 부산의 화물 적재량이 상하이에 밀려 세계 5위로 후퇴했다고 하나 중국의 물동량이 워낙 크기 때문에 이것은 불가피한 추세라 생각된다. 그러나 우리는 양적으로 후퇴하더라도 질적으로 경쟁하면 수익면에서는 계속 우위를 차지할 수 있다. 인천국제공항은 이미 동북아의 주요 공항으로서 상하이의 푸둥 공항보다 우세한 위치에 있고 국내 항공사의 화물 처리량은 세계 1~2위를 다투고 있다. 인천, 평택 군산, 목포 등 한국 서해안의 항구와 중국 동해안의 여러 항구 사이의 교통량은 나날이 증가하고 있으며, 앞으로 황해경제권을 형성하게 될 것인데 이러한 발전상이 우리의 지리적 조건과 무관하다고 할 수 없다. 참고로 해운 컨설팅 회사(Ocean Shipping Consultant, 1999)의 보고서에 의하면 앞으로

10년간 세계 경제성장률은 2~3% 수준으로 전망되나, 컨테이너 물동량은 6.7% 증가할 것이고, 특히 동북아의 컨테이너 물동량은 연평균 8.1% 증가할 전망이라고 한다.

둘째로 물류기지는 단순히 수송기지를 말하는 것이 아니라는 것이다. 현대의 로지스틱센터의 개념에는 교통·운수에 관련된 각종 직접적 서비스뿐만 아니라, 기업 경영의 세계화 추세에 따라 유통, 생산, 금융, 정보, 관리, 관광 등의 서비스 기능이 교통·운수중심지로 모여드는 현상을 상정하고 있다. 그러므로 물류기지를 개발한다는 것은 곧 각종 서비스 산업을 개발한다는 것을 의미한다. 잘 아는 바와 같이 우리의 전통적 제조업은 점차 경쟁력을 잃어가고 새로운 첨단산업의 개발이 요구되고 있다. 그러나 첨단 업종일수록 고용 흡수력이 약하다는 것은 주지의 사실이다. 그러므로 서비스 산업을 개발하여 고용 기회를 창출하지 않으면 이 나라의 실업 문제를 해결하기 어렵다. 그런데 서비스 산업에서 우리의 경쟁력이 타국에 비하여 반드시 뒤져야 할 선천적인 이유는 없다. 그것은 오직 우리가 어떻게 하는가에 달린 문제이다. 노력하지 않고 비관할 필요는 없다.

셋째로 제조업도 항만과 공항 근처에 자리 잡아야 앞으로 경쟁 면에서 유리하게 될 것이다. 특히 첨단 제품은 점점 경량화하는 경향이 있기 때문에 공항 근처에 공장을 세울 필요가 있게 된다. 엄태훈 박사의 보고에 의하면 톤당 16달러 이하의 수송비를 요하는 제품은 모두 항공편을 이용하게 될 것이라고 한다. 그러므로 항만 또는 공항 배후단지에 공업단지가 들어서게 되는 것은 필연적 추세다. 요컨대 수송기지를 지렛대로 하여 그 주변에 각종 서비스업과 제조업을 유치하자는 것이 당초부터 필자의 전략 개념이었고, 이러한 전략은 지금도 유효하다고 믿는다.

따라서 비관할 필요가 없다.

넷째로 우리의 경쟁국들이 크게 앞서가는 것같이 보이지만 그들에게도 문제는 많다. 예컨대 중국의 경우를 보더라도 전체 생산의 26%를 차지하는 국영기업이 총고용의 51%를 끌어안고 있는 비능률을 보이고 있고, 금융기관은 총대출금의 태반이 부실채권이라는 보고가 있다. 동부 해안지대와 서부 오지 사이의 경제적 격차도 문제이고, 경제발전에 따른 민주화의 요구에 따라 지금 한국이 겪고 있는 것과 같은 사회적 마찰이 점차 증가할 것이다. 우리가 이러한 과도기적 마찰을 졸업한 반면, 중국은 이제부터 이 국면에 들어설 처지라고 한다면 서비스 면에서 경쟁력에 차이가 날 수 있다. 그러므로 한·중 양국은 서로 경험과 지식을 교환하여 각자의 문제를 해결하기 위한 상호협력이 필요한 때다. 푸둥을 방문하여 중국의 경험에서 배우고자 하는 것도 바로 그 때문이고, 우리만의 이익을 노리자는 것이 아니라 양국의 상호이익이 되는 보완·협력관계를 발견하고자 하는 것이다.

다섯째로 몇 년 전 김대중 대통령께 물류중심지 개발을 제안했을 때, 물류중심지의 개발은 곧 한국 경제·사회의 선진화를 의미하는 것이라고 필자는 말했다. 한국이 21세기에 선진국의 지위를 차지하자면 우리의 발상과 관행과 제도 등 고쳐야 할 과제가 너무나 많다. 예컨대 각종 규제를 혁파하고, 교육·의료 부문을 개방하며, 산업 평화를 정착시키는 것이 투자 유치를 통한 경제 선진화의 조건이다. 그러나 이를 전국적으로 실현하기에는 정치·사회적으로 어려움이 있는 만큼 경제특구를 설치할 필요가 있다고 건의를 했던 것이다. 경제특구 혹은 경제자유지역의 혁신적 관행과 성과가 타 지역으로 전파하면 그것이 곧 선진화의 길이 될 것이다. 요컨대 정부 정책과 제도 면의 개혁을 통해 기업하기 편하고 살기 좋은 사회의 표본으로 경제특구를 만들어보자고 했던 것인데 실제로 등장한 경제자유구역은 그것과는 적지 않은 거리가 있는 것 같다. 그러므로 경제자유지역에서 거둔 그동안의 성과를 객관적으로 평가하고 개선의 방향과 방법을 찾는 것이 이번 회의의 목적이다. 우리가 당초에 기약했던 목적과 노력을 포기할 아무런 이유가 없다. 우리는 용기를 잃지 말고 끈질긴 노력을 계속해야 하겠다.

물류중심지를 통한 선진화 운동이 성공하려면 국민들의 발상 전환 또한 매우 중요하다. 세계화가 사대주의 혹은 배외주의(拜外主義) 같이 보일지도 모른다. 그래서인지 세계화는 잘못된 선택이고 민족의 정체성을 말살한다는 주장이 있다. 그러나 이것은 오해이고 세계화는 우리가 원하든 원하지 않든 지속될 필연성을 가지고 있다. 세계화는 선진국의 정치적 책략이기에 앞서 정보통신과 교통기술의 혁명적 발달이 가져온 결과이기 때문이다. 교통·통신수단의 세계화는 정치·경제·사회·문화에 영향을 주지 않을 수 없다. 우리는 그것을 국제무역에서 역력히 볼 수가 있다. 한 가지 예를 들자면 한국에서 수입한 반도체와 일본에서 도입한 기술을 이용하여 중국에서 생산한 컴퓨터가 미국 상표로 팔릴 때, 그것을 어느 나라 제품이라고 해야 할까? 특히 인터넷의 보급에 따라 정보와 지식의 교환에 국경이 존재하지 않는다. 이러한 기술적·경제적 변화에 대응하여 정치·사회·문화가 변화하는 것은 거역할 수 없는 일이다.

역사를 돌이켜보면 과학기술의 발달의 내용이 변화의 방향을 결정했다. 이 새로운 방향에 재빨리 적응한 나라는 흥하고 그렇지 못한 나라는 패한다는 것이 역사의 교훈이다. 19세기 말 우리 조상들은 세계의 변화 방향을 모르고 '은둔의 나라'를 지키다가 일본 제국주의의 희생물이 되었고, 북한은 세계화의 변화 방향을 외면하고 구체제를 고수하다가 지금과 같은 경제 파탄에 직면하게 된 것이다.

　우리는 세계화와 선진화의 시금석인 경제자유지역의 성공과 발전을 위해 무엇을 어떻게 해야 할지 여러분들의 고견을 듣고 싶다.

5장

남북 관계와 한미 관계

- 북, 개혁·개방 주저 말라

- 주적을 생각한다

- 남북 관계를 생각한다

- 햇볕정책의 교훈

- 균형자보다 다자간 안보협의체가 필요하다

- 한미 관계와 동북아 안보

- 한미연합사 해체의 의미

:: 지암芝巖 남덕우의 경제칼럼

북(北), 개혁·개방 주저 말라

2000년 6월 28일, 《조선일보》에 게재

경제발전은 성장 요인(인력, 자본, 투자, 기술 등)이 있는 곳에서 없는 곳으로 이동함으로써만 가능해진다. 그러므로 그러한 이동을 가로막는 장벽을 낮추거나 제거하는 것이 경제발전전략의 첫걸음이라 할 수 있다.

경제 회생 위한 불가피한 선택

북한이 외부에서 성장 요인을 흡수하자면 사람과 재화의 이동을 가로막는 제도적·행정적 장벽들을 적게 하는 개혁과 개방이 불가피하다. 그것 없이 경제적 회생과 발전을 바란다는 것은 마치 산에서 물고기를 구하는 것과 같다. 그래서 우리 기업계 지도자들은 평양에서 북측에 남북 간 투자 보장, 이중과세 방지, 분쟁 해결장치 청산, 결제방식, 재산권 보호 등에 관한 협정을 체결할 것을 요청하였다. 이것은 비단 남북 간의 경협뿐만 아니라 제3국과의 무역, 투자, 자본, 기술의 유치를 촉진하기 위해서도 필수적 조건들이다.

2000년 6월 20일 평양의 중앙방송은 김정일 노동당 총비서가 지난 몇

년 동안 각종 모임에서 개혁·개방은 절대로 허용할 수 없다고 한 발언들을 모아서 집중적으로 보도하였다 한다.

북한 지도부의 개혁 의지를 의심케 하는 대목이다. 북한 지도층의 개혁 의지가 얼마나 강하냐 하는 것은 북한의 장래뿐만 아니라 남한의 경제협력에도 중요한 변수가 된다.

구소련과 중국이 개혁·개방에 보여준 적극성이 생각난다. 구소련과 중국은 미국 및 한국 등으로부터 경제학자들을 초청하여 시장경제의 운영 원리와 한국의 발전 경험들을 배우려 했고 IMF와 세계은행에 정책자문을 구하는 한편, 미국에 다수의 유학생을 파견하기도 했다. 평양은 개혁·개방을 하면 자신들의 정치체제 유지가 어렵게 된다고 생각할지 모른다. 그러나 중국의 경험을 보면 반드시 그렇지도 않다는 것을 알 수 있다. 중국 정부는 1978년 이후 개혁·개방에 박차를 가해 경제적 자유의 폭을 넓혀왔지만 그로 인해 중국의 정치체제가 약화되었다는 증거는 없다. 오히려 중국 정부는 개혁과 개방을 통해 눈부신 경제발전을 이룩하여 국민생활을 크게 개선함으로써 국민 대다수의 신뢰를 얻고 있는 것이 오늘날의 현실이다. 이 점과 관련하여 중국과 구소련의 경험을 비교할 필요가 있다. 소련은 정치와 경제 면의 개혁(perestroika)과 개방(glasnost)을 동시에 추진하다가 걷잡을 수 없는 혼란에 빠진 반면, 중국은 기존의 정치체제를 유지하면서 개혁·개방을 추진한 결과 눈부신 경제성장을 이룩하였다.

물론 영토 분단이 없는 중국과 북한의 사정은 크게 다르다. 그러나 남북정상회담에서 2국 2체제를 공식화하고 평화 공존을 약속한 이상, 평양은 새로운 환경에서 경제개혁을 추진할 수 있을 것이다. 만약 평양의 체제 유지가 위태롭게 된다면 그것은 개혁과 개방의 탓이 아니라 오히려 그것을 기피하여 도탄에 빠진 민생을 구하지 못한 결과일 공산이 크다. 이번에 김대중 대통령 환영 행사에 동원된 평양 시민들의 열광적 환성 속에는 변화를 갈망하는 시민들의 절규(絶叫)가 숨어 있었다고 본다.

중국의 경험을 반면교사로

한편 TV에 비친 김정일 국방위원장의 활달하고 자신감에 넘치는 모습을 보고, 그것을 그의 이른바 '강성대국' 정책과 관련시키는 사람도 있다. 강성대국이란 '강한 군대, 강한 사상, 강한 경제를 만든다'는 것인데, 김 국방위원장은 그중 강한 군대와 강한 사상 만들기에는 자신을 가진 모양이고, 이제부터는 강한 경제를 만들기 위해 새로운 대외전략을 구사하게 될 것 같다.

만약 이 관점이 옳다면 평양은 어쨌든 종전보다 적극적으로 개혁과 개방으로 선회할 것이라는 기대를 갖게 한다. 강성대국의 논리가 과연 북한의 경제와 사회를 구할 수 있는 타당성을 가지고 있는지는 의문이지만, 개혁과 개방이 북한이 취할 수 있는 최선의 선택임에는 틀림이 없다.

'주적(主敵)'을 생각한다

2000년 12월 18일, 《중앙일보》에 게재

국방부의 국방백서가 북한을 주적(主敵)으로 규정한 데 대해 북한이 반발하고 나섰다. 필자가 알기로는 주적은 군사 용어이고 주적의 개념 없이 국방정책을 정의할 수 없는 것으로 알고 있다.

북한도 막강한 군사력을 유지하고 있고, 그것이 남한을 주적으로 겨냥하고 있다는 것은 두말할 필요도 없다. 그러므로 평양이 시비를 걸고 있는 것은 용어의 문제이지 사실상의 문제는 아닌 것이다.

그러나 6·15 공동성명에 따라 남북 간의 화해 협력이 강조되고 있는 이때에 북한을 '주적'이라고 표현하는 데에는 어색한 감이 없지 않다. 그러므로 주적 개념을 재정의하는 것이 어떨까 한다. 즉, 북한을 우리의 주적이라고 하는 대신 '우리의 자유민주체제와 안보에 중대한 위협을 주는 세력'을 주적이라고 하면 되는 것이다.

필자의 이러한 제안에는 세 가지 이유가 있다. 첫째로 남북 관계를 생각할 때 우리는 북한 동포와 북한 정권을 구별할 필요가 있다. 북한의 동포는 영원한 것이지만 정권은 영원할 수가 없다. 남한에서 국민은 영원하지만 정권은 자주 바뀌는 것과 맥을 같이하는 것이다. 분명히 북한 동포의 대다수는 우리의 주적이 될 수 없다. 그럼에도 불구하고 그들을 '우리의 주적'이라고 하면 북한 동포가 섭섭해 할 것이고 우리 군의 병사들도 헷갈리지 않을 수 없을 것이다. 필자의 새로운 정의에 따르면 이러한 문제는 해소된다.

둘째로 국방의 목적에는 숭고(崇高)한 이념이 있어야 한다. 국가 유사시에 목숨을 걸고 적과 싸우는 것이 군인의 의무인데 군인이 자기의 목숨을 걸고 지켜야 할 가치가 무엇인지 모르면 싸울 용기가 나지 않을 것이다. 즉, 강한 군대는 강한 이념을 필요로 한다. 6·25 당시 20만 장병들은 공산 침략을 저지하기 위하여 대한민국에 그들의 고귀한 생명을 바쳤다. 당시 그들의 가치관은 분명했다. 즉, '반공통일'이 그것이다. 그러나 대통령이 체제 공존과 화해 협력을 강조하는 오늘날에는 '반공'의 명분으로 군인들의 가치관을 통일하기는 힘들 것이다. 이제는 보다 명확한 가치관을 부여해야 한다. 그것은 물론 우리의 국가이념에 관한 일이다. 즉, 자유민주주의는 우리나라 정체성의 근본이자 지구촌의 보편적 가치임에 틀림이 없다. 그러므로 그것은 국민이나 군인들이 목숨을 걸고 지킬 만한 가치가 있는 것이다. 지금은 군인들에게 단순한 '반공' 대신에 자유민주주의 신념을 심어주어야 한다. 그러한 의미에서도 주적의 개념을 재고할 필요가 있지 않은가 한다.

셋째로 국방의 개념도 국제화되어가고 있는데 필자가 제안하는 주적 개념은 어떠한 단일국가를 지칭하지 않는다. 지금 우리는 UN 결의에 따라 동티모르에 군대를 보내고 있다. 그것은 인간의 존엄성과 인권을 중시하는 보편적 가치를 지키기 위한 국제적 노력에 동참하기 위한 것이고, 그러기에 우리 장병들은 긍지를 가지고 출정하였다. 앞으로 국제적 분쟁 또는 지역적 전쟁 위협에 대처하기 위하여 자유민주 국가들이 공동 대처해야 할 일이 많아질 것이다. 이러한 경우 우리가 동참할 명분은 자유민주주의 수호밖에는 없다. 대항해야 할 대상이 주적은 아니더라도 대항할 명분은 같은 것이다. 이러한 의미에서도 주적 개념을 재고할 필요가 있다.

앞에서 군인들에게 자유민주주의 신념을 심어주어야 한다고 하였는데, 자유민주주의 이념을 이해한다는 것은 보기보다는 쉽지 않다. 인간 사회 대부분의 문제는 빵과 자유의 문제에서 비롯되는데, 공산주의는 빵과 자유의 문제에서 어느 하나도 해결하지 못했을 뿐 아니라 양자를 양립시킬 수도 없는 체제라는 것이 증명된 반면, 600년의 역사를 가진 자유민주주의는 빵의 문제를 해결하고 인간의 자유와 존엄성의 신장(伸張)을 가능하게 하는 체제라는 것이 오늘날의 보편적 인식이다. 그럼에도 불구하고 지금 대북정책의 변화를 계기로 이념상의 갈등이 일어나고 있는 것 같다. 그렇다면 민주주의와 인권을 신봉하는 지도자와 지식인들은 비단 군인들뿐만 아니라 국민 일반에 대해서도 국가이념을 적극적으로 계도해야 할 것이다.

남북 관계를 생각한다

2001년 5월 11일, 한국방송기자클럽,
5월 29일, 육사 총동창회 조찬 강연

한국의 역사적 과제

우리나라는 1945년 해방 이후 기본적으로 네 가지 문제에 직면해왔다.

첫째는 새로운 민족국가를 건립하는 일이었다. 그러나 불행히도 한반도는 미·소를 양축(兩軸)으로 하는 강대국들의 흥정 대상이 되어 남북 분단의 비운을 맞게 되었다. 그리고 남한은 미국의 영향하에서 자유민주주의와 시장경제를 바탕으로 대한민국을 건립한 반면, 북한은 소련의 영향하에서 공산주의 계획경제를 바탕으로 조선인민공화국을 건립하게 되었다. 남한에서나마 세계사적 조류에 순응하여 자유민주공화국을 건립하게 된 것은 불행 중 다행인데, 여기에는 이승만 대통령의 지도력이 결정적인 역할을 했고, 6·25 전쟁 시에 자유민주를 위해 생명을 바친 30만 국군 및 UN군 장병들의 덕택으로 한반도 적화 통일전략을 저지할 수 있었다. 아마도 이 전 대통령의 지도력과 국군 용사들의 희생이 없었다면 남한은 공산화되고 말았을 것이다.

둘째의 과제는 조상 전래의 빈곤에서 탈출하는 것이었다. 이것은 박정희 대통령의 지도력에 의하여 그 기초가 마련되었고 그 위에 오늘의 한국 경제가 있다.

셋째의 과제는 정치적 근대화, 즉 민주적 대의정치를 구현하는 일인데 그동안 권위주의적 대의정치체제의 과정을 거쳐 외형상으로는 민주적 대의정치체제로 이행하였으나 그 내용은 아직도 후진성을 면치 못하고 있다. 따라서 선진적 대의정치를 구현하는 것이 오늘의 역사적 과제로 남아 있다.

넷째의 과제는 남북통일인데 김대중 대통령은 셋째의 과업이 이루어지지 못한 상태에서 이 문제에 도전하고 있으나 역점(力點)의 순서가 바뀐 탓으로 여러 가지 내부 문제에 봉착하고 있다.

작년(2000년)의 역사적 6·15 남북정상회담 이후 남북 간의 화해 협력 정책이 추진되고 있으나 정부의 대북정책에 대하여 각종 의문과 반론이 제기되고 있다. 그 이유 중 하나는 정부의 통일 정책 비전과 대북정책의 논리가 투명하지 못한 데에 있는 것이 아닌가 한다.

다섯 가지 의문

많은 사람들이 제기하는 남북 관계에 대한 의문점을 정리하면 대략 다섯 가지로 요약될 수 있을 것 같다. 첫째, 평양의 공산독재체제의 전환 없이 북한 동포가 행복해질 수 있는가? 둘째, 평양의 정권과 진정한 의미의 화해 협력이 가능한가? 셋째, 햇볕정책이 평양의 체제 전환을 유도할 수 있는가? 넷째, 햇볕정책으로 한반도에 평화를 정착시킬 수 있는가? 다섯째, 통일의 이념적 지표는 무엇인가? 이러한 질문에 대한 논리적인 해명이나 이해가 없기 때문에 정부의 대북정책에 대한 호응이 적고, 심지어 이념의 갈등이 심화되고 있는 것이 아닌가 한다.

체제 전환 없이 북한 동포가 행복해질 수 있는가?

먼저 첫번째 질문에 대하여는 평양의 체제 전환 없이 이북 동포가 빈곤과 압제에서 벗어날 수 없다는 것이 일반적인 견해다. 무릇 인간사회의 근본 문제는 빵과 자유의 문제인데 공산주의는 빵과 자유, 어느 것도 만족스럽게 해결하지 못했을 뿐 아니라 양자를 양립시킬 수 없는 체제라는 것은 역사적으로 증명된 사실이다. 이에 반하여 자유민주주의와 시장경제는, 비록 나라의 문화와 역사적 배경에 따라 그 내용을 달리하지만, 기본적으로 빵의 문제 해결과 인간의 자유와 존엄성의 신장을 가능케 하는 체제라는 것이 오늘날의 보편적 인식이다. 우리 정치 지도자들 가운데 극소수의 좌파를 제외하고 이것을 부정하는 사람은 없을 것이다. 그러나 이러한 대전제를 놓고 남북 문제를 생각하지 않으면 논리적인 해답을 얻기 어렵다.

진정한 화해 협력이 가능한가?

두 번째 질문, 즉 북한 정권과의 진정한 의미의 화해 협력이 가능하냐 하는 질문에 대하여 우리 정부의 생각은 "평양이 역사적인 정상회담에 응했고 6·15 선언에 합의하였으니 대화의 문은 열렸다. 우리가 북한의 비정상적 상태를 덮어두고 먼저 너그러운 태도를 보이면 화해 협력이 증진될 수 있을 것이다. 그동안 상당한 변화를 볼 수 있었고, 그중에는 상호비방 중단, 두 차례의 이산가족 상봉, 38선 일부의 지뢰 제거와 철도·도로 연결사업의 착수, 경제교류의 확대, 남북의 외무장관 및 국방장관의 공식 회담 등을 들 수 있다"라는 것이다.

그러나 아직은 표면적인 변화에 불과하고 본질적인 변화는 보이지 않고 있다. 신문 보도에 따르면[1] 북이 당초의 약속과는 달리 경의선 연결사업의 초기 공사에 착수하지 않고 있으며, 또 지난 2월 지뢰 제거를 위해 남북이 합의한 '비무장지대 공동 규칙'에도 서명하지 않고 있다. 이산가족 상봉의 방식을 보더라도 주민에 대한 사상과 행동 통제에는 변함이 없다. 그리고 식량 부족으로 국민의 기아 상태가 심각한데 지난 2001년 3월 27일 미 상원 청문회에서 주한미군 사령관이 증언한 바에 따르면 "북한군은 지난해보다 더 커지고, 나아지고, 가까워지고, 치명적이 되었다."[2] 그리고 그나마도 지금은 남북 회담이 교착 상태에 빠져 있다.

화해 협력 정책이 민족적 신뢰와 동질성을 회복할 수 있으려면 북의 정권과 인민의 생각이 같아야 한다. 남북 간의 경제, 문화, 스포츠 등의 교류를 계속하면 남북 인민들 사이에는 동포애와 동질성이 두터워질 가능성이 충분히 있다. 남북 팀이 올림픽 경기에서 이겼을 때 남북 선수가 얼싸안고 기뻐하는 광경을 보기도 했다. 그러나 불행히도 평양 정권은 남북 민간의 동화(同化)를 크게 경계하고 있고, 그러기에 이산가족 상봉, 금강산 관광 등과 같은 민간 접촉을 엄격하게 통제하고 있는 것이다.

어떤 의미에서 남북 정부 간의 대화는 동상이몽의 게임이라 할 수 있다. 남쪽은 화해 협력을 통하여 북한의 개혁·개방을 유도하고자 하나, 북에서는 개혁·개방을 체제 유지에 대한 위협으로 인식하기 때문에 오로지 남한에서 경제원조와 협력을 끌어내는 것을 주요 목적으로 하고 있는 것 같다. 그러므로 두 번째 질문에 대한 대답은 불확실하다고 할 수밖에 없을 것 같다.

---

[1] 2001년 5월 25일 《중앙일보》.

[2] Pyongyang's military machine is "bigger, better, closer, deadlier," Gen. Thomas A. Schwartz, in testimony before the Senate Armed Services Committee, Stars and Stripes, April 1, 2001.

체제 전환을 유도할 수 있는가?

세 번째 질문, 즉 우리의 햇볕정책이 과연 북의 체제 전환을 유도할 수 있는가? 이에 대한 정부의 견해는, 먼저 우리가 화해 협력을 주도하고 북한의 개혁·개방을 지원하면 점차로 우리가 원하는 방향으로 변화가 일어나지 않겠느냐 하는 것이다. 이것이 바로 햇볕정책의 논리인데, 이에 대하여는 두 가지 의문이 있다.

첫째로 개방을 하면 북한 주민들이 외부세계에 눈뜨게 되어 민주화의 갈망이 높아지고 현실에 대한 불만이 누적될 것이다. 물 속에 눌러둔 고무풍선에서 손을 떼면 풍선이 물 위로 튀어오르는 것과 같이, 주민 통제를 완화하면 누적된 불만이 일시에 폭발할 위험이 있다. 중국에서도 1976년 마오쩌둥 사망(9월 9일) 직후 4인방 타도를 외치는 천안문 데모 사건, 1986~1987년의 후야오방(胡耀邦)의 정치개혁을 지지하는 제2의 천안문 데모 사건, 그리고 1989년 6월 4일 민주화를 요구하는 학생들을 무참히 압살한 제3의 천안문 사건 등이 있었다. 그리고 사정은 다르지만, 우리나라의 민주화 과정에서도 4·19 혁명과 5·18 민주화운동이 있었다는 것은 더 말할 필요도 없다. 평양이 이와 같은 사태에 어떻게 대응하느냐에 따라 평양 정치체제의 행방이 결정될 것이다.

둘째로 최근에 김정일 위원장이 신사고론을 주창하고 상하이에 가서 중국의 개혁·개방의 성과에 큰 감명을 받았다는 보도에 고무되어 김 대통령은 북한이 '제2의 중국'을 지향하고 있다고 평가하였다. 그러나 한 가지 중요한 사실을 지적할 필요가 있다. 즉, 중국에서는 덩샤오핑이 이끄는 새로운 정치세력이 출현하여 마오쩌둥주의로부터 개혁·개방주의로 전환하는 권력구조의 개편이 있었다는 것이다. 그리고 1978년 중공 11기 3중 전회에서 '중국인민공화국 창건 이후 우리 당의 역사에 관한 약간의 문제에 대한 결의'를 채택하여 과거를 청산하는 절차가 있었다. 북한에서 과연 이러한 권력구조의 개편과 과거사의 청산-이것은 남측과도 크게 관련이 있는 문제다-이 일어날지는 미지수다. 그러므로 세 번째 질문에 대하여도 예측할 수 없다고 대답할 수밖에 없다.

평화 정착이 가능한가?

네 번째 질문, 즉 햇볕정책으로 한반도에 평화를 정착시킬 수 있는가에 대하여는 이른바 진보적 인사들의 답변이 있다. 그들에 의하면 통일은 20년 혹은 30년 후에나 기대할 수 있는 일이니 지금은 남북이 서로 상대방의 체제를 인정하고 화해 협력을 추진하는 동시에 미국의 군사적 위협을 제거하는 것이 평화 정착의 길이라는 것이다.

평화 유지는 어느 한 편이 정치적 목적으로 다른 한 편을 무력으로 협박하거나 무력을 사용할 가능성이 전혀 없다고 믿는 상호신뢰가 있어야 가능하다. 화해 협력이 그러한 상호신뢰를 구축하는 길임에는 틀림이 없다. 그러나 남북의 이념과 체제가 다른 이상 완전한 상호신뢰는 있을 수 없다. 왜냐하면 남한은 화해 협력을 통하여 북의 개혁·개방을 유도하고자 하는데, 만약 그러한 목적을 포기하면 남한의 대북정책은 '통일 없는 공존'을 영구화하는 모순에 빠지게 된다. 반면에 북에서는 남한에 대한 '적화 통일' 노선을 버리면 공산주의 정권의 정체성을 포기하는 결과가 될 것이다.

진보파들은 미군의 군사적 위협이 평양의 화해 협력 내지 개혁·개방의 걸림돌이 되고 있다고 한다. 그들은 과거에 군사정권이 정권 안보를 위해 북의 위협을 과장하고 있다고 소리 높여 외치던 사람들이다. 그러나 지금 그들은 북에 대해서는 그런 말을 하지 않는다. 평양이 정말로 미국의 군사위협 때문에 개혁·개방을 주저하고 있는 것인지 아니면 그 야말로 체제 안보를 위해 주민에게 조석으로 '미 제국주의의 음모'를 선동하고 있는 것인지 냉정하게 판단할 필요가 있다.

화해 협력이 평화 유지로 통하려면 무엇보다 행동 면에서 상호 접근이 있어야 한다. 진보파들은 마치 남쪽의 사정 때문에 모든 일이 안 되는 것처럼 말하는데, 왜 북쪽의 태도와 문제점에 관하여는 말이 없는지 알 수가 없다. 그들은 앞으로 20~30년 동안 평양의 현 체제가 지속된다는 암묵적인 가정하에서 남북연합 또는 남북연방을 논하고 있다. 그러나 20~30년의 세월이 흐르는 사이, 만약 북에서 개혁·개방이 추진된다면 북한 사회는 크게 변화할 것이고, 그것은 우리의 대북정책에 큰 영향을 미치지 않을 수 없게 될 것이다.

어쨌든 아직은 북의 대남 전략이 본질적으로 변했다는 증거는 없다. 그런데 남쪽이 일방적으로 전쟁 억지력을 약화시킨다면 그것은 오히려 평화 유지에 도움이 되지 않는다.

요컨대 네 번째 질문에서 화해 협력의 노력은 남북 간의 긴장 완화에 도움이 된다고 할 수 있다. 그러나 남북 체제의 차이가 해소되지 않는 한 상호신뢰에는 한계가 있고, 군사적 대치 상태는 계속될 것이다.

통일의 목표가 무엇인가?

다섯 번째 질문, 즉 남북통일의 이념적 목표가 무엇이냐 하는 질문에 대하여는 국민 대다수가 우리나라의 국가이념인 자유민주주의와 시장 경제를 바탕으로 민족국가를 실현하는 것이라고 믿고 있다. 그러나 정부는 그것을 명확하게 말하지 않고 있다. 김대중 대통령은 자유민주와 인권의 중요성을 강조해왔고, 그 때문에 노벨 평화상을 받기도 했다. 그러나 북한의 자유와 인권에 대하여는 침묵을 지키고 있다. 말을 하면 평양의 반발을 사서 모처럼 시작된 대화가 깨지지 않을까 하는 우려 때문이다. 그러나 대통령이 국가이념과 통일 목표를 밝히는 것이 평양의 눈치를 보아야 할 만큼 가벼운 일이냐 하는 질문이 있을 수 있다. 심지어 국가 정체성에 대한 신념이 없기 때문에 그런 것이 아니냐 하는 의혹을 살 수도 있다. 어차피 평양은 남한 국민과 정부의 뜻을 모를 리 없고 어디까지나 자신의 입장과 실리에 따라 행동할 것인데 말이다.

특히 지금 남한에서는 이념 갈등이 위험 수위에 달하고 있는데 대통령은 이러한 때에 국민에게 국가이념과 통일 목표를 천명하여 국론 통일을 꾀할 의무가 있다. 국가이념이 명확하지 않으면 국민들의 정신적 구심점이 없어지고 국민적 통합이 어렵게 된다. 뿐만 아니라 평양에 대하여 눈 가리고 아웅 하는 식으로 할 말을 안 한다면 국제사회에서 정직하지 못하고 외교의 정도가 아니라는 평을 들을 수도 있다.

또한 통일 목표가 투명하지 않은 데에서 이상한 일이 벌어지고 있다. 어디에서나 독재국가의 체제 전환은 민주화를 추진하는 새로운 정치세력에 의하여 이루어진다. 따라서 북한의 체제 전환이 실현되려면 그 체제를 반대하는 민주화 세력이 있어야 한다. 그런데 남한의 진보파들은 북한 체제를 비판하고 반대하는 지식인들과 황장엽 씨를 '반통일 보수 세력'으로 매도하고, 정부 또한 그에 동조하는 듯한 태도를 보이고 있다. 이것이 필자가 남한의 진보파를 '좌익적 보수'라고 보는 까닭이다.

일부 논자들은 민족의 통일이 모든 가치에 우선하므로 모든 것을 초월하여 통일을 실현해야 한다고 주장한다. 어느 월간 잡지에 실린 한 논자의 말을 빌리면 "우리 사이에 조금의 견해 차이가 있더라도 우리는 대승적 차원에서 분단의 역사를 종식하고 민족 화해와 평화를 정착시켜야 한다는 국민적 합의를 도출하는 노력을 해야 한다"는 것이다. 통일의 당위성을 강조하는 것은 백 번 옳은 일이다. 그러나 현실적으로 어떠한 통일을 어떻게 추구하느냐가 문제다. 논자는 '조금의 견해 차이'를 해결하면 될 것처럼 말하는데, 과연 남북 간의 이념과 체제상의 차이를 '조금의 견해 차이'로 치부할 수 있는가? 다음에 그는 남한에서 "역사의 방향에 브레이크를 거는 일부 냉전세력이 조지 부시 대통령의 보수적인 미국 정권이 등장함에 따라 나라 안팎으로 더욱 힘을 받고 있는 것처럼 보인다"고 말하면서도 평양의 견해나 태도에 대하여는 전혀 말이 없다. 그런가 하면 "자유민주주의에 대한 신념과 민족공동체 의식 및 건전한 안보관을 바탕으로 통일을 이룩하는 데 필요한 가치관과 태도의 함양을 목적으로 하는 통일교육이 필요하다"고도 한다. 이것은 전적으로 옳은 말이다. 그러나 그러면 북한에서는 자유민주주의 가치관을 교육할 필요는 없는지, 또는 그것이 지금의 평양 정권하에서 가능한 일인지 묻고 싶다.

요컨대 통일지상주의는 현실성이 없는 제안이다. 왜냐하면 통일지상이라면 북은 자기 식의 통일을 들고 나올 것이고 남한 역시 그 점은 마찬가지일 것이니 거기에서는 아무런 해답도 구할 수 없기 때문이다.

혹자는 남북 간의 이념과 체제상 어떠한 통합이 가능하지 않느냐고 물을지도 모른다. 그러나 그것도 탁상공론에 불과하다. 왜냐하면 그것이 가능하려면 평양이 최소한 자유선거와 인권존중의 정책을 받아들여야 한다. 그러나 평양의 인권 개념은 "북한 체제에 순응하고 당과 영도자를 충성으로 받들고 모든 것을 다 바쳐 투쟁하는 사람들에게만 적용되는 것"[3]으로 되어 있다. 지금으로서는 평양이 이러한 인권 개념의 수정과 자유선거를 받아들일 가망이 없다는 데에 근본 문제가 있다. 그리고 만약 북한이 그것을 받아들이면 그것은 이미 자유민주의 스펙트럼에 포함되는 것이고, 따라서 절충이 아니라 일원화라고 보아야 할 것이다.

그렇다고 자유민주와 독재체제가 공존하는 통일을 생각한다면 그것은 진정한 의미의 통일이라 할 수 없다. 그러므로 통일을 추구할 때는 이념과 체제의 선택이 불가피하다.

북한을 어떻게 볼 것인가

우리는 흔히 평양의 정권이 마치 북한인 것처럼 말하고 있다. 정부는 외교적 입장에서 그럴 수밖에 없지만 국민은 평양의 정권과 북한 동포를 구별해서 생각할 필요가 있다. 국민은 영원한 것이지만 정권은 영원할 수가 없다. 남한에서는 선거를 통하여 정권이 빈번히 교체되나 북한에서는 그렇지 않다. 그러나 북한에서도 정권은 영원할 수가 없고 언제인가는 교체될 것이다. 그렇다면 우리는 평양의 정권보다 북한 동포의 행복을 위해 무엇을 어떻게 할 것인가를 고민해야 한다.

독일의 통일 과정이 말해주듯이 정권과 국민의 선택이 다를 수 있다. 독일 통일은 서독 정부의 노력과 유리한 국제 환경에 힘입은 바가 적지 않으나, 결정적인 역할을 한 것은 동독 인민 자신들이었다. 통일 얼마 전까지 라이프치히의 광장에는 월요일마다 100만 명의 동독 군중이 모여 민주화와 통일을 절규하였는데 동독 정권은 이를 제지할 길이 없었다. 그래서 베를린의 벽은 무너지고 만 것인데, 다행한 것은 동독이 소련의 영향하에 있었음에도 불구하고 고르바초프가 그를 묵인한 것과 동독 경찰이 총을 쏘지 않았다는 것이다. 이러한 사실에 비추어볼 때 김대중 대통령이 평양에 대하여 흡수통일의 의사가 없다고 해도 반드시 그

3 국토통일원 Web Site, 〈북한의 인권 개념〉

의 마음대로 되는 일은 아니다. 남한 국민들은 평화적이고 질서 있는 통일을 염원하지만 그것도 마음대로 되는 일이 아니다.

같은 맥락에서 남한 국민들은 평양의 정권에 대하여는 호의적이 아니지만 북한 동포를 도와야 한다는 데에는 이의가 없다. 기아에 신음하고 있는 동포를 보고만 있을 수는 없기 때문이다. 작년 한 해 정부가 북한에 대하여 쌀 30만 톤, 비료 30만 톤, 옥수수 20만 톤을 보낸 것도 그 때문이다.

대북정책의 방향

이상에서 남북 관계에 대한 의문점들을 검토해보았는데 아무리 생각해도 평양이 체제 전환을 하지 않는 한 화해 협력과 통일의 목적은 달성되기 힘들다는 결론에 도달한다. 그렇다면 우리가 지금의 대북정책에 걸 수 있는 기대는 어떻게 하든 한반도에 평화를 유지하는 것 이상은 될 수가 없다. 만약 현재의 휴전체제를 평화체제로 바꿀 수 있다면 큰 다행이다.

그런데 이러한 평화 유지를 위한 대북정책은 새로운 것이 아니다. 이미 1992년 2월 19일에 발효한 '남북 사이의 화해와 불가침 및 교류-협력에 관한 합의서'가 있는데 그것이 실효를 거두지 못하고 있을 뿐이다. 이 합의서는 평화와 불가침을 위한 구체적 방안을 열거했으되 통일에 관하여는 언급이 없다. 통일은 전혀 다른 차원의 문제라는 인식이 양측에 깔려 있었기 때문이다.

남북정상회담과 6·15 남북공동선언은 이러한 총리급 차원의 합의를 정상급 회담의 합의로 끌어올린 데에 큰 의의가 있다고 할 수 있다. 동시에 이 선언은 "남쪽의 국가연합과 북쪽의 '낮은 단계의 국가연방'의 공통점을 기초로 하여 통일을 지향한다"(제2조)고 되어 있다.

이것은 중대한 비약이다. 그래서 이를 계기로 남한에서는 통일 논쟁이 벌어지게 된 것인데, 한편에서는 6·15 선언이 평화와 통일의 대로를 열었다고 주장하는가 하면 다른 한편에서는 그러한 약속이 구체적으로 무엇을 의미하며 대통령이 국민의 동의도 없이 그러한 약속을 할 수 있느냐 하는 반론이 제기되고 있다. 그런가 하면 평양에서는 공동선언 실천에 필요한 개혁·개방 대신에 김정일 위원장을 민족과 통일의 최고지도자로 부각시키는 데에 열을 올리고 있다. 이리하여 세 갈래의 동상이몽 양상이 벌어지고 있는데, 결국 평화 유지의 문제에서 이념과 체제에 결부된 통일의 문제로 비약한 데에 혼란의 발단이 있는 것이다. 이왕 이렇게 된 바에야 차제에 우리의 국가이념과 통일 방안에 대한 철저한 논의를 통해 국론 수렴을 꾀할 필요가 있다.

남북의 화해 협력은 그 자체로서 선(善)이고 가치 있는 일이다. 그러므로 우리는 어떠한 경우에도 대화를 계속해야 한다. 그러나 선의(善意)만으로 정책이 성립되는 것은 아니다. 정책은 언제나 현실을 초월할 수 없는 것이기 때문이다. 김대중 대통령이 한편으로 대북 화해 협력을 강조하면서도 다른 한편 국방에 한 치의 허점이 없도록 강조하고 있는 것이 그것을 말해준다. 따라서 우리는 이상을 추구하되 현실을 무시할 수 없고 그러한 의미에서 정책적 통일론과 정서적 통일론을 분별해야 한다. 정부의 대북정책에 반대하면 보수이고 찬성하면 진보라는 등식은 옳지 않다. 진보냐 보수냐가 문제가 아니라 대북정책의 논리적 근거가 무엇이고 불확실성과 미지의 변수(국제정세를 포함한)가 무엇이냐 하는 것을 객관적으로 평가하여 합리적이고 현명한 대북정책을 도출하는 것이 우리의 과제다.

이러한 관점에서 몇 가지 필자의 사견을 말한다면 다음과 같다.

1 정부는 대북정책의 목표가 무엇인지를 보다 분명히 천명해야 한다. 다시 말하면 자유민주주의 이외의 어떠한 다른 이념에 입각한 남북통일을 생각할 수 있는지 명백히 설명해야 한다. 국가이념이 명백하지 않으면 국민들의 정신적 구심점이 없어지고, 국민적 통합이 어렵게 된다.
2 우리의 대북정책의 목표가 뚜렷하다면 우리의 입장을 주체적으로 지켜나가야 한다. 즉, 타협의 원칙이냐 원칙의 타협이냐를 분명히 해야 한다. 이것은 남북 관계와 협상에서 언제나 대결적인 자세를 취하라는 말은 아니다. 대결적 자세를 취하지 않고 우리의 입장을 수호하는 것은 외교적 역량에 달려 있다.
3 체제 전환은 새로운 정치세력에 의하여 이루어지는 것이 필연적이다. 우리는 북한의 현 정권이 평화적으로 체제 전환을 이룩할 수 있기를 바라지만, 그렇다고 북한 내외(內外)의 개혁주의와 민주화 운동을 반통일 세력으로 보아서는 아니 된다.
4 정부가 통일 원칙을 명시하지 않으면 북한 동포의 민주화 염원을 무시하는 역사적 과오를 범하게 되고 국제사회의 지지를 얻기 어렵다.
5 정부는 탈북자들의 보호와 민주사회에 적응하는 동화 대책을 강화해야 한다.
6 우리는 동포애의 견지에서 민생구호에 필요한 경제원조는 계속해야 한다. 기타의 경제원조는 평양의 개혁·개방 노력을 유도할 때에만 의미가 있다.
7 우리의 힘만으로 평양의 개혁·개방을 유도하기 어려운 만큼, 평양을 국제사회로 이끌어내서 우방들의 영향력이 평양에 미치도록 해야 한다. 이것이 현 정부의 외교 정책이라고 생각되는데, 대북전략의 관점에서 현명한 정책이다.

8 대북 경제협력에서 남한 자신의 경제력과 균형을 유지해야 한다. 지금 우리 자신이 경제적 난국에 처해 있고 북한을 도울 수 있는 여력이 크지 않다. 그래서 필자는 장기 대책으로 동북아개발은행의 설립을 주창해왔는데, 이 은행이 설립되면 재원 조달에 도움이 될 뿐 아니라, 대북 경제 정책을 추진하는 데 다국적 접근이 용이해진다.

9 정부는 민간투자의 길을 열어주되 무작정 그것을 장려할 것이 아니라 냉철하게 북한의 투자환경을 관찰하여 그에 관한 정확한 정보를 제공하고 민간기업이 어디까지나 자기 책임하에 대북 진출을 결정하도록 해야 한다.

햇볕정책의 교훈

《월간중앙》 2002년 4월호에
〈통일 접어 두고 '평화 교류'로 되돌아가라〉라는 제목으로 게재

햇볕정책하의 남북 관계가 다시 교착 상태에 빠졌다. 이 시점에서 햇볕정책의 긍정적 측면과 부정적 측면을 냉정하게 평가하고, 거기에서 어떠한 교훈을 도출할 필요가 있지 않은가 한다. 무릇 모든 정책은 두 가지 상반된 측면을 가지게 마련이기 때문이다.

햇볕정책의 성과

먼저 햇볕정책의 주요 성과부터 말한다면, 반세기 만에 남북 정상이 서로 만났고 그 결과 세 차례의 이산가족 상봉이 이루어졌으며 남북 간의 인적교류와 경제교류가 상당히 확대되었다. 그를 통하여 남북이 서로 상대방을 보다 잘 알게 된 것도 소득이라 할 수 있다. 미국의 9·11 사태 이후 온 세계가 테러 위험에 떨고 있을 때, 우리는 마치 대안(對岸)의 불 구경하듯 평온하게 지낼 수 있었던 것도 햇볕정책의 덕택이라는 사람도 있다. 햇볕정책이 남북 간의 표면상 긴장 완화에 기여한 것은 사실이다. 그러나 우리의 국방력과 주한미군의 전쟁 억지력 없이 그것이 가능했었

는지 깊이 생각해볼 필요가 있다.

　남한의 대다수 국민들이 이해하는 대북정책에는 최소한 네 가지 요소가 있다. 첫째는 장기적으로 자유민주에 입각한 평화적 통일을 추구하는 것이고, 둘째는 우선 남북 간의 평화를 유지하는 것이고, 셋째는 동포애에 입각한 긴급구호와 북의 개혁·개방을 촉진하기 위한 교류 협력을 추진하는 것이며, 넷째는 앞의 세 가지 목적을 추구하기 위하여 미국을 비롯한 우방과의 긴밀한 공조체제를 유지하는 것이다. 이것이 대북정책의 4대 원칙이라 할 수 있는데, 햇볕정책의 목적도 이와 다를 바 없다고 생각한다. 그러나 정부가 선택한 방법상의 미흡함이 의외의 결과를 가져온 것도 사실이다.

여섯 가지 허점

먼저 '햇볕정책'이라는 용어 자체가 현명한 선택이 아니었다. 원래 햇볕정책의 함축은 화해 협력의 햇볕을 쏘여 북한이 스스로 체제의 외투를 벗도록 만든다는 것인데, 그것이 평양의 자존심을 상하게 했다. 그래서 평양은 햇볕정책이 그들의 체제를 붕괴시키려는 음모라는 격렬한 반응을 보이면서도 결국에는 햇볕정책을 역이용하여 다급한 경제난의 돌파구를 찾으려 했던 것이다. 따라서 햇볕정책은 처음부터 상호 불신을 안고 출발했다고 할 수 있다.

　이것은 둘째의 난점으로 연결된다. 즉, 평양은 남쪽에서 보내는 선의의 제의를 받아들이는 데에는 매우 인색했고 오로지 다급한 경제적 실리만을 챙기려 했다. 당초에 합의했는데도 경의선 연결사업의 초기 공사에 착수하지 않았고, 또 지난 2월 지뢰 제거를 위해 남북이 합의한 '비무장지대 공동 규칙'에도 서명하지 않고 있다. 이산가족 상봉의 방식을 보더라도 우리 주민에 대한 사상과 행동 통제에는 변함이 없고, 상시 면회소를 설치하자는 우리 측의 제의도 묵살하고 있다. 그런가 하면 지난 11월에 있었던 남북 장관급 회의도 회의 장소에 관한 평양의 하찮은 고집으로 결렬되고 말았다.

셋째로 햇볕정책은 남한 사회에 필요 이상의 이념 갈등과 국론 분열을 가져왔다. 2000년 6월 15일 역사적인 남북공동선언이 발표되었는데, 이 선언은 통일의 문제를 전면에 내세웠다. 즉, "남측의 연합 제안과 북측의 낮은 단계의 연방제를 기초로 통일을 지향해나간다"고 되어 있다. 남한에서는 이를 계기로 통일 논쟁이 벌어지게 되었는데, 한편에서는 6·15 선언이 평화와 통일의 대로를 열었다고 주장하는가 하면, 다른 한편에서는 그러한 약속이 구체적으로 무엇을 의미하며 대통령이 국민의 동의도 없이 그러한 약속을 할 수 있느냐 하는 반론이 제기되었다. 그런가 하면 평양에서는 공동선언 실천에 필요한 개혁·개방 대신에 김정일 위원장을 7,000만 민족과 통일의 최고지도자로 부각시키는 데에 열을 올리고 있다. 앞으로 북측은 협상이 자기 뜻대로 되지 않으면 언제든 6·15 공동선언과 통일을 내세워 강변하게 될 것이다.

국론이 분열되고 국민들이 불안해 할 때에는 대통령과 정부가 국가이념과 통일의 기본 원칙을 재천명하여 국민적 통합을 꾀해야 한다. 그러나 정부는 평양의 반발을 고려하여 할 말을 못하고 있고, 그 때문에 주체성 없이 평양에 끌려 다닌다는 비판을 받고 있다. 김대중 대통령은 통일을 20년 또는 30년 후에나 바라볼 수 있는 일이라고 누차 말했는데, 그렇다면 무엇 때문에 남북공동선언에서 통일 문제를 거론하여 지금과 같은 이념의 갈등과 국론 분열을 가져온 것인가 하는 의문이 제기될 수 있다.

넷째로 대북 경협에서 500개 이상의 기업들이 북한과 거래 관계를 튼

것은 고무적인 일이나 대북 투자사업에는 큰 성과가 없고 현대 계열회사가 무모하게 시작한 금강산 관광사업은 남쪽이 계약 조건을 지키지 못해 현대뿐만 아니라 정부가 위신을 크게 잃은 결과가 되고 말았다. 결국 경협 확대가 남한에 특수(特需) 경기를 가져올 것이라는 정부의 예언이 무색해지고 말았고, 경제협력이 얼마만큼 북한의 개혁·개방을 이끌어낼 수 있었는지도 의문시되고 있다.

다섯째로 한·미 간의 공조체제에 금이 간 것도 문제다. 물론 미국의 대외 정책이 우리의 국익과 반드시 일치한다는 보장은 없다. 클린턴 대통령과 부시 대통령의 대북 태도가 다른 것도 사실이다. 그러나 미국의 두 대통령이 북을 보는 기본적 시각이 다른 것은 아니다. 즉, 그들은 평양이 수십만 인민들이 굶어 죽어가는데도, 국가 자원을 대량 살상무기 생산에 투입하고 이를 테러 국가에 수출하는 나라, 인권이 유린되고 국민의 자유가 없는 일당 독재의 나라라는 시각에는 전혀 차이가 없는 것이다. 물론 이것은 자유세계의 일반적 시각이자 우리의 시각이기도 하다. 그렇다면 우리가 해야 할 일은 평양에 대화를 강력히 촉구하고 그 실현을 위해 미국과 공동 노력을 기울여야 할 일이지 일부 시민들의 반미 감정을 선동할 필요는 없는 것이다.

끝으로 이상과 같은 의외의 사태로 인하여 햇볕정책이 목적한 화해 협력 대신에 오히려 남북 간의 불신의 골이 깊어진 것이 아닌가 하는 우려도 있다.

햇볕정책의 교훈

햇볕정책을 통해 얻은 교훈은 평양의 체제 전환 없이 우리의 소망은 어느 것도 실현될 수 없다는 것이다. 우리는 평양의 개혁·개방을 바라고,

김정일 위원장의 신사고론에도 기대를 걸어보지만 그것도 낙관적이지 않다. 이유는 중국의 경험이 말해준다. 중국에서는 마오쩌둥 체제에서 덩샤오핑 체제로 이행하는 권력구조의 개편이 있었고 1978년 중공 11기 3중 전회에서 '중국 인민공화국 창건 이후 우리 당의 역사에 관한 약간의 문제에 대한 결의'를 채택하여, 중국 공산당의 목적은 계급투쟁이 아니라 경제발전임을 명백히 했고, 그를 위하여 4대 현대화 계획을 출범시키기로 결의한 것이다. 북한에서 과연 이러한 권력구조의 개편과 과거사의 청산이 있을지는 미지수다.

그렇다면 우리가 할 수 있는 일이 무엇인가? 그것은 어떻게 해서든지 (국방, 외교를 포함해서) 한반도의 평화를 유지하는 일이다. 그런데 이 목적을 위하여는 6·15 남북공동성명보다 1992년 2월 19일에 발표한 '남북 사이의 화해와 불가침 및 교류협력에 관한 합의서'가 보다 현실적인 접근을 했다고 생각된다. 이 합의서는 상호체제 인정, 상호불가침, 내정불간섭, 교류 협력을 위한 구체적 방안을 열거하였으되, 통일에 관하여는 일언반구(一言半句)의 언급이 없다. 다만 그 서문에 "평화적 통일을 염원하는 온 겨레의 뜻에 따라"라는 문구가 있을 뿐이다. 통일은 전혀 다른 차원의 문제라는 인식이 양측에 깔려 있었기 때문이라고 생각된다.

불행히도 남북기본합의서는 여덟 차례의 남북 총리회담 끝에 1992년 12월 좌절되고 말았는데, 그 배후에는 독일의 통일(1989), 소련의 해체(1991), 동구 사회주의 국가들의 체제 전환, 그리고 한·중 수교(1992년 8월 24일)에 충격을 받은 평양이 '우리식 사회주의'로 정책 방향을 굳힌 데에 원인이 있었다고 생각된다.

그러나 그 후 평양의 사정도 달라졌고 남한에서는 햇볕정책이 한계를 드러내고 있다. 그렇다면 우리는 지금이라도 기본합의서의 입장으로 되돌아갈 수밖에 없을 것이다. 즉, 통일의 문제는 접어두고 오로지 평화 유지를 위해 기본합의서에 명시한 대로 남북의 체제를 서로 인정하고 상호불가침과 내정불간섭의 원칙을 전면에 내세우는 것이다. 이 합의서대로 하면 햇볕이니, 포용이니 할 필요도 없고 이념 갈등을 잠재울 수 있고 평양도 대등한 입장에서 받아들일 수 있을 것이다. 그것은 사실 그대로 '평화교류정책'이라고 하면 되는 것이다. 평화와 교류가 계속되면 거기에서 진정한 상호신뢰가 싹틀 수 있다. 이제 남북이 다같이 지금까지의 접근 방법을 반성하고 새로운 전기(轉機)를 마련할 때라고 생각된다. 적당한 시기에 제9차 남북 고위급 회담을 재개하든가, 아니면 장관급 회담에서 남북 총리회담을 복원하여 기본합의서의 입장을 재확인하자고 제의하는 것이 어떨까 한다. 요컨대 '햇볕정책' 대신에 '평화교류정책'을 제시하여 새로운 남북 관계를 열어가야 할 시점에 온 것 같다.

'균형자'보다 다자간 안보협의체가 필요하다

2005년 4월 19일, 《동아일보》 '시론'

최근 청와대가 발신한 동북아시아에 관한 메시지에는 두 가지 요소가 포함되어 있다. 하나는 균형자론이고 다른 하나는 다자간 안보체제에 관한 것이다. 균형자론에 대한 논란이 일자 해명에 나선 문정인 동북아시대위원회 위원장은 최근 언론을 통해 두 문제의 상관 관계를 설명했다.

문 위원장은 "한국은 동북아의 세력 균형에 결정적 영향을 미칠 국력은 없다. 다만 주변국과의 신뢰 구축을 통해 다자간 안보협력 질서를 모색하자는 것이 균형자론의 개념이다. 여기서 균형이란 '힘의 균형'이 아니라 상호 대립하는 국가들 간의 '인식과 가치의 균형과 조정'을 의미하는 것"이라 했다. 공감이 가는 말인데, 그렇다면 동북아의 다자간 대화가 그 방법이 될 수밖에 없을 것이다.

한편 문 위원장은 만약 미국이 대(對)중국 포위정책을 전개하거나 대북한 봉쇄와 체제 전환을 강행하고 일본의 군사대국화를 고무하게 된다면, 동북아 질서는 심각한 균열을 피할 수 없게 되고 균형자론과 한·미 동맹은 심각한 모순 관계에 빠질 수 있다고 우려했다. 그러나 청와대가

문 위원장이 말하는 '만약'의 상황을 현실로 착각해서 이미 모순 관계에 빠진 것이 아니냐 하는 의문이 있다.

동북아 4강 역학관계 급변

지금 동북아에 이상 기류가 흐르고 있는 것은 사실이다. 미국, 일본, 중국, 러시아 등 4강의 역학 관계가 급변하고 있는 가운데 상호경계와 불신의 골이 깊어지고, 특히 일본은 한·중 양국과의 관계를 긴장 상태로 몰아가고 있다.

이러한 4강에 둘러싸인 한국은 외교적으로도 고립된 상태다. 일본의 독도 영유권 주장과 역사 왜곡은 한국을 깔보고 있다는 증거고, 중국 또한 한국과의 우호 관계를 평가하면서도 전통적 중화(中華)사상으로 우리를 대하고 있다. 그런 마당에 미국과의 동맹 관계와 전통적 우호 관계는 금이 갔고, 심지어 미국에서 "한국과의 우호적 결별을 준비해야 한다"는 말까지 나오고 있다. 고립을 자주의 기회로 이해하는 사람도 있다. 그러나 4강과의 관계를 어떻게 관리해나가느냐 하는 것이 우리의 문제다.

약소국이 국익을 위해 이해관계를 달리하는 강대국과의 관계를 조정하기란 쉽지 않다. 다만 다자간 협의체를 활용하면 다소 발언권과 영향력을 향상시킬 수 있다. 양국 간 대화보다 다국 간 공론에서는 어느 정도 보편타당한 논리가 통할 수 있기 때문이다. 그래서 노태우·김영삼·김대중 정부는 UN 총회나 국제회의, 또는 정상회담 등을 통해 한결같이 다자간 안보협의체 창설을 제안했다.

1994년 김영삼 정부의 제안으로 '동북아안보대화(NEASD)'라는 포럼이 탄생했는데 이를 통해 내외의 전문가들이 활발한 토의를 계속해왔다. 특히 주목할 점은 유럽안보협력기구(OSCE)의 경우와 같이 양국 간 군사동맹과 같은 기존 질서를 인정하는 바탕 위에서 다자간 안보협의체의 구성이 가능하다는 것과, 지금의 6자 회담을 동북아 안보협의체로 발전시켜야 한다는 점이다.

6자 회담을 안보협의체로

다자간 안보협의체 제안에 대해 한국, 일본, 러시아는 제각기 다른 동기에서 찬성하고 있으나, 중국은 소극적인 태도를 보이다가 다양한 국제 문제가 발생하는 데 자극을 받아 최근에는 다소 긍정적인 반응으로 선회하고 있다. 미국 정부 또한 다자간 협의의 효용(效用)을 불신하고 있지만, 부시 대통령이 6자 회담의 지속을 강조하는 이면에는, 동북아에 대한 전략적 포석으로 다자간 협의체가 필요하다는 인식이 깔려 있다.

동북아에서 한국이 응분의 지정학적 역할을 하고 남북통일에 유리한 환경을 조성하자면 동북아 다자간 안보체제를 발전시키는 것이 바람직하다.[1] 청와대가 균형자가 아니라 다자간 안보협력체를 강조했더라면 의미 있는 메시지가 되었을 것이다.

---

[1] 별고 "Northeast Asia and the United States: a Korean Perspective-Proposal for NEADB and NASO"에 구체적 설명이 있다.

한미 관계와 동북아 안보
― 한미 관계를 복원하고 NASO를 추진하라

2006년 10월 15일 탈고

머리말

지금 북핵 문제를 둘러싸고 한·미 관계가 악화하고 한국을 둘러싼 4강(미국, 일본, 중국, 러시아) 사이의 불안정한 역학관계가 동북아의 안보를 불투명하게 만들고 있다. 이 글의 목적은 북핵 문제에 대한 4강의 입장과 역학관계를 분석하고 그 중심에 위치하는 한국의 생존전략이 무엇인지를 생각해보고자 하는 것이다. 결론부터 말한다면 첫째로 한·미 간의 전통적 동맹·우호 관계를 복원하고, 둘째로 남북통일에 유리한 국제 환경이 되기 위해서는 지금의 4강들이 상호불신과 군비 경쟁을 지양하고 동북아의 안보와 평화를 위해 서로 협력하는 관계로 전환해야 한다는 것이다.

필자는 서로 관련된 이 두 가지 목적을 위해 가칭 '동북아안보협력기구(Northeast Asia Security Organization, NASO)'의 창설을 제안해왔다. NASO에 관하여는 외국에서 발표한 논문에서 그 필요성을 구체적으로 설명할 기회가 있었으나 국내에서는 단편적으로 언급해왔을 뿐이므로 이 기회에 필자의 생각을 구체적으로 설명해보려고 한다. 먼저 북핵 문제부터 분석해보기로 한다.

북핵 문제의 경위

일반 독자를 위해 북핵 문제의 경위를 간략히 설명해두는 것이 좋을 것 같다. 1991년 12월 한반도 핵 문제를 협의하기 위한 세 차례의 남북 대표 접촉 끝에 같은 달 31일 남북은 '한반도 비핵화 공동선언'에 서명했다. 공동선언에 따르면 남과 북은 "핵무기의 시험·제조·생산·접수·보유·저장·배비(배치)·사용을 하지 않으며 핵 재처리 시설과 우라늄 농축 시설을 보유하지 않도록" 한다는 것이었다.

한편 미국은 북한의 핵 개발을 저지하기 위해 북한을 설득하여 1994년 10월 북한과 제네바 협정을 체결했는데, 이 협정의 주요 내용은 북한이 핵 시설과 핵 계획을 포기하는 대가로 2기의 발전용 경수원자로를 건설해주고 준공된 원자로가 가동될 때까지 미국이 매년 50만 톤의 중유를 공급한다는 것이었다.

이 협정을 이행하기 위해 1995년 3월에 KEDO(Korean Peninsula Energy Development Organization)가 설립되었고, 한국, 미국, 일본 등 13개국이 경비를 분담하는 건설공사가 시작되었다. 그런데 2002년 10월, 미국 국무부 제임스 켈리 특사가 평양을 방문하여 북한이 제네바 협정을 무시하고 비밀리에 고농축 우라늄 핵무기를 개발하고 있다고 항의하자 "핵무기보다 더한 것도 가지고 있다"며 북한은 그를 시인했다. 그로 인해 2003년 1월에 중유 공급은 물론 경수로 사업이 중단되었고, 북한은 NPT(국제핵확산금지조약)에서 탈퇴했다.

이 파국을 수습하기 위해 같은 해 8월에 미국, 일본, 중국, 러시아와 남·북한이 참가하는 6자 회담이 시작되었는데, 제3차 회담 이후 회담이 또다시 중단되었고, 북한은 2005년 2월에 핵을 보유하고 있다고 선언했다. 2005년 9월 19일 베이징에서 열린 6개국 회담에서 북한의 핵 포기, 북·미 및 북·일 간 관계정상화 조치 시행, 대북 에너지 지원, 한반도 평화체제 협상을 골자로 하는 공동성명(Joint Statement)을 채택했으나, 바로 그 시기에 북한 위폐(僞幣)의 국제적 유통이 발각되어 미국이 대북 금융 제재를 선언하자 북한이 반발하면서 이 성명은 사문화(死文化)되고 말았다.

2006년 7월 15일, 유엔 안전보장이사회(이하 안보리)에서 북한에 경고하는 결의안이 중국과 러시아를 포함하여 만장일치로 통과되었다. 그러나 북한은 이를 무시하고, 2006년 10월 3일 핵실험을 할 것이라 공식 발표하여 세계를 놀라게 했다. 이에 대하여 유엔 안전보장이사회는 10월 7일 북한에 대해 핵실험 계획을 포기할 것을 촉구하는 의장 성명을 발표했다. 성명은 또 북한이 핵실험을 강행할 경우, "역내는 물론 그 이외 지역의 평화와 안정, 안보를 위태롭게 할 것"이라며 북한이 국제사회의 촉구를 무시하고 핵실험을 강행할 경우 "안보리는 유엔헌장에 따라 그 책무에 맞는 조치를 취할 것"이라고 경고했다. 그러나 북한은 또다시 이 유엔의 결의를 무시하고 10월 9일 핵실험을 단행했다고 공식 발표하여 세계를 놀라게 했다. 그러자 유엔 안보리는 14일 군사조치 가능성은 배제하되 강력한 경제적·외교적 제재를 가한다는 결의안을 만장일치로 의결했다. 이 결의는 북한의 대량살상무기 및 미사일 불법거래를 막기 위해 유엔 회원국들이 북한으로 드나드는 화물을 공해상 등에서 검색할 수 있다는 규정을 포함하고 있다.

북핵 문제에 대한 관계국 입장

북한의 주장

북한은 미국과의 양자 회담, 북·미 간 휴전협정 내지 평화협정, 북한의 체제 보장, 핵 개발 포기에 대한 경제적 보상을 요구하면서, 북에 대하여 적대적 태도를 버리지 않는 미국 측에 6자 회담 중단의 원인과 책임이 있다고 주장한다.

미국의 입장

이에 대하여 미국은 북의 독재국가가 핵무기뿐만 아니라 미사일과 생화학무기를 가지게 되면 가깝게는 남한, 멀게는 일본과 미국에 대한 직접적 위협이 되고, 그것들을 제3의 적색 국가(rouges)에 수출하면 간접적 위협이 될 뿐 아니라 세계 평화 질서에도 위협이 되기 때문에 결코 허용할 수 없다는 입장이다. 또한 북·미 간 평화협정이나 불가침조약 요구에 관하여는 한·미 상호방위조약 폐기와 주한미군의 철수를 요구하는 빌미를 제공하게 되므로, 지금으로서는 그에 응할 수 없다는 것이 한·미 양국의 공통된 입장이다. 독재정권의 안전을 보장한다는 것은 미국의 국헌상 불가능하고, 다만 북한을 침략할 의사가 없다는 것은 미국이 기회 있을 때마다 약속했다.

미국은 평화적·외교적 방법으로 북핵 문제를 해결하려 하지만 북한은 신뢰할 수 없는 대화 상대이기 때문에 정상적인 방법으로는 문제를 해결하기 어렵다고 보고 있다. 그러므로 미국은 2006년 7월 15일 유엔 안보리의 대북 경고 결의안, 2006년 10월 6일의 북한 핵실험 포기를 촉구하는 유엔 안보리 의장 성명을 성사시켰고, 그에 따라 북의 핵 개발 움직임에 대한 공중 감시, 핵 관련 물자 이동의 해상 감시, 위폐 유통을 저지하기 위한 국제적 금융 봉쇄를 실시하고 있다. 그러나 북한이 10월 9일 핵실험을 공표하자 미국은 또다시 보다 강력한 유엔 안보리 결의안을 추진했다. 중국과 러시아의 반대로 유엔 헌장 제7장이 규정하는 무력행사는 배제되었으나, 강력한 경제적·외교적 제재를 가하는 타협안을 10월 14일 만장일치로 통과시켰다.

부시 대통령은 북한의 김정일 독재체제는 인권을 유린하고, 국민을 굶겨 죽이고, 마약과 위폐를 제작·유통시키는 '악의 축'이니 김정일 정권이 교체되지 않는 한 핵 문제의 해결은 어렵다고 보고 있다. 그러나 북한이 핵실험을 공표하자 미국 내외에서 부시 대통령의 '대북정책 실패'에 대한 비판의 소리가 높아졌고, 부시 대통령에게 6자 회담에 매달리지 말고 북이 요구하는 북·미 회담에 응하라고 촉구하고 있다. 이에 대하여 부시 대통령은 미국은 6자 회담 틀 안에서 언제든지 양자 회담을 하겠다는 것을 여러 번 천명해왔고, 미국의 독자적 접근보다 5개국이 북에 대하여 같은 목소리를 내는 것이 보다 강력한 메시지가 될 수 있다고 응수하고 있다.

중국의 입장

한편 중국 정부는 공식적으로 한반도의 비핵화를 지지하는 입장을 취해왔다. 2008년의 세계올림픽 대회, 2010년 상하이 EXPO와 같은 국제 행사를 앞두고 있으며 국제적 위상과 역할이 중요해지는 중국으로서는 주변 정세의 안정을 바라고, 미국을 경계하면서도 관계 악화를 바라지 않고 있다. 그래서 "조선의 핵 문제는 마땅히 대화와 협상을 통해 해결되어야 한다"고 주장하고, 북한에 대해 6자 회담 복귀를 권고해왔다. 그러나 북한이 권고에 응하지 않자 유엔 안보리에서 자국 의견을 반영한 의장 성명 수정안, 그리고 또다시 자국 의견을 반영한 10월 14일 안보리 결의안에 가(可)표를 던진 것이다. 요컨대, 중국의 입장은 (1) 한반도 비핵화, (2) 무력 사용 반대, (3) 대화의 계속으로 요약된다. 한편 중국은 북한 정권의 붕괴에 대비하고 있는 것 같다.

일본의 입장

일본은 북한 핵 문제를 주요 안보 위협 요인으로 보고 있으며, 수교협상을 비롯한 기존의 대북 유화정책으로는 북한의 핵 개발을 포기시킬 가능성이 희박하다고 보고 있다. 이에 따라 일본은 북한 핵 문제를 해결하기 위해서는 비군사적 제재를 포함한 외교적 해결 노력이 필요하다는 입장을 취하고 있다. 이러한 맥락에서 일본은 조총련(朝總聯)에 대한 감시·통제 강화, 조총련의 대북 송금 차단, 북한 선박의 일본 입항 거부, 위폐에 대한 금융 제재 등 다각적인 대북 압박정책을 전개하고 있다. 고이즈미의 뒤를 이어 등장한 아베 신조(安倍晋三) 총리는 독자적으로 북에 대한 제재 조치를 강구하겠다 하여 안전보장회의를 열어 (1) 북한 선박 전면 입항 금지, (2) 북한 상품 전 품목의 수입 금지, (3) 북한 국적자의 원칙적인 입국 금지 등을 골자로 하는 경제 제재 조치를 실시하기로 결정했다. 그리고 북한이 핵실험을 공표하자 미국과 함께 10월 14일의 유엔 안보리 결의안을 추진했고, 미·일 동맹관계는 과거 어느 때보다도 긴밀함을 보여주고 있다. 한편 일본은 북핵 문제를 계기로 자위대를 개편하여 '보통국가'의 국방태세를 확립하려고 하고 있고, 평화헌법 개정 노력에 박차를 가하고 있다.

러시아의 입장

푸틴 대통령 취임 이후 비교적 안정세를 유지하고 있는 러시아는 과거 소련의 위세와 지도적 역할을 회복하려 하고 있으며, 그러한 맥락에서 북한 핵 문제를 러시아의 영향력을 회복할 수 있는 계기로 활용하고 있다. 그러므로 러시아는 북한에 대한 후견인으로서의 영향력을 행사하기 위해 북핵 문제 해결에 계속 개입하려고 할 것이다. 10월 14일의 북한 제재를 위한 유엔 안보리 결의안의 경우에도 중국과 함께 무력 사용 가능성에 강력히 반대했다.

한국의 대북정책

8년 전에 김대중 대통령이 햇볕정책을 도입한 이래 대북정책은 미국과 일본의 대북정책과 대립각을 세우고 중국과 러시아가 주장하는 평화적 협상에 동조하는 방향으로 전개되었다. 미국은 북한의 핵 문제를 해결하기 위해서는 당근과 채찍을 겸용해야 한다는 시각인 데 반하여, 한국은 채찍은 사태를 악화시킬 뿐이므로 끝까지 당근을 사용해야 한다는 입장이다. 노무현 대통령에 따르면 북에 대한 압박정책은 불안과 위협을 장기화할 따름이고, 북한체제의 붕괴를 꾀하면 북한이 남한을 공격하는 위험한 선택을 하지 않으리라는 보장이 없다는 것이다. 그러므로 대화를 계속하는 동시에 개혁·개방이 성공할 수 있다는 희망을 가지도록 북한을 도와야 하며, 북한으로서도 희망이 보이면 핵무기를 포기할 것이라는 것이다.

이러한 시각에서 노무현 정부는 북한의 정권과 동포를 동일시하여 민족의 이름으로 북한에게 경제원조를 확대하고 남포공단 개발 등의 경제협력사업을 추진해오고 있다. 그리고 북의 반발을 살 만한 일은 가급적 회피하고, 심지어 유엔의 북한 인권에 관한 결의안에도 불참했다. 그러나 북한의 개혁·개방은 정권 안보의 제약에서 벗어나지 못하고 있으며, 6자 회담을 통한 국제적 노력에도 불구하고 북한의 태도에는 달라진 것이 없고 오직 벼랑 끝 전술에 매달리고 있다. 즉, 2006년 10월 3일 북한은 핵 실험을 하겠다고 협박하더니, 10월 9일 기어이 단행했다. 그런데 10월 14일의 유엔 결의안이 통과된 지금도 여당 지도부는 그 목적과 취지를 무시하고 개성공단을 방문하느니, 포용정책을 지키느니, PSI(Weapons of Mass Destruction Proliferation Security Initiative, 대량살상무기확산방지구상)를 반대하느니 하고 있다. 이것은 한국이 안보를 위한 국제협력에서 어느 정도의 대가(代價)나 리스크를 분담하려 하지 않고 오직 무임승차만을 꾀하고 있는 것이 아니냐는 국제적 비판을 받을 수 있다.

한국의 대북정책이 북핵 저지의 실효를 거두지 못한 반면, 그를 둘러싸고 한·미 관계에 중대한 변화를 가져왔다. 대북정책상 한·미의 견해 차이는 과거에도 있었다. 1993년 북핵 문제가 불거졌을 때 미국 관변에서 북폭 이야기가 나오자, 김영삼 대통령은 미국의 북폭을 반대한다는 성명을 냈는데, 그 이유는 미국이 북한을 폭격하면 북한이 남한을 공격할 것이니 제2의 한국전쟁이 일어난다는 단순 명백한 논리였다. 결국 한국의 소망대로 미국의 북폭은 실현되지 않았지만, 그 당시에는 한·미 어느 편에서도 동맹 관계와 상호신뢰를 의심하지 않았고 그것은 상상할 수 없는 일이었다.

그러나 지금은 사정이 달라졌다. 반미 친북의 '진보' 세력과 친미 반북의 '보수' 세력이 날카롭게 대립하고 있는 가운데 진보 측에 선 노무현 대통령은 북한이 남쪽을 공격하면 자멸한다는 것을 알고 있고, 지금의 경제 상태로는 전쟁을 감행할 능력이 없기 때문에 미국이 무력 행사를 감행할 필요가 없고 또 해서도 안 된다는 것이다. 북한이 800여 기의 미사일을 보유하고 시험 발사해도 그것은 군사적 목적보다 정치적 목적을 위한 것이고, 여러 상황에 비춰볼 때 "북한이 핵과 미사일을 가지려 하는 데에는 일리가 있는 측면이 있다"고 말하고 있다. 그러므로 남북 간의 화해와 공조를 통해 미국의 대북 제재를 견제하고 미국이 보다 너그러운 자세로 북과 협상하기를 바라고 있다.

그러나 이제 한국에게 크게 기대할 것이 없다고 생각한 부시 대통령은 9월 14일 한·미 정상회담에서 노무현 대통령이 원하는 전시작전통제권 환수를 받아들였고, 그 후 20여 일이 지난 지금 미 8군이 철수한다는 보도가 나오고 있다. 결국 양국 관계는 지금 전례 없이 소원해진 상태고, 미국은 이미 한국을 믿을 만한 동맹국으로 신뢰하지 않고 동북아에서 그들이 바라는 역할을 한국보다 일본에 기대하고 있는 것 같다. 미국의 한 신문은 지금의 한·미 관계를 '평화로운 이혼'이라고 비유했는데, 이혼까지는 아니더라도 '평화로운 별거'라고 할 수 있을 것 같다.

전작권 이양에 관한 시비

지금 전시작전통제권(이하 전작권이라 하자)의 이양을 놓고 국론이 날카롭게 분열되고 있는데 전작권 환수를 추진하는 정부와 그를 지지하는 사람들의 논거는 다음과 같다.

1 미국과 대등한 입장에서 자주적인 안보·외교 정책을 펴나갈 수 있게 된다.
2 미국도 전략적 유연성을 위해 그것을 원하고 있다.
3 노태우·김영삼 정권 때에도 전작권 환수를 요구했었다.
4 전작권 환수는 한국의 전쟁 억지력을 감소시키지 않을 것이다.

5 전작권의 환수는 한국의 방어 능력을 감소시키지 않을 것이다.

6 전작권 환수 후에도 미군은 유사시에 전술, 전략, 수송 병참, 병력 증원 등의 약속을 하고 있다.

7 반대자들은 남한의 군사력을 과소 평가하고 북한의 군사력과 위협을 과대 평가하고 있다.

8 작전권 환수에 따르는 추가 비용은 그다지 크지 않다.

이에 대하여 반대하는 사람들의 반론은 다음과 같다.

1 한·미의 전작권 공유와 한미연합사령부의 설치는 전쟁 억지력을 위해서 만들어졌고 실제로 그 목적을 가장 효과적으로 달성해왔는데 그것들을 폐지하면 전쟁 억지력이 약화한다는 것은 자명의 이치가 아닌가?

2 국방부 장관과 대통령은 2010년까지의 국방중기계획이 실행되면 대북 방어 능력을 가지게 된다고 증언했는데, 그렇다면 그 계획이 실현되기도 전에(재정적 형편으로 실행이 연기될 수도 있다) 대통령은 미국이 제안하는 2009년 조기 이양도 좋다고 하는 이유는 무엇인가?

3 한·미 관계의 역사적 진실을 왜곡하여 반미 감정을 부추기고 주한미군의 군사시설을 반대하고 미군 철수를 주장하는 세력이 있고, 그 때문에 정부의 미국과의 안보 협조가 어려워지고 있는 상황에서, 전작권이 없는 미군이 유사시에 자동 개입할 것이라고 낙관할 수 있는가?

4 북한의 군사력을 과대 평가하고 있다 하는데, 질적으로는 남한이 우월하나 양적으로는 북한이 압도적으로 우세하다. 그러나 그것이 문제가 아니라 전쟁이 나서 양측이 초토화하면 남한이 이긴들 무슨 소용이 있겠는가? 따라서 전쟁을 예방하는 전쟁 억지력이 절대적으로 중요하다.

5 북한에는 800여 기의 미사일과 화생방 무기가 있고 핵실험도 하려고 하는데, 우리에게는 그렇지 못하다. 그것에 대비하자면 막대한 비용이 들 터인데 추가 비용이 들지 않는다니 무슨 말인가?

6 미국이 우리의 전작권 환수 요청에 응한 것은 그들 나름의 손익 계산이 있기 때문이다. 즉, 전략적 유연성을 위해 (1) 추가적인 주한 미군 감축의 기회를 가질 수 있고, (2) 북한 공격에 자동적으로 개입할 필요가 없게 되고, (3) 한국 방위를 위한 군사 지출을 절감할 수 있으며, (4) 한국이 안보 공백을 메우는 동안 한국에 무기를 팔 수 있게 되고, (5) 중동 등 다른 안보 현안에 주력할 수 있는 여지를 갖게 된다는 것 등이다. 그렇다면 우리 측도 냉정하게 손익 계산을 하고 대비책을 강구해야 할 판인데 먼저 나서서 전작권 이양을 서두르는 까닭은 무엇인가?

7 노태우·김영삼 정권하에서도 전작권 이양을 요구한 일이 있으나 북핵 문제가 불거지자 그 요구를 철회했다. 5개국의 공동 노력에도 불구하고 북한이 핵실험을 강행한 지금, 전작권 환수를 요구하는 것이 과연 현명한 처사인가?

8 자주란 정세를 정확하게 판단하고 자기에게 가장 유리한 조건을 선택할 수 있는 능력을 말함이지 밑지는 장사를 자청하는 것을 가리키는 말이 아니다. 그리고 21세기의 자주는 혼자만의 자주가 아니라 국제화된 자주라는 것도 알아야 한다.

주 변   국 가 와 의   외 교   관 계

그러나 이미 전작권 이양은 돌이킬 수 없는 사실이 되었고, 미 8군 철수마저 거론되고 있다면 한·미 관계는 큰 고비를 맞이하게 되었다고 하지 않을 수 없다. 그렇다면 우리는 한·미 관계를 어떻게 바라보아야 할 것인가? 한·미 관계의 오늘과 내일을 생각하자면 먼저 주변국 일본, 중국, 러시아와의 관계를 고려하지 않을 수 없다.

한국과 일본

먼저 일본과의 관계에서는 독도 문제, 역사 교과서 문제, 일본 수상의 야스쿠니 신사 참배 등으로 양국 관계가 냉각 상태에 있고 대북정책에서도 이제는 양국 간의 공조가 아니라 독자적인 길을 가고 있다. 특이한 것은 한·일 관계를 악화시킨 것은 양국의 국민이 아니라 두 나라의 정상이라는 점이다. 독도 문제는 주한 일본 대사의 망언("독도는 일본 영토이다"-기자의 질문에 일본 외교관으로서는 불가피한 답변이기도 하다)으로 돌발했는데, 이 문제는 현상 유지 외에 별다른 해결책이 없는 문제이니 실무선에서 적절히 대응하도록 해야 할 것을 대통령이 직접 나섰기 때문에 양국 간의 외교 문제로 불거졌다. 그런가 하면 고이즈미 총리는 야스쿠니 신사에 참배하는 개인적 행동으로 한·중 양국의 분노를 사고 중국 및 한국과의 관계를 악화시켰다. 양국 정상이 외교 문제를 국내 정치에 이용하려 하는 데에서 이러한 문제들이 발생하고 있는 것 같다. 고이즈미 총리의 뒤를 이어 아베 신조 총리가 등장하면서 곧 한·일 정상회담이 있었는데, 양국 관계가 당장은 봉합된 감이 있다. 그러나 일본이 '사죄하는 외교'에서 '자주적인 외교'로 전환하려 하고 있으며, 그를 위해 군비 강화, 헌법 개정을 서두르고 있다는 사실은 주시할 필요가 있다.

한국과 중국

중국은 한·중 간의 경제 관계를 평가하고 북에 대하여 남한에게 다소 도움이 되는 역할도 했으나 최근에는 동북공정으로 우리를 압박하기 시작했다. 우리는 동북공정에 나타난 중국의 패권주의 성향을 주시할 필요가 있다. 원래 중국은 지난 150여 년 동안 외국의 침략, 내란, 공산주의, 문화혁명 등으로 국력이 쇠퇴해오다가, 최근 시장경제체제로의 전환 이후 급속한 경제성장을 이룩하여 미국 다음가는(구매력 평가 기준) 경제대국으로 부상하게 되었다. 그래서인지 전통적인 중화(中華)사상, 즉 중국이 세계의 중심이라는 사상이 되살아나고 있다. 지금 중국 땅에 걸쳐 있던 나라와 소수 민족의 역사를 자국 역사로 편입시키는 사관(史觀)이 표면화되어 티베트에 대한 서남공정, 신강성 위구르족에 대한 서북공정, 그리고 한민족에 대한 동북공정으로 나타나고 있는데, 중국 정부는 이를 역사 연구 작업에 불과하다 하지만, 이러한 중화사상은 알게 모르게 중국의 패권주의를 격려하게 될 것이다.

한국과 러시아

스탈린의 소련이 북한 정권 탄생의 주역이었고 김일성의 6·25 남침의 배후에 있었다는 것은 천하에 알려진 사실이다. 소련 해체 이후의 러시아는 북한 지배권을 놓고 중국과 경쟁하다가 지금은 김정일 정권에 실망하여 핵무기 개발을 반대하고 북한의 인권 탄압에 대해서도 비판적 태도를 취하고 있다. 반면에 한국과는 경제교류를 확대하고 시베리아 철도와 한반도 철도의 연결과 에너지 공동 개발 사업 등에 관심을 가지고 있다. 그러나 북한을 자기 세력권에 두고자 하는 전통적 전략에는 변함이 없고 6자 회담에 있어서도 북한을 옹호하고 있다.

약소국의 생존전략

일본의 복고주의와 중국의 중화사상이 우리를 압박하고 있는데, 미국과의 관계마저 멀어진다면 한국은 동북아에서 외교적으로 고립 상태에 빠지게 된다. 약소국에게 외교적 고립이 어떠한 것인지는 한말의 역사가 여실히 말해주고 있다. 한반도에 일본의 침략의 마수가 뻗쳤을 때 조선은 중국과 러시아 사이를 왔다 갔다 하다가 낭패를 보고 멀리 미국의 도움을 청하기 위해 이승만을 밀사로 파견했으나, 바로 그때에 미국의 육군장관 타프트와 일본의 가쓰라 수상은 일본이 미국 식민지인 필리핀을 침공하지 않는다면 미국은 일본의 한국 지배를 묵인한다는 비밀각서를 교환하고 있었다. 결국 조선은 고립무원의 상태가 되어 일본에게 국권을 빼앗기게 된 것이다. 반면에 일본은 일·영 동맹을 맺고 미국을 회유하는 외교전략을 구사하여 동북아 침략정책을 추진했던 것이다.

한국과 4강의 관계에 관하여 "고래 싸움에 새우 등 터진다"는 말이 있는가 하면 "코끼리 등에 업힌 모기와 같다"는 말도 있다. 《강대국의 흥망(The Rise and Fall of the Great Powers)》의 저자 폴 케네디는 "한국과 같은 약소국가의 생존 전략은 4마리 코끼리와 부드러운 관계를 유지하면서 이들 코끼리들이 날뛰지 못하게 하는 것"이라고 말하고 있다(2004년 10월 서울에서 개최된 제5회 세계지식포럼에서). 케네디의 말은 4마리 코끼리와 등거리 외교를 해야 한다는 말같이 들리는데 이것은 4마리 코끼리가 서로 큰 탈 없이 지낸다면 맞는 말이다. 그러나 지금과 같이 4강이 서로 경계하고 의심하고 군비경쟁을 하는 마당에서는 등거리 외교란 고립주의가 될 수 있고 그야말로 고래 싸움에 새우 등 터지는 결과를 가져올 수 있다. 차라리 4마리 중 가장 힘이 세고 친구가 될 만한 한 마리 코끼리와 가까이 하여 나머지 3마리가 우리를 넘보지 못하게 하는 동시에 우리와 가까운 코끼리가 너무 날뛰지도 못하도록 지략(智略)을 발휘하는 것이 상책이 될 것이다.

한 · 미 동맹관계를 유지해야

한·미 동맹관계는 냉전시대의 산물인 만큼, 오늘날에는 어차피 그 목적과 내용을 재검토해야 할 때라고 할 수 있다. 그러면 지금의 한미 동맹관계의 존재 이유는 무엇인가?

무릇 두 나라가 동맹 또는 다른 형태의 협력 관계를 맺는 데에는 대체로 세 가지 이유가 있다. 전략적 이해관계, 경제적 이해관계, 그리고 국가이념의 공유이다. 지금 미국은 아직도 한국에 전략적 이해관계를 가지고 있다. 그것은 중국을 견제하고, 일본을 방어하고, 북한의 핵무기와 미사일을 저지하고, 아시아에 발판을 갖고자 하는 것이다. 한국 또한 여전히 국가 안보를 위해 미국의 도움을 필요로 하고 있다. 즉 북한에 대한 전쟁 억지력을 유지하고 국방비 부담을 줄이는 동시에 미국이 동북아의 평화를 위해 균형자 역할을 해주기를 바라고 있다. 물론 남북이 통일되면 이러한 한·미 관계는 또다시 수정되어야 할 것이다. 그러나 북한 독재체제가 존속하는 한, 지금의 양국 관계는 그대로 유지될 수밖에 없다.

경제 관계에 관하여는 미국 측에서 보면 한국은 제7위의 교역 대상국이고, 해외투자의 30%(1962~2005년까지의 누계)가 한국에 와 있으며 동북아 진출의 중요한 발판이 되고 있기도 하다. 한편 한국 측에서 보면 미국은 제2위의 교역 대상국이고, 제2위의 투자 대상국이자 가장 중요한 기술 공여국이다.

국가이념에 관하여는 자유민주주의 가치관을 공유하고, 한국이 미국의 군사적·경제적 도움으로 경제개발과 정치적 민주화를 이룩했다는 것에 대해 미국은 자부심을 가지고 있으며, 한국의 대다수 국민들은 미국 덕택으로 공산화를 모면하고 오늘날 경제적 번영을 누리게 되었다고 평가하고 있다.

 이상과 같이 한국과 미국은 안보전략, 경제교류, 가치의 공유라는 세 가지 측면에서 가장 밀접하고, 이것은 다른 주변국과의 관계와 견주어 볼 때 특별한 관계라고 하지 않을 수 없다. 다른 나라에 관하여는 일본 과는 경제 관계와 자유민주주의 공유가 우호협력 관계의 바탕이 되고, 중국과 러시아와는 주로 경제 관계의 신장이 우호 관계를 뒷받침하고 있다.

 그런데 지금의 한·미 관계는 소원해진 상태이다. 이러다가 한·미 간 의 방위조약 폐기와 미군 철수까지 가는 것 아니냐는 우려의 소리가 있는가 하면, 미국은 전략적 이해관계 때문에 한국에서 나가라고 해도 아니 나갈 것이라고 주장하는 사람들도 있다. 두 가지 관점 모두 일리가 있다. 그러나 손익 계산을 하지 않는 나라는 없다. 만약 미국이 한국 정부와의 안보 협조가 어렵게 되어 군사동맹의 유지가 그 대가에 값하지 않는다고 생각하면 동맹을 철회하게 될 가능성은 충분히 있다. 특히 지금과 같이 고도로 발달한 전자 무기의 시대에는 미군이 보는 한국의 전략적 가치는 옛날만큼 크지 않다. 이미 미국에서는 한국 사람들이 원한다면 주한 미군을 철수시키라는 소리가 나오고 있지 않은가? 실지로 미국은 동맹관계를 폐기한 예들이 없지 않다. 한 가지 예를 든다면 1985년 미국의 전함 뷰캐넌(Buchanan) 호가 뉴질랜드에 입항하려고 할 때 뉴질랜드의 데이비드 랭(David Lange) 총리가 핵무기를 적재하지 않았다는 것을 확인해달라고 요구하자 양국 간에 외교 마찰이 일어났고, 결국 미국은 그를 거절하고 뉴질랜드에 대한 동맹 의무를 철회했다.

 물론 한·미 관계가 하루아침에 악화되지는 않을 것이다. 그러나 만약의 사태를 가정해볼 필요는 있다. 만약 한·미 동맹관계가 철폐되고 미군이 철수한다면 무슨 일이 일어날까? 북한에게는 이보다 더 좋은 뉴스는 없을 것이다. 그들이 그처럼 갈망하던 적화통일 전략의 전제조건이 완성되기 때문이다. 이때에 남한이 핵무기를 보유하고 있느냐 없느냐에 따라 남북 관계는 결정적으로 달라진다. 남한에 핵무기가 없으면 북은 핵무기와 화생방 등의 대량 살상무기로 남한을 협박하고 민족, 평화, 통일의 이름으로 온갖 요구를 다해올 것이다. 남한의 좌익들은 그를 거부하는 남한의 국내 정책을 무력화하고 북의 적화통일전략의 전초기지 역할을 할 것이다. 만약 남한도 핵무기를 보유하게 되면 사정은 달라진다. 그러나 NPT에 가입한 한국이 이제부터 핵을 보유한다는 것은 국제사회가 용인하지 않는다. 그러므로 한국은 미국 핵우산의 보호를 받는 수밖에는 다른 방법이 없는데, 그것을 포기하면 결국 남한은 군사적으로 북한을 제압할 수 없게 되고 종국에는 중국, 러시아, 북한이 연대하는 사회주의 세력권에 편입될 위기에 처하게 될 것이다. 소위 '진보'들은 그것이 무엇이 나쁘냐고 할지 모르나 그렇게 될 때 국민들의 자유와 경제생활이 어떻게 될지 생각해보라.

그러나 미국과 일본이 그러한 사태를 보고만 있지는 않을 것이다. 두 나라는 한국의 입장을 무시하고 모든 수단을 다해 북한의 핵 위협에 대처하려 할 것이고, 중국과는 협조적 관계를 유지하려 하면서도 다른 한편으로 그를 포위하는 전략을 강화해나갈 것이다. 그러면 중국과 러시아는 미국과 일본의 '패권주의'에 대항하는 연합전선을 강화하려 할 것이다. 이때에 한국은 양 진영 사이에 끼어 이러지도 못하고 저러지도 못하는 고립주의의 함정에 빠지게 된다. 노무현 대통령이 말하는 균형자 역할이란 어림도 없는 형국이 된다. 결국 동북아의 평화질서는 파괴되고 한반도의 운명은 또다시 강대국들의 흥정 대상이 될 것이다.

이러한 가능성을 배제할 수 없는 것이라면 우리는 미국과의 전통적 우호 관계를 더욱 유지하고 강화하는 길을 택해야 한다. 한·미 동맹관계가 살아 있어야 동북아에서 세력 균형이 유지되고 후일에 우리가 원하는 방향으로 남북통일을 추진할 수 있게 된다. 전작권 이양을 계기로 한·미방위조약의 내용이 달라질지는 모르나, 어떠한 경우에도 한·미 양국이 전쟁 억지력을 유지하고 한국이 동북아에서 미국, 일본과 함께 평화와 자유민주주의를 지키는 보루의 역할을 할 수 있게 되는 것이 우리의 국익이 될 것이다.

노무현 대통령의 리더십

국가 안보에서 대통령의 리더십만큼 중요한 것은 없을 것이다. 노무현 대통령은 최근 한·미 정상회담을 마치고 돌아와서 한·미 동맹이 동북아의 평화를 지키는 지렛대 역할을 하고 있다고 말했다. 옳은 말이다. 그는 이라크에 대한 파병, 미국의 전략적 유연성 인정, FTA, 유엔 안보리 결정의 존중 등에서 나타난 바와 같이 미국에 협조적인 정책을 시행해왔다. 그럼에도 불구하고 그의 대북·대미 정책에 대하여 우려의 목소리가 높은 까닭은 무엇일까? 두 가지 이유가 있을 것 같다.

첫째는 그가 반미 세력에 동조하거나 혹은 방관하는 이념적 성향을 보이기 때문이다. 아마도 그는 민주적 다원주의 사회에서는 친북도 있고 반미도 있고 '좌파적 친미'도 있을 수 있는 것이니 그를 수용해야 한다고 생각할지 모른다. 그러나 다원화만 있고 통합의 원리가 없는 나라는 지리멸렬(支離滅裂)이 되어 결국에는 망하고 만다는 것이 역사의 법칙이다. 그러므로 어느 나라에서나 대통령의 일차적인 임무는 그 나라의 국가이념을 중심으로 국민적 통합을 꾀하는 것이고, 특히 우리나라의 경우에는 국가이념에 입각한 남북통일의 기본 원칙을 명백히 밝혀 국민들의 이념적 갈등을 최소화하도록 하는 것이다.

두말할 필요도 없이 우리의 국가이념은 민주적 대의정치와 시장경제 체제를 양축으로 하는 자유민주주의를 받드는 것이고, 남북통일도 이 국가이념에 입각한 것 이외에 다른 대안을 생각할 수 없다. 만약 있다면 그것을 알고 싶다. 일부 민족주의를 내세우는 자들은 외세의 간섭 없이 남북 간의 협상을 통하여 남북통일을 추진해야 하고, 그 과정에서 남북의 이념과 체제가 대립하여 무력 충돌을 일으키는 한이 있더라도 그것은 민족의 내부 문제이고 외부의 간섭 없이 해결되어야 한다고 주장한다. 그러나 이러한 통일지상주의는 국제적 현실을 몰각하고, 세계사의 흐름과 문명사회의 보편적 가치를 무시하며, 민족의 엄청난 불행을 자초하는 길이다.

그런데 지난 10년 동안 대북정책을 둘러싸고 국내의 진보와 보수, 좌익과 우익 사이의 이념 갈등이 극심하고 그것이 한·미 관계에 투영되어 양국 관계를 어렵게 만들고 있음에도 불구하고, 대통령은 이념적 국민통합의 노력은 하지 않고 오히려 편들기 발언을 되풀이했다. 그리고 최근에는 미군 기지의 평택 이전을 반대하는 격렬한 시위가 있고, 전라도 근해의 무인도를 미 공군 사격장으로 사용하겠다는 데에 대해서도 맹렬한 반대 시위가 있었음에도 불구하고, 정당이나 정치인들은 방관적인 태도를 취하고 있고, 대통령도 국민을 타이르는 말 한 마디 하는 것을 보지 못했다. 그래서 많은 국민들은 노 대통령의 이념적 성향을 의심하고 있는 것이다.

둘째로 노무현 정부는 북한 독재체제의 정치적 야망과 군사전략을 너무 안이하게 평가하는 것 같다. 북한에 공산 독재체제가 존재하는 한 그들은 체제의 정당화와 유지를 위해 남의 적화통일전략을 버릴 수 없다. 그를 뒷받침하는 군사전략에서는 재래식 무기로는 경비와 질적 면에서 남쪽과 대적할 수 없으므로 미사일, 화생방, 핵폭탄 등의 대량 살상 무기 개발에 집중하여 남한에 대해서는 '불바다' 전략을 쓰는 동시에, 미국과 일본에 대해서 무력시위를 하는 한편, 제3국에 무기를 수출하여 외화를 벌어들이려고 하는 것이다. 북한 독재정권으로서는 그럴 수밖에 없는 전략이다. 그런데 북한의 이러한 전략에 본질적인 변화가 없음에도 불구하고 정부는 북한에 대해 일방적으로 포용정책을 추진해왔고, 보안법 폐기, 간첩 북송, 유엔 북한인권결의 불참, 전시작전통제권 '환수' 등과 같은 평양이 반길 만한 정책들을 추진해왔다. 노무현 정권은 북한 독재정권이 교체되지 않는 한, 우리가 바라는 남북 관계는 실현될 수 없다는 단순 명백한 진실을 외면하고 있는 것 같다.

 노 정권은 한반도의 평화를 위해 포용정책이 불가피하다고 주장하는데, 지금까지 이 나라에 평화를 지켜온 것이 무엇인가를 생각해볼 필요가 있다. 그것은 포용정책이 아니라 의연한 국방 태세와 미군 주둔에 의한 전쟁 억지력, 그리고 남한의 경제력이다. 그렇다고 북한에 대해 적대정책을 쓰라는 것은 결코 아니다. 다만 남북통일의 원칙과 대한민국의 정체성을 분명히 하고 그 바탕 위에서 그에 합당한 방법을 택하라고 하는 것이다. 예컨대 북한 동포를 위해 식량 원조를 할 경우에도 북한이 농업 정책을 바꾸지 않는 한 만성적 식량 부족을 면할 수 없다는 것을 북에 직접·간접으로 경고하고 식량 원조를 북의 정책과 연계하는 방도를 강구할 수도 있다(지난날 우리가 세계은행에서 차관을 얻을 때에도 세계은행은 그렇게 했다). 그런데 현 정부의 대북정책은 북의 눈치를 보고 무원칙하게 끌려가고 있다는 인상을 준다.

끝으로 전쟁 억지력에 관하여 부언하건대 전쟁 억지력에는 군사적 억지력과 사회적 억지력의 두 가지 측면이 있다. 우리 사회가 도덕적으로 건실하고 국가이념으로 단합되어 있고, 경제성장이 지속되면 북한은 남한을 넘보지 못할 것이다. 그러나 반대로 부정부패가 만연하고, 사회 기강이 해이되고, 이념 갈등이 극심하면 북은 남을 약체로 보고 적당한 기회에 무력으로 공격하고 싶은 유혹을 받게 될 것이다. 그런데 노무현 정권이 사회기강 확립과 이념 갈등 해소를 위해 얼마만큼 노력했는지 혹은 오히려 그것들을 조장해오지는 않았는지 스스로 성찰해볼 일이다.

다자간 협력체제를 만들어야 [2]

우리 국민 중에는 북한 정권이 붕괴되면 곧 남한에 의한 흡수 통일이 이루어질 것이라고 낙관하는 사람들이 있다. 그러나 이것은 너무나 순진한 생각이다. 중국은 결코 그것을 방관하지도, 용납하지도 않을 것이다. 중국은 1,433킬로미터나 되는 국경을 맞대고 있는 북한 지역에 자신들의 정치체제를 위협하는 적대적 세력이 들어오거나 그 영향하에 있는 정권이 수립되는 것을 원치 않는다. 그래서 1950년 6·25 전쟁 때에는 90만 명의 사상자를 내면서 북한을 수호하려고 했고, 1961년에는 북한과 상호방위조약[3]을 체결하여 유사시 언제든지 북한에 개입할 수 있는 태세를 갖추고 있다. 그리고 자신들의 사회주의체제를 수호하기 위해 체제의 동반자 내지 완충지로서 북한의 존재를 필요로 하는 것도 사실이다.

그러므로 만약 북한의 체제가 붕괴 위기에 처하게 되면 중국은 북한

---

[2] 이 부분은 2005년 9월 12일 미국 오클라호마 주립대학교 국제대학원에서 발표한 "Northeast Asia and the Unites States : a Korean Perspective-Proposal for NEADB and NASO"라는 논문 중에서 NASO에 관련된 부분을 인용한 것이다.

측의 국내 질서 유지를 위한 지원 요청에 응한다는 명분으로 군사 개입도 할 수 있는 위치에 있다. 이미 중국 정부는 북한의 붕괴에 대비할 뿐 아니라 북한의 탈북자 문제, 동북 지역 192만 명의 조선족의 동요에 대처하기 위해 2003년 9월에 15만의 정규군을 북한 접경지대에 배치한 바 있다.

그러므로 북한 체제가 붕괴하면 이해관계를 달리하는 중국과 미국의 군사적·외교적 대립이 불가피하게 되고, 거기에 러시아와 일본의 입장이 끼어들면 남북통일의 전망은 매우 불투명하게 될 것이다. 이러한 사태에 한국이 어떻게 대비할 것이냐 하는 것이 안보외교의 기본 과제인데, 한 가지 분명한 것은 1대 1의 양자 간 외교만으로는 문제를 해결할 수 없다는 것이다. 북핵 문제를 우리 혼자의 힘으로 해결할 수 없어 6자 회담에 의존하고 있는 것과 마찬가지로, 우리의 통일 문제도 다자간 협상을 거치지 않을 수 없다. 그러므로 지금의 6자 회담을 동북아 안보협력체로 발전시키는 것이 매우 바람직하다.

두말할 필요 없이 이 협력체에서는 중국, 러시아, 북한이 한 편이 되고, 미국, 일본, 한국이 다른 한 편이 될 수밖에 없는데, 그러자면 먼저 한·미·일의 3각 연대가 확립되어 있어야 한다. 그러한 의미에서도 미국과의 관계를 두텁게 하는 동시에 북·중 상호방위조약과 대칭적인 관계에 있는 한·미 방위조약을 유지해야 하고, 그때에 가서 중국과 러시아의 협조를 이끌어내기 위해 상호 철폐를 논의할 수 있을 것이다. 그리고

---

3 1961년 7월 11일 체결한 이 조약의 정식 명칭은 '조선민주주의인민공화국과 중화인민공화국 간의 우호, 협조 및 호상 원조에 관한 조약'으로, 제2조에서 "체약 일방이 어떠한 한 개의 국가 또는 몇 개 국가들의 연합으로부터 무력 침공을 당함으로써 전쟁 상태에 처하게 되는 경우에 체약 상대방은 모든 힘을 다하여 지체 없이 군사적 및 기타 원조를 제공한다"며 군사적 자동개입 의무를 규정하고 있다.

일본과도 과거사에 얽매이지 말고 친선 우호 관계를 유지하여 통일을 위한 다자간 협상에서 우리 편을 들도록 해야 한다. 요컨대 남북통일에 유리한 국제 환경을 조성하기 위해 다자간 협의체를 활용할 필요가 있다는 것이다.

4강의 역학관계

그러나 남북통일의 국제적 환경을 개선하자면 4강 자체의 상호 관계의 개선이 전제되어야 한다. 사실상 다자간 안보협력체는 우리의 필요뿐 아니라 4강의 안보를 위해서도 절실히 요구되는 사안이다. 지금의 동북아 4강의 역학관계를 짚어보면 그 이유를 수긍할 수 있을 것이다.

미국과 러시아

먼저 미국과 러시아의 관계부터 알아보자. 소련이 붕괴하자 자유진영의 나라들은 새로 등장한 옐친 정부를 지지했다. 그 이유는 옐친이 정치적 민주주의와 시장경제체제로의 전환을 추진할 것이라는 소망이 있었기 때문이다. 그러나 옐친 이후 그러한 소망은 물거품이 되었다. 러시아에서는 영토의 서부뿐만 아니라 극동에서도 세계의 열강으로서 지도적 역할을 해야 한다는 국가주의가 되살아났고, 그러한 맥락에서 러시아와 중국은 미국의 일극주의(一極主義, Uniporlarism)에 맞서기 위해 '전략적 동반자 관계(Strategic Partnership)'에 합의했다. 그리고 두 나라는 대대적인 공동 군사 훈련을 실시하기도 했다.[4] 2001~2005년 러시아가 수출한 무기의 43%가 중국으로 갔다는 것도 양국의 군사적 유대관계가 어떠한지를 말해준다.[5] 한편 푸틴 러시아 대통령은 테러리즘과 전통적 우방인 북한의 핵무기 개발에 대하여 미국의 반대에 동조하는 모습을 보이고 있는

데, 그 이면에는 북한이 핵무기를 개발하면 일본을 비롯한 다른 나라의 핵 개발을 자극하게 되어 자국에 위협이 된다는 계산이 깔려 있다.

미국과 중국

중국은 북한에 대하여 6자 회담에 나와 대화를 통해 핵 문제를 해결하도록 압력을 가해 미국과 한국에 협조하는 태도를 보여왔다. 그러나 내면적으로는 미·중 관계는 동상이몽의 관계에 있다. 양국은 외견상으로는 서로 무난한 관계를 유지하려고 하나 동북아에 대한 안보전략에 있어서는 서로 상대방을 경계하고 의심하는 관계에 있다. 미국의 한 정치학자는 미국의 대중 정책 특징을 '콘게이지먼트(congagement)'라는 신조어로 표현하고 있는데, 이 신조어는 '컨테인먼트(containment)'와 '인게이지먼트(engagement)'를 합성한 단어다.[6] 즉, 경제적으로는 중국을 WTO에 가입시켜 시장경제권으로 끌어들여 양국 간의 무역과 투자를 확대하는 포용(engagement)정책을 쓰는 반면, 군사적으로는 중국을 포위(containment)하는 전략을 쓰고 있다는 것이다. 미국은 중국이 급속한 경제성장에 따라 군사력을 증강하고 무력으로 대만을 흡수하고 동아시아의 맹주로서 패권을 행사하려 하지 않을까 우려하고 있다. 그래서 일본 및 인도와 전략적 유대를 강화하고, 동시에 대만에 계속적으로 무기를 공급하여 주기적으로 대만의 방위능력을 향상시키고 있다. 뿐만 아니라 최근에는 인권 문제를 거론하여 중국을 압박하기도 한다.

---

4 Robert A. Scalapino, "The United States and Northeast Asia-the Challenges Ahead", http://www.gsti.edu

5 CIA, World Fact Books.

6 Almay M. Khalizad, "Rethinking China Policy", www.freerepublic.com

이에 대하여 중국은 원자무기와 탄도 미사일 현대화에 박차를 가하여 군사력 증강에 주력하는 동시에, 미국의 '패권주의'에 대처하기 위해 인근 국가들과의 관계를 개선하여 완충 역할을 하도록 유도하고 있다. 그러나 중국의 패권주의도 주변 국가들의 우려 대상이 되고 있다.

미국과 일본

지금 중국의 잠재적 위협과 한반도에 있어서의 전략적 불확실성에 대비하여 미·일 두 나라가 동맹관계를 강화해야 한다는 소리가 워싱턴과 도쿄 양쪽에서 나오고 있다. 두 나라는 1997년 9월에 '방위협력 지침' 개정안에 서명했는데, 이는 일본의 '인접 지역(한반도와 대만을 의미)에 있어서의 안보 역할을 확대하고, 진행 중에 있는 TMD(theater missile defense)에 관한 연구에 상호 협력하며, 군사 훈련 및 기타 사항에 있어서 보다 긴밀히 상호 접촉한다'는 내용이다.[7]

이상에서 본 것처럼 러시아와 중국은 미국의 일극주의 혹은 패권주의를 두려워하고, 미국은 미국대로 중국의 패권주의 경향을 우려하고 있다. 4강의 이러한 상호 불신은 군비 경쟁으로 나타난다. 즉, 미국과 일본이 동맹관계를 강화할수록 중국이 안보상의 위협을 느끼게 되어 군비 확장에 박차를 가하게 되고, 그러면 미국과 일본 또한 반사적으로 군비를 확장하는 악순환에 빠지게 된다.

물론 3국은 그를 위해 비싼 대가를 치르고 있다. 중국은 경제개발의 앞길이 요원한데 그에 필요한 막대한 자원을 국방비로 돌리고 있다. 몇

---

7 Robert A. Scalapino, ibid

년 전만 하더라도 중국의 국방비 지출은 세계 4~5위를 차지하고 있었는데 2005년도 지출액(814억 달러)은 일약 미국 다음으로 도약하였다.[8]

일본은 정부(중앙 및 지방) 부채가 GDP의 163%(2004년)에 달하는 고질적 재정 적자의 나라인데, 세계 4위의 국방비 지출(443억 달러-한국의 약 2배)을 기록하고 있다. 지금까지는 국방비를 GDP의 1%선으로 눌러왔는데, '보통국가'가 되기 위해 이 상한선을 돌파하겠다는 것이 일본의 공론이다. 한편 미군의 오키나와 주둔과 그에 따르는 비용 부담 증가가 정치적 쟁점이 되고 있다.

미국 또한 재정과 무역의 쌍둥이 적자로 고민하는 나라인데, 아프가니스탄에서의 군사 작전 및 이라크 전쟁 등으로 근년에 국방비가 급증했고, 2005년의 지출 총액(5,181억 달러)은 전 세계 국방비의 48%, 같은해 지출 증가액의 80%를 차지하고 있다.[9] 그런가 하면 근자에는 미국의 대외 정책에 대한 국제사회의 여론이 악화하여 자유진영에서는 일방주의, 비자유진영에서는 일극주의 혹은 패권주의라는 비난을 받고 있으며 여러 나라에서 반미 감정이 확산되고 있다. 폴 케네디는 그의 저서 《강대국의 흥망》에서 한 나라가 일단 강대국의 지위에 오르면 패권 유지를 위해 군사력 증강에 몰두할 수밖에 없게 되고, 그로 인한 군사비 과다 지출이 결국에는 그 나라를 멸망으로 이끈다는 것이 세계사의 교훈이라고 쓰고 있다. 이 역사적 교훈이 지금의 미국에 해당되는 것은 아닌지 그에게 묻고 싶다.

---

8 이하의 각국 국방비 수치는 CIA World Fact Books에서 인용한 것이다.
9 Wikipedia, the free encyclopedia, http://en.wikipedia.org

미국의 대외 정책

그러면 이러한 상황에서 다자간 안보협의체의 구성이 가능한 것인가? 그것은 무엇보다도 미국의 태도에 달려 있다. 2001년 9·11사태를 계기로 미국은 세계전략을 재검토했다. 이제 미국의 최대 관심사는 종전과 같은 국가 대 국가의 적대 관계가 아니라 정치적 테러와 국지적 분쟁에서 오는 안보상의 위협이라고 분석했다. 그래서 2002년 9월에 새로운 국가안보전략(National Security Strategy)을 발표했는데, 그에 따르면 세계적 차원의 테러리즘과 적색국가(Rouge States)들에 대하여는 선제공격이 불가피하다는 것이었다. 아프가니스탄의 탈레반과 이라크의 사담 후세인에 대한 공격이 이러한 전략 개념에 바탕을 둔 것이다.[10]

그러나 미국의 이라크 전쟁은 성공했다고 할 수 없다. 미국은 자유진영의 지지를 얻지 못했고, 소수의 참전국들도 내외적으로 곤혹스러운 처지에 놓여 있다. 미국은 당초에 이라크 전쟁의 목적을 대량살상무기를 제거하는 것이라고 선언했는데 아직까지 그 증거를 찾지 못했고, 이제는 독재정권을 제거한다는 명분을 내세우고 있다. 결국 미국은 이라크 전쟁에서 몇 가지 교훈을 얻어야 했다. 첫째는 미국의 선제공격으로 한 정권을 박멸할 수는 있어도 테러리즘의 세계적 확산을 저지할 수 없다는 것, 둘째는 테러리즘을 근원적으로 해결하자면 군사적 응징보다 정치적 접근이 보다 나은 방법이 될 수 있다는 것, 셋째로 유엔이나 자유진영의 지지를 받지 않는 무력 개입은 더 이상 할 수 없다는 것, 끝으로 테러리즘은 그 특성상 군사력보다 경찰력을 필요로 하고 긴밀한 다자간 협력의 네트워크가 없으면 대처하기 어렵다는 것 등이다.

---

[10] William T. Tow, "The United States in Northeast Asia, the future of alliances", http://www.aspi.org

요컨대 미국은 새로운 안보의 패러다임을 찾지 않을 수 없게 되었다. 사실상 미국은 1970년대에 한반도의 긴장 완화를 위해 동북아 국가들의 다자간 대화를 제의했고, 6자 회담도 미국의 전 국무장관 콜린 파월(Colin Powell)이 주도한 것이었다. 작년에 파월이 서울에 왔을 때 필자와의 사담(私談)에서 6자 회담을 동북아 안보협력기구로 발전시키는 것이 어떻겠느냐고 물었더니 그는 전폭적으로 찬성한다고 대답했다. 지금 태평양 양편에서 다자간 안보협의체의 구성이 활발하게 논의되고 있는데, 그중에는 1994년 한국의 제안으로 구성된 '동북아안보대화(Northeast Asia Security Dialogues : NEASED)'라는 포럼도 있다. 이 포럼에서 유럽의 OSCE(Organization for Security and Cooperation in Europe)의 전례를 따른다면 한·미, 한·일 간의 동맹관계가 있더라도 지역안보체제의 확립이 가능하다는 의견이 나왔는데, 이것은 참고할 만한 논점이다.

안보협력을 제도화해야

이상과 같은 견지에서 이제는 동북아 안보협의체의 구성을 본격적으로 검토할 때라고 생각한다. 테러리즘뿐만 아니라 국지적 분쟁, 인간 생활을 위협하는 국제적 스케일의 범죄, 환경파괴와 같은 '인간 안보(Human Security)' 문제가 해결을 기다리고 있는데 이것은 국제적 협력 없이는 해결이 불가능하다. 이 점에 관련하여 우리는 유럽의 선각(先覺)을 본받을 필요가 있다. 유럽은 지역 안보를 증진하기 위해 1949년에 미국과 더불어 NATO(North Atlantic Treaty Organization)를 결성하고 1975년에 OSCE를 창설했는데, 그를 통하여 유럽의 안보 관계가 안정되었을 뿐만 아니라 경제 면의 지역적 통합이 촉진되어 지금의 EU로 발전했고 오늘날과 같은 평화와 번영을 누리고 있다.

필자가 제안하는 '동북아시아 안보협력기구(Northeast Asian Security Organization : NASO)'의 구성원은 현재의 6자 회담 멤버에 몽골이 추가되는 것인데, 미국이 포함되므로 'Northeast Asia'라는 어구보다 '북태평양 안보협의기구(North-pacific Area Security Organization: NASO)'라고 하는 것이 좋 겠다는 의견을 들은 바 있다. 필자는 그것도 무방하다고 생각한다. 6자 회담이 성공리에 끝나고 그것이 이 새로운 기구로 발전할 수 있다면 그 보다 더 큰 다행은 없다. 그러나 설사 6자 회담이 무위로 끝나고 북한이 참가하지 않는다 하더라도 우선은 북한의 참가 없이 이 기구를 설립할 수 있을 것이다.

안보협의체의 구성이 반드시 무력충돌을 예방할 수 있다고 단언할 수는 없다. 그러나 그것은 다국 간 협력의 자신감과 상호신뢰를 쌓아올리고, 테러리즘·국제적 범죄에 대한 공동 대처, 국방 정책의 투명화, 군비 감축 등을 자연스럽게 논의할 수 있게 되며, 다른 지역협력기구와의 협력을 통해 세계평화 유지에 기여할 수 있을 것이다. 그리고 동북아에 안보불안정이 해소되고 평화가 정착되면 지역 국가 간의 투자와 무역이 촉진되어 지역경제발전과 지역협력의 메커니즘이 작동하게 될 것이다.

결론

현재 한·미 관계의 약간의 후퇴에도 불구하고 앞날을 위해 한·미 간의 정통적 우호협력 관계를 복원하는 것이 국익이 된다. 자주나 민족의 관념도 중요하지만 현실에서 유리된 관념만으로는 우리의 안전과 삶의 문제를 해결할 수 없는 것이다. 한편 민족적 과제인 남북통일 문제에 접근하자면 1 대 1의 외교만으로는 문제를 해결할 수 없고 다자간 협상이 불가피하다. 최근에 정부가 동북아 안보협의체를 추진하겠다는 뜻을 비쳤는데, 단순한 협의체가 아니라 한 걸음 더 나아가 안보협력기구인 NASO를 창설하라고 권하고 싶다.

　동북아 안보협력기구는 우리만을 위해서가 아니라 동북아 전체의 안보와 평화를 위해 더욱더 필요하다. 앞에서 본 것과 같이 미국, 중국, 일본, 러시아의 4강들이 지나친 불신과 경계심, 그리고 전통적인 군사적 세력 균형 관념에 사로잡혀 군비 경쟁을 계속하고 있는 것이 동북아의 안보를 위협하는 주요인이다. 개별적으로는 무력 충돌을 원하는 나라는 없다. 그럼에도 불구하고 군비 경쟁을 하는 이유는 무엇일까? 그 까닭은 국가 간의 상호신뢰가 없어 '평화를 위해 전쟁 준비를 한다'는 국제정치의 전통적 역설에 사로잡혀 있기 때문이다. 이제 21세기의 열강들은 이러한 역설에서 탈피할 때가 왔다. 하기야 한 나라에서 일방적으로 군비 경쟁을 지양하기는 매우 어렵다. 그러나 다자간 협력체가 있으면 그것은 비교적 쉬운 일이 된다. 그래서 우리는 유럽에 NATO가 있듯이 동북아에는 NASO가 있어야 한다고 주장하는 것이다. 유럽 사람들이 지역 안보와 번영을 위해 이룩한 일을 동북아에서 하지 못할 절대적인 이유는 없다. 다만 동북아시아 국가들과 미국의 정치 지도자들의 경륜과 용기가 있으면 되는 것이다.

한미연합사 해체의 의미

2006년 8월 24일, 〈한국선진화포럼〉에 기고

전시작전통제권 환수에 대한 논란 중의 하나는 한미연합사가 해체되고 한·미의 두 개 사령부가 독립적으로 운영될 때 작전 수행에 지장이 없겠느냐 하는 것이다. 국방부 장관은 작전협조본부를 설치 운영할 것이니 별 문제가 없을 것이라며, "한 지붕 밑에 있는 살림을 두 집으로 나누고, 두 집 간에는 긴밀한 협조체제를 엮어가는 것"이라고 국회에서 답변했다. 그러나 무엇 때문에 한 지붕 밑에 있는 살림을 두 집으로 나누어야 하는지, 또 유사시에 실제로 그것이 가능한 것인지 알다가도 모를 일이다.

작전통제권에 대한 지난날의 미국의 대응을 참고할 필요가 있다. 1993년에 클린턴 대통령은 유엔 안보리의 요청으로 소말리아에 파병을 했는데, 특전대가 복병을 만나 18명이 전사하고 반군들이 미군의 시체를 거리로 끌고 다니는 장면이 TV에 방영된 일이 있었다. 그는 들끓는 여론에 대응하여 'PDD 25'라는 훈령을 발했는데, 그 내용은 유엔 평화군 작전에서 미군의 역할이 큰 경우에는 미국 아닌 유엔의 작전통제를 받지 않을 것이고, 다만 명백히 미국에 이익이 될 때에만 특정 작전에 한해 미군을 유능한 유엔 장군의 통제하에 둘 수 있다는 단서(但書)를 붙인 것이다. 그런데 이 단서마저도 위헌의 소지가 있다 하여 반론을 제기한 학자와 국회의원 들이 적지 않았다.

사실상 미국은 그 막강한 군사력 때문에 유엔 결의로 전쟁에 개입할 할 경우 언제나 작전주도권을 행사해왔다. 한국전쟁은 물론 1990년 8월의 걸프전 때에도 협정상으로는 사우디군이 미군에게 '전략적 지시'를 하는 것으로 되어 있었으나, 당시의 미국중앙통제국(CENTCOM)은 이 협정이 사우디에게 "실제의 전쟁 지휘권을 준 것은 아니고 다만 전략상의 일반적 지침을 주게 한 것뿐이다"라고 해석했고, 실전은 미군의 통제하에 이루어졌다. 서유럽에 주둔하는 미군은 명목상으로는 NATO의 지휘하에 있으나 NATO의 최고 사령관은 미국 주둔군의 사령관이 겸임하고 있는 상태에서 미군이 통제권을 행사하고 있는 것과 다름이 없다.

이러한 사정은 한미연합사 해체에 두 가지 시사를 준다. 첫째로 작전 협조본부를 설치한다 하더라도 미국이 적극적으로 전쟁에 개입할 경우에는 전쟁 수행을 위해 이원적 작전통제를 감내하지 않으리라는 것이다. 그렇다면 한국이 작전통제권을 환수하더라도 전시에는 유명무실하게 될 것이고, 그것은 평시작전통제권과 다를 바가 없게 된다.

둘째로 더 중요한 것은 한미연합사를 해체하면 미군은 특정 작전에 참가하지 않을 수 있는 선택지를 가지게 된다. 미군이 개입하기 싫은 작전은 한국 사령부에 미루고 자신들은 후방 지원만 하겠다 하고 작전 책임을 모면하려고 할 수도 있다. 그렇다고 작전협조본부가 참전을 강요할 수도 없다. 한·미 동맹관계가 확고하지 않을 때에는 그러한 가능성이 더욱 커진다.

5장 남북 관계와 한미 관계

그러면 한 지붕 밑에 있는 살림을 두 집으로 나누는 이유가 무엇일까? 정부는 자주적 안보를 위해, 그리고 미국도 해외 군사력 재배치 계획에 따라 그것을 바라고 있기 때문이라고 한다. 미국은 자국 군사력에 의존하는 우방들에 국방비를 증액하여 전력을 강화하라고 요구하고 있고, 그러한 맥락에서 한국이 요구하면 전시작전통제권을―어차피 전시에는 유명무실하게 될― 반환하겠다고 하는 것이다. 그런데 국방부 장관은 만반의 사전 준비 계획이 있으므로 작전통제권 환수에 따르는 추가적 부담도 없고 전쟁 억지력의 후퇴도 없을 것이라 한다. 논리적으로 이해하기 힘든 말이다. 북한이 극심한 경제난에도 불구하고 800여 기의 미사일과 대량살상 화학무기를 보유하고, 하물며 가공할 핵실험의 가능성이 우려되고 있는 때이니 판단 착오가 없기 바란다.

국가를 생각한다

- 국가이념을 강조하는 것이 소모적인가?
- 국가이념과 정당의 정체성
- 국민통합과 국가이념
- 시장경제의 이론과 실제
- 중국의 이념적 갈등과 민주화 운동
- 근대화의 발자취와 선진화의 길
- 박정희 대통령은 신이 아니다
- 박정희 대통령과 나

:: 지암芝巖 남덕우의 경제칼럼

국가이념을 강조하는 것이 소모적인가?

2002년 5월 21일, 《중앙일보》 칼럼에
〈국가이념 분명해야〉라는 제목으로 게재

어느 대통령 후보는 경선 과정에서 이념 논쟁은 소모적이라는 말을 했고 관훈클럽 토론회에서도 "자유민주주의를 강조하는 것이 소모적" 인가? 하는 질문에 대하여 "그렇다"고 답변하였다. 그가 '소모적'이라고 하는 이유는 두 가지다. 첫째는 "민주주의와 자유시장경제는 천지개벽이 없는 한 보편적 질서인데 결론이 난 문제"를 갖고 논쟁하면 소모적이라는 것이고, 둘째는 "자유민주주의로 통일하겠다면 흡수 통합하겠다는 의도를 드러내는 것인데, 내가 대통령이 됐을 때 북한과의 관계에서 남북 관계를 풀 수 없다"는 것이다. 우리는 대통령 후보가 이러한 말을 한 데 대하여 당혹감을 금할 수 없다.

먼저 첫째의 대답에 대하여 그의 인식을 수긍하면서도 중요한 현실을 무시하고 있다는 생각이 든다. 그의 말과 같이 우리의 국가이념인 자유민주주의는 지구촌의 "보편적 질서로 결론이 났음"에도 불구하고, 지금 우리 사회에서는 이념상의 '남남 갈등'이 있고 그것이 각종 정치·사회 문제에 투영되고 있기 때문이다. 그렇다면 대통령 후보는 마땅히 이념 갈등의 원인과 그 내용에 관하여 자기의 소신을 구체적으로 설명할 필요가 있다.

국가이념은 국민들의 정신적 지주가 되고 국민적 통합의 구심점이 되기 때문에 제아무리 강조해도 소모적일 수는 없는 일이다. 참고로 미국에서는 지금까지 38인의 대통령이 나왔는데, 그들은 취임 연설은 물론 기회 있을 때마다 한결같이 국가이념을 최고의 가치로 선양해왔다. 작년(2001년) 9·11 테러가 발생했을 때 '멜팅 포트(melting pot:도가니탕)'의 이 나라가 무서운 단결력을 보여준 비밀이 바로 여기에 있는 것이다. 국가이념이 분명치 않으면 국민적 통합은 불가능하다.

이 점과 관련하여 일부 논자들은 냉전 시대의 자유민주와 지금의 자유민주의 개념은 같지 않다고 한다. 하기야 유럽에서 볼 수 있듯이 자유민주의 정책적 내용이 좌파와 우파에 따라 다를 수 있다. 그러나 자유민주의 핵심인 언론의 자유, 집회의 자유, 자유선거를 통한 지도자의 선출, 인권 중시 등의 보편적인 가치를 부정하는 정당이나 나라는 하나도 없다. 그러나 우리는 이러한 기본적 자유가 없는 체제하에 있는 북한이라는 현실 때문에 그에 대한 대응에 고심하고 있는 것이다.

사실상 6·25 이후 지금처럼 자유민주에 대한 국민들의 이해가 절실히 요구되는 때는 없었다. 지금 우리의 정치적 현실은 참담하고, 언론의 자유가 논란의 대상이 되는가 하면, 집단적 이기주의와 무질서가 판을 치고, 교육이 황폐화하고, 불신과 갈등이 사회를 뒤덮고 있다. 이러한 때이니만큼 대통령 후보는 마땅히 정치적·사회적 환부를 치유하겠다는 공약과 함께 우리 사회의 모든 취약점에도 불구하고 왜 자유민주주의를 지켜야 하는가를 국민들에게 알기 쉽게 설득할 수 있어야 하고 또 해야 한다. 그것은 소모적이 아니라 필수적인 책무다.

다음에 자유민주를 내세우면 남북 관계를 풀 수 없다는 말도 이해하기 어렵다. 평화적 통일이란 힘에 의해서가 아니라 남북의 내부적 변화에 의한 통일을 추구한다는 것을 의미한다. 그러므로 그 성공 여부는 결국 남북 주민들의 선택과 결의에 달려 있다.

그러나 북쪽에 어떠한 변화가 일어나야 하는지는 너무나 명백하다. 적어도 중국의 경우와 같이 권력구조를 개편하고 개혁·개방의 방향으로 체제 전환을 이룩해야 한다는 것이 국제적 공론이다.

햇볕정책은 북과의 대화와 협력을 통해 그것을 유도해보자는 것인데, 그렇게 하자면 협력 방법에 관하여 북의 체제상의 문제를 거론하지 않을 수 없게 된다. 예컨대 북한의 식량 문제를 논의하자면 북의 국영농업 체제를 거론하지 않을 수 없을 것이다.

물론 대화에서 직설적으로 우리의 이념적 입장을 내세우라는 것은 아니다. 상대방의 입장을 존중하고 예의를 갖추는 것은 외교의 상식이다. 그러나 그것은 어디까지나 외교적 기법(技法)에 속하는 문제이지 우리의 원칙과는 별개의 문제다. 원래 협상이란 각자의 입장을 분명히 해야 상호 접근할 수 있는 것이지, 눈 가리고 아웅 하는 식으로 속임수를 써서는 성공할 수 없다. 뿐만 아니라 상대방 체면 때문에 협상의 원칙을 저버리면 협상의 목적이 무엇인지 모호해지고 국민들의 불신을 사게 된다.

요컨대 대통령이 북의 눈치를 보고, 이념 논쟁을 방관하는 태도를 취한다면 그것은 대통령의 임무를 스스로 포기하는 것이고, 국민적 통합을 더욱 어렵게 만들 것이다.

국가이념과 정당의 정체성

2004년 5월 4일, 《조선일보》 기고

지금 각 정당들이 자신의 정체성을 정의하려고 고민하는 모습을 보이고 있다. 그러나 정당의 이념적 정체성은 국가적 정체성을 떠나서 생각할 수 없는 일이다. 두말할 필요도 없이 대한민국의 국가이념은 자유민주주의와 시장경제주의다. 그럼에도 불구하고 정당들은 마치 그들의 정책노선이 국가이념을 초월하는 것처럼 개혁 보수니 중도 보수니 실용적 진보니 개혁적 진보니 하고 떠들고 있다.

우리의 국가이념에 비추어보면 선택할 정책노선이 자명한 경우가 많다. 예컨대 대북정책을 생각해보자. 남북통일을 가로막는 근본 요인이 남북의 이념과 체제의 차이에 있다는 것을 부인할 사람은 없을 것이다. 그렇다면 북한 동포와 북한 정권을 구별해서 생각할 수밖에 없는 것이다. 우리는 동포애의 견지에서 이북 동포의 민생을 도와야 하고 남북 간의 민족적 동질성을 회복하는 노력도 해야 한다. 그러나 북의 정권에 대하여는 개혁·개방과 민주화를 촉진하는 방향에서 협력 관계를 모색해야 하고, 같은 맥락에서 북한 동포의 민주화의 소망을 외면하지 말아야 한다. 예컨대 정부는 UN 대북 인권 결의안 투표에서 기권했는데, 이것은 민주화를 바라는 북한 동포의 비원을 배반하는 것으로 그들의 원망과 지탄을 면치 못할 것이다. 이 점과 관련하여 북의 독재정권을 비판하는 세력을 보수라 하고 북의 체제를 관용하거나 동조하는 세력을 진보라 하는 어법(語法)에도 문제가 있다.

시장경제주의에 관해서도 그 원리 원칙에 비추어보면 노선 선택이 자명하기는 마찬가지다. 두말할 필요도 없이 시장경제는 경쟁을 요건으로 하는 경제체제다. 그런데 경쟁이 있으면 반드시 승자와 패자, 강자와 약자, 부자와 빈자가 있게 마련이다. 이러한 이원화를 어떻게 관리하느냐 하는 것이 국가 운영의 기본 과제가 된다. 승자가 패자를 멸시하고, 강자가 약자를 억압하고, 부자가 빈자를 돌보지 않으면 자유를 유지할 수 없게 된다. 그러나 빈자를 보호한다는 명분으로 부자를 배척하면 부자가 되어 국가 사회를 위해 큰일을 해보겠다는 기업가 정신을 꺾게 되고 경제·사회의 발전을 제약하게 된다. 마이크로소프트의 빌 게이츠는 세계 최고의 부자가 되었는데 그것은 그가 컴퓨터의 사용을 보급하여 지구촌의 생활방식에 혁명을 가져온 위대한 성취의 결과이다. 그는 그 막대한 재산을 저승으로 가지고 갈 수는 없다. 결국은 사회로 환원하게 될 것이다.

또 하나의 예를 들자. 서민들을 보호한다는 명분으로 의료수가를 비현실적으로 통제하면, 지금 나타나고 있는 현상과 같이 내과와 외과를 지망하는 학생이 줄어들고 의사들이 위험 부담이 큰 의료 분야를 기피하는 경향이 나타난다. 결국에는 의학과 의술의 발달이 저해되고 부자뿐만 아니라 서민층을 위한 의료 서비스의 개선도 바랄 수 없게 된다. 평준화의 허점이 여기에 있다.

그러므로 평준화를 위해 경쟁을 봉쇄하면 발전과 향상이 없는 반면,

경쟁의 공정성을 무시하면 약육강식의 사회가 된다. 이러한 이념적 시각에서 경제 운용의 다섯 가지 원칙을 들 수 있다. 첫째는 자율과 경쟁의 원칙, 둘째는 공정 경쟁의 원칙, 셋째는 기회 균등과 공정 분배의 원칙, 넷째는 불우자 구호의 원칙, 다섯째는 시장 보완의 원칙이다.

이러한 원칙을 시인하는 정당과 국가이념 자체를 부정하는 정당이 있을 수 있다. 이러한 경우에는 정당의 이념적 정체성이 문제가 된다. 그러나 이와 같은 원칙을 수용하는 정당이라면 여(與)든 야(野)든 그들이 말하는 정체성이란 이 원칙을 실천하는 방법과 우선순위에 관한 것일 뿐이다. 그러므로 여야가 내거는 정책이 서로 같거나 비슷하다 하여 그것을 야합이나 무정견으로 볼 필요는 없고, 정당들은 무리하게 정책을 차별화하려고 애쓸 필요도 없다. 원래 국가이념이 투철한 나라에서는 대부분의 정책이 선거전(戰)의 이슈가 되지 않고 다만 몇 개 안 되는 문제를 놓고 여야가 다툴 뿐이다.

요컨대 우리가 정당들에게 바라는 것은 정체성의 보물찾기에 시간을 낭비할 것이 아니라 각 정당이 우리의 국가이념의 원리 원칙을 어떻게 구현하고, 급변하는 국제 환경 속에서 우리가 직면한 문제 해결의 우선순위와 합리적 방법이 무엇인지 명확히 밝히는 것이다. 보수니 진보니 하는 것은 그 후에 국민들이 판단할 문제다.

국민통합과 국가이념

2003년 4월 7일, 서강대학교 오피니언 리더스 프로그램(OLP) 과정 강연.
극동포럼에서 같은 요지로 조찬 강연 (2005. 3. 31).
한국교통개발연구원, 《월간 교통》 2003년 2월호 '시론'에 요약 게재.

분열과 혼돈

검찰의 조사로 정치적 부패상이 백일하에 드러나서 정당과 국회에 대한 불신과 혐오가 극에 달했을 때, 국회에서 193 대 2라는 절대 다수로 대통령 탄핵안이 가결되어 헌법재판소로 넘어가면서 이 나라는 분열과 혼돈의 소용돌이에 휘말려들었다. 탄핵을 반대하는 여당은 탄핵 가결을 의회 쿠데타, 헌정 중단, 민주주의 부정으로 규정하고, 탄핵을 찬성하는 야당은 헌정의 수호이고 의회민주주의의 관철이라고 주장하고 있다. 탄핵을 반대하는 시민단체는 촛불 시위를 주도하였고 국민의 70%가 그에 동조했다는 여론 조사가 있는가 하면 탄핵에 찬성하는 맞불 시위와 방송 매체의 편파 방송 시비도 적지 않았다.

탄핵 시비가 아니더라도 이 나라는 갈래갈래 찢겨져 있다. 친북 대 반북, 친미 대 반미, 민족주의 대 세계주의, 노동자 대 사용자, 호남 대 영남 등과 같은 대립 갈등이 계속되고 있는 것이다. 이것을 민주사회의 다원화 현상이라고 볼 수도 있다. 그러나 노무현 정권이 들어선 이후 그의

'코드'와 '편 가르기' 정치가 한편을 진보, 다른 한편을 보수로 양극화 되면서 양방의 이념적 특징이 드러나고 있는 것 같다.

그러나 진보와 보수의 개념이 명확한 것은 아니다. 예컨대 중국에는 천안문 사건 외에도 국내외에서 민주화를 추진하는 세력이 있고 북한 안팎에도 그러한 운동이 있다. (황장엽씨를 포함해서) 그들이 독재정치에 항거하여 진정한 의미의 민주화를 추구하는 이상, 상식적으로 그들은 진보세력이지 보수세력이라고 볼 수 없다. 한데 남한에서는 민족의 이름으로 북의 공산 독재체제에 동조하거나 관용하는 세력을 진보라 하고 그를 비판하는 세력을 보수 혹은 수구라고 하고 있다. 그러므로 진보와 보수라기보다 차라리 좌파와 우파로 가르는 것이 옳을 것 같다.

사실상 우리 주변에는 우파를 가장한 좌파도 있고 좌파를 가장한 우파도 있다. 좌파라 하면 색깔론이라 하여 펄쩍 뛰는 사람도 있고, 보수라 하면 진보적 보수라고 얼버무리는 사람도 있다. 각 정당의 이념적 정체성이 모호하고 어떤 정당은 분명히 사회주의를 표방하고 있음에도 불구하고 그것을 시장경제주의로 위장하고 있다. 이러한 이념적 불투명이 국민들을 불안하게 하고 있음은 물론이다.

법치주의의 위기

두말할 필요도 없이 대한민국의 국가이념은 자유민주주의다. 자유민주주의는 법치주의와 의회주의를 양축(兩軸)으로 하는데, 탄핵 사태로 빚어진 혼란을 보면 이 양축이 무너지고 있다는 느낌을 금할 수 없다. 대통령이 선거법을 위반했다는 선거관리위원회의 결정을 스스로 무시하고, 최근 헌법재판소가 사범대학 출신을 임용할 때 가산점을 주는 것은 위헌이라는 판결을 내렸는데 그것을 수용하는 분위기도 아닌 것 같다. 선거법이 공무원의 정치적 중립을 규정하고 있는데도 일부 공무원과 공직자는 공공연하게 그를 위반하고 나섰다. 정부가 촛불 시위, 맞불 시위가 위법이라고 했는데도 그들은 데모를 강행했고 오히려 법을 집행하려는 정부를 반민주라고 성토하고 있다. 교원노조는 법을 무시하고 공공연하게 민주노동당을 지지하고 나섰다. 법의 권위가 이처럼 추락하면 앞으로 어떻게 사회질서를 유지하고 민생의 안정을 기할 수 있단 말인가?

이러한 반(反) 법치주의에 대한 반응도 충격적이다. 법을 무시하는 정치세력은 우리 사회의 기득권세력을 타도하고 지배세력을 교체하기 위해서는 불법도 불사해야 한다고 말하고 있는가 하면, 과거의 반민주정권도 그들을 합리화하기 위하여 법치주의를 내세웠고 오늘의 법치주의도 수구세력의 논리에 불과하다고 한다. 그러나 지금의 사회질서를 군사정권 시대의 사회질서와 같다고 보는 것은 시대착오적이고 그동안의 민주화 과정을 무시하는 일종의 허무주의에 불과하다.

그들의 주장대로 한편에서 법을 무시하고 혁명적 행동으로 나온다면 다른 한편에서도 법을 무시하는 반혁명적 행동이 일어날 것인데, 이렇게 되면 민주주의는 완전히 파괴되고 정글의 법칙이 지배하는 사회가 될 것이다. 원래 혁명과 독재와 폭력을 지양해야 한다는 인류의 자각에서 민주주의가 태어난 것이 아니었던가?

의회주의의 위기

지금의 의회정치의 실상은 개탄하지 않을 수 없다. 필자는 야당이 탄핵 가결을 밀어붙인 것은 잘못이라고 생각한다. 그러나 그것이 헌정의 중단이라고는 보지 않는다. 탄핵안이 헌법재판소의 판결 절차를 밟고 있고, 법에 따라 국무총리가 대통령의 권한을 별 탈 없이 대행하고 있다는 사실 자체가 그것을 말해주고 있지 않은가? 헌정 중단이란 혁명, 내란 등에 의하여 헌법이 무효화한 상태를 일컫는다. 어쨌든 탄핵의 가부를 헌법재판소가 결정할 것인데, 그 후에 또 무슨 일이 일어날지 걱정이다.

 탄핵 이후 국민의 여론을 무시하고 탄핵을 주도한 야당은 자중지란(自中之亂)에 빠져 있고 탄핵에 찬성표를 던지고도 여론이 악화하자 탄핵 철회를 주장하는 무책임한 의원들도 있다. 정치개혁을 소리 높게 외치던 정당이 의장석을 점령하여 실력으로 의사를 방해하며 그것을 민주 수호라 하고 국회의장이 법에 따라 경위권을 발동한 것을 의회 쿠데타라고 말하고 있다. 그들에게 묻고 싶다. 만약 그들이 다가오는 총선에서 국회의 다수당이 되었을 때 야당들이 물리적으로 의사를 방해하고 당신들이 한 것과 똑같은 짓을 한다면 무슨 명분으로 그들을 비난하고 반대할 수 있겠는가? 그들은 민주를 수호하기 위해 어쩔 수 없었다고 변명한다. 그러나 여당으로서 대통령에게 사태 수습 방안을 건의한 일이 없고 물리적 의사 방해로 일관하지 않았는가? 자기네 주장을 관철하기 위해서는 불법도 불사하겠다는 태도는 혁명의 논리와 마찬가지다. 민주 수호는 그들만의 전유물이 아니다. 민주 수호를 위해 국회가 절대적 다수결로 가결할 안건이라도 사안에 따라 헌법재판소에서 재심하는 제도가 있지 않은가?

무엇을 향한 통합이냐

어쩌다가 이 나라가 이 꼴이 되었을까? 갈가리 찢어진 이 나라를 통합하는 방법은 없는 것일까? 정치인들은 저마다 국민통합을 강조한다. 그러나 무엇을 향한 통합인지는 말해주지 않는다. 목표와 방향이 없는 통합이란 있을 수 없지 않은가? 다시 말하면 통합에는 어떠한 목표와 구심점이 있어야 한다. 물론 여기에서 말하는 통합이란 모든 국민들의 생각과 행동을 하나로 통일하자는 전체주의를 말하는 것이 아니다. 이해관계와 견해와 입장이 다르더라도 공동의 발판 위에서 같은 목표를 지향하자는 통합이다. 달리 말하면 공자가 말하는 화이부동(和而不同)의 세계다.

그러면 그 구심점을 어디에서 찾을 것인가? 나라마다 건국이념 혹은 국가이념이 있다. 바로 그것이 국민들의 정신적 구심점이 되는 것이다. 국가이념은 수레바퀴의 중심축(pivot) 혹은 부채의 사북에 비유할 수 있다. 바퀴에는 여러 개의 살(spoke)이 있는데 그것들이 중심축으로 통합되어 있기 때문에 바퀴가 구를 수 있고 수레를 움직일 수 있다. 마찬가지로 다원적인 이해관계가 국가이념으로 통합되어야 그 나라는 건강하고 힘 있는 나라가 된다. 앞에서 말한 여러 가지 갈등과 대립의 문제는 여러 개의 살과 같은 것이고, 따라서 그것들이 국가이념이라는 구심점으로 수렴될 때 국민통합이 가능해진다.

다시 말하거니와 우리의 국가이념은 자유민주주의이고 그에 기초하여 민주적 대의정치와 시장경제체제가 운용되고 있다. 이러한 국가이념은 지구촌의 보편적 가치와 일치한다. 그러면 자유민주주의의 기본 원리는 무엇인가? 필자는 여기에서 정치학 원론을 강의할 생각은 없다. 다만 오늘날의 이념 갈등이 주로 시장경제에 대한 오해와 남북 관계에서 오는 것이기 때문에 이 두 가지 사항에 대하여 말해보려고 한다.

첫째는 자율과 경쟁의 원칙이다. 정부는 가급적 민간의 자율적인 경제활동을 창달하고 사회 각면에서 경쟁을 유도해야 한다. 정부의 규제가 적고 민간의 창의와 이니셔티브를 존중하는 나라일수록 국제 경쟁력이 강하고 국민들의 생활수준이 높다는 것은 널리 알려진 사실이다. 지난 수년간 정부의 규제 완화가 경제정책 주요 과제의 하나였고, 실제로 규제가 적어진 것도 사실이다. 그러나 아직도 한국은 규제 과다로 기업하기 힘든 나라라는 내외의 정평을 면치 못하고 있다.

둘째는 공정 경쟁의 원칙이다. 경쟁의 규칙을 만들어주고 그를 위반하는 자를 징계하는 것이 정부의 임무다. 정부가 정치적 편의를 위해 범법 행위를 묵인하거나 관용한다면 그 자체가 불공정 경쟁의 원인이 된다. 일부 지역이나 집단의 이기주의에 굴복하여 법을 공평하게 시행하지 못하면 무질서와 포퓰리즘에 빠지게 되고 독재를 유발할 위험이 있다. 흔히 악법도 법이냐 하는 질문이 있는데, 악법이면 고쳐야 한다. 그러나 고치는 것도 법적 절차에 따라 하는 것이 의회 민주주의의 기본 원칙이다. 법치주의가 살아 있지 않으면 정의와 질서와 합리를 동시에 추구할 방법이 없다.

셋째는 공정 분배의 원칙이다. 무엇이 공정한 것이냐가 문제인데 분배 정의에 관한 철학적 논의는 분분하지만 자유경제체제하의 분배에 관하여는 학자들이 대체로 세 가지 원칙을 제시하고 있다.

생산 기여도에 따른 차등 분배의 원칙 ● 생산물의 시장가치 창조에 대한 기여도와 그를 위한 노력과 투입 비용에 따라 차등분배를 한다는 것이다. 그러나 기업 단위로 생산요소(자본, 노동, 토지, 기술, 경영)의 생산기여도를 측정하기는 더욱 어렵다. 거기에는 경제적 고려 이외에 가치판단의 문제가 개입하기 때문이다. 기업 차원의 분배에 있어서는 노사 간의 분배가 중심 문제인데 노동에 대하여는 차등 분배의 원리에 따라 노동의 생산성을 고려하지만, 그 밖에 노사투쟁, 아니면 공동체의식, 정부 정책 등 생산 기여도 이외의 요인이 임금 결정에 영향을 주는 것이 현실이다. 그러므로 기업은 경영을 투명화하고 노동은 생산성 기준을 존중하여 상호이해와 상호협력으로 노사 간의 분배를 결정하는 것이 공생공영의 길이 된다. 한편 기업의 이윤을 부인하면 위험 부담을 무릅쓰고 가치물을 창조하려는 의욕이 없어지고 기업이 존립할 수 없게 된다.

생활보호의 원칙 ● 그 이유가 어디에 있든 절대 빈곤은 없애야 한다. 지체부자유자뿐만 아니라 실업자, 탈북자, 이북 동포들에게도 나눔이 있어야 한다.

기회 균등의 원칙 ● 시장경제체제하에서는 농부가 기업주가 될 수 있고, 중소기업이 대기업이 될 수도 있고, 노동자가 경영자가 될 수 있고, 빈자가 부자로 될 수도 있다. 이러한 가능성이 열려 있는 사회에 있어서는 결과의 평등보다 기회의 평등이 중요시된다. 자신의 불우를 전적으로 사회의 책임으로 돌린다면 자신의 창의와 노력과 향상의 자유를 스스로 포기하는 결과가 된다.

그러나 자본주의 경제체제는 계층 간의 분배 격차를 영구화하는 경향이 있다. "개천에서 용 난다"는 말은 옛말이고 지금은 부유한 부모를 가진 자녀들이 출세하고 유복해질 확률이 크다. 이 불공평은 시정되어야 한다. 그 방법은 상속세를 강화하고 교육 기회를 균등히 하는 것이다.

성장 우선이냐 분배 우선이냐 하는 논쟁이 있는데, 만약 공정 분배가 아니라 균등 분배를 의미한다면 경제성장은 멈출 것이다. 그러나 앞에서 말한 분배 원칙을 추구하면 성장의 요인이 될 것이다. 성장 없는 분배, 분배 없는 성장은 허상에 불과하다. 우리나라의 분배 상태를 개선하자면 먼저 경제성장을 촉진하여 실업자를 줄이는 일부터 해야 한다. 다음에 빈부 격차를 줄이기 위한 제도적 장치를 전면적으로 재검토할 필요가 있다.

넷째의 시장경제 운영 원칙은 시장 보완의 원칙이다. 사회 문제를 시장 기능만으로 해결하지 못할 경우 경제학자들은 그것을 '시장 실패'라 한다. 그러나 시장 기능만으로 교육, 환경 등의 문제를 해결하기는 어렵다. 그러므로 시장의 기능을 보완하는 것 또한 정부의 역할이 된다. 그러나 그 방법에 있어서는 직접 규제보다 시장 친화적인 방법을 사용할 때 보다 더 효율적인 경우가 많다. 일례로 옛날에 노인을 보호하기 위해 버스의 무임승차를 의무화한 결과 버스가 노인 승차를 기피해서 노인들이 애를 먹은 일이 있었다. 정부가 승차권을 구입하여 노인에게 보내주자 그런 일은 없어졌다. 그래서 '시장의 실패'보다 '정부의 실패'가 더 큰 문제라는 주장이 만만치 않다.

역대 우리 정부는 대체로 이상의 4대 원칙에 따라 정책을 추진해왔고 그 결과 1인당 소득 1만 달러의 고지에 도달하였다. 그러나 지금은 4대 원칙에 위배되는 정책이 적지 않고 시장경제체제 자체를 적대시하는 세력이 늘고 있는 것도 사실이다. 그러나 우리 경제가 2만 달러 고지를 바라보고 변천하는 국제 환경에 적응하기 위해서는 4대 원칙에 입각한 특단의 경제개혁이 필요한데 지금의 '개혁세력'은 그러한 개혁을 외면하고 있는 것 같다.

대북정책의 원리와 원칙

다음에 남북 문제를 생각해보자. 남북통일을 가로막는 근본 요인이 남북의 이념과 체제의 차이에 있다는 것은 두말할 필요도 없다. 북은 세습적 사회주의 독재체제를 유지하고 있는 반면, 남한은 자유민주체제를 택하고 있다. 남쪽 국민들의 절대 다수는 자유민주에 입각한 통일을 원하고 있고, 그래서 대한민국 헌법 제4조는 "자유민주적 기본 질서에 입각한 평화적 통일 정책을 수립하고 이를 추진한다"고 규정하고 있는 것이다.

그런데 어떤 논자들은 이념과 체제를 초월한 민족적 통합이 최고의 가치이고 이념과 체제 문제는 통일 후에 해결할 수 있는 민족 내부 문제라고 주장한다. 그러나 이념과 체제를 무시한 통일은 남북 예멘의 경험이 말해주듯이[1] 내부 혼란과 내란을 불러오고 평화적 통일이 되지 않는다. 평화적 통일이란 북한이 독재체제를 버릴 때에만 가능하다. 이 단순명백한 사리를 무시하는 데에서 남북 문제에 관한 이념적 혼란이 계속되고 있는 것 같다.

이에 대하여 어떤 논자는 이념과 체제는 절대적인 것이 아니고 시대와 나라에 따라 내용을 달리할 수 있는 것이니 남한의 이념과 체제만을 고집할 것이 아니라 한다. 그러나 자유민주의 기본 개념에는 시대와 장소에 따라 달라지지 않는 부분이 있다. 예컨대 인권의 존중, 선거와 투표의 자유, 언론의 자유, 집회의 자유, 종교의 자유와 같은 개인의 기본권은 세계의 보편적 가치인데, 독재체제는 말로는 민주주의를 가장하지만 실제로는 실행할 수 없는 체제라는 데에 문제가 있다.

우리는 자유민주의 명제를 떠나서 통일을 생각할 수 없다. 하기야 북한 역시 개혁·개방의 방향으로 조금씩 움직이고 있고 중국의 영향을 받

---

[1] 북예멘은 1918년에 오토만(Ottoman) 제국으로부터 독립하였고 남예멘은 영국이 19세기 동안 보호령으로 지배해오다가 1967년 철수하자 마르크스주의 정권이 수립되었다. 그러자 수십만의 인구가 북예멘으로 이주하였다. 그 후 20여 년 동안 남과 북이 적대 관계로 대치해오다가 1990년에 통일이 실현되었는데 그 후에도 내분이 계속되어 1994년 중반 내란이 일어났고 무력으로 진압되었다. 현재의 인권 상태는 매우 좋지 않고 언론·집회의 자유도 법으로 제한되고 있다.

지 않을 수 없을 것이다. 따라서 동북아의 평화 공존의 목표와 이상은 시장경제의 공통 기반 위에서 민주화의 방향으로 정치체제를 수정해가는 것이다. 만약 북한이 중국의 경우처럼 시장경제의 요소를 조금씩이라도 받아들인다면 남북 간의 화해 협력과 동북아의 안정이 크게 쉬워질 수 있을 것이다.

이상의 관점에서 대북정책의 기본 원칙을 도출하면 다음과 같다.

첫째로 북한 동포와 북한 정권을 구별해서 생각해야 한다. 우리는 북한 동포의 기아(飢餓) 상태를 보고만 있을 수 없고, 그들을 돕지 않을 수 없다. 같은 맥락에서 북한 동포의 민주화의 소망을 외면하지 말아야 한다. 예컨대 정부는 UN 대북 인권 결의안 투표에 참가하지 않았는데, 이것은 민주화를 바라는 북한 주민의 비원을 배반하는 것이고 그들의 원망과 지탄을 면치 못할 것이다.

둘째로 북한 정권에 대한 경제 원조는 개혁·개방을 촉진하는 방법을 택해야 한다. 일례로 북에 식량지원을 함에 있어서는 북한 정권의 농업정책을 개혁하도록 촉구하고 기술 지원을 해야 한다.

끝으로 북의 독재정권이 주민들의 처참한 곤궁을 돌보지 않고 대량살상무기 개발에 자원을 집중하는 것은 한사코 막아야 한다. 그를 위해 현존 한·미 공조의 안보태세를 유지하고 6자 회담을 성공시켜야 한다.

국가이념의 이해

이상에서 우리나라의 국가이념인 자유민주주의 기본 원칙을 설명했는데 우리나라에서는 지도자와 국민이 이러한 국가이념을 무시하거나 경시하는 경향이 있다. 예컨대 어떤 정치 지도자는 우리의 국가이념이 자유민주인 것을 모르는 사람이 없는 터인데 새삼 그것을 강조하는 것은 소모적이라는 말을 한 일이 있다. 그러나 이 지도자는 대북정책, 북핵 문제, 반미 운동, 전교조·한총련·노사 문제, 언론 정책 등을 둘러싸고 이념 갈등이 심각한 현실을 외면하고 있는 것이다. 이런 때일수록 대통령은 헌법에 명시한 국가이념의 원리와 원칙을 천명하고 그에 따라 엉클어진 문제의 논점을 정리하고 국론을 통합하는 노력을 해야 한다. 그러한 의미에서 정치 지도자가 국가이념을 강조하는 것은 소모적인 일이 아니다.

참고로 미국에서는 지금까지 38인의 대통령이 나왔는데, 그들은 취임 연설은 물론 기회 있을 때마다 한결같이 국가이념을 최고의 가치로 강조해왔다. 이 '멜팅 포트(melting pot:도가니탕)'의 나라가 그런대로 국민통합을 이루고 있는 비밀이 여기에 있다. 월남전, 이라크전의 경우와 같이 국론이 분열되는 경우도 있지만 어디까지나 공동의 이념적 바탕 위에서의 대립이었다. 그러기에 결국에는 국민통합이 이루어지고 정치권은 초당적으로 대통령의 대외 정책을 지지하는가 하면 유사시에는 국민들이 의견 다툼을 접어두고 국익을 위해 자발적으로 궐기한다. 이 도가니탕의 나라에서 자유민주의 국가이념이 없이 이러한 일이 가능할까?

다음에 북한을 자극할까 두려워서 국가이념을 강조할 수 없다는 의견도 있다. 즉, 자유민주주의를 내세우면, 북을 흡수 통일하겠다는 말이 되어 북한이 반발하고 남북 관계를 원만히 풀어갈 수 없다는 것이다. 이러한 시각에는 세 가지 맹점이 있다.

첫째는 자유민주에 입각한 통일이 반드시 흡수 통일을 의미하느냐 하는 것이다. 북한이 점진적으로 민주화하면 상호 접근에 의한 평화적 통일이 가능할 수도 있다.

둘째로 남북 협상 과정에서 북한의 입장을 배려하는 것은 이해할 수 있으나, 그렇다고 그것이 국가이념의 원리 원칙을 천명하여 국민통합을 꾀하는 일을 포기해야 할 만큼 중요한 것이냐 하는 것이다. 어차피 북한 정권은 우리 헌법 제4조를 모르는 바 아니고, 남한의 대다수 국민들의 의사를 모르는 것도 아니며, 이라크 파병·한미공조 강조 등에서 드러난 우리 정부의 내심을 모르는 것도 아니다. 그런데 일시적 편의를 위해 국민에게 할 말을 못하고 할 일을 못하면 그것은 북에 대한 얄팍한 속임수에 불과하고 그것을 아는 북한 정권은 우리 정부를 더욱 우습게 여길 뿐이다. 만약 북이 우리 태도에 반발하여 협력을 거부한다면 묵묵히 북의 태도 변화를 기다리면 되는 것이지 무리한 요구에 영합할 필요는 없는 것이다. 우리의 입장을 정정당당하게 그리고 정직하게 주장하는 정공법이 문제 해결의 지름길이 될 것이다.

셋째로 정부의 대북정책의 애매한 태도가 계속되는 가운데 '남남 갈등'이 심해지면 북한 정권은 그들의 대남전략이 성공하고 있다고 오판할 수도 있다. 많은 국민들은 북한이 평양에서 인터넷을 통하여, 그리고 남파 간첩을 통하여 남한에 대한 정치 공작을 하고 있다고 믿고 있는데 정부는 그의 진부를 밝혀줄 책임이 있다.

끝으로 냉전 종식과 함께 이념 논쟁은 사라졌고 21세기에는 구체적 정책을 논하면 된다는 사람도 있다. 이 사람 또한 남북의 이념과 체제가 대치 상태에 있다는 현실을 무시하고 있는 것이며, 21세기에는 이념이 중요치 않다는 말도 수긍하기 어렵다. 민주주의와 독재주의 사이의 투쟁은 끝나지 않았고 넓게는 '문명의 충돌'을 예고하는 학자도 있지 않은가?

젊은이들의 국가이념에 대한 이해가 부족한 것도 문제다. 기성세대와 달리 빵과 자유의 굶주림을 모르고 자란 젊은 세대들은 자유민주의 고마움을 느끼지 못하고 있다. 대가 없는 공기의 고마움을 모르는 것과 마찬가지다. 심지어 자유민주주의는 미국의 이념에 불과하다고 생각하는 젊은이들도 있는 것 같다.

그러나 자유민주 사상은 해방 후가 아니라 일찍이 한말의 개화사상에서 비롯되었음을 알아야 한다. 개화사상은 평등과 인권 그리고 민권을 강조하여 민주주의의 원류를 이루고 있다. 그리고 이러한 민권 운동으로 우리 조상들이 얼마나 많은 고난을 겪고 피를 흘렸는지는 국사(國史)를 읽으면 알 수 있는 일이다. 예컨대 천도교의 인내천(人乃天) 사상, 동학 민중봉기와 전봉준의 죽음은 말할 것도 없고, 김옥균(金玉均)·박영교(朴泳敎)·홍영식(洪英植) 등의 정치 지도자들은 민권 신장을 위한 개혁을 시도하다가 역적으로 몰려 처형되었다. 박영효(朴泳孝)·서광범(徐光範)·서재필(徐載弼) 등은 일본으로 망명하여 목숨을 부지할 수 있었는데, 그 후 박영효는 일본에서 돌아와 을미개혁을 주도했고, 미국으로 건너갔던 서재필은 독립협회를 설립하여 개화당의 맥을 이어갔다. 서재필 박사 또한 역적으로 몰리게 되자 그의 부모, 아내, 형은 음독 자살했고, 동생은 참형되었으며 두 살 난 아들은 돌보는 이가 없어 굶어 죽었다 한다. 이러한 처참한 박해에도 불구하고 서재필 박사는 독립신문(1896년 4월 7일에 창간)과 영자신문《The Independence》를 함께 발간했고, 이상재(李商在), 이승만(李承晚) 등과 독립협회(獨立協會)를 결성하고 독립문을 세웠지 않았는가? 서재필 박사는 배재학당에서 젊은이들에게 자유민주주의를 가르쳤는데 이때 이승만 박사도 그의 강의를 듣고 깊은 감명을 받았다 한다. 해방 후 고국에 돌아온 서재필 박사는 매주 금요일 중앙방송국을 통해 주로 자유민주주의의 이념과 제도를 설명하고 우리 국민이 가야 할 길을 강의하기도 했다.

개화기의 민주 사상은 3·1 독립선언문에 반영되었고, 상하이임시정부로 계승되어 임시정부 헌법 제1조에 "대한민국은 민주공화국"이라고 선언하게 된 것이다. 이 법통을 이어받은 대한민국 헌법 제1조 또한 "대한민국은 민주공화국이다"라고 선언하였고, 전술한 바와 같이 제4조는 "통일은 자유민주적 기본질서에 입각한 평화적 통일"이어야 함을 명시하고 있다.

우리는 6·25 전쟁을 통해 공산주의 체제하의 북한과 동족상잔의 비극을 겪었으나 국토의 반쪽이나마 자유민주체제의 나라를 세우게 되었는데, 그를 지키기 위한 6·25 전쟁에서 30여 만 명의 국군 장병과 3만 5천 명 이상의 UN군의 희생이 있었다는 것을 잊어서는 안 된다. 북쪽에도 그 이상의 인명피해가 있었던 것은 물론이다. 그리고 이승만 대통령에 대하여 말이 많으나 그의 국제정치를 보는 식견과 지도력이 없었다면 남한은 아마도 공산화되었을 것이다.

이상에서 본 바와 같이 우리의 자유민주는 맹목적으로 외세에 추종하기 위한 것도 아니고 우리의 선대들이 피와 땀으로 이룩한 국가이념이다. 뿐만 아니라 이 국가이념은 지구촌의 보편적 가치이니 우리는 그것을 굳건히 지켜나가야 하고 그를 위해 대가를 치를 각오가 있어야 한다. 6·25 때 영국의 처칠 수상이 말한 바와 같이 모든 귀중한 것에는 대가가 있다. 빵과 자유는 귀중한 것이다. 고로 대가가 있다. 그 대가는 그것을 정신적·제도적·실천적으로 지키는 노력이다.

시장경제의 이론과 실제

2006년 6월 27일, 서강대학교 시장경제연구소 개소식 기념 강연 원고에 약간 가필 수정하였음. 2006년 8월 21일 한양 로터리 클럽 오찬 강연

머리말

참여정부가 집권한 이후 시장경제에 대한 이념 논쟁이 계속되고 있다. 이러한 때에 서강대학교가 시장경제연구소를 설립하게 된 것은 우연한 일이 아니라 시장경제의 올바른 이해를 위해 학계가 나서야겠다는 사명감 때문이라고 생각된다. 그러므로 이 자리에 초청된 본인은 여러분과 함께 시장경제의 이론과 실제를 다시 한 번 돌이켜보고자 한다.

자유와 시장경제

역사적으로 우리가 알고 있는 정치·경제체제 중에서 문제가 없는 체제는 하나도 없고 자유주의 시장경제체제도 예외는 아니다. 그럼에도 불구하고 오늘의 문명사회에서 자유민주의 시장경제체제를 최선의 선택으로 받들고 있는 까닭은 무엇일까? 단적으로 말하면 인간에게는 기본적으로 빵과 자유가 필수적인데, 이 체제만이 양자를 양립시킬 수 있기 때문이다.

자유가 천부의 인권이고 사회 발전의 원동력이 된다는 사상은 고금(古今)을 통하여 변함이 없다.[1] 역사적으로 유명한 사상가와 사회 운동가, 예컨대 아리스토텔레스에서 존 로크(John Locke), 토머스 제퍼슨(Thomas Jefferson)에서 아담 스미스(Adam Smith), 루드비히 폰 미제스(Ludwig von Mises) 그리고 에인 랜드(Ayn Rand)에 이르는 학자들의 학문적 계보를 보면, 그들은 한결같이 인간의 마음과 행동에 대한 자유의 가치를 강조하고 그를 위해 투쟁해왔다. 그들은 인간의 마음을 억압하면 이성을 질식시키고 야만적 암흑이 따르게 된다고 주장하였다. 역사적으로도 사람이 자유롭게 생각하고 생각대로 행동할 수 있을 때, 다시 말하면 마음이 해방되었을 때 14~16세기의 르네상스와 18세기의 계몽주의가 가능했다는 것이다.[2]

경제적으로는 사람들이 자신의 이익을 위해, 또는 보다 나은 생활을 위해 자기의 마음을 자유롭게 가동할 수 있을 때 위대한 일을 해낼 수 있었다. 자유경제체제하에서는 사람의 마음이 해방되고 가장 진취적인 사람으로 하여금 건설하고, 창조하고, 혁신하고, 발명·발견하여 인류의 복지와 행복을 증진시킬 수 있게 한다는 것이다.

한편 정치적으로는 인간은 마음과 행동에 있어서 남의 간섭이나 통제나 강요를 받지 않을 권리가 있다. 하기야 사회생활에 있어서는 개인의

---

[1] 동양에 있어서는 고대부터 인민의 마음은 하늘의 마음이므로 통치자의 마음 또한 인민의 마음이 되어야 한다는 가르침이 이어져왔다. 예컨대 노자는 "聖人 無常心 以百姓心 爲心 : 성인에게는 반드시 이렇게 해야 한다는 마음이 있는 것이 아니다. 성인은 백성 전체의 마음을 자기 마음으로 한다"고 하였고, 《사기(史記)》에는 "王者以 民人爲天 : 왕이 된 자는 인민을 하늘같이 받든다"는 말이 있고, 《서경(書經)》에는 "民之所欲 天必從之 : 하늘은 반드시 인민의 소망에 따른다"라는 말이 있는데, 이것들은 민주사상을 표현한 것이라 볼 수 있다. 그러나 동양에서는 인민을 집합적으로 파악하고 개인적 자유에 관해서는 별로 가르침이 없는 것 같다.

[2] Liberalism, *Stanford Encyclopedia of Philosophy*, http://plato.stanford.edu/entries/liberalism/

자유를 제한할 수밖에 없지만 그렇게 할 수 있는 정부의 권능은 사회계약에 의해서만 정당화될 수 있다는 것이 17세기 이래의 사상가들, 예컨대 토머스 홉스(Thomas Hobbes), 존 로크, 장 자크 루소(Jean-Jacques Rousseau), 임마누엘 칸트(Immanuel Kant) 등의 사회계약설이고 그것이 오늘날 자유민주의의 이념적 뿌리를 이루고 있다.

밀턴 프리드먼(Milton Friedman)은 자유시장경제를 반대하는 사람들은 자유에 대한 신념이 없기 때문이라 하였는데 지구촌에는 아직도 인간의 자유를 억압하는 독재체제가 남아 있고 그를 종식시키기 위한 투쟁이 계속되고 있다.

사유재산과 시장경제

토지와 천연자원은 하늘이 준 것인데 그것을 개인이 사유하는 것은 부당하다는 것이 사회주의의 출발점이다. 그러나 사유재산과 자유는 불가분의 관계에 있다는 것이 서양 철학의 주류를 이루어왔다. 자기의 노동과 노력으로 얻은 과실을 사유하지 못한다면 그것을 사용하고 처분할 수 있는 자유가 없어진다는 것을 의미한다. 따라서 재산의 사유를 전제로 하는 시장경제는 인간의 자유를 내재하고 있다는 것이다.

실용적 견지에서 사유재산제도의 필요성이 강조되기도 한다. 내가 열심히 일하며 얻은 과실을 내가 가질 수 없다면 자원을 아껴 쓰거나 효율적으로 사용하며, 그 경제적 가치를 유지하거나 증가시킬 유인도 없어진다. 일례로 국유림은 그대로 방치되지만 사유림은 산주(山主)가 도벌을 막는 데에 더 신경을 쓰고 수익을 위해 목재와 과수를 심는 등의 조림을 한다. 가령 사회 내에 모든 공장 시설 및 기타 구조물들을 국유화하면 과연 그것들의 유지와 보수가 제대로 이루어질까? 그러므로 재산의 사유(私有)는 사회적 자산의 보존과 유지의 수단이라고 볼 수도 있다.

정치적 이유로 사유재산제도를 옹호하는 학자도 있다. 사유재산제도를 기초로 하는 시장경제체제하에서는 정부가 국민의 자유를 침해하는 것을 예방할 수 있다는 것이다. F. A. 하이에크(F. A. Hayek)에 따르면 "정부가 인쇄 시설을 통제하면 언론의 자유가 없어지고, 정부가 장소를 통제하면 집회의 자유가 없어지며, 정부가 교통수단을 독점하면 이동의 자유가 없어진다"[3]는 것이다.

반면에 재산 소유의 편중이라는 문제가 있다. 자기의 노력과 사업적 성공으로 막대한 재산을 축적한 사람이 있는가 하면 상속이나 증여로 노력의 대가 없이 재산을 소유하는 사람도 있다. 그러나 마크 뷰캐넌(Mark Buchanan)은 후자의 경우보다 전자의 경우가 소유 집중의 훨씬 더 큰 요인이라고 지적하고 그것을 네트워크 효과(Network Effect)라는 개념으로 설명하고 있다.[4]

시장경제와 도덕

자본주의를 부도덕한 체제처럼 생각하는 사람들도 없지 않다. 그러나 인간의 합리적 사고와 행동의 자유를 존중하고, 자기의 목표와 행복을 추구하는 개인의 권리를 존중함으로써 물질적 풍요를 가져오는 자본주의를 부도덕한 체계로 볼 것이냐, 아니면 국민을 만성적 빈곤 상태에 가두어두고 자유와 인권을 유린하는 공산주의 독재체제를 부도덕한 체제라고 볼 것이냐, 이에 대한 대답은 자명하다. 자본주의를 탐욕에 기초한

---

[3] F. A. Hayek, *The Road to Serfdom*, http://www.hayekcenter.org/friedrichhayek/hayek.html
[4] Mark Buchanan, "Wealth Distribution and the Role of Networks", http://hbswk.hbs.edu/pubitem.jhtml?id=2906&sid=0&pid=0&t=finance

제도라는 비난에 대하여 밀턴 프리드먼은 다음과 같이 말하고 있다 "탐욕과 무관한 사회조직이 과연 있는 것일까? 사회조직의 기본 문제는 그 조직에서 일어나는 탐욕의 폐단을 최대한 적게 하는 체제를 만드는 것인데, 자본주의가 바로 그러한 체제이다."[5]

시장경제의 문제점

그러나 앞에서 말한 바와 같이 자본주의 시장경제는 그 자신이 문제점을 지니고 있고 오랫동안 경제학의 분석대상이 되어왔다. 주지하는 바와 같이 고전적 이론모형에 따르면 시장에 완전 경쟁이 지배하고 개인의 경제활동에 아무런 외부적 간섭이 없으면, 시장에서 경쟁을 통해 모든 재화의 수요량과 공급량이 균형을 이루는 가격체계가 형성된다. 그것은 효용을 극대화하려는 소비자와 이윤을 극대화하려는 생산자의 합리적 선택의 결과이므로 사회적으로도 경제적 후생이 극대화하는 합리적 자원 배분(재화의 공급은 그 생산에 사용된 자원 배분의 결과이다) 상태라고 보는 것이다.

그러나 이러한 교과서적 모형이론은 시장경제의 본질을 이해하는 데에는 유용하나 실제 경제 현상과는 거리가 멀고, 설사 그러한 순수모형을 가정하더라도 몇 가지 '시장 실패'가 있다는 것이 오늘의 미시경제학의 내용이다. 경제학 교과서에서는 보통 불완전 경쟁, 외부 경제, 정보의 비대칭성, 사회적 불공정 등 네 가지를 시장 실패의 이유로 들고 있는데 여기서는 사회적 불공정에 관해서만 이야기하기로 한다.

---

[5] Milton Friedman, *Capitalism and Freedom*, http://www.brainyquote.com/quotes/quotes/m/miltonfrie153355.html

시장경제하에서는 소득의 형성은 생산요소의 가격결정을 통해 이루어진다. 노동의 경우 근면과 교육 등으로 노동 능력을 향상시키면 보다 많은 소득을 얻을 수 있다. 자본이나 토지 자산의 경우에는 사용 방법의 개선, 신규 투자 등으로 자산가치를 높일 수 있다. 이렇게 하여 결정된 소득과 자산의 분배는 생산요소의 사회적 공헌에 대한 보수라고 볼 수 있고 그러한 인센티브가 있기에 노력과 투자, 그리고 기술혁신과 발달이 촉진된다.

그러나 그렇게 되기 위해서는 생산요소의 사회적 공헌이 그러한 노력을 정확히 반영하고, 생산요소의 양과 질을 개인의 노력에 의하여 변경할 수 있다는 가정이 전제되어야 한다. 허나 실제의 시장에서는 이러한 조건이 성립되지 않는다. 첫째로 개인의 노력이 아닌 다른 이유로 소득이 변화할 수 있기 때문이다. 병이나 사고 또는 천재지변으로 소득을 얻지 못하는 경우도 있고, 상속이나 부동산 투기로 부자가 되는 사람도 있다. 둘째로 교육이 소득 증가의 조건이라 하지만 개인의 교육 기회는 본인이 아니라 부모의 소득에 의존하므로 "개천에서 용 난다"는 말은 옛말이 되고 있다. 셋째로 가장 큰 문제는 기준 시점의 생산요소의 보유량 혹은 부(富)가 사람들 사이에 균등하게 분포되어 있지 않다는 것이다. 노동력에는 선천적인 차이가 있고, 토지나 자본의 보유량은 상속이나 증여 또는 기타 이유로 크게 편재되어 있다.

이러한 상태하에서는 시장이 실현하는 소득 분배는 공정한 것이라고 하기 어렵다. 이러한 시장 실패를 보완하기 위해 정부가 소득재분배 정책, 사회보장 정책을 시행할 필요가 있게 된다. 그러면 정책의 목표가 되는 이상적인 소득 분배란 어떤 것이냐 하는 문제가 제기되는데, 이 난문(難問)을 놓고 옛날부터 많은 논의가 있어왔으나 아직까지 모두가 수

궁하는 개념은 정립되어 있지 않다. 왜냐하면 그것은 과학이 아니라 철학적 또는 윤리적인 가치 판단의 문제이기 때문이다.[6]

실지로는 사회의 대다수 구성원들이 공정하고 합리적이라고 느낄 수 있는 분배 방식을 찾을 수밖에 없는데 자유시장경제의 나라에서는 대체로 세 가지 원칙을 따르고 있다. 첫째는 생산물 가치에 대한 기여도에 따라 차등 분배를 한다는 것이고, 둘째는 그 이유가 어디에 있든 절대 빈곤은 사회공동체의 부담으로 없애야 한다는 것이며(사회안전망), 셋째는 기회 균등의 원칙이다. 시장경제체제하에서는 농부가 기업주가 될 수 있고, 중소기업이 대기업이 될 수도 있고, 노동자가 경영자가 될 수 있고, 빈자가 부자로 될 수도 있다. 이러한 가능성이 열려 있는 사회에 있어서는 결과의 평등보다 기회의 평등이 중요시된다.

경제 자유도

어쨌든 오늘날의 자유주의 시장경제체제하에 있는 나라에서는 앞에서 열거한 '시장 실패'의 이유뿐만 아니라 그 밖에 여러 가지 정치·사회적

---

[6] 이 점에 관련하여 "성장지상주의"의 과거 정권이 소득 분배나 사회보장제도를 소홀히 했다는 주장이 있다. 그러나 이것은 사실과 맞지 않는다. 우리나라 사회보장제도의 역사를 보면 일찍이 1960년대에 공무원 연금법(1960), 군인 연금법(1963), 산업재해보상제도(1963)가 실시되었고, 1970년대에는 사립학교 교직원연금(1973), 국민연금법(1977)과 의료보험제도가 도입(1977)되었다. 1980년대에는 한방의료보험(1987)이 실시되었고, 종전의 의료보험제도를 확충한 전국민의료보장제도(1989)가 확립되었다. 그리고 1990년대에 들어와서는 고용보험제도(1993)가 실시되는 한편 기존 사회보장제도의 보완이 계속되었다. 2000년대에 들어와서는 국민기초생활보장법이 보강되었고 장애인 고용 촉진, 아동복지 보호 등의 보완적 조치가 시행되었다. 여기에서 알 수 있듯이 참여정부 이전의 역대 정부는 경제성장에 따라 점진적으로 사회보장제도를 확충해왔고, 그 결과 사회복지제도의 틀은 거의 완성된 단계이며, 다만 내실화가 앞으로의 과제로 남아 있다. 물론 새로 도입되는 제도는 최선의 경우에도 여건 변화에 따라 수정과 보완이 불가피하게 된다. 지금 국민연금, 의료보험 등의 적자가 큰 문제로 제기되고 있는데 참여정부는 이 문제를 해결할 만한 정치력을 발휘하지 못하고 다만 당면 문제를 과거 정권의 탓으로 돌리려 할 뿐 사회보장제도의 개선을 위해 별로 한 일이 없다.

이유로 정부의 역할과 규제가 많아지고 그 내용도 시대와 장소에 따라 다양한 것이 사실이다. 자본주의 시장경제의 총본산이라고 할 수 있는 미국에 있어서도 공공부문이 GDP의 33% 이상을 차지하고 있고[7], 따라서 자본주의라기보다 사회주의적 요소를 가미한 혼합 체제(Mixed System)라고 보는 것이 일반적이다. 그렇다면 자본주의 시장경제를 정의하는 척도가 무엇이냐 하는 의문이 생기는데, 이에 대하여 각국의 경제 자유도를 비교한 사례가 있다. 《월스트리트 저널》과 헤리티지 재단은 매년 경제의 10개 부문(재산 소유, 정부 규제 등)의 50개 변수를 조사, 평가하여 각국의 경제 자유지수를 측정하여 해마다 공표하고 있다. 2006년도의 발표를 보면 조사대상 157개국(이 밖에 4개국은 자료 미비로 측정 불가능)을 경제 자유도의 순위로 나열하고, 동시에 자유도를 4등급으로 분류하고 있다.[8]

(1) 자유로운 나라 20개국(제1위에서 19위까지)
(2) 거의(mostly) 자유로운 나라 52개국(20~71위)
(3) 거의 자유가 없는 나라 73개국(73~145위)
(4) 억압적(repressive)인 나라 12개국(146~157위) 이다.

'자유로운 나라'에서 1위는 홍콩, 2위는 싱가포르이고, 영국은 5위, 미국과 호주는 공동 9위, 캐나다는 12위, 독일과 스웨덴은 19위를 차지하고 있다. 이들 국가가 자유주의 시장경제의 나라라는 데에는 이의가 없을 것이다. '거의 자유로운 나라' 중에는 일본이 27위, 대만이 37위,

---

[7] 16개 선진국의 GDP에 대한 정부 지출의 비율은 평균적으로 45% 이상이다.
[8] Index of Economic Freedom, www.heritage.org/research/features/index

프랑스가 44위, 한국이 45위를 차지하고 있다. 이들 나라들은 과거에는 중앙집권적 자본주의 경제라는 평을 받아왔는데 지금은 자유주의 시장 경제권에 속한다고 볼 수 있다. '거의 자유가 없는 나라' 중에는 중국이 111위, 러시아가 122위를 차지하고 있다. 끝으로 자유가 없고 억압적인 나라 중에는 쿠바가 150위, 그리고 북한은 최하위의 157위를 차지하고 있다.

헤리티지 재단의 통계적 실증 분석에 따르면, 경제적 자유 지수가 높은 나라는 1인당 GDP가 높고, 평균 수명이 길고, 아동 치사율이 낮으며, 문맹률이 낮고, 수자원 이용률이 높고, 부정부패가 적다는 상관관계가 있다는 것이다. 여기에서 특기할 것은 홍콩의 경제 자유도가 가장 높은데 이것은 자유도 평가에서 토지의 공유를 마이너스 요인으로 보지 않았다는 것을 의미한다. 주지하는 바와 같이 홍콩에서는 모든 토지가 홍콩 정청(政廳)의 소유이고 인구의 3분의 1이 공영주택에 살고 있다. 물론 토지 이외의 재산은 사유다. 우리나라와 같이 토지가 협소하여 인구 밀도가 높고 지가 상승이 문제가 되고 있는 나라에서는 관심을 끄는 사례다.

정부의 실패

정부 규제를 대별하면 경쟁 촉진과 경제적 효율을 높이기 위한 규제(독과점 규제, 사교육 지원 등)와 사회적 안전과 공정성을 높이기 위한 규제(환경 보호, 소득 재분배, 사회안전망 등)로 나눌 수 있다. 정부의 규제가 타당시되는 경우도 많지만, 모든 정부 규제가 국민들의 경제적 후생 증진에 이바지하고 있느냐 하면 반드시 그런 것도 아니다. 오히려 '시장의 실패'보다 '정부의 실패'가 문제라는 소리가 높고 특히 효율과 형평의 요구가 서로 대립하는 경우가 많다.

그러면 정부의 규제가 실패하는 이유는 무엇일까? 첫째로 정부가 필요하고 확실한 정보 없이 정책을 설계하는 경우가 많기 때문이다. 정부 공무원이 복잡한 기업 경영의 세계를 충분히 이해하고 국민생활의 구석구석을 제대로 파악하고 국제 환경의 변화를 통찰하기는 힘든 일이다. 다시 말하면 정부와 국민 사이에도 정보의 비대칭성(非對稱性)이 있는 것이다. 그러므로 정부가 실정을 모르고 정책을 입안하고 있다는 논란은 그치지 않는다. 지금의 부동산 정책에 관한 시비도 그 일례다.

둘째로 정부 스스로가 자기가 만든 규제를 지키지 않는 경우가 있다. 일례로 시장경제 운영과 사회 안정에는 법치주의가 필수조건인데 불법 행위를 규제하는 법률이 있음에도 불구하고 정치적 이유로 그를 엄격히 집행하지 않는 경우가 있다. 특히 정부가 시민단체와 노사 관계를 다루는 태도에서 이러한 현상을 볼 수 있다.

셋째로 가장 중요한 일이지만 정부 당국자가 시장경제의 운용원리를 모르거나 무시하고 정책을 운용하기 때문에 의외의 결과를 가져오는 경우가 많다. 특히 서민을 위한다는 정책이 장기적으로는 서민을 울리는 결과를 가져온다. 예컨대 서민을 위한다는 명분으로 기업과 기업인에게 세금을 중과하고 '평준화'의 이름으로 각종 규제를 과한다면 투자와 생산이 위축되고 결과적으로 보다 많은 서민들이 실업 상태에 빠지게 되어 생활고를 겪게 될 것이다.

또 다른 예로 치료 비용과 치료 기술의 난이도와 관계없이 수가를 비현실적으로 통제한 결과 의료 서비스가 악화되고 의료사업에 대한 민간 투자가 억제되어 의학의 발달을 가로막고 있다는 논란이 있다. 요즘 의과대학에서는 학생들이 외과를 기피하는 현상이 일어나고, 병원에서는 이 분야의 수련의를 구하기가 매우 힘들다고 한다. 결국 의료 서비스와 의학과 의술의 향상을 가로막아 결국은 부자와 함께 서민들도 손해를 보게 되는 것이다.

또 한 가지 외국의 예를 들자면, 유럽의 경제학자들은 대부분 정부의 규제가 구조적 실업의 원인이라고 주장하고 있다. 예컨대 유럽의 기업들은 정부의 규제 때문에 사람을 고용하기는 쉬워도 해고하는 데에는 막대한 비용이 들거나 법적으로 불가능하다. 이 정책은 고용된 사람들의 실업을 방지하는 효과가 있는 반면에, 기업의 신규 고용을 억제하는 효과도 있다. 결과적으로 유럽과 미국 사이에는 실업률의 차이가 있다. 1990~2000년 사이의 평균 실업률을 보면 프랑스의 11.1%, 이탈리아의 10.5%, 영국의 8.0%, 독일의 7.9%에 비하여 미국은 5.6%에 그치고 있다.[9] 미국은 보다 유연성 있는 노동 정책을 추구해왔기 때문이다.

요즘 정부의 평준화 정책에 대하여 말이 많은데 경쟁사회에서는 강자와 약자가 있게 마련이고 모든 계층과 개인 간의 격차를 평준화할 방법은 없다. 평준화를 강요하면 경쟁적 발전과 향상이 저해된다. 그러므로 결과의 평등이 아니라 기회의 평등을 추구하는 동시에 약자를 보호하는 방법을 별도로 강구해야 한다. 능력과 노력의 차이에서 유래하는 격차는 존중하되 그 외의 원인으로 발생하는 격차(상속, 투기, 탈세 등)는 좁혀나가도록 하는 것이 자유민주 국가들의 공통된 정책이다. 뿐만 아니라 평준화는 약자들에게 향상의 의지와 기를 꺾게 되기 쉽다. 우리나라의 성공한 기업가들은 처음부터 부자였던 것이 아니라 모두가 노동자 혹은 소상인 출신이고 끈질긴 노력으로 자수성가한 사람들이다. 노동자와 소상인들이 대성의 꿈을 기르고, 노력하면 성공의 기회를 잡을 수 있다고

[9] Robert E. Hall & Marc Liberman, *Economics*, 3rd ed, Thompson, 2005, pp. 609~611.

믿는 사회가 있고, 꿈도 없고 기회도 없는 맥 빠진 사회도 있다. 어느 쪽을 택할지는 국민들이 선택할 문제이다.

앞에서 본 바와 같이 자본주의 시장경제 운영에 정부 규제가 필요한 것은 사실이나, 규제는 가급적 적게 하여 경제 자유도를 높이고, 그 방법에 있어서도 가급적 시장 친화적인 방법을 택해야 효과적이라는 것이 여러 나라의 경험과 시행착오에서 얻는 교훈이다.

자유시장경제의 대안이 있는가?

시장경제에 문제점이 있다고 하여 사회주의에서 대안을 찾는 사람들이 있다. 20세기의 위대한 경제학자 조지프 슘페터(Joseph Schumpeter)도 1942년에 출간한 그의 유명한 저서 《자본주의, 사회주의 그리고 민주주의(Capitalism, Socialism and Democracy)》에서 자본주의는 그 위대한 성공에도 불구하고 대기업의 경영 형태가 점점 사회화하고 사람들은 본래 초이성적(감성적)으로 행동하기 때문에 결국에는 사회주의로 이행하게 될 것이라고 예언했다.[10] 그러나 그 후의 사회주의 실험은 그의 예측을 무색하게 만들었다. 사회주의체제에는 대별하여 '사회주의 계획경제'와 '사회주의 시장경제'의 두 가지 유형이 있는데, 그 결과는 과연 어떠했는가?

첫째로 사회주의 계획경제는 정부가 모든 재산을 소유하고 계획과 통제로 자원 배분을 결정한다. 구소련이 70년 동안 이 제도를 실험했으나 실패로 돌아간 근본 이유는 자유와 빵의 문제를 양립시킬 수 없었기 때

---

[10] J. Schumpeter, quoted by Rogge Benjamin A., in his Can Capitalism Survive–Liberty Fund Inc. 1979, as saying, "it is an error to believe that political attack arises primarily from grievance and that it can be turned by justification.... In no case is 'rational argument' a match for the extra-rational determinants of conduct."

문이다. 왜냐하면 빵의 문제를 해결하기 위해 계획경제를 실시하면 계획에 따라 자원 배분을 결정해야 하는데, 그러자면 물적 자원은 물론 인적 자원도 국가가 관리할 수밖에 없게 되고, 결과적으로 개인들의 직업, 교육, 거주, 여행, 가정생활에 관한 선택을 통제할 수밖에 없게 된다. 결국 국민들은 빈약한 빵을 얻기 위해 자유를 포기해야 했는데, 이것을 참는 데에는 한계가 있었다. 그런데 안타깝게도 아직도 북한, 쿠바, 아프리카의 몇 나라가 사회주의 통제경제를 버리지 않고 있다.

다음에 사회주의 시장경제는 자원을 국가 소유로 하되 자원 배분에 있어서는 시장 메커니즘을 활용한다는 것인데, 그 예로서는 1920년대의 소련의 신경제정책(NEP)과 1950~1960년대의 헝가리와 유고슬라비아, 체코슬로바키아를 들 수 있다. 그러나 능률과 형평을 동시에 추구하고자 했던 이들 나라의 실험은 단기로 끝났고 그 결과도 좋지 않았다. 그 주요 이유는 이 체제 역시 인간의 자유를 지나치게 제한한다는 데에 있었다. 사람들이 열심히 일해서 얻은 과실을 자신의 뜻대로 사용하는 권리와 자유가 없으면 땀 흘려 일하거나 창의를 발휘할 필요를 느끼지 못하게 된다. 이 나라들의 국영기업의 엄청난 비능률이 그것을 단적으로 말해준다. 지금은 베트남, 라오스가 이 노선을 따르고 있고, 중국도 사회주의 시장경제를 표방한다 하지만, 실지로는 중앙집권적 자본주의 경제를 닮아가는 모습을 보이고 있다.

그러므로 어떤 종류이건 사회주의가 자본주의 시장경제의 대안이 될 수 없다고 말할 수 있다. 참고로 레스터 C. 서로우(Lester C. Thurow)는 그의 저서 《자본주의의 미래(The Future of Capitalism)》에서 자본주의를 매우 비판적으로 검토하고 있다. 그러나 "자본주의 외에는 선택지가 없다"는 것이 그의 결론이다.[11] J. M. 케인스(J. M. Keynes)도 자본주의는 "여러모로 대단히 문제가 많은 체제"이지만, "현명하게 관리하면 우리가 알고 있는 어떠한 다른 체제보다도 경제적 목적을 달성하는 데에 가장 효율적인 체제로 만들 수 있다"[12]라고 말하고 있다. 그렇다면 자본주의 시장경제를 '현명하게 관리'하는 책임은 정부 내지 정치권의 몫이 되는데, 과연 민주적 대의정치가 그 역할을 성공적으로 수행할 수 있을까?

민주주의와 시장경제

민주주의와 시장경제 원리 사이에는 근본적인 차이가 있다. 정치적 민주주의는 1인 1표제이지만 시장경제에 있어서는 우승열패(優勝劣敗)와 적자생존(適者生存)의 경쟁 논리가 지배한다. 경제적 경쟁에서 패한 자는 시장에서 물러나야 하지만, 정치적으로는 1인 1표이기 때문에 패자들이 단합하여 자기들의 주장을 관철할 수도 있다. 달리 말하면 집단이기주의가 경제 논리를 압도하고 심지어 선거의 승리자가 될 수도 있다는 말이다. 남미의 나라 중에서 그러한 예를 볼 수 있다.

특히 IT 기술이 발달한 오늘날에 있어서는 막연히 국민 일반에게 호소하는 메시지는 장악력이 약하다. 그보다는 인터넷을 통하여 그 단체와 성격을 공유하는 사람들에게 선별적 메시지를 전달함으로써 결집력이 강한 시민단체를 만들 수 있다. 그로 인하여 이제는 소수파의 거부권이 사태를 좌우하는 시대가 된 것이다. 오물 처리장, 원자력 발전소, 고

---

[11] Lester C. Thurow, *The Future of Capitalism*, 일역판, (Tokyo: TBS Britanica, 1996) p. 16에는 이렇게 쓰여 있다. "복지국가는 공산주의와 달라 붕괴하지는 않았지만 사실상 붕괴했다고 해도 좋다… 살아남은 것은 자본주의뿐이다. 이미 그 외에는 선택지가 없다." 이 책 말미의 결론에서도 "자본주의가 붕괴할 위험이 있는 것은 아니다"라고 쓰고 있다.

[12] J. M. Keynes, *Essays in Persuasion*, in The Collected Writings of John Maynard Keynes, Macmillan, for the Royal Economic Society, Vol IX (1972a) p. 294, London.

속도로 건설, 새만금 간척사업 등 중요한 국가사업마다 이익단체 혹은 환경단체의 반대에 부딪히고 그로 인하여 공익사업이 차질을 빚는가 하면, 끊임 없는 노사분쟁으로 경제가 난항을 겪고 있다.

그러면 민주주의가 시장경제를 현명하게 운용할 능력이 없다는 말인가? 역사를 돌이켜보면 반드시 그렇지도 않다. 노조의 강력한 반대에도 불구하고 노동 정책 수정을 관철하여 영국병을 치유한 대처 수상과 노조의 실력 행사를 끝까지 거부한 레이건 대통령이 있는가 하면, 공익사업 건설로 피해를 보는 주민에게 사회가 보상하는 책임을 지되 무리한 요구는 거절해야 한다는 사회적 공감대가 형성되어가고, 강성노조에 대한 사회적 동정이 약해지고, 노사 공생의 논리가 힘을 얻어가고 있는 것도 사실이다.

사실상 민주주의는 시장경제의 단점을 보완하는 기능을 계속해왔다. 예컨대 복지국가의 제도를 만든 것은 현실을 무시한 좌익 정치가가 아니라 보수주의 정치가들이었다. 1880년대에 공적연금과 건강보험제도를 확립한 것은 독일의 재상 오토 폰 비스마르크(Otto Von Bismarck)였고 1911년에 세계 최초로 본격적인 실업보험제도를 정비한 것은 영국의 윈스턴 처칠(Winston Churchill)이고, 1930년대에 사회복지제도를 강화하여 미국을 대공황에서 구출한 것은 프랭클린 D. 루즈벨트(Franklin D. Roosevelt)다. 그들이 사회복지정책을 실시한 것은 중산계급을 보호하여 자본주의를 수호하고 자유민주체제를 유지하기 위한 것이었다. J. F. 케네디(J. F. Kennedy)가 그의 취임 연설에서 "자유사회에서 다수의 빈자를 돕지 않으면 소수의 부자를 보호할 수 없다"고 한 것도 같은 맥락의 말이라고 생각된다.

교육과 민주주의

문제는 어떻게 민주주의의 생산성과 능률을 높일 수 있느냐 하는 것인데 절대적인 조건의 하나는 바른 국민교육이다. 교육의 역할은 학생들에게 사회가 공유하는 가치를 가르치고 불필요한 경험을 예방하는 동시에 사회적으로 살아갈 수 있는 지식과 기능을 가르치는 것인데, 과연 지금의 초·중등 교육이 자유민주와 시장경제의 국가이념을 제대로 가르치고 있는지 의문이다. 오히려 어떤 교육단체는 그와 역행하는 이념 교육을 하고 있다고 한다. 그들에게 특히 전하고 싶은 말이 있다. 1999년 하버드 대학에서 남미 각국의 경제적 침체를 논의하는 대규모 국제 심포지엄이 있었는데, 거기에서 다음과 같은 말들이 쏟아져 나왔다는 보도가 있었다.[13]

"일이 어긋났을 때, '내가 무엇을 잘못했지? 그럼 어떻게 고쳐야 하지?' 하는 순서로 생각하는 사회는 발전한다. 반대로 '누가 우리에게 이런 짓을 했지? 누구의 음모야?' 하는 사회는 퇴보한다."

"깔끔한 일 처리, 준법, 예절, 시간 엄수 등 작은 미덕을 중시하는 나라는 잘살게 되고, 혁명·정의·평등·사랑 등의 거창한 단어만 들먹이는 나라는 가난해진다."

"성직자들이 사회 정의라는 이름으로 가난한 사람을 영원한 가난에 빠뜨리는 법을 설교하는 나라는 미래가 없다. 그들은 선의(善意)라는 보도블록으로 지옥 가는 길을 포장하고 있다."

"교사들의 교육 능력을 테스트하려는 데 반발해 교원 노조가 파업을 하고, 적자투성이의 국영기업 민영화에 반대해 노조가 스트라이크를 일

---

[13] 2004년 5월 30일 《조선일보》 강천석 칼럼.

으키는 곳에 내일은 오지 않는다."

자유시장경제의 자기 치유력

요컨대 민주적 대의정치가 시장경제를 관리하기는 쉽지가 않다. 레스터 C. 서로우가 말한 대로 "정치권력으로 시장이 창출하는 불평등을 줄이는 데에는 곡예와 같은 균형감각이 필요하다."[14] 소득 재분배가 지나치면 자본주의의 인센티브 기능이 죽어버리고, 반면에 경제의 파이가 커짐에도 불구하고 사람들의 실질소득이 평균적으로 증가하지 않으면 인구의 과반수가 포퓰리즘이나 사회주의 유혹에 빠질 수 있다.

그러나 필자는 경제학의 아버지 아담 스미스의 낙관론에 동조하고 싶다. 그는 '자본주의'라는 용어가 등장하기 이전에 '자연적 질서(natural order)'라는 말을 사용했는데, 자연적 질서에는 자기 치유력이 있음을 강조했다. 필경 인간은 자유와 합리를 추구하는 동물이기 때문이 아닌가 싶다. 그는 다음과 같이 말하고 있다.

"사람들이 저마다 보다 낫게 살고자 하는, 보편적이고 중단 없고 한결같은 노력-그것은 개인의 부유뿐만 아니라 사회와 국가의 부유를 이끌어내는 기본 원리이다-은 정부의 무절제와 행정의 엄청난 과오에도 불구하고, 개선으로 이끄는 자연적 과정을 유지하기에 충분한 강력한 힘을 언제나 발휘한다. 그것은 우리가 동물의 생명 원리를 모르지만 그로 인해 질병뿐만 아니라 의사의 엉터리 처방에도 불구하고 언제나 건강과 활력을 회복할 수 있는 것과 마찬가지다."[15]

---

[14] Thurow, ibid, p. 316.

결 론

우리나라는 이념과 경제체제를 달리하는 남과 북으로 분단되어 민족적 통일의 과제를 안고 있다. 남쪽은 1960~1990년대에 고속성장을 이룩하여 민주주의의 경제적 기반을 구축하고 평화적으로 정치적 민주체제로 이행할 수 있었으나, 북쪽은 아직까지 공산 독재체제를 유지하고 있어 평화적 통일의 전망을 어둡게 하고 있다. 뿐만 아니라 남쪽에서는 북쪽의 영향을 받은 사람들이 경제부문에서 일어나는 문제들을 시장경제체제의 내부모순의 표출이라 주장하고 사회주의를 주장하는 세력도 있다.

그러나 앞에서 본 바와 같이 자유주의 시장경제를 우월(優越)하는 대안은 없다. 그리고 우리가 표방하는 민족통일도 자유민주와 시장경제체제를 떠나서 생각할 수 없는 일이다. 그런데 자유민주와 시장경제가 우리 헌법이 규정하는 국가이념임에도 불구하고 정치 지도자들은 그것을 힘써 창달하려 하지도 않고, 국민들도 왜 우리의 국가이념을 지켜야 하고 그를 위해 어떠한 대가를 치러야 하는지도 잘 모르고 있는 것 같다.

국가가 올바르게 발전하려면 긴 생명을 가지는 국가이념이 있어야 한다. 국민들이 정신적 구심점 없이 개인의 권리만을 주장하고 사회적 책임을 분담하려 하지 않으면 사회적 통합은 불가능하다. 국가이념을 경시하고 국제적 비전이 없는 정치는 값싼 민족주의에 안주하려고 하고, 국내적 비전이 없는 정치는 편가르기로 정치적 명맥을 유지하려고 한다. 오늘날 많은 사람들이 나라의 현실을 걱정하고 있다. 그러면 문제의 근원은 어디에 있는 것일까? 문제는 많고 정부 정책에 대한 말도 많지만 경제가 그런대로 역동성을 유지하고 있는 것은 시장경제의 강인한 자율

---

15 Adam Smith(1937), The Wealth of Nations, New York: Modern Library, p. 326.

기능 덕택이다. 오히려 문제의 근원은 정치권이 민주화 과정에서 분출되는 다양한 욕구를 국가이념의 원리와 원칙에 따라 일관적으로 관리하지 못하고 우왕좌왕하는 데에 있다고 보여진다.

그러므로 지금 우리에게 절실히 요구되는 것은 국민들이 국가이념과 시장경제 원리를 바르게 이해할 수 있도록 계몽하는 노력이다. 그러한 의미에서 서강대학교 경제학부가 이른바 서강학파의 전통을 이어받아 시장경제를 학문적으로 연구하는 동시에 국민들의 올바른 이해를 돕기 위해 시장경제연구소를 창설한다는 것은 매우 뜻 깊고 기쁜 일이다. 충심으로 그 성공을 빌어 마지않는다.

중국의 이념적 갈등과 민주화 운동

2001년 3월 1일

머리말 - 변화의 조짐

최근 김정일 노동당 총비서가 "낡은 관념을 버리고 새로운 사고방식, 새로운 관점을 가져야 한다"고 하여 신사고론을 제기하는가 하면 1월 15일부터 20일까지 정부 고위 인사들을 대동하고 비공개리에 중국을 방문하여 개혁·개방의 본거지인 상하이와 외국 합작 기업이 모여 있는 푸둥(浦東) 공업단지를 두루 살펴보고 큰 충격을 받고 돌아왔다고 한다. 이것을 보고 김대중 대통령은 "북한이 큰 변화를 추구하고 있다"면서 "북한이 중국의 개혁과 개방에 큰 관심을 갖고 '제2의 중국'을 지향하고 있는 것으로 보인다"고 평하였다.

북한이 '제2의 중국'을 지향한다는 것은 단적으로 공산주의 독재체제를 유지하되 개혁과 개방을 통해 인민들의 경제활동 자유의 폭을 점차적으로 넓혀간다는 것을 의미한다. 러시아가 민주화의 방향으로 정치 개혁에 먼저 손을 대었다가 걷잡을 수 없는 경제적 혼란을 가져온 사례를 참고한다면 중국의 개혁 방식은 평양이 따를 만한 모델이 된다. 그러나 북한이 중국의 모델을 따르기로 한다면 중국의 개혁·개방 과정에서 무슨 일이 일어났는지 알아볼 필요가 있다. 이 글에서는 중국이 1978년 개혁·개방에 착수한 이후 일어났던 이념상의 갈등과 민주화운동을 개관하고 그것이 북한과 남한에 무엇을 시사하는가를 생각해보고자 한다.

권력구조의 개편

먼저 중국에서는 모택동 체제에서 개방과 개혁을 추구하는 등소평 체제로 이행하는 정치권력구조의 개편이 있었다. 1978년 중공 11기 3중전회는 중국 역사의 전환점을 이룬다. 문화혁명 10년(1966~1976)의 혼란에 종지부를 찍고 계급투쟁 대신에 경제발전을 당의 목표로 삼고, 정치·경제·사회 체제 전반의 개혁을 추진하기로 결정한 것이다. 이어서 정치권력은 화국봉(華國鋒)을 비롯한 모택동 체제에서 양상곤(楊尙昆), 호요방(胡耀邦), 조자양(趙紫陽), 이붕(李鵬) 등의 등소평 체제로 개편되었다.

뿐만 아니라 새로운 체제의 출범에는 모택동 30년의 평가와 잘못된 과거사의 청산이 필요하다고 해서 1980년에 35명의 판사로 구성되는 특별재판소를 설치하여 4인방(幇)과 림표(林彪)[1] 일당(6명)을 심판하고 2만여 장의 유죄 판결문을 선고하는가 하면, 3만 5천 자에 달하는 '중국인민공화국 창건 이후 우리당의 역사에 관한 약간의 문제에 대한 결의'를 채택하여 과거청산에 매듭을 짓고 4대 현대화 사업(2000년까지 농업, 공업, 과학기술, 국방 등 4개 분야의 현대화를 목표로 함)을 출범시킨 것이다.[2]

---

[1] 문화혁명을 적극 지원하였다. 1969년 9전대회에서 중앙위 부주석으로 모택동 후계자로 명시하였으나 1971년 9월 황영승(黃永勝), 오법헌(吳法憲), 아들 임립과(林立果) 등과 반모 쿠데타 실패 이후 외몽고에서 비행기 사고로 사망하였다.

[2] U.S. Library of Congress Country Study : China.

북한에서 과연 이러한 권력구조의 개편과 과거사의 청산-이것은 남측과도 관련되는 문제이다-이 일어날지 예측할 수 없는 일이다.

진보와 보수의 갈등

둘째로 중국은 경제적 진보주의와 정치적 보수주의 사이의 격렬한 충돌을 경험하였다. 주지하는 바와 같이 등소평은 '사항 정치기본원칙(四項政治基本原則)'을 제시하였는데 그 내용은 (1) 사회주의 견지, (2) 민주적 전제(專制), (3) 공산당의 지도, (4) 마르크스 레닌주의 및 모택동 사상의 견지이다. 즉 경제 면에서는 국제사회에 대한 문호 개방과 시장경제의 도입을 추진하되 정치 면에서는 모택동 이래의 일당 독재체제를 유지한다는 것이 그의 기본 노선이었다.

그러나 이러한 이원주의 때문에 상기한 4원칙을 지지하는 혁명 제1세대의 보수파와 경제개혁과 정치개혁의 병행을 주장하는 제2세대의 개혁파 사이의 충돌이 일어났고, 그것은 마침내 1989년 6월 천안문의 비극으로 이어졌다. 그리고 그러는 사이 등소평은 한때 자기 후계자로 지목했던 호요방과 조자양을 민주화 세력에 동조하였다 하여 자기 손으로 숙청하는 모순에 빠지게 된다.

그 경위를 요약하면 대략 아래와 같다.[3] 먼저 호요방은 고르바초프의 페레스트로이카에 고무되어 장로(長老) 정치의 폐단을 통렬히 비판하고 당원 간부의 부패 문제를 거론하여 장로들의 제일선으로부터의 퇴진을 요구하고 심지어 등소평의 은퇴까지도 암시하였다. 뿐만 아니라 군부의 세대 교체를 추진하여 군 간부의 평균 연령을 65세에서 57세로 낮추는

---

[3] 加加美光行, 현대중국의 예명 - 천안문 사건과 새로운 지성의 태두, (동경, 學陽書房, 1990)

한편, 부패 척결과 당정분리를 실현하는 정치개혁을 주장하였다. 그러나 장로 보수파는 이에 반기를 들고 "부르주아 사상과 자유의 침투를 허락해서는 아니 된다"고 주장하고 나섰다.

사태가 심각해지자, 군과 당 내부의 분열을 우려한 등소평은 노장 보수파의 손을 들어주었다. 즉, 1986년 12월에 개최된 중앙군사위원회 확대회의에서 호요방은 군 노장들의 총공격을 받고 사실상 실각이 결정되었고, 1987년 1월 16일 정식으로 사표가 수리되었다. 장로들이 내세운 표면상의 이유는 호요방에게 1986년에 있었던 학생 데모 발생의 책임을 묻는다는 것이었다.

1987년 1월 호요방의 뒤를 이어 조자양(趙紫陽)이 당총서기(대리)에 임명되었는데 조자양은 호요방(胡耀邦)과는 달리 해방 전의 군의 경력이 없고 따라서 군벌을 움직일 만한 힘이 없었다. 그러므로 등소평에게 기대지 않을 수 없었고 당 간부의 부패 문제를 크게 거론할 수도 없었다. 그 결과 1987년 10월 정식으로 당 총서기로 임명되고 중앙군사위원회 제1부주석을 겸하게 되어 등소평 다음의 제2인자가 되었다.

한편 조자양은 뒤를 이어 국무원 총리가 된 이붕(李鵬)에게 경제개혁의 권한을 이양하지 않고 정치개혁과 경제개혁의 정책 권한을 독점하였다. 그는 정치개혁보다 경제개혁이 자기의 본령이라고 생각했던 것이다. 이것은 이붕의 불만을 샀다.

그러나 1987년 말경부터 중국의 경제가 악화하기 시작하였다. 이에 대처하기 위하여 조자양의 브레인들은 소련의 붕괴와 동서 냉전의 종식에 따라 이념과 체제를 초월한 국제 상호교류의 시대가 도래했고 아시아 신흥공업지역(NIES)들의 눈부신 경제발전을 이룩한 점에 착안하여, '국제경제순환론' 또는 '연해지구경제발전전략'을 제시하여 당 중앙정치국 전체회의에서 채택되었다. 그것은 중국에 근접한 홍콩, 대만, 한국 등의 신흥 개도국과 중국의 연해 지역을 하나의 국제 경제의 분업구조로 통합하려는 구상이었다. 그러나 이러한 구상은 사회주의와 자본주의의 체제상의 차이를 뛰어넘는 발상이므로 사회주의체제의 독자성과 우위성을 주장하는 노장파가 받아들일 수 없는 것이었다. 특히 이붕은 이 구상에 크게 반대하여 투자 과열, 소비 과열이 경제파탄의 주인(主因)이니 국가통제에 의한 긴축이 사회주의체제가 할 일이라고 주장하였다. 이에 반하여 조자양 계열 측은 통제를 풀고 시장 기능에 맡기는 것이 안정을 실현하는 길이라고 주장하였다.

한편 조자양 주변의 학자들은 이른바 '신권위주의'를 들고 나왔다. 신권위주의는 미국의 정치학자 사뮤엘 헌팅턴의 영향을 받은 것인데 그 기본적인 논점은 중국에서는 분산된 정치권력의 할거(割據)가 정치·경제 운영의 비효율의 원인이 되고 오히려 정치적 민주화를 방해하고 있으므로 권력의 집중화를 실현해야 한다는 것이다. 그들에게는 대만의 장개석과 장경국, 그리고 한국의 박정희와 전두환의 '개발독재'가 좋은 모델이 된다고 생각하였다. 이러한 '신권위주의론'은 등소평의 지지를 받기도 했다.

그러나 후술(後述)하는 바와 같이 1998년 4월 개혁주의자 호요방이 심근경색증으로 급사하자 그의 추모식을 계기로 천안문 학생데모가 발발하였는데, 그 처리 방법을 놓고 조자양이 이끄는 개혁파와 이붕이 대변하는 보수파 사이에 당론이 분열되었다. 이 점은 잠시 후에 상론하겠거니와 등소평은 이붕, 양상곤 및 장로파의 편을 들어 천안문 사건의 책임을 조자양의 실책으로 돌리고 그를 모든 직위에서 해임했다. 결국 등소평의 개혁 패러다임의 한계를 드러낸 것이라 할 수 있다.

중국의 경험이 제기하는 문제는 개방과 시장경제를 지향하는 경제개혁과 민주화를 지향하는 정치개혁을 어떻게 적절히 조화시켜 나가느냐 하는 것이다. 우리나라도 그랬거니와 경제발전에 상응하는 정치적 민주화를 도모하지 않으면 광주사태와 천안문 사건과 같은 비극이 일어나게 되는 것이다. 우리는 북한이 처음부터 경제개혁과 정치개혁을 병행해야 한다고는 생각하지 않는다. 그것은 일대 혼란을 가져오고 어느 쪽도 성공할 수 없을 것이기 때문이다. 그러나 평양은 현 정치체제의 모순을 확실히 인식하고 민주화의 장래를 바라보고 개혁·개방을 추진해야 할 것이다.

민주화 운동[4]

셋째로 천안문 사건이 진압된 후 10년의 세월이 흘렀는데 그동안 중국의 정치와 사회는 비교적 평온하고 경제는 비약적으로 발전하였다. 그러면 중국에서는 정치개혁의 필요성과 동인(動因)이 없어진 것이냐 하는 의문이 제기된다. 이 의문에 답하자면 중국의 민주화 운동의 역사를 잠시 돌이켜볼 필요가 있다. 한국에서는 1989년의 천안문 사건을 일과성의 돌발 사태처럼 보는 경향이 있는데 실은 그 배후에 끈질긴 민주화 운동의 역사가 있다.

중국 역사상 최초의 천안문 학생 데모는 1976년 모택동 사망(9월 9일) 이후 4인방(四人幇)[5] 타도를 외치는 데모였다. 100만 여 명의 학생들과 시

---

4 方勵之,《中國의 失望과 希望》, 末 吉作 역, 學生社, 동경, 1990 참조.
5 4인방은 문화대혁명 기간 동안 무소불위의 권력을 휘둘렀던 4명의 중국 공산당 지도자를 일컫는다. 모택동 부인 장칭, 정치국 위원 야오원위안, 중국공산당 중앙위원회 부주석 왕훙원, 정치국 상임위원 겸 국무원 부총리 장춘차오 등 4인이다.

민이 천안문에 모였지만 유혈 사고는 없었고 같은 해 10월, 모택동의 뒤를 이은 화국봉(華國鋒) 정권이 4인방을 체포함으로써 문화혁명은 막을 내렸다. 문화혁명 동안 권좌에서 물러나 있다가 1974년에 복권된 등소평은 처음에는 학생 데모에 동정을 표시하다가 권력을 잡은 후에는 민주화 운동을 탄압하기 시작하였다.

4인방 타도 후 민주화 운동이 분출하였고 북경의 서단(西單), '민주의 벽'에는 민주를 고취하는 격문(檄文)들이 붙고 있었다. 이 무렵(1979년 3월 25일) 29세의 공원(工員)인 위경생(魏京生)은 '민주의 벽'에 "민주냐 아니면 새로운 독재냐?"라는 격문을 띄웠다.

"인민은 등소평이 독재자로 변신하는 것을 경계해야 한다. 그의 행위는 이미 민주가 아니라는 것을 보여주고 있다. 그가 옹호하는 것은 결코 인민의 이익이 아니다. 그가 지금 하고 있는 것은 인민을 속이고 신임을 얻은 후 독재의 길을 실행하는 것이다."

그런지 4일 후인 3월 29일, 그를 비롯한 민주 운동가들이 일제히 체포되어 위경생은 15년형을 받았고 동시에 저명한 지식인들이 당적을 박탈당했다.

돌이켜보면 문화혁명 이후 1978년부터 1979년 초에 이른바 '북경의 봄'으로 발전한 학생데모는 지성(知性)의 반란이라 할 수 있다. 중국에는 일찍이 손문(孫文), 노신(魯迅)과 같은 위대한 사상가가 있었거니와 이 당시 직접적으로 학생들에게 영향을 준 것은 민주화 운동을 전개한 지식인들이었다. 그중 저명한 이는 언론인 유빈안(劉賓雁), 상하이의 작가 왕약망(王若望), 그리고 물리학자 방여지(方勵之) 등이다.[6] 이들 세 사람은

---

[6] 이 밖에 이일철(李一哲), 왕희철(王希哲), 서문립(徐文立) 등도 유명한데 1981년 봄에 체포되었다.

1986년 학생데모 때에 학생을 선동하였다 하여 당적을 박탈당했다.

1986년에 일어난 제2차 천안문 데모는 호요방의 개혁 투쟁을 지지하는 거사였는데 방여지 등의 민주화 운동이 불을 질렀다. 그러나 이번에도 유혈 사태는 없었고 호요방의 당총서기직 사임으로 일단락되었다.

1986년의 학생 데모가 쉽게 진압되자 학생들은 자기들의 민주화 운동이 대중에서 고립되고, 지식인, 노동자, 시민과의 연대가 부족했기 때문이라고 반성하고, 대학 내에 설치된 경관파출소의 감시에도 불구하고, 은밀하게 재기를 준비하고 있었다.

그 후 2년 반 동안에 내외 정세는 격변하고 있었다. 밖으로는 소련의 페레스트로이카가 있었고, 동구 사회주의체제의 몰락과 민주화 운동이 중국 지식인들을 크게 자극하였다. 안으로는 모택동 30년의 실패에 이어 기대를 걸었던 10년간의 개혁이 암초에 걸린 상태였다. 물가의 폭등, 노장 정치의 부패, 당원관료의 오직(汚職), 투기, 풍기문란 등으로 인심이 흉흉한 가운데 중국의 앞날이 절망적이라는 분위기가 번져가고 있었다. 홍콩의 한 신문은 이때의 사정을 "산에 비가 몰아닥치고 집에는 강풍이 차 있다"(山雨至風樓滿)라고 표현하였다.

하지만 경제개혁의 성과가 없었던 것은 아니다. 개혁의 결과로서 농업 생산은 비약적으로 증가하고 외국인 투자와 공장 건설이 여러 경제특구에 메아리치고 있었고 바야흐로 중국 경제는 도약을 예고하고 있었다. 반면에 개혁·개방 정책의 전개에 따라 텔레비전, 전기세탁기, 전기냉장고가 보급되고 서방의 정보가 대중에게 침투하고 있었으며, 특히 대만의 경제적 성공과 민주화 동향에 관한 정보가 대중에게 확산되는 것을 당국으로서도 어찌할 수 없었다.

이러한 때에, 세계적으로 유명한 천체물리학자 방여지의 민주화 운동은 학생들을 더욱 고무하였다. 그는 1986년의 학생 데모 시에 당적을 박탈당하고 중국 과학기술대학 부학장 자리에서 베이징의 천문대 연구원으로 좌천되었지만, 탄압에 굴하지 않고 민주화 운동을 계속하여 중국의 사하로프라는 별명을 얻고 있었다. 그는 외국 학회에 나갈 때마다 강연, 대담 등을 통해 마르크스-레닌주의를 통렬하게 비판하고 중국 정치체제의 개혁을 주장하는 동시에 등소평과 같은 노장세대가 죽어야 중국의 민주화가 실현될 것이라고 예언하기도 했다.

1989년 1월 6일, 그는 등소평에게 위경생을 비롯한 정치범의 특사와 석방을 건의하는 공개장을 보냈다. 그런데 그것이 도화선이 되어 지식인들이 일제히 궐기했다. 즉, 같은 해 2월 16일에 33인의 북경 문화계의 저명한 인사(그 당시 유명한 사람은 모두가 공산당원이다)가 방여지의 건의를 지지하는 공개장을 제출하였다. 2월 26일에는 허양영(許良英) 등 자연과학자 63명이 제2의 공개장을 제출하였고, 3월 14일에는 광명일보(光明日報) 기자 재청(載晴) 등 청년 언론인 43명이 공개장을 제출하였다. 한편 국외에서는 2월 17일, 미국 프린스턴 대학 교수 여영시(余英時) 등 63인의 저명한 중국 지식인들이 뉴욕에서 '중국민주촉진연락조'의 결성을 선언하고 방여지를 특별조장으로 추대했다. 그들은 '중국대륙민주촉진선언'을 채택하여 "중국은 중국인의 중국이고 일당 일파의 사물(私物)이 아니다"라고 선언하고, 미국, 캐나다, 유럽, 홍콩, 일본 등 세계 각국에서 서명운동을 전개했다. 중국대륙민주촉진선언에는 다음과 같은 구절이 있다. "사실이 증명하는 바와 같이 중국 대륙과 같이 전제 전통의 뿌리가 깊고 특권세력이 반근착절(盤根錯節)하는 병적 사회에서는 경제정책상의 약간의 수정이 있더라도 정치체제상의 실질적 민주개혁을 수행하지 않으면 생산력 발전을 가로막는 족쇄의 속박을 제거할 수 없는 것이다." 그리고 민주개혁 촉진을 위해 다음과 같은 5개항을 요구하였다. (1) 민영 신문·잡지의 해금, (2) 결사의 자유 보장, (3) 지방 수장(首長)의 민선, (4) 정치범의 석방, (5) 당정 분리의 실행 등이다.

천안문 사건

이러한 민주화 운동의 절정이 1989년 4월 호요방의 사망을 계기로 발발한 천안문 사건이었다. 문제의 발단은 4월 26일 《인민일보》의 사설이었다. 이 사설은 학생의 민주화 운동을 '동란'으로 규정하고 그 진압을 주장하였는데 이것은 등소평의 의향을 반영한 것이었다. 등소평은 그 전날 양상곤과 이붕에게 민주화 운동에 단호하게 대처하라고 지시했던 것이다.

학생들은 자기들의 애국 운동을 '동란'으로 규정한 데 대하여 크게 반발하고 시위를 벌였는데 지식인들도 사설을 비판하였다. 이때 조자양은 4월 23일부터 평양을 방문 중이었고 따라서 사설 발표 결정은 그가 부재중인 사이에 일어난 일이었다. 조자양은 귀국한 다음 날인 30일에 그 사설을 정면으로 부정하는 의견을 당내에서 발표하였다. 학생 데모는 점점 확대되는데 당론의 분열이 생긴 것이다.

천안문 사건에 관련하여 지난 달 (2001년 1월), 당시의 당(黨)과 정부기관의 비밀문서가 미국으로 밀반출되어 《천안문 페이퍼(The Tiananmen Papers)》라는 책자로 출간되어 큰 파문을 던지고 있다.[7] 이 책의 원문 편자는 장리앙(Zhsang Liang)으로 되어 있는데 이것은 신분을 감추기 위한 가명이고,

---

[7] The Tiananmen Papers : The Chinese Leadership's Decision to Use Force Against Their Own People, compiled by Liang Zhang ,and edited by Andrew J. Nathan and Perry Link, with an Afterwords by Orville Schell, (Public Affairs, New York, 2001)

영문 편집은 콜럼비아(Columbia) 대학의 앤드류 J. 네이선(Andrew J. Nathan) 교수와 프린스턴(Princeton) 대학의 페리 링크(Perry Link) 교수가 맡고 있다. 중국 당국은 이 책의 문서가 가짜라는 성명을 내고 있으나, 하여튼 이 책에는 학생 데모에 대한 조자양과 장로파를 대변하는 이붕 사이의 시각 차이와 조자양이 실각하는 과정이 생생하게 그려져 있다.

이 책에 나타난 조자양의 입장은 대략 다음과 같다.

- 4·26 인민일보 사설이 학생들 데모를 '동란'으로 규정하고 상하이의 총서기 강택민(姜澤民)이 동 사설의 뒤를 이어 상하이의 《World Economic Herald》를 폐쇄한 조치는 성급한 반응이었고 오히려 학생과 지식인들의 봉기를 자극했다.
- 학생들은 당에 반대하고 있는 것이 아니라, 부패 척결과 정치개혁을 요구하고 있는 것이므로 당의 노선과 일치하는 측면이 있다.
- 학생 데모에 대한 근본 대책은, '법치에 의한 민주주의, 개방, 투명, 대중에 의한 감시와 참여'를 지향하는 깨끗한 정부를 구현하기 위하여 경제개혁과 정치개혁을 병행하는 것이다. 국민에게 당의 정치개혁 프로그램을 제시하고 실천하면 학생 데모는 일어나지 않는다.
- 당면 대책으로는 4·26 사설의 '동란'이라는 말을 공식으로 수정하고 당의 개혁의지를 천명하고 학생들을 설득하는 것이다.

이에 대하여 노장파를 대변하는 이붕의 반론은 대략 다음과 같다.

- 4·26 사설은 그 초안을 미리 평양에 보내 조자양 당총서기의 사전 양해를 받은 것인데 지금 반론을 제기하는 것은 이해할 수 없다. 그것은 등

소평 동지가 지지하는 정치국 상임위원회의 공식 견해이다.[8]
- 지금의 사태는 극소수의 불순분자들이 선량한 대다수 학생을 선동하고 외세에 영합하여 부르주아 자유주의를 주장하는 것이고 그것은 등소평이 제시한 4대 원칙에 정면으로 도전하는 것이다.
- 조자양 당 총서기가 5월 4일 ADB 연차 총회(베이징)에서 4·26 사설과 상반되는 요지의 연설을 하는 등 유화적인 발언을 한 것이 학생들을 고무하였고 사태를 더욱 악화시켰다.
- 안정 없이는 어떠한 개혁도 추진할 수 없다.
- 조자양이 고르바초프와의 면담에서 "중요한 결정은 등소평이 한다"고 말한 것은 현 사태에 관련하여 등소평 동지의 위신을 손상케 하는 것이다.

그러나 조자양의 몇 차례에 걸친 설득에도 불구하고[9] 5월 13일 학생들이 단식투쟁으로 돌입하자 조자양의 입장은 더욱 난처해졌다. 당론 분열을 지켜본 등소평은 5월 17일 이붕의 주장을 지지하고 계엄령 선포를 시사한다. 그날 정치국 상임위에서 공식적으로 계엄령 선포를 논의하게 되었는데 조자양은 계엄령 선포는 사태를 더욱 악화할 뿐이라 하여 극력 반대하고 "학생 데모의 성질에 관한 나의 견해가 등소평 동지와 이 자리에 참석한 대부분 위원들의 견해와 다른 이상 나는 계엄령을 집행할 수 없고 따라서 사직할 수밖에 없다"고 선언했다. 투표 결과 찬반이 2 대 2로 갈라졌고 한 사람은 기권했다.[10] 결국 등소평과 장로회가 개

---

8 이에 관하여 평양에 보낸 초안과 신문에 실린 내용이 다르다는 설도 있으나, 《천안문 페이퍼》에서는 조자양이 그 점에 관하여는 자기도 책임을 지겠다고 말하고 있다.
9 5월 19일 조자양은 계엄령과 자기의 운명을 예측하고 단식중인 학생들에게 눈물로 호소했다. "내가 너무나 늦게 왔다. … 학생들도 늦기 전에 이 자리를 떠라"라는 그의 연설은 청중을 울렸다 한다.

입하게 되었는데 거기에서 등소평은 21일에[11] 계엄령을 선포하고 양상곤이 진압 업무를 지휘하도록 결정했다. 등소평의 판단은 다음과 같은 것이다.

- 학생들의 반란의 목적은 두 가지이다. 하나는 공산당을 타도하고 사회제도를 전복하는 것이고 또 하나는 서방 측에 완전히 종속하는 부르주아 공화국을 건설하는 것이다."
- 개혁에 관해 당내의 의견이 다를 수 있다. 그러나 지금은 그것이 문제가 아니라 학생 반란을 어떻게 수습하느냐 하는 것이다. 계엄령 선포 이외에 다른 방법이 없지 않은가?
- 외국에서 무어라 한들 그에 개의(介意)할 필요는 없다. 조속히 안정을 회복하고 경제개혁과 서방에 대한 개방을 더욱 촉진해야 한다.

이리하여 양상곤의 지휘하에 6월 3일 천안문에 군대가 진입하였는데 그 다음날 세계를 놀라게 한 유혈극이 벌어졌다. 물론 등소평은 유혈을 피하라고 지시했지만 일단 폭동이 어느 단계에 가면 학생이나 군대나 정부나 자기통제력을 잃고 마는 것이 모든 소요사태의 공통점이다.

《천안문 페이퍼》의 편자 장 리앙은 "천안문에 100만 명이 참가했고 전국적으로는 약 1억의 인민들이 참가한 6·4항쟁은 20세기 전 세계에서 가장 크고, 광범하고, 지속적이고, 영향력 있는 친민주 데모였다"라고 쓰고 있다.

---

10 계엄령 찬성은 이붕, 姚依林, 반대는 조자양, 胡啓立, 기권은 喬石이었다.
11 비밀누설을 고려하여 20일로 앞당겨졌다.

그러나 희생이 너무나 컸다. 베이징 시가 발표한 바에 따르면 241명의 사망자(그중 군인이 23명)와 약 7,000명의 부상자가 발생하였다 한다. (외국 신문들은 사망자 수를 약 1,400명 내지 약 3,000명으로 보도했다.)

천안문의 태풍이 지나간 이후 6월 23~24일에 개최된 제13기 4중전회에서, 이붕은 미리 준비한 조자양에 대한 징계 동의를 했고 조자양은 그에 대하여 조목조목 반박하면서 정치적 개혁 없이 당이 살아남을 수 없다고 결론지었다. 그러나 이 회의는 조자양이 학생 '폭란(暴亂)'에 가담하였다 하여 그를 모든 직위에서 해임하고 강택민을 후임 당 총서기로 결정하였다. 등소평이 강택민을 택한 이유는 강이 학생 데모에 처음부터 신속 단호하게 대처했을 뿐만 아니라 그가 어느 파벌에도 속하지 않은 비교적 참신한 인물이라는 점을 고려했던 것으로 알려져 있다.

천안문 사건이 진압되자 보안 당국은 수백 명의 데모 주동자 및 민주 운동가들을 체포하였다. 방여지 교수는 신변에 위험이 닥쳐오자 처자를 이끌고 미국 대사관으로 긴급 피난했다. 중국 당국은 신병 인도를 요구하였으나 미국은 이에 응하지 않고, 미·중 외교 관계가 긴장되었다. 방 교수가 일년 동안 미 대사관에서 체류하는 사이 외교적 절충이 계속되었고, 그 결과 방 교수 일가는 영국으로 출국할 수 있게 되었다. 그 후 미국으로 이주하여 지금은 아리조나 대학에서 천체물리학을 연구하는 한편 중국 민주화 운동을 계속하고 있다.

이리하여 천안문의 유혈극은 중국 경제발전에 지대한 공헌을 끼친 등소평의 정치 경력에 씻을 수 없는 오점을 남기었고 국제 관계에서 지금도 중국 정부를 괴롭히는 악몽이 되고 있다.

천안문 사건 이후 중국 지도부는 일부 학자들이 꾸며낸 반민주화 이론에 가담하고 있는 것 같다. 즉 그들은 (1) 중국 문화에는 민주의 전통이 없고 민주정치체제도 수용되지 않는다. 일반 대중은 민주에 대하여 흥미가 없고 설사 민주를 주더라도 수용능력이 없다. (2) 경제발전에는 반드시 민주정치체제를 필요로 하지 않는다. 전제정치가 아마도 경제발전에 보다 유효하고 중국에 적합한 것은 정치상의 전제(專制)와 경제상의 자유이다.

그래서 중국 지도자들은 한국 박정희 대통령의 치적에 비상한 관심을 보였고 한동안 '한·중 지식교류위원회'를 통하여 한국 경제개발 정책에 관한 정보를 열심히 수집했다.(중국 측 위원장은 조자양과 친근한 마홍(馬弘) 씨였고 한국 측 위원장은 필자였다.)

그러나 중국이 한국 경험에서 배워야 할 또 하나의 교훈이 있다. 그것은 자유주의 시장경제가 발전하면 민주화세력이 성장하고[12] 마침내 정치적 민주화로 이행하는 것이 필연적이라는 사실이다. 이것은 비단 한국뿐만 아니라 싱가포르, 대만에서도 공통적으로 나타난 현상이다.

중국의 장래

천안문 사건 이후 민주화 운동이 죽어버렸느냐 하면 그렇지 않다. 많은 운동가들(陳子明, 徐文立, 王希哲, 沈良慶, 王丹, 王有才 등)은 형무소를 들락날락 하면서 민주화 운동을 계속하였고, 위경생은 1993년 초에 석방되었으나 다시 인권 문제로 정부를 비판하다가 재구속되었다. 미국 및 서방 세계의 압력으로 석방된 후 1997년 신병치료 명목으로 미국으로 추방되어 지금은 뉴욕에서 민주화 운동을 위한 잡지《북경의 봄(北京之春)》을 발행

---

[12] 중국인의 가치관의 변화에도 이 점이 나타나 있다. Tamotsu Sengoku & Din Qian, *Social Values and Life Style in China Today*, The Simul Press, Tokyo, 1992.

하고 있다.

당국은 특히 처치 곤란한 운동가들을 신변치료의 명목으로 가석방하여 미국으로 추방하였는데 미국에 망명한 운동가들은 1998년에 중국민주당(中國民主黨)을 결성하여 왕약망(王若望)을 당수로 추대하는가 하면 자유중국연합(自由中國聯合)을 결성하기도 했다. 한편 중국 내에서는 왕유재(王有才)가 야당인 중국민주당(中國民主黨)을 결성하자 관계자들이 구속되는가 하면, 같은 해 운동가들이 조직한 중국발전연합회(中國發展聯合會)는 베이징에서 제1차 전국대회를 열기도 했다. 조자양 총서기의 일급 참모였던 포우(鮑尤)는 1999년 당 간부들에게 천안문 사건이 당의 실책이었음을 인정하라는 공개장을 보냈다. 앞으로 《천안문 페이퍼》의 중국어판이 나온다고 하는데 편자 장 리앙에 따르면 이 문서를 출간하는 목적은 당이 덮어버린 천안문 사건의 뚜껑을 다시 열어 진실을 밝히고 당 자체에 의한 민주화를 촉진하기 위한 것이라 한다.

그러나 민주화는 집권세력에 대한 투쟁만으로 이루어지는 것은 아니다. 중국의 개방과 시장경제의 침투 자체가 기성의 체제이념을 무력화하는 또 하나의 동인(動因)이 되고 있는 것이다. 등소평의 경제개혁이 크게 성공하여 중국 경제가 비약적으로 발전한 것은 사실이다. 그러나 등소평이 제시한 마르크스-레닌 및 모택동 사상 견지(堅持)의 원칙이 이미 사문화된 것도 사실이다. 지금의 중국 공산주의는 이름뿐이고 지도부 자체가 마르크스-레닌주의를 믿지 않고 있으며, 다만 그것을 기득권 유지를 위한 방패로 사용하고 있을 뿐이다. 그러나 중국은 이미 돌아갈 수 없는 다리를 건넜고 지금의 변화 방향, 즉 국제화·정보화·민주화의 방향을 거역할 수 없는 것이다. 필자가 만난 중국 학자들은 무역을 개방하고 WTO에 가입하면 이러한 추세는 더욱 촉진될 것이라고 보고 있다.

정보화 또한 중국의 정치체제에 중대한 영향을 미칠 것이다. 지금 중국에서는 인터넷 단말기가 이미 1,400만 대를 넘어섰고 1999년 한 해에 중국 대륙에서 판매된 이동전화는 2,000만 대에 이르고 있다. 중국 공산당 제17회 전당대회가 개최되는 2002년에는 이동전화를 사용하는 인구가 1억에 달할 것이고 전 인구를 12억으로 잡으면 12인에 한 대꼴의 보급률이 될 것이라는 보고가 있다.[13] 지금 기술 발달(IMT)에 따라 인터넷을 휴대용 전화로 볼 수 있는 시대가 오고 있는데, 인터넷과 이동전화의 보급은 정부에 의한 정보통제 네트워크의 붕괴를 의미한다. 이동전화와 인터넷을 통하여 세계적 스케일의 정보 교환이 이루어질 때 중국인들의 세계관, 특히 자유와 민주화에 대한 각성이 높아질 것은 의심의 여지가 없다. 중국 지도부가 이러한 추세에 어떻게 대응할지 알 수 없으나 이미 현실성을 잃은 공산주의 대신에 호요방, 조자양, 그리고 지식인과 학생들이 주장해온 사회민주주의를 새로운 국가이념으로 정립하고 점진적으로 정치개혁을 추진하지 않을 수 없게 될 것으로 보인다.

중국의 경험이 시사하는 것

평양이 중국의 모델에 따라 어느 정도 개혁·개방으로 선회하여 남한과 외국으로부터 경제원조와 성장 요인을 받아들이면 한동안 비교적 빠른 속도로 경제성장을 이룩할 수 있고 따라서 민생이 호전될 수 있기는 하다. 중국의 경험이 말해주듯이, 개발 초기에는 독재 정부가 능률을 발휘할 수 있다. 거기에는 노사 분규도 없고, 집단 이기주의도 없고, 지가보상제도 없고, 정치 싸움도 있을 수 없다. 중앙정부가 개발사업을 계획하

---

[13] Hasegawa Ryutaro, 《21세기 일본을 움직이는 대원칙》, PHP 연구소, 동경, 2000.

고 결정하면 일사천리로 추진될 수 있는 것이다.

그러나 개방의 결과로서 주민들이 외부 세계와 접촉할 기회가 많아지고 보다 많은 정보에 접하게 될 것이다. 독재체제라 해서 정보화의 세계적 추세를 외면할 수는 없다. 평양을 다녀온 포항공대 박찬모 교수의 보고에 따르면[14] 평양은 1996년 이래 통신시설 보수, 전화의 자동화, 디지털화를 추진해왔고 여러 지역의 통신 선로를 광섬유 케이블로 바꾸었다고 한다. 이에 힘입어 전국적 컴퓨터 망 구축이 가능하게 되었다. 그러나 인터넷은 아직 북한에 들어가지 못하고 있다. 기술적·경제적 문제 때문이 아니라 인터넷이 가져다 줄 파장을 우려해 북한 당국이 이를 차단하고 있기 때문이다. 대안으로 거대한 인트라넷(평양 내부 단위의 인터넷)을 구성하고 방화벽(firewall)을 설치하는 것이 '평양 정보센터'의 연구과제 중 하나로 되어 있다고 한다.(그러나 며칠 전 평양이 인터넷을 연결했다는 보도가 있었다.)

내외 정보의 침투에 따라 북한 주민들이 지금까지 어떻게 살아왔는지를 자각하게 되고 자유화·민주화의 갈망이 높아져가면 주민들의 태도가 달라질 수밖에 없을 것이다. 독재는 풍선을 물속에 눌러두는 것과 같아 손을 놓으면 물 위로 튀어 오르게 마련이다. 케네디 대통령도 그의 유명한 취임 연설에서 독재는 호랑이 꼬랑지를 잡는 것과 같아 손을 놓으면 먹히게 된다고 했다.

평양이 이러한 위기를 어떻게 넘길지 예측할 수는 없다. 중국의 천안문 사건이나 그 이상의 파열을 경험하지 않으리라는 보장도 없다. 북한에서는 정부의 통제가 워낙 철저하고 무자비하기 때문에 민주화 운동은

---

[14] 박찬모, "평양을 읽는다-정보통신사업 실태", 중앙일보, 2000년 12월 5일.

전혀 불가능하다고 보는 사람도 있다. 그러나 과연 그럴까? 일본의 한 잡지는[15] 1990년 이후 북한에서 일어난 24건의 크고 작은 폭동과 반란 사건을 열거하고 있다. 결국 인간의 이성은 말살할 수 없다는 것을 말해 주는 것이다.

다음에 남한에서도 생각할 문제가 있다. 김 대통령은 화합과 교류의 목적은 남북 간의 평화 정착이고 통일은 20년 혹은 30년 후에나 있을지 모르는 일이라고 말하고 있다. 그러나 그렇다 치더라도 교류의 목적과 방식은 언제나 통일 목표를 지향하는 것이 아니면 안 된다. 우리의 통일의 기본 목표는 두말할 것 없이 한반도에 자유민주주의 민족국가를 건설하는 것이다.

그런데 지금 남한에서는 이념의 갈등이 있다. 일부 학생과 지식인들은 대한민국의 정체성과 국가이념을 의문시하는 발언을 서슴지 않고 하고 있다. 기묘하게도 남한에서는 북한을 비판하고 민주화를 요구하는 사람들을 보수라 하고 북한에 동조하고 북한 독재체제에 관용적인 사람들을 진보라 한다. 그러나 앞에서 본 바와 같이 중국에서는 호요방, 조자양, 그리고 많은 민주화 운동가들은 진보 세력이고 등소평을 포함한 노장파들은 보수세력임에 틀림이 없다. 그런데 남한의 일부 학생과 지식인들은 중국의 진보적 학생과 지식인들과 정반대의 '민주화' 운동을 하고 있는 것이다.

이념과 정치체제의 통합이 없는 통일은 불가능하다. 그러면 북한이 우리의 이념과 체제에 접근할 가능성은 전혀 없을까? 중국의 경험을 보면 그렇지도 않은 것 같다. 우리는 앞에서 중국에서 탈공산주의의 방향

---

15 SAPIO, 1997년6월25일 호., 동경, 小學館 발행.

으로 체제 전환을 촉진하는 두 가지 요인을 살펴보았다. 하나는 지식인과 학생들의 집요한 민주화 운동이고 이것은 혁명 제1세대와 다음 세대 사이의 세대 교체가 이루어짐에 따라 더욱 촉진될 것이다. 또 하나는 국제화 정보화의 세계적 추세에서 시장경제의 확산 자체가 종래의 공산주의 이념을 사문화하고 현실과의 관련성을 잃어가고 있다는 사실이다.

그렇다면 우리의 대응 방향은 자명하다. 즉, 경제협력을 통해 북한에서의 시장경제 침투와 국제화·정보화를 지원하되, 언제인가는 북한 내부에서 민주화 운동이 일어날 것을 예상해야 한다. 물론 지금은 정부가 북한 민주화를 거론할 처지에 있지는 않다. 그러나 남한이나 외국에서 일어나고 있는 민주화 운동을 마치 통일운동의 방해자처럼 볼 필요는 없는 것이다. 예컨대 황장엽씨의 민주화 운동을 돕지는 못할망정 그를 탄압할 필요는 없는 것이다. 그리고 남한에 이념 갈등이 있는 만큼 대통령과 정치 지도자들은 기회 있을 때마다 우리의 국가이념을 천명하고 강조해야 한다.

끝으로 중국의 경험을 보면 평양이 체제의 모순을 해결하는 데에 실패할 경우, 무슨 일이 일어날지 예측하기 어렵다. 우리는 동독 인민이 처음에는 민주화를 요구하다가 나중에는 서독을 바라보고 통일을 절규하게 된 사태를 참고로 해야 한다. 김 대통령은 기회 있을 때마다 "흡수통일"을 하지 않겠다고 말하지만 그것이 김 대통령의 마음대로 되는 일은 아니다. 남한 국민들도 평화적이고 질서 있는 통일이 최선이라고 믿고 있지만 그것도 마음대로 되는 일이 아니다. 그러므로 우리는 항상 만일의 경우에 대비해야 한다. 대비책의 으뜸은 강력한 안보태세와, 강력한 경제력, 특히 서독의 경우처럼 국제수지 흑자를 축적하는 일이다.

결론

우리가 북한이 '제2의 중국'이 되기를 바라는 것은 다만 경제적 개방과 개혁을 통하여 경제발전을 촉진하고 북한의 민생을 구할 수 있다고 보기 때문이다. 그러나 북한이 그를 통하여 자유민주의 정치체제로 이행하지 않는 한 통일의 조건은 성숙되지 않는다.

우리가 평양에 바라는 것은 21세기 세계 진운(進運)에 참획(參劃)하기 위하여 그들의 지도이념을 재구성했으면 하는 것이다. 새로운 지도이념이란 반드시 자본주의를 따르라는 것은 아니다. 자본주의 혹은 시장경제는 장점도 있고 결함도 있다. 시장경제의 효율과 사회적 형평을 동시에 추구하는, 이른바 경제논리와 정치논리의 통합이 21세기 국가들의 공통적 과제라고 할 수 있는데, 이러한 때에 평양은 이념 재구성의 좋은 기회를 맞이하고 있다고도 할 수 있다.

요컨대 평양이 체제의 모순을 해결하는 것이 남한뿐만 아니라 모든 나라의 경제협력을 성공으로 이끌 수 있고, 북한 동포가 보다 행복해질 수 있는 동시에 남북통일을 앞당기는 기본 조건이라는 것을 북한 지도자들에게 설득할 필요가 있다. 아마도 지금 김정일 위원장에게 이 점을 설득할 수 있는 사람은 김대중 대통령뿐이 아닌가 한다. 김정일 위원장이 서울에 온다 하니(그러나 지금까지 오지 않았다) 김 대통령은 이 점을 설득해주었으면 하는 것이다.

근대화의 발자취와 선진화의 길

2005년 9월 6일, 한국선진화포럼 출범식 기조강연과
2005년 7월 4일, 한국무역협회 최고경영자 조찬 강연회에서 발표한
〈근대화의 발자취와 우리의 진로〉를 통합

以銅爲鑑 可正衣冠　동으로 만든 거울을 보면 의관을 바르게 할 수 있고
以古爲鑑 可知興替　역사의 거울을 보면 나라의 흥망을 알 수 있다.

— 당 태종(唐 太宗)

머리말

19세기 말에는 개화 운동이 있었고, 해방 후에는 근대화가 강조되었으며, 지금은 선진화가 시대적 과제로 논의되고 있다. 개화나 근대화나 선진화는 결국 세계 정세 변화에 적응하여 우리 민족의 발전과 번영을 추구하는 운동이었다는 점에서 역사적 맥을 같이한다고 할 수 있다. 그러므로 필자는 이 기회에 근대화의 발자취를 되돌아보고 선진화의 길을 생각해보고자 한다.

개화사상

19세기 말의 개화사상은 이 나라 근대화의 첫걸음이었고 오늘날에도

현실적 의미를 잃지 않고 있다. 많은 사람들은 자유민주주의는 해방 이후 처음으로 미국과 유럽에서 들어온 사상처럼 생각하고 있는데, 실은 조선 후기의 실학파에서 그 단서(端緒)를 찾아볼 수 있다. 즉, 당시의 유형원(柳馨遠), 이익(李瀷), 박지원(朴趾源), 김정희(金正喜) 등의 실학파들은 민권사상과 자유·평등론을 펼치고 상공업을 중심으로 하는 경제체제와 통상개국론을 제창했던 것이다. 이러한 실학사상이 한 걸음 더 나아가 서구적인 이념과 제도를 수용하자고 했던 개화주의의 밑거름이 되었음은 물론이다.

당시 조선 후기의 보수적 정치사상은 성리학의 전통을 중시하여 중국의 명나라가 멸망하자, 조선만이 유일한 문화국인 소중화(小中華)이고 서양은 아비도 없고 군왕도 없는(無父無君) 오랑캐 나라이니 사악함을 물리치고 바른 것을 지켜야 한다는 척사위정(斥邪衛正)의 사상이 지배적이었다. 이러한 환경에서 개화를 추진한다는 것은 보통 일이 아니었다.

한편, 개화주의 진영 내에도 노선의 분열이 없지 않았다. 김윤식(金允植), 신기선(申箕善) 등은 서구의 문물을 받아들이되 삼강오륜(三綱五倫), 효제충신(孝悌忠信)과 같은 유교적 가치관을 보존해야 한다는 동도서기론(東道西器論)을 주창한 반면, 김옥균, 박영효, 서재필 등은 전통적 유학으로는 나라를 구할 수 없고, 문벌을 폐지하고, 인재를 선발하며, 널리 학교를 설립하고 외국의 종교를 끌어들여 교화를 도와야 한다고 주장하는 동시에 당시의 전제군주제를 입헌군주제로 개혁하고자 했다.

그러나 개화주의의 노선은 달랐으나 목표에는 다름이 없었다. 한국의 철학사를 연구하는 학자들에 따르면 당시 개화주의의 기본 목표는 "허구와 관념을 배척하고 실사구시(實事求是)의 가치관에 입각하여 개인의 삶과 국정을 개선"[1]하는 것이었다.

개혁 급진파들은 개화당을 조직하고 마침내 갑신정변(甲申政變)을 일으켰으나 '3일 천하'로 끝났고 김옥균, 박영효, 서광범, 서재필 등은 일본으로 망명하고 말았다. 그러나 이들의 개혁운동으로 한말의 조정은 국제관계에 눈뜨게 되었고, 1894~1996년의 갑오개혁 및 을미개혁을 단행하게 되었다. 학자들은 이러한 개혁이 자력에 의한 것이 아니라 일본의 압력에 의한 것이라 하나, 어쨌든 박영효, 서광범 등이 주도했고, 봉건사회가 현대사회로 이행하기 위한 역사적 개혁이었음에는 틀림이 없다. 그러나 조선의 정치적 무력(無力)과 일본의 침략으로 개화주의는 빛을 보지 못했고 결국 우리 민족은 36년간 일제의 식민통치하에서 신음해야 했다.

그러나 해외로 망명한 지도자들은 독립운동을 계속했다. 안중근(安重根), 윤봉길(尹奉吉), 이준(李儁) 등의 구국 열사가 나타났고 김구(金九) 선생이 이끈 상하이임시정부와 미국으로 건너간 서재필 박사와 이승만 박사는 독립운동을 전개했다. 서재필 박사는 갑신정변에 가담했다가 실패로 돌아가자 일본을 거쳐 미국으로 망명한 후 그곳에서 의학 수업(1889~1893)을 마치고 1895년 귀국하여 개화와 독립운동에 앞장섰다. 국내 개화 독립파와 함께 순한글과 영문판으로 《독립신문》을 창간했고(1896), 독립협회를 결성하고(1896) 독립문을 세우는 데(1897) 주도적 역할을 하는 한편 배재학당에서 청년들에게 주권재민의 민주사상을 가르쳤고 협성회를 조직하여 인재 양성에 주력했다. 그러나 그가 발행한 《독립신문》이 수구파 정부를 신랄하게 비판(1896. 4. 7)한 것이 화근이 되어 다시 미국으로 추방되었다. 그는 미국에 있는 동안 의업(醫業)으로 얻은 수입으로 각종 독립운동을 계속했고 해방 후에는 일시 귀국하여 중앙방송

---

1 한국철학사연구회 엮음, 《철학사상사》, p. 401.

국(지금의 KBS)을 통해 금요일마다 자유민주주의의 이념과 제도를 설명하고 우리 국민이 가야 할 길을 강론하기도 했다.

이승만의 실사구시

이승만 박사는 서재필 박사의 영향하에서 개화주의를 이어받은 대표적 정치가였다. 그는 배재학당에서 서재필 박사가 젊은이들에게 자유민주주의를 가르치는 강연을 듣고 깊은 감명을 받았다 한다. 그 후 그는 서재필 박사가 주도한 독립협회에 가담하여 지도자의 자리를 굳히고 독립협회를 통한 기금 모집으로 독립문을 세우고, 《황성일보》, 《매일신문》의 주필로 활약하면서 만민공동회를 조직했다. 1904년 고종의 밀서를 지니고 도미하여 루즈벨트 대통령을 만났는데, 바로 이때에 미국 국방장관 타프트와 일본 수상 가쓰라 사이에는 밀약, 즉 일본이 비율빈(필리핀)을 침공하지 않으면 미국은 일본의 한국 지배를 묵인한다는 밀약이 체결되고 있었다. 그 이듬해 1905년 11월 17일 불법적인 을사늑약(乙巳勒約)이 체결되자 실의에 빠진 이승만은 미국에 체류하며 수학(修學)의 길을 걷게 된다.

그 후 이승만 박사는 하와이에 거주하면서 독립운동을 계속하고 상하이임시정부의 초대 총리와 대통령을 역임하기도 한다. 해방 후 귀국한 이 박사는 소련의 한반도 공산화 전략과 냉엄한 국제정치의 현실을 직시하여 남한만의 단독 정부수립을 주장하여 남한을 자유민주의 나라로 이끌었는데, 이것이 바로 그의 실사구시의 노선이라 할 수 있다

그런데 지금 좌파에서는 이승만 대통령을 폄하하는 소리가 높다. 그들은 김일성은 북한에서 해방 직후 친일파를 숙청하여 민족 정체성을 바로 세웠는데, 남한의 이승만은 친일파를 관용하고 중용하여 민족정기

를 말살했고 그 결과 대한민국은 민족적 정통성이 없는 나라가 되고 말았다고 주장한다.

민족을 중요시하지 않는 사람은 없다. 그러나 '민족 정기'니 '민족 정체성'이니 하는 것은 하나의 관념인데, 관념만으로 현실적 문제를 해결할 수는 없다. 거기에는 관념과 현실을 동시에 통찰하는 실사구시의 경륜과 정책이 필요하다.

소련 공산주의 세력의 남하를 저지하는 것이 최대의 민족적 과제라고 믿었던 이승만은 친일 인사들을 숙청하는 것보다 포섭하는 것이 반공정책에 유리하다고 판단했고, 신생 정부를 운영하자니 일제 통치하에서 행정 경험을 쌓은 사람 외에는 시민사회를 운영할 행정 능력을 가진 사람들을 구하기가 어려웠다. 뿐만 아니라 신생 국가의 국군을 창설해야 했는데 군사 교육을 받은 사람이란 소수의 광복군 장성(이청천 장군과 같은) 외에는 일본군 및 일본의 만주군 출신밖에 없었다. 그래서 일본군 출신이 국군 창립의 주역이 될 수밖에 없었던 것이다.

관념론과 실사구시의 어느 편이 발전적이었는지는 결과를 놓고 판단할 수밖에 없다. 민족정기와 정체성을 세웠다는 김일성은 동족상잔의 6·25 전쟁을 일으켰고, 김일성 부자는 북한 사회를 지금과 같은 비참한 상태로 만들었다. 반면에 실사구시 노선을 택한 남한은 파란 곡절을 겪으면서도 지금의 대한민국으로 발전했다. 그리고 일본군 출신의 장병들이 6·25 전쟁 때에 공산화를 저지하는 데에 크게 공헌한 것도 사실이다.

박정희의 실사구시

해방 후 무엇보다도 긴급한 과제는 경제개발을 통해 조상 전래의 가난으로부터 탈출하는 일이었다. 여기에는 박정희 대통령의 실사구시의 지도력이 결정적 역할을 했다는 것은 두말할 필요가 없다. 그는 경제적 기초가 없는 민주주의는 혼란과 무질서 속에서 경제개발을 불가능하게 만든다고 믿었고, 민주주의의 경제적 기초를 만드는 것이 그의 역사적 사명이라고 생각했다.

참고로 1960년 10월에 발간된 미국의 권위지인 《Foreign Affairs》는 당시의 한국 경제를 다음과 같이 묘사하고 있다.

"실업자는 노동 인구의 25%, 1960년의 국민 1인당 GNP는 100달러 이하이고, 전력 산출량은 멕시코의 6분의 1, 수출은 200만 달러, 수입은 2억 달러, 그래서 한국의 경제적 기적 가능성은 전혀 없다. 한국에 대한 미국의 원조 계획의 가장 실망적인 국면은, 원조 계획이 생활수준 향상을 지속할 만한 성장을 가져오지 못하고 있다는 것이다…… 경제성장의 조건은 북한이 남한보다 순조로운 상태에 있다…… 결국 한국인들이 직면한 선택은 워싱턴이냐 모스크바냐가 아니라 서울이냐 평양이냐 하는 것이다."

이 비참했던 현실을 부정할 사람은 없을 것이다. 다시 말해서 우리의 현실은 경제적 빈곤과 침체 속에서 북쪽의 적화통일전략의 함정에 빠지기 일보 직전의 상태였다고 하지 않을 수 없다. 그럼에도 불구하고 당시에 이 국가적 위기를 극복할 수 있는 정치력과 지도력이 있었다고 보기 어렵고, 이러한 사정을 무시한 채 1960년 4·19 학생혁명과 5·16 군사정변을 설명할 수 없을 것이다. 어쨌든 박정희의 집권하에서 불과 18년 만에 세계의 최빈국 중의 하나였던 한국이 각광받는 산업국가로 탈바꿈한 것은 부인할 수 없는 사실이다.

실사구시의 기준

이상에서 이승만 대통령과 박정희 대통령을 실사구시의 정치가라고 평했는데, 그들의 부정적 행적을 고려할 때 무엇이 실사구시의 기준이냐고 반문하는 사람들도 있을 것이다. 그에 대한 대답은 개화주의가 말해 주고 있다. 즉, 개인의 삶과 국정을 개선하는 것이 개화의 목표인데, 이승만·박정희 대통령이 개화주의가 그토록 염원했던 개인의 자유와 물질적 후생을 가져오는 데에 결정적 지도력을 발휘했다는 것은 부인할 수 없는 사실이다. 다시 말하면 개인의 삶과 국정을 개선하지 못하면 실사구시라 할 수 없다. 지금 우리 사회에는 이념적 갈등이 우심(尤甚)한데, 역사적 사실을 왜곡하고 나라가 직면한 현실을 외면한 관념주의가 과연 국민들의 민생을 개선하고 나라를 건강하게 만들 수 있는 것인지 알 수 없다.

실사구시의 참뜻

실사구시라 하면 단순한 실용주의로 해석하는 사람도 있을 것이다. 그러나 실사구시가 단순한 실용주의와 다른 점은, 국가가 직면한 최우선 과제의 해결을 목적으로 한다는 점이다. 개화주의자들은 개인의 삶과 국정을 개선하는 것을 국가의 최우선 과제로 인식했다. 개인의 삶에는 기본적으로 자유와 빵과 안전이 필수적인데 무릇 역사적으로 성공한 지도자는 모든 사회 문제를 동시에 해결하려 하지 않고, 최우선 과제에 도전하여 국민의 삶을 개선하는 데에 기여한 사람들이었다. 다시 말하면 어떠한 고정 관념에 얽매이지 않고 현실적인 방법으로 최우선 과제부터 해결하는 것이 바로 실사구시의 노선이라 할 수 있다

가장 대표적인 예로 덩샤오핑을 들 수 있다. 그는 공산주의의 정치체제를 유지하면서도 시장경제 원리를 도입함으로써 중국 경제를 비약적

으로 발전시켜 국민들의 삶을 크게 개선하는 길을 열었다. "흑색 고양이든 백색 고양이든 쥐를 잡으면 된다"는 그의 유명한 '흑묘백묘론(黑描白描論)'이 실사구시 철학을 말해주고 있는 것이다.

필자는 며칠 전 IBC 포럼의 일원으로 중국 수조우(蘇州) 공업원구를 방문하여 깊은 감명, 아니 깊은 충격을 받았다. 수조우는 싱가포르 리콴유 전 수상의 주선으로 싱가포르 정부와 중국 정부의 합작으로 개발한 일종의 경제자유도시인데 그동안 대대적으로 외국인 투자를 유치하여 불과 10년 만에 초현대적인 신도시와 첨단공업도시와 일류대학원도시의 복합체를 건설하였고, 우리나라의 삼성을 포함한 세계 저명 기업들이 입주해 있었다. 당연히 건설 초기에 중앙정부의 각종 규제가 외자 유치에 최대의 걸림돌이 되었는데 수조우 시(市)는 중앙정부에 실정을 보고하고 보다 자율적인 공단 운영을 건의했다. 당시 베이징의 국무원이 회시한 훈령 전문이 기념관에 보물처럼 전시되어 있었는데, 그 훈령에는 "유리한 조건이면 우선적으로 실행하고 실사구시로 실효를 거두도록 하라"는 문구가 있었다. 이 공문 한 장으로 수조우 시는 대부분의 정부 규제에서 해방되어 독립적인 경영으로 현재와 같은 도시를 건설할 수 있었던 것이다. 중국 사람들은 실사구시를 가장 잘 이해하고 있는 것 같다.

지도자들의 고난과 비운

불행하게도 근대화를 이끈 지도자들은 모두가 불행한 종말을 맞이했다. 김옥균·홍영식(洪英植)·박영효 등의 개혁주의자들은 개혁을 시도하다가 살해되었고, 박영효·서광범·서재필 등은 일본으로 망명하여 목숨을 부지할 수 있었다. 그 후 박영효와 서광범은 김홍집 내각에 참여하여 을미개혁을 주도했고, 미국으로 건너갔던 서재필은 독립협회를 설립하여 개화당의 맥을 이어갔다. 서재필 박사 또한 역적으로 몰리게 되자 그의 부모, 아내, 형은 음독 자살했고 동생은 참형됐으며 두 살 난 아들은 돌보는 이가 없어 굶어 죽었다.

이승만 박사도 1904년 미국으로 건너가기 전에 5년의 옥고를 치러야 했다. 1898년 만민공동회가 황위 폐지, 정부 타도를 꾀한다는 황국협회의 모함으로 체포되어 사형 선고를 받았는데 1899년 탈옥했다가 다시 잡혀 종신 징역으로 복역했고 옥중에서 영어 공부를 했다. 1904년 《독립정신》을 집필, 같은 해 8월 사면령으로 서대문 형무소에서 석방된 후 미국으로 건너갔다.

하기야 근대화를 추진한 지도자들의 허물 또한 없지 않았다. 김옥균 등의 급진주의자들은 이 나라 국권 침탈을 꾀하는 일본의 야욕을 예견하지 못했고, 일본의 영향하에 개혁을 추진했던 박영효는 파란만장의 고난 끝에 친일파가 되었다. 대한민국을 자유민주의 나라로 이끈 이승만 대통령은 4·19 혁명의 비극을 피치 못했고, 물질적 풍요의 터전을 마련한 박정희 대통령은 흉탄에 쓰러지고 군사독재라는 비난을 받고 있다.

근대화 지도자들을 어떻게 볼 것인가?

그러면 성취와 좌절의 근대화 지도자들을 어떻게 볼 것인가 하는 문제가 제기된다. 필자는 이 문제 역시 실사구시의 관점에서 보아야 한다고 생각한다. 모든 나라의 역사에는 긍정적인 측면과 부정적인 측면이 있고 그 역사에서 주역을 한 지도자 또한 양면이 있게 마련이다.

지도자는 이념적 지도자와 통치적 지도자로 구별할 수 있다. 영국의 민주혁명의 이념적 지도자로는 존 로크와 J. S. 밀 등이 널리 알려져 있고, 통치적 지도자로서는 올리버 크롬웰(Oliver Cromwell)을 들 수 있다. 미국의 혁명에는 영국의 존 로크의 영향을 받은 매디슨과 해밀턴 등이 이념의 지도자였고, 그들로부터 영향을 받은 통치적 지도자는 워싱턴과 링컨이 유명하다. 우리나라의 이념적 지도자는 백범 김구 선생, 도산 안창호 선생 등이 널리 알려져 있고, 통치적 지도자로서는 물론 이승만·박정희 두 대통령을 손꼽을 수 있다.

이념적 지도자는 현실을 초월한 이상을 드높이지만 통치적 지도자는 이념을 현실에 적용하려 할 때에 엄청난 난관에 부딪히고 때로는 그 이념에 반하는 행동이 강요되는 경우도 있다. 영국의 크롬웰이 그 좋은 예다. 널리 알려진 바와 같이 영국 청교도 혁명의 지도자인 크롬웰은 국왕의 전제주의와 왕당파와의 치열한 전쟁에서 영국의 의회주의를 승리로 이끈 영웅이다. 그는 국왕 찰스 1세를 처형하고, 왕정을 해체하고, 귀족원을 폐지하고, 공화국을 선언한 청교도 혁명의 중심인물이었다. 그러나 그가 1653년 호민관으로 취임한 후에는 왕당파, 장로교파 그리고 급진파인 레벨러(수평파라고 하기도 함) 등 반대세력을 가차 없이 탄압하였고, 전국을 11개 군구(軍區)로 나누어 군인통치를 실시했다. 의회주의와는 정반대의 행동이었던 것이다. 그는 1658년에 병사했는데, 찰스 2세가 왕정을 복구하자 그의 부왕을 처형한 보복으로 웨스트민스터 사원에 매장된 그의 시신을 파내 효수(梟首)형에 처했다. 그러나 브리태니커 백과사전에는 이렇게 쓰여 있다.

"그는 영국을 위대한 나라로 만들었고 그의 치적에는 질서의 확립, 경제의 재건, 종교적 관용의 실현, 교육 기회의 확대, 사회 정의의 실현 등이 포함된다."

우리나라에서는 글과 말로 좋은 소리를 하는 지도자에게는 존경을 표하지만 나라의 각박한 현실을 타개하기 위하여 흙탕물에 뛰어든 통치의 지도자는 옷에 흙을 묻혔다 하여 지나치게 깎아내리는 경향이 있다. 이념의 지도자를 존경해야 하지만 동시에 행동의 지도자도 이해하고 존경해야 한다. 톨스토이는 "이해하는 것은 용서하는 것"이라 하지 않았던가. 우리가 선인들의 과오를 합리화할 필요까지는 없지만, 그들의 긍정적 측면을 평가하고 그들이 국가를 위해 이룩한 업적을 이어받아 그 위에 쌓아올리는 노력을 해야 나라가 발전할 수 있다

선진화의 역사적 맥락

이제 우리는 개화 운동, 근대화 운동의 역사적 발전 방향의 선상에서 21세기를 살아갈 수 있는 선진화 운동을 전개하려고 한다. 실은 100년 전 개화기의 문제의식과 오늘의 문제의식이 주제(主題)에 관한 한 크게 다르지 않다. 예컨대 한국은 지금 미국, 일본, 중국, 러시아의 4강의 틈바구니에서 정치·경제적으로 어떻게 대처해나가야 할지 고민하고 있는데, 이것은 한말 개화파의 고민과 같은 것이다.

개화파들은 두 가지 진로를 제시했다. 하나는 자강(自強)이고, 다른 하나는 식산흥업(殖産興業)이었다. 전자는 교육을 개혁하여 국민 대중으로 하여금 근대적인 국민의식을 지니도록 계몽하자는 것이고, 후자는 산업을 육성하여 경제력을 키우자는 것이었다. 오늘날 우리의 문제의식도 이와 다를 바 없다. 그러나 개회기의 문제의식과 오늘날의 문제의식의 주제가 같다 하더라도 지금의 선진화의 내용과 방법은 옛날과 다를 수밖에 없다.

오늘의 문제

주지하는 바와 같이 20세기 후반기 이후의 세계사의 조류는 (1) 시장경

제의 확대, (2) 정보혁명, (3) 민주화, (4) 세계화, (5) 자연환경에 대한 각성으로 요약할 수 있다. 우리나라는 이러한 조류를 타고 경제발전과 정치적 민주화에 성공한 예에 속하나 선진국으로 진입하는 문턱에서 그를 가로막는 내외의 도전에 직면하고 있다.

첫째로 정치 면에서는 후진적 정치문화로 대의정치의 운영이 난항을 겪고 있고, 국회가 민주사회의 다원화를 통합하는 본래의 기능을 다하는 데에 어려움을 겪고 있다

둘째로 사회 면에서는 이념의 갈등, 집단적 이기주의, 계층 및 지역 간 격차와 대립, 노사 분규, 법치주의 이완, 국민교육 정책의 방황 등이 우리를 암울케 하고 있다

셋째로 경제 면에서는 중국 경제의 도약으로 우리의 전통적 산업이 경쟁력을 잃어가고 있는데, 이에 대처하기 위해 기업들이 자신의 기술을 개발하고 신제품의 시장을 개척하는 일이 쉽지가 않다. 수출이 성장의 버팀목이 되고 있지만 소수 품목에 집중되어 있고 소재와 부품의 수입 의존도가 높기 때문에 고용흡수력이 미약하여 청년실업이 늘고 있다. 농업 개방이 불가피한데 농업의 기업화, 과학화 요구에 적응하지 못한 농민들은 실의에 빠져 있다

민주사회의 선진화

이러한 문제점들을 모르는 지식인은 없다. 그러나 문제 해결 방법은 결코 단순치 않다. 민주화된 오늘의 사회에 있어서는 모든 문제마다 이해관계와 견해가 대립하기 때문에 사회적 합의를 도출하기가 쉽지 않다. 앞에서 '합리적 결론'이라 하였는데, 그 궁극의 기준은 자유민주와 시장경제의 원리일 수밖에 없다. 자유를 제도화한 것이 민주적 대의정치

와 시장경제체제인데 그것은 바로 우리의 국가이념이자 지구촌의 보편적 가치이기 때문이다. 경제 운용에는 네 가지 원칙이 있다. 첫째는 자율과 경쟁의 원칙, 둘째는 공정 경쟁의 원칙, 셋째는 균형과 형평의 원칙, 넷째는 시장 보완의 원칙이다. 이러한 원칙을 정책으로 구체화하는 것이 선진화를 염원하는 식자들의 할 일이다.

맺음말

선진화의 과제는 산적해 있지만 다행히 많은 단체들이 같은 목적으로 활동하고 있고 또 과거의 경험이 길잡이가 될 수 있다. 우리가 활동할 수 있는 환경은 우리의 선인들이 직면한 것처럼 혹독한 상태는 아니다. 그러나 우리의 앞길에 장애물이 없다고 할 수는 없다. 우리는 만난(萬難)을 무릅쓰고 이 나라의 선진화를 촉진하는 데 최선을 다해야 한다. 특히 우리는 허구적 관념을 배격하고 실사구시의 가치관으로 나라의 앞날을 개척해야 한다는 개화기 선각자들의 교훈을 되새겨야 한다고 생각한다.

박정희 대통령은
신(神)이 아니다

2004년 9월 15일, 박정희 대통령 기념 사업회에 기고

박정희 대통령이 서거한 지도 어느덧 사반세기가 지났다. 날이 갈수록 그의 리더십과 치적을 그리워하는 국민들이 많아지는 반면, 그를 폄하하고 매도하는 세력도 여전하다. 무릇 모든 나라의 역사에는 예외 없이 긍정적 측면과 부정적 측면이 있고, 그러한 역사의 주역이었던 지도자에게도 양면이 없을 수 없다. 박정희 대통령은 신이 아니다. 그의 부정적 측면을 합리화할 필요는 없지만, 그렇다고 긍정적 측면을 무시하거나 평가하지 않는 것도 잘못된 일이다. 그러한 의미에서 필자는 흔히 듣는 다음과 같은 질문에 답하고자 한다.

박정희의 치적은 무엇인가?

박정희 대통령은 한마디로 말해서 북쪽의 무력적화통일전략을 거부하는 안보태세를 확립하는 동시에 이 나라 국민을 전통적 빈곤으로부터 해방시키는 데에 성공한 지도자라고 할 수 있다. 이 점에 관하여는 앞에서 자세히 논했으므로 여기에서 재론할 필요는 없겠으나 박정희 대통령

이 한 일의 역사적 의미는 다시 한 번 언급하고자 한다.

남한 사람들은 1945년의 조국 광복 이후 네 가지 민족적 과제에 직면해왔다. 첫째는 자유민주의 대한민국을 건립하는 일이고, 둘째는 조상 전래의 경제적 빈곤으로부터 탈출하는 일이고, 셋째는 자유민주의 대의정치를 선진화하는 일이고, 넷째는 남북통일이다. 첫째의 과제는 이승만 대통령의 지도력에 의하여 해결되었고, 둘째의 과제를 해결하는 데에는 박정희 대통령의 리더십이 결정적 역할을 했다. 국민적 과제를 해결하는 과정에는 반드시 추진세력과 저항세력 사이에 크고 작은 충돌과 마찰이 있게 마련이고, 이 점은 앞으로도 영원히 그럴 것이다. 그러나 역사적 심판은 모든 장애에도 불구하고 국민적 과제를 해결한 지도자의 손을 들어줄 것이다.

잠시 당시를 회고하건대, 제2차 세계대전이 일본의 패망으로 막을 내리자 일제의 식민지 수탈이 남기고 간 남한의 생산시설은 그나마도 한국전쟁으로 폐허가 되었고 대다수 국민들은 낙후된 농업과 미국의 원조물자로 그날그날을 연명해가는 서글픈 처지에 놓여 있었다. 그럼에도 불구하고 민주적 대의정치의 경험이 없는 신생국의 정치인들은 정권 쟁탈을 위한 당쟁에 매몰되어 도탄에 빠진 민생을 구할 능력이 없었고 오히려 그들 자체가 사회적 혼란의 주요인이 되고 있었다. 이러한 위기에 직면하여 정치에 환멸을 느낀 학생들이 1960년 4·19 학생혁명을 일으켰고, 그 뒤를 이어 같은 해에 5·16 군사정변이 일어났던 것이다. 5·16 군사정변과 박정희 대통령에 관하여는 논자에 따라 평가가 크게 다르지만, 그가 집권한 후 사회질서가 회복되고 국민 에너지를 경제개발로 규합하여 불과 18년 만에 세계의 최빈국 중의 하나였던 한국을 각광받는 산업국가로 탈바꿈시킨 것은 부인할 수 없는 사실이다. 지금의 사회적 혼란

속에서 박 대통령의 리더십과 치적을 그리워하는 국민들이 많아지고 있고 그의 업적을 재조명하는 책들이 국내·국외에서 많이 나오고 있다.

박정희 대통령을 독재자라 하는데…

이승만 대통령과 박정희 대통령을 독재자라고 하는데, 여기에는 어폐가 있다. 적어도 3권 분립이 있고 지나칠 정도로 정부를 비판하는 국회와 언론이 있고 학생 데모가 끊이지 않는 나라를 독재국가라고 하는 데에는 무리가 있다. 외국의 학자들은 박정희 정권을 독재정권이라 하지 않고 권위주의 정권이라고 부른다. 대의정치의 후진성이 권위주의를 자초했는데, 권위주의로 국가를 운영하는 과정에서 크고 작은 불상사가 일어났던 것이라고 볼 수 있다. 그런데 이승만·박정희 두 대통령을 독재자라고 매도하는 사람들은 무지막지한 김일성·김정일 독재체제에 대하여는 침묵을 지키고 있다.

박정희 대통령의 부정적 측면도 많지 않은가?

박정희 대통령의 권위주의 정권하에서 인권 유린, 정치적 탄압 등의 정치적 과오가 있었던 것은 사실이다. 그러나 그것은 주로 박정희 대통령을 보좌한 사람들의 실책인데, 대통령은 그에 대한 책임을 회피하려 하지 않았다. 그는 그로 인해 후일에 비난을 받을 것이라는 것을 알고 있었고, 그래서 "내 무덤에 침을 뱉어라"라고 했던 것이다. 그러나 그의 철석같은 신념과 강력한 리더십이 있었기에 경제개발과 근대화가 가능했다고 보는 것이 내외의 중론이다. 경제개발에 성공한 대만, 싱가포르 역시 과거에는 권위주의 정치의 나라였다.

박정희는 민주주의를 짓밟지 않았는가?

필자가 보기에는 박 대통령이 민주주의의 가치를 모르거나 부정하고 있었다고는 할 수 없다. 그가 새마을 사업의 계획과 집행을 마을 사람들의 철두철미한 토의와 합의에 맡겨 새마을 운동이 민주주의의 도장이 되게 하라고 관계 장관들에게 지시하는 것을 여러 번 보았다. 그러나 그가 한국의 정당정치에 혐오와 불신을 품고 있었던 것은 사실이다. 그래서 "정치는 내가 맡을 것이니 경제 장관들은 오직 경제개발에만 전념하라"고 당부하는 일이 종종 있었다. 그는 민주주의의 경제적 기초를 만드는 것이 자기가 할 일이라고 믿고 있었다.

박정희 대통령에 대해 엇갈리는 평가를 어떻게 볼 것인가?

지도자에게는 동지와 적이 있다. 지도자 밑에서 이득을 본 사람은 그를 미화하려 할 것이고, 필자 자신도 지금 그를 변호하고 있다. 한편 손해를 본 사람들은 그의 나쁜 점만 들추어내려고 할 것이다. 그러나 세월이 가면 그에 관하여 중요한 것과 중요치 않은 것이 걸러지게 될 것이다. 사람은 본래 좋은 일을 기억하고 나쁜 일은 잊으려 하는 본성이 있기 때문이다.

우리는 지도자의 양면을 균형 있게 판단하고 거기에서 교훈을 얻도록 해야 한다. 이 점에 관하여는 다른 논문 〈근대화의 발자취와 선진화의 길〉에서 자세히 설명해두었으므로 꼭 읽어주기 바란다. 다만 여기에서 되풀이해 말하고 싶은 것은 우리나라에서는 글과 말로 좋은 소리를 하는 지도자에게는 존경을 표하지만 나라의 각박한 현실을 타개하기 위해 흙탕물에 뛰어든 행동의 지도자는 옷에 흙을 묻혔다 하여 지나치게 깎

아내리는 경향이 있다는 것이다. 김구 선생의 동상은 있어도 이승만 대통령의 동상은 있던 것도 끌어내렸다. 부끄러운 일이지만 육국사관학교에는 6·25 전쟁 때의 영웅 밴플리트 장군의 동상은 있어도 국군의 창건자인 이승만 대통령의 동상은 없다. 박정희 대통령의 동상은 찾아볼 수도 없다. 이념의 지도자를 존경해야 하지만 동시에 행동의 지도자도 이해하고 존경해야 한다. 톨스토이는 "이해하는 것은 용서하는 것"이라고 하지 않았는가!

박정희 대통령과 나

아마도 독자 중에는 대학 교수였던 필자가 어쩌다가 박정희 대통령을 알게 되었고, 그의 정부에 입각하여 10년 이상에 걸쳐 재무부 장관과 부총리 겸 기획원 장관, 그리고 경제담당 특별보좌관의 직책을 역임하며 박정희 시대의 경제개발 정책에 참여하게 되었는지 궁금해 하는 분들이 있을 것이다. 그러므로 이 책의 끝을 맺기에 앞서 필자가 1960년 8월 미국에서 귀국한 후 1969년 10월 정부에 입각하게 될 때까지의 생활기록을 공개하기로 한다.

미국에서 돌아와서

1960년 8월, 나는 미국 오클라호마 주립대학에서 석사 및 박사학위 과정을 마치고 한국으로 돌아왔다. 미국 생활을 통해 나는 실로 많은 것을 배우고 깨달았다. 일찍부터 대학 교수가 천직이라고 생각해왔던 나는 이제부터는 제대로 학생들을 가르치고, 실력 있는 경제학자가 되어야겠다고 다짐했다. 이것은 당시의 이 나라의 대학과 교수 생활에 대한 나

자신의 뼈저린 반성에서 온 것이었다. 당시의 한국의 대학은 진정한 의미의 대학이 아니었다. 학생들은 강의에 출석을 해도 그만, 안 해도 그만이었고, 교수들은 호구지책(糊口之策)으로 여러 대학에 출강하는 '보따리 장사'를 해야 했다. 그러다 보니 결강이 빈번하고 한 학기에 한 교과를 끝내주는 일이 거의 없었다.

그러나 미국에 가서 보니 그런 일은 상상조차 할 수 없는 일이었다. 학생이 강의에 출석하지 않고는 시험에 통과할 수 없고, 교수가 예고한 강의 진도의 반도 못 나가서 학기를 끝냈다간 그 교수는 대학에서 쫓겨나고 만다. 특히 대학원생에게는 휴일이 없다. 밤낮으로 공부에 쫓기는데 어쩌다 학생들끼리 모여 맥주를 마시게 되면 언제나 이 생활을 끝마치고 사회에 나가 좀 더 기를 펴고 살 수 있을까 하는 신세타령을 하고는 했다.

그래서 이제 천신만고로 학위를 받게 되었으니 고국으로 돌아가서 미국식으로 학생들을 가르치고 그동안 시험에 쫓겨 미루었던 공부도 다시 해보아야겠다는 포부를 가지고 나는 서울로 돌아왔다. 귀국 후 국민대학교로 복귀하여 나의 각성을 행동으로 옮겨볼까 하였으나 당시의 환경 하에서는 도저히 불가능하다고 느껴졌다. 그러던 차에 연세대에서 이승윤 교수와 자주 만나게 되었는데 이 교수는 어느 날 서강대학교 이야기를 꺼내면서 그곳으로 옮겨볼 생각이 없느냐고 물었다. 당시 서강대학교는 나의 소망을 뒷받침할 만한 환경을 구비하고 있었다. 미국 예수회(Jesuit) 교단에 의하여 창설된 이 대학은, 미국의 교육 방식을 그대로 실천하고 있었고, 교수진은 대부분 미국에서 학위를 받고 돌아온 사람들로 구성되어 있었다. 그리고 보수도 다른 대학과 비교가 안 될 정도로 좋다는 것이었다. 몸담았던 대학을 떠나는 일이 쉽지는 않았으나 일생에 관한 문제이니 용기를 낼 수밖에 없었다. 결국 나는 1964년 9월에 서강대학교로 옮기게 되었다.

서강대학교에서

비로소 나는 새로운 환경에서 하고 싶은 일을 하게 되었다. 외부 출강도 제한하고 연구실에 파묻혀 밤늦도록 일을 했다. 강의는 미국식으로 가르쳤고, 예고한 대로 강의 진도를 지켜나갔다. 미국 대학에서 흔히 하는 '팝 퀴즈(Pop Quiz, 예고 없는 시험)'를 실시하여 공부하지 않는 학생들에게 매질 아닌 매질을 하기도 했다. 나뿐만 아니라 모든 교수들이 이렇게 하니 학생들은 항상 공부에 시달리지 않을 수 없었고 그에 대한 불평도 없지 않았다. 학생들이 서강대학교를 '국제 고등학교'라고 비꼰다는 말도 들었다.

그런데 한때 대학의 질서와 규율에 도전하는 일대 위기가 닥쳐왔다. 1965년 한·일 국교정상화 문제로 국론이 분열되었을 때, 국교정상화에 반대하는 학생 데모가 확대되었고, 서강대학교도 예외는 아니었다. 많은 학생들이 수업을 거부하고 강의실에 들어오지 않았다. 교수들은 백방으로 학생들을 설득하여 학원 질서를 유지하려 하였으나 학생들은 듣지 않았다. 나 역시 난감했지만 어떠한 경우에도 학내 질서와 기강은 유지되어야 한다고 믿고 있었다. 그래서 내 시간에는 어김없이 교실에 들어가 학생이 있건 없건 출석을 체크하고 불과 몇 명을 놓고도 강의를 계속했다. 그러자 일부 학생들은 국가와 민족의 운명이 걸려 있는 중대 시국에 대학의 규율을 논할 때가 아니라면서 학생들의 행동 통일을 허락해 달라고 요구하는 것이었다. 그러나 나는 이렇게 대답할 수밖에 없었다. "국가의 중대사를 놓고 찬반이 갈라지는 것은 당연하다. 그리고 군(君)들이 한·일 국교정상화에 반대하는 것은 군들의 자유다. 그러나 학원의 규율을 무시하거나 공부하려는 학생들을 못하게 할 권리는 없다. 나는 예정대로 강의를 할 것이니 출석하든 안 하든 그것은 군들 자신의 책임하에 선택할 문제다. 나는 출석하지 않아서 시험에 통과하지 못한 학생에게 학점을 줄 생각도 없고 권한도 없다. 군들이 알아서 하라."

다행히 당시의 학생들은 나의 이러한 강경자세에 더 이상 맞서려 하지 않았다. 몇몇 학생이 교실로 돌아왔고 날이 갈수록 수강하는 학생들이 많아졌다. 이렇게 해서 이럭저럭 국교정상화 파동을 넘기었고, 그 후 상당한 강행군을 계속하여 사무엘슨(Samuelson)의 《경제원론》을 예정대로 두 학기에 걸쳐서 끝내주었다. 아마도 그 당시 이 나라에서 사무엘슨의 교과서를 처음부터 끝까지 강의한 것은 필자가 시초가 아니었나 생각된다. 마지막 강의 시간에 학생들의 노고를 치하하고 솔직한 소감을 물어보았다. 한 학생이 "처음으로 공부 한번 해본 것 같습니다"라고 말했다. 이 클래스에 참석했던 졸업생들은 지금도 나를 찾아온다.

당시 서강대학교에서는 미국 표준에 따라 교수가 일주일에 9시간의 강의를 맡으면 됐다. 그 덕택으로 나는 1960년에 착수한 《가격론》의 집필을 계속하여 1965년에 초판을 냈다. 《가격론》은 이 나라에서 처음으로 미시경제학을 소개할 목적으로 쓰여졌고, 그것을 알기 쉽게 쓰기 위해 적지 않은 고생을 했다. 나는 '가격론' 이외에 '경제발전론', '경제학설사'들을 주로 강의하였는데, 여기저기서 강의 요청을 받고 동분서주하면서 박영사가 출판한 《경제학대사전》의 편집의 격무를 맡기도 했다.

1964년 박영사의 《경제학대사전》의 편집 작업이 끝나갈 무렵 미국의 한국 주재 대외경제원조기관인 USOM(United States Overseas Mission)으로부터 통화 정책에 관한 정책 연구를 위촉받게 되었다. 미국 기관이 한국인 교수에게 정책 연구를 위촉하기는 경제학에 관한 한 이것이 최초가 아니었나 한다. 이승륜, 김변국 두 교수와 공동으로 이 연구를 시작한 후 우리 연구실에는 밤늦도록 불이 꺼지지 않았다.

여담이 되겠는데, 이때에 나는 한국은행에 있던 김재익 씨를 알게 되었고 그의 조력으로 필요한 자료를 얻을 수 있었다. 그가 통계자료를 들고 나의 방을 찾아오면 일손을 놓고 이야기를 하기도 했다. 김재익 씨는 우리가 하는 일에 호기심을 보이면서, 특히 미국 유학에 관해 이것저것을 묻기도 했다. 나는 무슨 일이 있더라도 미국에 가서 본격적으로 경제학을 배우고 오는 것이 좋겠다고 그를 격려했다. 그로부터 약 5년 후에 그를 스탠퍼드 대학에서 다시 만나게 되었는데, 그것이 기연(機緣)이 되어 나는 그를 뒷날에 나의 비서관으로 정부에 끌어들였다. 그러나 그 후 청와대 경제수석으로 승진하여 1983년 10월 전두환 대통령의 아시아 6개국 순방길에 수행하다가 버마 아웅산에서 폭탄 테러를 만나 짧은 일생을 맺고 말았으니, 결국 내가 그를 죽음의 길로 인도한 꼴이 되어 그 유족을 대하면 죄인처럼 느껴진다. 김재익 씨는 실로 보기 드문 수재였고, 짧은 기간에 한국 경제를 위해 큰일을 하고 간 인물이다.

수개월의 작업 끝에 1966년에 〈통화량의 결정 요인과 통화정책〉이라는 연구보고서를 USOM에 제출하였고, 그것은 국·영문 단행본으로 출간되었다. 지금의 눈으로 보면 보잘것없는 분석이지만 당시로서는 USOM 당국과 학계의 주목을 받았다. 이 보고서에서 내가 소개한 '본원적 통화'와 '통화승수'의 개념은 그 이후 이 나라 통화관리의 주요 지표로 사용되고 있다.

정부 일에 말려들다

강의와 연구에 쫓기는 나날이 계속되는 사이, 설상가상으로 나는 점점 정부 일에 말려들기 시작했다. 그 당시 정부는 제2차 5개년 계획을 편성하고 각종 개발정책을 밀고 나가고 있었는데, 이 작업에 교수들을 참가시키기 위해 국무총리 소속하의 기획조정실 주관으로 평가교수단을 편성하였다. 정부의 계획과 정책을 평가하는 심사분석회의가 분기별로 개최되었는데, 여기에는 반드시 박정희 대통령이 참석했고, 나는 여기에서 처음으로 박정희 대통령을 만나게 되었다. 평가교수단은 '5개년 경제개발계획 및 정책의 평가 분석결과'를 대통령에게 보고하였는데 나도 개발계획, 금융정책 등에 관해 몇 차례 보고를 했다.

평가교수단은 제2차 5개년 계획을 평가하게 되었는데, 그 당시에 계획편성기법이란 매우 단순한 것일 수밖에 없었다. 나는 1962년 ESCAP가 방콕에서 개최한 계획편성기법에 관한 전문가 회의에 참석하고 돌아온 뒤인 만큼 제2차 계획의 편성 방법에 각별한 관심을 갖고 있었다. 그런데 거시적 총량계획에 대한 실무자의 설명을 듣다 보니 너무나 단순한 허점이 눈에 띄었다. 계획문서 중에 계획상의 정부·민간부문의 투자사업의 일람표가 붙어 있었는데, 그 리스트의 합계액이 총량계획의 총투자액과 맞아떨어지는 것이었다.

이것은 있을 수 없는 일이다. 계획사업의 합계액이 국내 총투자액과 같다면 계획 외의 비계획투자는 전혀 존재하지 않는다는 것을 의미하기 때문이다. 현실적으로는 계획이나 예측으로 포착할 수 없는 비계획부문의 투자가 결코 적지 않았던 것이다. 대통령이 참석한 회의석상에서 이것을 노골적으로 지적하는 것이 어떨까 하여 망설이다가 너무나 기본적인 문제인지라 조심스럽게 말문을 열었다. 즉, 총투자는 계획투자와 비계획투자로 양분되는데 총량계획에서는 비계획투자를 지나치게 과소평가한 것 같다고 우회적으로 지적했다. 실무자가 내 말의 뜻을 알아차리고 약간 당황하는 눈치였지만, "재검토하겠습니다"라는 말로 '슬기롭게' 넘어갔다. 그 당시의 계획기법 수준은 대체로 이런 정도였다.

그 후에도 심사분석회의가 가끔 열렸는데, 한 번은 심사분석실장의 권유로 금융 정책, 특히 이자율의 기능에 관하여 대통령 앞에서 보고를 하게 되었다. 당시에는 이자율이라고 하면 단순히 은행이 예금주나 대출받는 사람에게 주고받는 대가라고 생각할 뿐 그것이 사회 내의 가용자원 배분에 지대한 영향을 준다는 것을 이해하는 사람은 많지 않았다. 그리고 정책금융 때문에 이자율이 너무나 다기화되어 있는 것도 문제였다.

나는 어떻게 하면 대통령이 쉽게 알아들을 수 있게 설명할 수 있을까 궁리한 끝에 줄넘기의 예를 들어 설명하기로 했다. 가령 어느 높이로 줄을 매고 아이들로 하여금 줄을 뛰어넘게 한다고 하자. 그러면 어떤 아이들은 그 줄을 뛰어넘을 수 있고 다른 아이들은 넘지 못해 아이들은 두 그룹으로 나누어진다. 줄의 높이를 낮추면 보다 많은 아이들이 줄을 뛰어넘을 것이고 반대로 줄의 높이를 올리면 줄을 넘는 아이들의 수가 적어질 것이다. 즉, 줄의 높이에 따라 줄을 뛰어넘는 아이들의 수가 달라진다.

이자율의 높이도 이 줄과 마찬가지다. 합리적인 기업은 투자사업의 수익률과 이자율을 비교해서 전자가 후자보다 높을 때에만 투자를 결정한다. 그러므로 사회 내의 잠재적 투자사업 중에는 현재의 이자율의 줄을 뛰어넘을 수 있는 사업도 있고 그렇지 못한 사업도 있다. 가령 이자율의 줄을 낮추면 수익성이 낮아 줄을 넘지 못했던 후보 사업들이 줄을 넘을 수 있게 되어 투자가 증가한다. 그러므로 이자율은 일정 기간에 그 사회에서 실현될 수 있는 투자사업의 총량을 결정하는 기능을 한다. 그리고 각종 투자사업의 내용이 결정되면 투자사업에 쓰이는 기계류, 원자재, 노동 등의 생산요소의 사용량이 결정된다. 그러므로 이자율은 투자와 고용과 경기를 조절하는 중요한 정책수단이 된다.

그런데 이자율의 줄 높이를 하나로 하지 않고 낮은 곳과 높은 곳이 있게 하면 수익성이 낮은 사업이 수익성이 높은 사업을 제치고 낮은 곳을 통과하게 되어 전체적으로 보면 한 사회의 투자 효율이 떨어진다. 뿐만 아니라 줄의 높이가 낮은 곳으로 투자자들이 몰려오면 복잡한 기준에 따라 통과 여부를 결정하는 문지기가 있어야 하고, 문지기가 있으면 기업과 접촉하는 과정에서 부정과 부패가 발생하게 마련이다. 그러므로 이자율은 시장에서 자금 수급을 반영하여 자율적으로 결정되도록 하고 이자율 구조도 가급적 단순화하는 것이 투자의 효율을 높이고 부정부패를 예방하는 길이라고 설명했다. 대통령은 나의 교과서적 설명에 귀를 기울이고 있었는데, 하여튼 정부가 간섭하지 않더라도 시장경제의 메커니즘에 합리성이 없지 않다는 것을 감지했으면 했다.

또 다른 석상에서는 1961년의 화폐개혁이 아주 단순한 경제이론을 무시했기 때문에 실패할 수밖에 없었다는 것을 설명한 일도 있다. 당시 화폐개혁의 기본 취지는 부유층들의 퇴장자금을 동결하여 산업자금으로 활용하자는 것이었는데, 인플레가 심한 상황에서 현금을 무이자로 퇴장할 사람이 있다면 얼마나 있겠으며, 그렇지 않은 자금은 이미 각종 예금으로 은행에 들어가 있고, 그 용도(대출)를 결정하는 것은 예금주가 아니라 은행이라는 점을 설명했다.

다시 미국으로

강의에 바쁘고 정부기관에 불려 다니다 보니 이중생활에 대한 회의가 점점 깊어졌다. 이대로 가면 나는 장차 학자의 길을 포기하게 되는 것이 아닐까? 어느 날 나는 다시 결심을 했다. 신변을 정리하고 학자로 돌아가자. 그것이 나의 천직이 아니더냐. 마침 스탠퍼드 대학에서 교수 초청 프로그램이 있어 이승윤 교수가 다녀왔는데, 그 뒤를 이어 나도 그곳에 가기로 했다. 서울대, 연세대, 경희대 등 각 대학 출강을 모조리 정리하고 평가교수단을 비롯한 각종 위원회에도 사표를 내고 나니 홀가분하고 이제부터 새 생활이 시작된다는 감흥도 없지 않았다.

그러나 마지막으로 평가교수회의에 참석했을 때에 뜻밖의 일이 일어났다. 회의가 끝나고 박 대통령이 교수들과 악수를 나누는 자리에서, 내 차례가 오자 최주철 실장이 "남 교수는 다시 미국으로 간다 합니다"라고 보고를 하는 것이었다.

박 대통령은 멈칫한 표정으로 물었다.

"그래요? 언제 떠나시죠?"

"일주일 후입니다."

"이따가 내 방에 좀 들르시죠."

나는 "네" 할 수밖에 없었다.

오후에 택시를 잡아 타고 난생 처음으로 청와대로 들어갔다. 비서에게 안내되어 대통령 집무실로 들어갔을 때 우선 그 방의 검소함에 놀라지 않을 수 없었다. 대통령 집무실이니까 굉장한 방이겠지 하고 들어섰는데, 실은 책상이 하나 있고 그 앞에 어디에서나 볼 수 있는 가죽으로 싼 한 세트의 소파가 있을 뿐이었다. 대통령은 나를 소파로 안내한 뒤 의자에 앉자 "아주 가는 것은 아니지요?" 하고 물었다.

"아닙니다. 일년 기한으로 대학에서 휴직을 허가받았습니다."

"혼자 가나요?"

"내자하고 어린 놈 하나를 데리고 갔다 올까 합니다. 집에는 어머님과 두 아이를 두고 갑니다."

이런 대화가 있은 후에 잠시 평가교수단에 관한 이야기를 주고받았는데, 대통령은 준비해둔 갈색 봉투 하나를 건네주면서 "그동안 수고가 많으셨소. 이것 약소하지만 여비에 보태 쓰시기 바랍니다" 하면서, 다른 한 손으로 책상 옆에 붙은 벨을 누르는 것이었다. 몇 분 후에 비서실장이 들어왔다. 대통령은 "남 교수가 일년 동안 집을 비우고 미국에 공부하러 간다는데, 집에 없는 동안 가족들의 생계를 돌보아주세요"라고 명령하는 것이었다.

대통령의 이러한 후대와 온정 앞에 나는 어떻게 해야 할지 몰라 그저 고맙다는 말밖에 할 수 없었다.

청와대를 걸어 나오면서 박 대통령이 나에게 보인 관심과 후정을 곰곰이 생각해보았다. '그러나 이제 나는 학교로 돌아가야지……' 이렇게 나 자신에게 타이르며 거리의 택시를 잡아탔다.

청와대가 서울 가족에게 매달 보내온 수표(많은 금액은 아니었다)의 덕택으로 나는 아무런 후고(後顧)의 염려 없이 스탠퍼드에서 공부에 전념하고 있었다. 그곳에서 김재익 씨를 다시 만나게 되었고, 경제학을 전공하는 김윤형 박사와 통계학을 전공하는 김대영 박사도 만나게 되었다. 나는 대학원 시절에 못 다한 수리경제이론을 파고들었고, 대학원 수학강의에 출석하는 것을 일과로 삼고 있었다. 이 방면에서 박사학위 과정이 끝나가는 세 김 씨로부터 도움을 받기도 했다. 만약 이때에 학문의 길을 버리고 관계(官界)에 투신하는 것이 나의 운명임을 알았더라면 나는 스탠퍼드의 일년을 그렇게 보내지는 않았을 것이다. 차라리 국제정치, 후진국 경제개발론 등을 연구하고, 더러는 대학 골프장에 나가 골프라도 배웠을 것이다.

운명의 갈림길

일년간의 스탠퍼드 생활을 마치고 1968년 7월 귀국길에 올랐는데 비행기 안에서 어쩐지 또다시 정부 일에 말려들지 모른다는 예감이 들었다. 그러나 앞으로의 연구계획으로 생각을 돌리려 했다. 아니나 다를까, 같은 해 8월에 나는 경제과학심의회의 상임위원으로 위촉되었는데, 그것은 큰 부담은 되지 않을 것 같아 가벼운 마음으로 받아들였다.

그 후 일년이 지나 1969년 10월 어느 날, 나는 화곡동에서 주택 신축 기초공사를 감독하고 있었다. 그동안 출판사에서 받아 모은 자금을 밑천 삼아 100평의 대지를 구득한 후 경비를 절약하기 위해 공사는 직영으로 하고 때때로 현장 감독을 하기로 했다. 그런데 느닷없이 이승윤 교수가 지프를 타고 달려왔다. 청와대에서 급히 들어오라는 전갈이 대학으로 와서 달려왔는데 곧 개각 발표가 있을 것이라는 것이었다. "정부에 들어오라고 하면 어떻게 하지?" 하고 이 교수에게 물었더니 "할 수 없지요. 가셔야지요"라는 대답이었다. 지프를 타고 공중전화 있는 곳으로 갔다. 그리고 김학열 부총리에게 전화를 걸었다. 김 부총리는 나를 찾느라고 무척 애가 탔던 모양이었다. 재무장관으로 임명되었으니 빨리 청와대로 들어오라는 명령조의 말투였다.

"운명이다. 할 수 없다."

나 자신에게 이렇게 타이르며 납덩이같이 가라앉은 마음으로 청와대로 향했다. 공사판에서 흙 묻은 구두를 신은 채로 청와대 접견실로 들어갔다. 먼저 와 있던 사람들이 "축하합니다" 하고 인사를 했다. 나에게 이 말처럼 어울리지 않는 말은 없다고 느껴졌다. 박 대통령이 나와 신임 각료들에게 임명장을 주고 나서 정렬이 흩어질 때, 나에게 다가와서 이렇게 말하는 것이었다.

"남 교수, 그동안 정부가 하는 일에 비판을 많이 하던데 이제 맛 좀 봐!"

주위 사람들이 웃음을 터뜨렸다. 내 딴에는 정부시책에 언제나 온건하고 건설적인 비판을 해왔다고 생각했는데 이것은 의외의 말씀이라 느껴졌다.

어쨌든 그 후 나는 13여 년 동안 공직의 쓴맛 단맛을 톡톡히 본 셈이다. 나의 친구들은 회고록을 쓰라고 충고한다. 나도 쓰고 싶은 생각이 전혀 없는 것이 아니나 나의 건강이 허락할지는 의문이다.

영문 논문 목록

* 저자의 최근 영문 논문집을 보시려면 저자의 홈페이지(www.dwnam.pe.kr)에서 Articles and Speeches(2)를 참조하시기 바랍니다.

1. Financial Crisis and the IMF regime

- **Beyond the Current Predicaments in Korea**

  A text prepared for presentation before the Korea-U.S. Economic Council, January, 2002.

- **The Story of Structural Reform in Korea**

  An Address prepared for presentation before the meeting held by the State Government of Hawaii, August 28, 2000.
  Statistical figures quoted in this paper are from the Bank of Korea.

- **Two Years After the financial Crisis and the IMF intervention**

  Remarks at the Steering Committee of the Korea-U.S. Business Council, Big Island, Hawaii on January 18, 2000.

- **Synopsis on the Progress of Structural Reforms in Korea**

  Major source of data is a document prepared by Financial Supervisory Commission dated May 21, 1999.

- **The Resolutions of Non-Performing Assets : Korean Experience**

  A text prepared for presentation at the Seminar held by the World Bank in 1998.

- Some Observations on the Reform Policies in Korea

    Prepared for a Seminar on Banking Reform held at the World Bank, October 5, 1998.

- Financial Crisis in Korea

    Prepared for presentation at the 11th Conference of the Korea-U.S. Business Council at the Maui Prince Hotel, Maui, Hawaii, on January 19, 1998.

- Korea's Financial Crisis and Policy Challenges

    IFC Participant's Meeting(Washington, D.C.), May 5, 1998.

2. Northeast Asia

- Korea's Logistic Roles in Northeast Asia

    A key note Address at the Seoul Meeting of the IBC Forum, 18 October 2004.

- Northeast Asia and the EU

    Opening Remarks at the EU Parliamentarians and Experts Meeting, Brussels, Belgium, 4-5 December 2003.

- The Need for A Development Bank in Northeast Asia

    An address before the Boao Forum for Asia Conference 2-3 November 2003, Hainan, China.

- Regional in Northeast Asia - The Need for A Development Bank -

    A text of speech prepared for meeting in September, 2003.

- Why Is a Northeast Asian Development Bank Needed?

    Summary of Discussions in the Northeast Asia Economic Forum, 1999.

3. International Relations

- **What Does Energy Security Mean?**
  Welcome Address at Korean Oil and Gas Conference 2006, November 7, 2006.

- **Acceptance Remarks of Korean-American Friendship Award**
  November 2, 2006.

- **Northeast Asia and the United States: a Korean perspective-Proposals for NEADB and NASO-**
  A Keynote Address prepared for the Wes Watkins Lectureship and presented at Oklahoma State University, September 12, 2005.

- **A Reflection on PECC's Twenty-Five Years: A Story with an Evolving Future**
  A commemoratives speech to be delivered at the 16th General Meeting of PECC held in Seoul on Sept.5-7 at the Welcoming Dinner on Sept.5, 2005.

- **Toward Greater Integration of East Asia**
  Key note Address for the inauguration of the East Asia Forum, Seoul, December 16, 2003.

- **Some Thought on the Economic Integration in East Asia**
  December 18, 2003.

- **Korea-China Economic Relations: Today and Tomorrow**
  An address at the opening ceremony of the 9th Sino-Korea Intellectual Exchange program, October 7, 1997.

- **APEC and its implication for Korean-Australian Economic Relations**
  Paper prepared for presentation at the Victoria University, Merborn, Australia,

march 24, 1997.

- **New Challenges Facing the Multialteral Trading System**
    A Key Note Address before The Ninth Trade Policy Forum, pacific Economic Cooperation Council, Seoul, September 11, 1996.

- **Economic Integration of Central and Eastern Europe in the World Market: An Asian Perspective**
    An Address before the Trade Policy Panel, WTCA, General Assemably, October 10, 1991, Budapest, Hungary.